朱伯崑 著

# 燕園耕耘錄

## ——朱伯崑學術論集（下冊）

臺灣學生書局印行

# 臺灣版自序

此學術論集，原爲紀念北京大學建校一〇〇周年，在大陸編輯出版。今增補論文三篇：〈周易的特質及其現代價值〉、〈《周易》導讀〉、〈在中國哲學與易學學術研討會上的發言提要〉，更名爲《燕園耕耘錄》，以正體字在臺灣付梓，爲開展兩岸學術文化交流提供方便之門。

我在大陸版〈自序〉中談及此學術論集，「多少反映了我幾十年來探討中國哲學問題的歷史足跡。足跡總會打上時代的烙印。時代前進了，舊的足跡則成爲歷史的記錄，供人評論而已」。我堅信，任何學術論著，都是它所處的那個時代和環境的產物，並非永恆眞理的化身。我衷心盼望臺灣讀者，能從我所處的學術環境及其變遷中，理解拙著各篇的由來及其內容，指出其中不妥或失誤之處，從中吸取經驗教訓，勉勵我於有生之年繼續前進，爲弘揚中國哲學和中華文化，發揮餘熱，則不勝感激之至。

此論集臺灣版得以刊行，承蒙朱高正博士多次督促並代爲校勘和訂正，又蒙學生書局董事長孫善治先生大力支持，此情此意難以忘懷，在此一併致以謝意。

朱伯崑

二○○○年十月北京大學燕園

# 燕園耕耘錄——朱伯崑學術論集

## 目錄

### 下冊

# 上冊

# 道家、道教编

# 《管子》四篇考

## 一、〈心術〉等四篇非宋銒、尹文遺著

對於今本〈管子〉中〈心術上〉、〈心術下〉、〈白心〉、〈內業〉四篇，有一種流行的意見，即認爲這四篇是戰國時代齊國稷下學士宋銒、尹文的著作。此說的主要論點是：《莊子．天下》中評論宋、尹的學說時說宋、尹講：「人我之養，畢足而止，以此白心」和「情欲寡之以爲主」；〈心術〉四篇也都講「情欲寡」，而且其中的一篇名爲〈白心〉，與《莊子．天下》中所說的「白心」含義相同，所以〈心術〉等篇爲宋、尹遺作。我們認爲，此說立論不足，值得商榷，理由如下：

### ㈠關於「白心」

《莊子．天下》中講的「白心」，白爲動詞，意謂表白。「白心」即表白心意。〈白心〉講的白，爲形容詞，乃「虛室生白」（《莊子．人間世》）的「白」，即「去辯與巧」（〈白心〉），也就是〈心術上〉說的「虛素」。「白心」指排除情欲和智巧干擾的心理狀態。《莊子．天

下》還說，宋、尹「語心之容，命之曰心之行」。依上下文意，這裡的「容」，指「寬容」。〈內業〉中也說到「心之形」，但其內容指「自充自盈，自生自成」。所以，依據《莊子·天下》中講的「白心」和「心之行」的詞句，不足以證明〈白心〉、〈內業〉爲宋、尹所作。

## ㈡關於「情欲寡」

《莊子·天下》中講的「情欲寡」，即下文說的「情欲固寡」，指人的本性「欲少」，而不是「欲多」。此即《荀子》中所引的「人之情欲寡，而皆以己之情爲欲多，過也」（〈正論〉）。「欲」爲動詞。因爲宋、尹講「情欲固寡」，所以主張「寬恕」（見《韓非子·顯學》）、「非鬥」、「寢兵」。因爲人的本性「欲少」，所以不講養生，無欲可節，所謂「五升之飯足矣」（《莊子·天下》）。可是，〈內業〉等篇，並不主張「情欲固寡」。相反，倒認爲人生來有惡死好利之心，都是欲多，唯君子能止欲。〈心術上〉說：「人之可殺，以其惡死也；其可不利，以其好利也」。「不怵乎好，不迫乎惡，惡不失其理，欲不過其情，故曰君子」。因爲人欲多，所以君子講養生之道，既不飽食，也不餓肚子。〈內業〉說：「飢飽之失度，乃爲之圖」，「節欲之道，萬物不害」。《呂氏春秋·情欲》發揮說：「天生人而使有貪有欲，欲有情，情有節，聖人修節以止欲，故欲不過其情也」。此與〈心術上〉所說，文意略同。可見，講節欲的，都認爲人的「情欲多」，〈心術〉等篇也是這樣。

## ㈢關於「假物」

《莊子．天下》說，宋、尹主張「君子不苛察，不以身假物」。「假物」，即荀況說的「善假於物」（《荀子．勸學》），即假借或憑藉外物。「不以身假物」，是說，不憑藉外物，與外物疏遠。所以郭象注說：「必自出其力」，即靠自己，不靠外物，〈天下〉又說：宋、尹「不累於俗，不飾於物」。《淮南子．主術訓》高誘注，訓飾爲好。「不飾於物」，是說不追隨或追求外物。如果訓飾爲整治，「不飾於物」，是說不治理於萬物。宋鈃認爲人的「情欲寡」，所以鄙視外物，把內心和外物對立起來，此即《莊子．逍遙遊》中評論的「定乎內外之分」。可是，〈心術〉等篇卻主張追隨外物，憑藉外物。〈心術上〉說：「其應物也若偶之」。又說：「舍己而以物爲法」。「應物」即因循外物；「舍己」，即不靠自己而靠外物。〈心術下〉又說：「君子裁物，不爲物使」。「裁物」即治理萬物，同「假物」、「應物」聯在一起的。「不爲物使」，不是說脫離外物，而是〈心術下〉所說，「應物而不移」，即追隨外物但又不受外物役使，這同「不以身假物」是兩回事。從對外物的態度看，〈心術〉等篇主張「應物」、「裁物」，所以不是宋、尹一派的著作。

### ㈣關於「別宥」

《莊子．天下》說：宋、尹一派「接萬物以別宥爲始」，一說「別宥」謂辨別偏見。但宋、尹的「別宥」說，是同其主張「寬恕」聯在一起的，所以下文緊接著說「語心之容，命之曰心之行」。因爲講寬恕，所以對人和物不存成見。〈心術〉等篇也有去掉偏見的思想，但它是同主張「虛靜無爲」聯在一起的。〈心術上〉說：「恬愉無爲，去智與故。其應也，非所設也；其動也，非所取也」。這是說，去掉智巧，內心虛靜，便能「應物若偶」了。《呂氏春秋》的〈先識覽·去宥〉，據說就是宋、尹的「別宥」說。但它認爲人的智力衰老了，才有所「宥」，講「去宥」，不許「去智」。相反，認爲「智益盛」，才能去宥。如果說它爲宋、尹一派的主張，則同〈心術〉等篇講的「無爲去智」說相抵觸。因此，依據「別宥」說，同樣不能證明〈心術〉等篇爲宋、尹的著作。

### (五)關於「禁攻寢兵」

《莊子·天下》說，宋、尹「見侮不辱，救民之鬥，禁攻寢兵，救世之戰」。宋、尹此說，當時影響很大。可是，〈內業〉等四篇對此說並無反映，相反，並不反對攻戰。〈白心〉說：「兵之勝從於適（敵），德之來從於身」。前一句是主張因敵制勝。下文接著又說：「兵不義不可」。這是主張義兵。《呂氏春秋·孟秋紀·盪兵》說：「古聖王有義兵而無有偃兵」。凡主張義兵的，都反對「寢兵」。所以〈白心〉不是宋、尹的著作。

### (六)關於禮和法《荀子·非十二子》

評論宋鈃說，「大儉約而僈差等」，同墨翟一樣，不贊成等級制度。《莊子·天下》也說，宋鈃「作爲華山之冠以自表」。郭象注說，「華山上下均平」，亦「僈差等」之意。可是，〈內業〉等四篇則擁護等級制度，大講禮和法。〈心術上〉說：「貴賤有等，親疏之體，謂之禮。簡物小未（大）一道，殺戮禁誅謂之法」。認爲禮和法，對衛護等級制度說，都是不可缺少的，特別強調君臣的地位、職守不能顛倒。這同宋鈃的「不羞囹圄」（《韓非子·顯學》），「不足以容辨異，縣君臣」（《荀子·非十二子》）的思想是相排斥的。

　　據說，宋、尹爲齊國稷下學士，屬於黃老學派，《管子》一書爲齊國稷下學士的論文集，所以〈內業〉四篇爲宋、尹遺著。宋、尹是否屬於稷下黃老學派，同樣是值得商榷的。《史記》兩處（見〈田敬仲完世家〉和〈孟荀列傳〉）講到的稷下學士的名單中皆無宋、尹。《鹽鐵論》中講到的稷下學士名單中，亦無宋、尹。《史記》更沒有說，宋、尹是「學黃老道德之術」。據《莊子·天下》和《荀子》的評論，宋、尹屬於墨家的支派，其宗旨大體與墨家相同。《莊子·天下》稱宋、尹爲「救世之士」，「願天下之安寧，以活民命」，這正是墨家「兼愛」精神的體現，是同道家的獨善其身相對立的。所以荀子明確將宋鈃和墨子列爲一派，說他們「上功用」、「僈差等」。在先秦和漢初的文獻中，沒有材料說明宋鈃主張虛靜無爲，去智貴生而屬於道家。說宋鈃講黃老之學，始於後漢班固。《漢書·藝文志》於小說家中著錄宋子十八卷。注說：「孫卿道宋子，其言黃老意」。宋鈃既言黃老意，其著作爲何不列入道家？班固此說與「諸子略」的宗旨不合，不足爲信。僅據班固的說法，便認爲宋、尹屬於齊國稷下黃老學派，已是孤證單行，難以服人，再以此斷定〈心術〉等四篇爲宋鈃、尹文的遺作，證據愈顯不足。

## 二、〈心術〉等四篇是齊國法家愼到一派的著作

現存《管子》一書，是漢朝人重新編輯的有關法家著作的論文集，其中保存了先秦法家，特別是齊國法家的著作。齊國法家，就其思想來源說，可以追溯到春秋時代的管仲，但到了戰國時代，究竟有哪些代表人物，其學說又有什麼特點？此問題不解決，所謂齊國法家只是個空洞的稱號，不能闡明哲學史發展的眞實線索。據《史記·孟荀列傳》記載，齊國稷下的法家只有愼到（在先秦文獻中，也找不到其他法家人物）。愼到與田駢齊名，「皆學黃老道德之術」。司馬遷說的學「黃老道德之術」，包括從道家分化出來的法家人物，有時指打著道家旗號的法家。郭沫若同志說，齊國稷下學士中，田駢和愼到是從道家轉向法家的（見《十批判書》），近於史實。但田駢是否已轉爲法家，尚無可靠證據。而愼到則確是齊國有名的法家，這是先秦許多文獻所公認的。這一派法家的特點是「本於黃老而主刑名」，既有法家思想，又有道家思想。所謂「黃老道德之術」，指君主駕御臣民的方術，即君道無爲。刑名，即形名，所謂「君操其名，臣效其形，形名參同」，即「循名責實」。齊國有法家的傳統。齊宣王時期，道家思想也很流行。道法融合，形成愼到一派的法家，是很自然的事。《管子》書中〈心術〉等篇文章，就是在這種學風的影響下形成的。這四篇，一方面講法治，講形名關係；另一方面又講無爲，將道家思想和法家思想融合在一起。特別是〈心術上〉，提出「靜因之道」，爲循名責實提供了理論基礎。它同《莊子·天下》中講的愼到的「趣物不兩」說和《愼子》中的「貴因」說，從思想內容和表達術語上看，都是一脈相承的，鮮明地兼有道家和法家思

想的特色，體現了「本於黃老而主刑名」的宗旨。據此，我們認爲，〈心術〉等篇是齊國稷下學士中從道家分化出來的法家愼到一派的著作，因而被保存在《管子》書中。這四篇不一定是愼到本人寫的，其內容各有重點，體裁也不盡同。〈心術〉和〈內業〉有經有解，同《愼子》的文體也有區別，很可能出於愼到後學之手。由於史料缺乏，雖然還不能斷定這四篇的作者是誰，但就其思想體系看，可以肯定是愼到一派的著作，而不是其它流派的著作。證據如下：

### ㈠據《愼子》，斷定〈心術〉等四篇屬於愼到一派的著作

據現存《愼子》七篇及其佚文看，〈心術〉等四篇不僅與愼到一派法家思想相通，而且所使用的概念、術語亦相同：

1. **關於「君道無為」** 《愼子·民雜》說：「臣事事，而君無事，君逸樂而臣任勞」。〈君人〉說：「大君任法而弗躬，則事斷於法矣。」君道無爲，臣道有爲，這是愼到法家學說的一大特點。而〈內業〉等篇極力鼓吹君道無爲，臣道有爲。〈心術上〉說：「心術者無爲而制竅者也，故曰君。無代馬走，無代鳥飛。此言不奪能能，不與下誠也」。此即君逸臣勞，不能易位。〈白心〉說：「名正法備，則聖人無事。」此即「大君任法而弗躬」。

2. **關於「聖人貴因」** 《愼子·因循》說：「天道因則大，化則細。因也者，因人之情也。」又說：「用人之自爲，不用人之爲我，則莫不可得而用矣。此之謂因。」《愼子·民雜》說：「大君因民之能爲資，盡包而畜之，無能去取焉。」《呂氏春秋》中的〈愼大覽

·貴因〉講「因人之心」、「因民之欲」、「因則無敵」。其中說：「如秦者立而至，有車也。適越者坐而至，有舟也。秦越遠途也，竫立安坐而至者，因其械也。」《愼子》佚文也同樣說：「行海者，坐而至越，有舟也。行陸者，立而至秦，有車也。秦越遠途也，安坐而至者，械也」。可見《呂氏春秋·愼大覽·貴因》乃愼到一派著作。「聖人貴因」，是愼到法家思想的又一特點。無爲和因循是聯在一起的。〈心術上〉提出的「靜因之道」，即愼到一派的「貴因」說。〈心術上〉說：「故道貴因。因者，因其能者，言所用也。」此即《愼子》中說的「莫不可得而用矣，此之謂因」。〈心術上〉又說：「因也者，舍己而以物爲法者也」。因而又主張「恬愉無爲，去智與故」。《愼子·君人》說：「君舍法而以心裁輕重，則同功殊賞，同罪殊罰矣，怨之所由生也」。此即「舍己而以物爲法」在政治上的運用。

愼到的「貴因」說，還表現在「任數」上。《愼子·君臣》說：「爲人君者不多聽，據法倚數以觀得失」。「倚數」即「任數」。《管子》書中有〈任法〉一篇，乃愼到一派著作（證據見後）。其中說：「聖君任法而不任智，任數而不任說」。愼到重勢，所以反對尙賢，講「不任智」；因爲貴因，所以反對道聽塗說，講「任數」。「任數」即是憑任事物的度數和法則。《呂氏春秋》有〈審分覽·任數〉，解釋「任數」說：「且夫耳目知巧，固不足恃，惟脩（循）其數行其理爲可」。又說：「故至智棄智，至仁忘仁，至德不德，無言無思，靜以待時，時至而應，心暇者勝。凡應之理，清淨公素，而正始卒焉，此治紀，無唱有和，無先有隨。古之王者，其所爲少，其所因多，因者君術也，爲者臣道也。爲則擾矣，因則靜矣。因冬爲寒，因夏爲暑，君奚事哉！故曰君道無知無爲，而賢於有知有爲，則得之矣」。這段材料，既是對愼到的「任數」說的解釋，又是對〈心術上〉貴因說的解釋。所說的「心暇」，即下文說的「清淨公素」，即〈心術上〉說的「恬愉無爲，去智與故，言虛素也」。所說的「因者君術也，爲者臣道也。爲則擾也，因則靜矣」，此即〈心術上〉說的「靜因之道」和「心術則無爲而制竅者也，故曰君」。「因者君術」，就是對「心術」內容的解釋。這段材料說明，愼到一派法家講「任數」，則主張「貴因」；講「貴因」，則提倡一種修養方法，即使心保持清淨虛素的境地，這種修養方法，就叫「心術」。這就是〈心術上〉的來源。「心術」和「任數」是聯繫在一起的。在政治上說，爲「任數」；在哲學上說，則爲「心術」。總之，是講人君考察臣民言行的方術。「心術」一詞，並非道家的專用名詞。《管子·七法》中說：「布令必行，不知心術不可」。這證明〈心術上〉是愼到一派法家的著作，不是其它流派，更不是宋、尹的著作。

3. **關於禮、法並行** 《愼子·威德》說：「定賞分財必由法，行德制中必由禮」。這是說，禮和法都是必要的。關於禮和法的作用，〈威德〉說：「法制禮籍所以立公義也，凡立公，所以棄私也」。佚文又說：「法之功，莫大使私不行」。關於禮和法的起源，《愼子·君人》說：「法之所加，各以其分」。佚文說：「分定之後，雖鄙不爭」。又說：「禮從俗，政從上，使從君」。總之，愼到一派法家認爲，禮和法並不矛盾，都在於「明分」，所謂「立公去私」。〈心術〉等篇也是主張禮法並行。〈心術上〉說：「禮者因人之情，緣義之理，而爲之節文者也。故禮者謂有理也，理也者，明分以諭義之意也」。又說：「法者所以同出，不得不然者也」。這是說，禮和法都在於「定分」。「禮者因人之情」，即《愼子》

佚文說的「禮從俗」。〈白心〉說：「天不爲一物枉其時，明君聖人亦不爲一人枉其法」。〈心術下〉說：「聖人若天然，無私覆也……私者亂天下者也」。這是講，法是立公去私，並爲去私說製造了理論根據。又《愼子・威德》說：「無名而斷者，權重也」。認爲法令的實行，出於君主的權勢，有了權勢，就可以「任法而弗躬」。〈心術上〉說：「故事督乎法，法出乎權，權出乎道」。權即權勢，道即無爲。愼到一派法家重勢，所以講君道無爲。〈心術上〉等篇也是這樣。這證明，〈心術上〉爲愼到一派法家著作。

### 4. 關於「因時制法」

《愼子》佚文說：「故治國無其法則亂，守法而不變則衰」。又說：「以力役法者百姓也。以死守法者有司也。以道變法者君長也」。這裡，所謂「道」，即因時變化。《呂氏春秋・愼大覽・察今》講「變法者，因時而化」。其中說：「故治國無法則亂，守法而弗變則悖」。又說：「不敢議法者衆庶也，以死守者有司也。因時變法者賢主也」。其與《愼子》佚文文意相同。〈察今〉多半是愼到一派法家的遺文。法因時變，是愼到一派法家思想的又一特點。〈白心〉說：「建當（常）立有，以靖爲宗，以時爲寶，以政爲儀，和則能久」。此是〈白心〉的宗旨。關於「建常立有，以靖爲宗」，下文解釋說：「是以聖人之治也，靜身以待之，物至而名自治之」，「名正法備，則聖人無事」。關於「以時爲寶」，解釋說：「不可常居也，不可廢舍也，隨變斷事也，知時以爲度」。這是說，人君既講靜因之道，以形務名，就不能墨守成法，要因時變法，此即愼到所說「以道變法者，君長也」。所謂「不可廢舍」，即「無法則亂」；「不可常居」，即「守法不變則衰」；「隨變斷事也，知時以爲度」，即「因時而化」。這證明〈白心〉同樣爲愼到一派的著作。

**5.關於養生** 《愼子》佚文說：「夫德，精微而不見，聰明而不發，是故外物不累其內」。這是說，保養精神，不受外物的干擾。這裡，把精神稱爲「德」，認爲它是精細而看不見的東西。此即〈內業〉講的「精氣」說。〈心術下〉說：「形不正者德不來」。〈內業〉說：「敬守勿失，是謂成德」。這裡講的「德」，都指精氣，居於人的形體中，成爲人的精神。所以「德」是看不見的，無形無聲的，「忽忽乎如將不得」（〈內業〉）的一種實體。〈心術下〉又說：「無以物亂官，毋以官亂心，此之謂內德」。此即《愼子》佚文說的「聰明不發」、「外物不累其內」，即保養身體中的精氣，不受外物的干擾。從對「德」的理解和養生的方法看，〈內業〉屬於愼到一派著作。

### (二)據《莊子．天下》，斷定〈心術〉等四篇爲愼到一派著作

《莊子．天下》講的愼到一派的觀點，不僅與《愼子》佚文的觀點相通，亦與〈心術〉等篇觀點相通：

**1.關於「公而不黨」** 〈天下〉說，愼到一派的宗旨是「公而不黨，易而不私」，即主張立公去私。〈心術下〉說：「私者亂天下者也」。〈白心〉說：「明君亦不爲一人枉其法」。此即「公而不黨」。

**2.關於「趣物不兩」** 〈天下〉說，田駢、愼到等對外物的態度是，「趣物不兩」、「於物無擇，與之俱往」。特別提到愼到「冷汰於物，以爲道理」，「椎柏輐斷，與物宛轉」。「趣物不兩」乃愼到思想一大特徵。〈心術上〉說：「因也者，舍己而以物爲法者也。感而

後應，非所設也。緣理而動，非所取也。過在自用，罪在變化。自用則不虛，不虛則仵於物矣」。又說：「其應物也若偶之，言適時也。若影之象形，響之應聲也。故物至則應，過則舍也」。「應物若偶」，即〈天下〉說的「趣物不兩」、「與物宛轉」。郭沫若同志在《青銅時代》中說，〈心術上〉講的「應物若偶」，即〈天下〉中講的慎到的「趣物不兩」的態度。又在《十批判書》中說，〈天下〉中說的「冷汰於物」，同〈心術〉講的「舍己而以物爲法」的意思相同。這一論斷是正確的。

3. **關於「棄知去己」** 〈天下〉說，慎到學說的又一特點是，「棄知去己，而緣不得己」、「不顧於慮，不謀於知」、「不師知慮，不知前後」、「若無知之物，無建己之患，無用知之累，動靜不離於理」、「塊不失道」。慎到講「棄知去己」，是同「趣物不兩」聯繫在一起的。〈心術〉等篇講去知、無己，也是這樣。〈心術上〉說：「去智與故。其應也非所設也。其動也非所取也」。「其處也若無知，其應物也若偶之」。又說：「無求，無設，則無慮，無慮則反復虛矣」。虛則「偏流萬物而不變」。這裡，「去智與故」和「應物若偶」是一回事，同〈天下〉中慎到的「棄知」說，完全一致。

### (三)據《荀子》，斷定〈心術〉等四篇是慎到一派的著作

荀況對慎到的評論，同〈心術〉等篇的思想亦相通：

1. **關於「有後無先」** 《荀子・天論》說：「慎子有見於後，無見於先」。又說：「有後無先，則群衆無門」。所謂「有後無先」，即「貴因」說。《淮南子・主術訓》解釋

說：「虛無因循，常後而不先也」。所以〈心術上〉說：「感而後應」、「毋先物動，以觀其則」。〈白心〉說：「人不倡不和，天不始不隨」。這都講「有後無先」。

**2.關於「尚法而無法」** 《荀子．非十二子》評論愼到說：「尙法而無法，下脩（不循）而好作，上則取聽於上，下則取從於俗」。「尙法而無法」，是說法因時變，不循舊法而創新法。「取聽於上」，即「以道變法者，君主也」。「取從於俗」，即「禮從俗」。〈白心〉說：「能者無名，從事無事，審量出入，觀物所載。孰能法無法乎？始無始乎？終無終乎？」所謂「審量出入，觀物所載」，即「取從於俗」；「法無法」，即「尙法而無法」、「不循而好作」，即因時制法。

## 三、申不害、荀況和韓非同〈心術〉等篇的關係

〈心術〉等四篇對當時和後來法家思想的發展有很大影響。先秦法家有兩個來源：一派是從儒家分化出來的，代表人物有商鞅。一派是從道家分化出來的，代表人物爲愼到。而愼到的學說又影響了法家申不害，同時又爲荀況所吸取，後被韓非繼承下來。據《孟子》記載，愼到與孟軻同時，〈心術〉等篇的形成年代，當在孟軻和荀況之間，大約在戰國中期或稍後。

### ㈠同申不害的關係

《漢書．藝文志》注說，愼到「先申韓，申韓稱之」。這是說，愼到的思想爲申不害所

吸收，愼、申實際上是一派。據韓非說，愼到的法治思想的特點是講「勢」，但《荀子·天論》說：「申子蔽於勢而不知智」，申不害同樣講「勢」，可見申、愼的思想並無多大差別。據《申子》佚文，申不害同愼到一樣，主張君道無爲，靜因之道。〈大體〉說：「故善爲主者，倚於愚，立於不盈，設於不敢，藏於無事，竄端匿迹，視天下無爲」。這是主張君道虛靜無爲。又說：「鏡設精，無爲而美惡自備。衡設平，無爲而輕重自得。凡因之道，身與公無事，無事而天下自極也」。這是講聖人貴因。關於形名問題，〈大體〉說：「名自正也，事自定也，是以有道者自名而正之，隨事而定之也」。又說：「其名正則天下治」，「其名倚而天下亂，是以聖人貴名之正也」。此即〈心術上〉所說：「以形務名，督言正名」；〈白心〉所說：「正名自治之，倚名自廢」；《管子·樞言》所說：「名正則治，名倚則亂，無名則死，故先王貴名」。又《申子》佚文說：「聖君任法而不任治（智），任數而不任說」。關於「任數」，《呂氏春秋·任數》引申不害的話說：「去聽無以聞則聰，去視無以見則明，去智無以知則公」。這是講無爲去智，立公去私。又《申子》佚文說：「明君治國，而晦晦，而行行，而止止，三寸之機運而天下定，方寸之機正而天下治，故一言定而天下定，一言倚而天下靡」（〈意林〉二）。此即〈內業〉所說：「一言得而天下服，一言定而天下聽」，「意氣得而天下服，心意定而天下聽」。以上皆與〈心術〉等篇文意一致。所以《史記》說：「申子之學，本於黃老而主刑名」。

### ㈡同荀況的關係

荀況的許多觀點來源於〈心術〉等篇，近人評論較多。這說明荀況同齊國法家愼到一派有繼承關係。據《鹽鐵論·論儒》說，愼到於齊湣王時才死去。荀況在齊稷下，曾三爲祭酒，資格最老，其學說受愼到的影響是很深的。在這裡，我們著重指出的是，荀況的禮法並重的思想源於愼到一派法家。如關於禮的起源和作用，荀況說：「禮義文理之所以養情也」（《荀子·禮論》），此即本於〈心術〉所說：「禮者因人之情，緣義之理，而爲之節文者也」。荀況的禮以明分說，同樣本於〈心術〉講的「明分以喩義」。値得注意的是，荀況的「性惡論」，同樣出於愼到一派法家。據《愼子》佚文，愼到主張人性惡。如說：「家富則疏族聚，家貧則兄弟離，非不相害，利不足相容也」。又說：「匠人成棺，不憎人死，利之所在，忘其醜也」。《愼子·因循》說：「人莫不自爲也」。這些都可以作爲證明。荀況在〈解蔽〉中表明的哲學觀點也來源於〈心術〉等篇。如荀況說：「凡萬物異則莫不相爲蔽，此心術之公患也」。又說：「心者形之君也，而神明之主也」。此本於〈心術上〉所說：「心術者，無爲而制竅者也，故曰君」。荀況在〈解蔽〉中還說：「虛壹而靜，謂之大清明」，此即〈內業〉所說：「虛者無藏也」，「執一而不失，能君萬物」，「鏡於大清者視乎大明」。又〈心術上〉說：「其所知，彼也。其所以知，此也。不修之此，焉能知彼」。據此，荀況提出「所以知之在人者謂之知，知有所合謂之智」。（〈正名〉）關於名實問題，荀況說：「莫敢託爲奇辭以亂正名，故壹於道法而僅於循令矣」。（〈正名〉）此即本於〈白心〉所說：「正名自治，倚名自廢，名正法備，聖人無事」。當然，荀況對〈心術〉等篇中思想的繼承，是批判地繼承，有所揚棄，有所發展。

### ㈢同韓非的關係

法家韓非的君道無爲說，源於愼到和申不害。《韓非子》一書中，〈主道〉、〈揚權〉兩篇文章的觀點，同〈心術〉的思想是一致的。如〈主道〉說：「明君守始（道），以知萬物之源」、「明君無爲於上，群臣竦懼乎下」。此即本於〈心術上〉所說：「法出乎權，權出乎道」。〈主道〉又說：「虛則知實之情，靜則知動者正」。此即〈心術上〉所說：「人主者立於陰，陰者靜」、「靜則能制動也」。〈揚權〉說：「名正物定，名倚物徙。故聖人執一以靜，使名自命，令事自定」。〈主道〉說：「虛靜以待令，令名自命也，令事自定也」。此即〈白心〉所說：「是以聖人之治也，靜身以待之，物至而名自治之。正名自治之，倚名自廢」；〈心術上〉所說：「姑形以形，以形務名，督言正名，故曰聖人」。〈揚權〉又說：「聖人之道，去智與巧，智巧不去，難以爲常」、「虛靜無爲，道之情也」。此本於〈心術〉的「去智與故」說。《韓非子》有〈解老〉、〈喻老〉篇。從學風和內容上看，韓非是繼承了愼到一派的傳統，解釋《老子》一書的。其中許多觀點，同〈內業〉等篇的思想是一致的。如〈解老〉說：「凡德者，以無爲集，以無欲成」，「爲之欲之，則德無舍」。又說：「神不淫於外則身全，身全謂之得，得者得身也」。此即本於〈心術上〉所說：「無爲之謂道，舍之之謂德」、「德者得也」。〈解老〉又說：「前識者，無緣而妄意度也」、「必緣理不徑絕也」。此即本於〈心術上〉所說：「緣理而動，非所取也」、「毋先物動，以觀其則」。〈解老〉又說：「知事天者，其孔竅虛，思慮靜，故德不去。孔竅虛，則和氣日入，故曰重積德」。此本於〈心術下〉所說，「正靜不失，日新其德」；〈內業〉所說：「和乃生，不和不生」。又如〈喻老〉說：「夫物有常容，因乘以導之，因隨物之容」。此即〈心術上〉講的貴因說或靜因之道。當然，韓非對〈心術〉等思想的繼承，也是有所揚棄，有所發展。

## 四、〈心術〉等四篇在哲學史上的地位

從先秦的文獻看，從道家分化出來的法家，始於慎到。慎到一派思想的發展，大體有三個階段。第一階段是《莊子·天下》所講的慎到的思想，基本上屬於道家支派，有濃厚的道家氣味。〈天下〉將彭蒙、田駢、慎到列爲一派，著重講了慎到的觀點。其中說：「田駢亦然，學於彭蒙」，並稱彭蒙爲師。慎到和田駢一樣，學於彭蒙。彭蒙其人，已無可考。〈天下〉引他的話說：「古之道人，至於莫之是，莫之非而已矣」。這是說，得道的人，不辨別事物的是和非。這是道家的觀點。關於田駢，據《淮南子·道應訓》有答齊王問，主張「無政可以爲政」，並引老子的「無狀之狀，無物之象」語作論證。田駢推崇老聃，當屬於道家。〈天下〉記載說，這派道家思想的特點是，「齊萬物以爲首」。此即《呂氏春秋·不二》所說：「陳(田)駢貴齊」。「齊萬物」的內容是，「大道能包之，而不能辯之。知萬物皆有所可，有所不可。故曰選則不遍，教則不至，道則無遺者矣」。這是說，得道之人，包容萬物，無所偏愛。這同莊子講的「齊物」是不同的。所謂「選則不遍」、「教則不至」，即「於物無擇，與之俱往」。《呂氏春秋·執一》引田駢的話說：「因性任物而莫不當」，此即「齊

萬物」的注腳。〈天下〉所講的愼到的思想，就是發揮這一派道家「齊萬物」的宗旨。所以《愼子·民雜》說：「是以大君因民之能爲資，盡包而畜之，無能去取焉。是故不設一方以求於人，故所求者無不足也」。這正是「大道能包之」、「選則不遍」的觀點在政治上的應用。總之，這派道家思想的特點是，講「因人」、「任物」，即主張「因循」，這是從老子的「道法自然」的觀點演變出來的。

《管子》書中〈心術〉等四篇標誌愼到一派思想發展的第二階段，即從道家轉向法家的階段。〈心術〉、〈白心〉明確提出法治，即是明證。這四篇一方面將「齊萬物」引申爲「靜因之道」；另一方面，對道家的根本思想進行了改造。如在政治上，將老子的「無爲而治」改造成加強君主集權的君道無爲，臣民有爲的法家思想。在自然觀上，用「氣」解釋作爲世界本原的「道」，用「精氣」解釋精神。在認識論上，將老子的「致虛極，守靜篤」，改造成「舍己而以物爲法」；將老子的「有名萬物之母」，改造爲「物固有形」、「以其形因爲之名」。〈樞言〉還指出「先王重爲」，改造了老子關於禍福轉化的消極無爲的觀點。這種改造，在哲學上，就是拋棄了老子的唯心主義體系，將老子哲學的某些思想資料，給予唯物主義的解釋。但〈內業〉等篇對道家思想的批判是不徹底的。其中仍保留了道家思想及其唯心主義的尾巴。如〈內業〉說：「賞不足以勸善，刑不足以懲過，氣意得而天下服」。這是揚道貶法思想的殘餘。〈內業〉還講養生之道，宣揚「摶氣如神，萬物備存」，也沒有擺脫道家貴生說的影響。其中所說的「能摶乎，能一乎，能無卜筮而知吉凶乎」，又爲《莊子·庚桑楚》所引用。至於〈白心〉，其中道家思想更多一些。

慎到一派思想發展的第三階段，是《慎子》和《管子》中〈任法〉、〈明法〉等篇。〈任法〉和〈明法〉也是慎到一派的著作。〈任法〉說：「生法者君也，守法者臣也，法於法者民也」。此即《慎子》佚文所說：「以力役法者百姓也。以死守法者有司也。以道變法者君長也」。〈明法〉說：「有法度之制者不可巧以詐僞，有權衡之稱者不可欺以輕重，有尋丈之數者不可差以長短」。這幾句話，又見《慎子》佚文。「有尋丈之數者」，佚文作「有尺寸者」，其它文句皆同。《慎子》和《管子》中〈任法〉、〈明法〉等篇的材料表明，此派已鮮明地成爲法家。法家的君道無爲說和法、術、勢的理論在這些文章中表現得非常突出。因此，漢初人將這派法家歸於「黃老道德之術」。司馬談和司馬遷闡述道家思想時說：「其術以虛無爲本，以因循爲用」；「有法無法，因時爲業；有度無度，因物與合。故曰聖人不朽，時變是守。虛者，道之常也；因者，君之綱也；群臣並至，使各自明也」（《史記·太史公自序》）。這裡講的道家，實際上是從道家分化出來的慎到一派法家，已不是先秦時期的道家。其中關於形神問題的看法，如「神者生之本也，形者生之具也」、「形神離則死，死者不可復生，離者不可復反」，正是〈內業〉中形神說的發揮。漢初人把法家歸於「黃老道德之術」，看到了法家和道家的關係，但是把道家和法家混爲一談，不許分化和區別，是不對的。〈心術〉等四篇文章提供的材料，可以說明道家和法家的關係，有助於了解先秦法家哲學思想發展的過程。

（《中國哲學史論文集》第一輯，山東人民出版社，一九七九年）

# 再論《管子》四篇

《管子》書中的四篇，指〈內業〉、〈心術〉上下和〈白心〉。此四篇究爲何人遺著，近代以來，長期爭論不休。文革時期，我講中國哲學史時，依《莊子．天下》和《愼子》佚文，認爲是齊國法家愼到一派的著作。此派法家頗受道家學說影響，司馬遷於《史記》中所說，「本於黃老而主刑名」。至一九七九年，我寫〈管子四篇考〉，斷其爲愼到一派的著作，收入《中國哲學史論文集》（第一輯）中。近年來，由於學術界對先秦道家思想研究的深入展開，我感到對《管子》四篇的思想，有再探討的必要。我在〈莊學生死觀的特徵及其影響〉（《道家文化研究》第四輯）一文中，曾提到「就《管子．內業》提供的資料看，此篇的主旨是講養生問題，未談到刑名之治，不同於〈心術〉、〈白心〉等篇」。我想就此問題，談談我的意見，以見黃老之學發展的線索。

## 一

將《管子》四篇視爲一組文獻，始於劉節，後郭沫若作了辨證。認爲「〈心術下〉篇是

〈內業〉篇的副本」，「〈心術下〉與〈內業〉實在就是一篇」（《青銅時代·宋鈃尹文遺著考》）。

郭氏此說，頗有影響。《管子》四篇，是否爲同一內容？此是值得深入研究的問題。二篇比較，其中有一點不同。〈心術下〉說：「凡物載名而來，聖人因而裁之，而天下治。實不傷，不亂於天下，而天下治」。此是說因名責實，乃刑名家之言。而〈內業〉篇，並無此種言論，也無此種思想。談到「天下治」時，只說：「治心在於中，治言出於口，治事加於人，然則天下治矣」。此是講言行一致，強調治言的重要，所謂「一言得而下服」。未涉及名實關係問題。據此，〈心術下〉當是對〈內業〉思想的闡發或詮釋。至於〈心術上〉，有經有解。其經文說：「物固有形，形固有名，名當謂之聖人」。其解說：「執其名，務其應，所以成之應之道也」。又說：「以其形因爲之名，此因之術也。名者聖人所以紀萬物也」。此亦是談因名責實，並依名實問題，講「靜因之道」。又〈白心〉說：「是以聖人之治也，靜身以待之。物至而名自治之，正名自治之，倚身名廢，名正法備，則聖人無事」。此說又是法家所倡導的刑名之學。可以看出，〈心術〉和〈白心〉皆講刑名之治，與〈內業〉不同。或者說，〈心術〉、〈白心〉，既談養生，又談刑名，而〈內業〉只談養生，不談刑名。據此，不能將此四篇混爲一談。《管子》一書的編者，將〈心術〉上下和〈白心〉編爲一組，同〈內業〉區別開來，是有眼力的。

## 二

〈內業〉篇的主旨是講養生。在哲學上提出精氣說，作爲其養生的理論基礎。它以「道」的內容爲「精氣」或「靈氣」，是對老學道論的一種詮釋。此篇爲先秦道家著述，當無疑問。先秦道家談養生，有兩種傾向：一是強調養神，一是強調養形。此篇主養氣，即保養精氣而不流失，兼顧養神和養形兩方面。其談養生之道在於減損情欲，所謂「不以物亂官，不以官亂心」、「除其舍，精將自來」。因爲其主旨是談養生，故又被《莊子．庚桑楚》篇所引用，其中說：「老子曰：衛生之經，能抱一乎！能勿失乎！能無卜筮而知吉凶乎！能止乎！能已乎！能舍諸人而求諸己乎！」此段文字，和〈內業〉文同。稱其爲「衛生之經」，即以其爲養生的綱領。此段文字，當本於〈內業〉。因爲〈內業〉乃道家文獻，故引者稱其爲老子之言。「內業」一辭，謂內心修養的功夫，即〈庚桑楚〉所談的「衛生之經」。此表明《莊子》外篇的作者，已視〈內業〉爲談養生的文獻。因爲〈內業〉不談刑名，只說養生，不同於〈心術〉上下和〈白心〉，故《管子》書的編者將其列入「樞言」中。

## 三

〈內業〉同〈心術〉上下和〈白心〉，究爲何者關係，也是值得深入討論的問題。就這四篇的內容和文句看，〈內業〉當在前。〈內業〉說：「不以物亂官，不以官亂心，是謂中得」。〈心術上〉經文部分，一開始，便討論心與官的關係，如說「心處其道，九竅循理」、「上離其道，下失其事」等。因爲此篇談心如何駕御感官，故名爲「心術」。又〈內業〉說：「道滿天下，普在民所，民不能知也」。〈白心〉解釋說：「道之大如天，其廣如地，其重如石，其輕如羽。民之所以知者寡，故曰何道之近，而莫之與能服也」，又說：「視之則不見，聽之則不聞，灑乎天下滿」。顯然，〈白心〉關於「道」的解釋，本於〈內業〉文。故此文結尾，談到養生問題說：「和以反中，形性相葆」。此本於〈內業〉所說：「彼心之情，利安以寧，勿煩勿亂，和乃自成」。「心無他圖，正心在中」，即心回到安靜和諧的境地，〈白心〉取名「白心」，即「心無他圖」之義。至於〈內業〉同〈心術下〉的關係，郭沫若已作了比較，可視爲對〈內業〉文的詮釋。〈內業〉何時成文，已不可考。就其所使用的漢語辭組說，其中有「道德」一詞，就其所提出的命題說，其中有「其細無內，其大無外」。其成文當在莊子和惠施之後，即戰國中期以後，和《莊子・庚桑楚》以前。

## 四

我認爲，《管子》四篇乃齊國黃老派的著作。《莊子・庚桑楚》引〈內業〉文，稱「老子曰」，表明〈內業〉乃道家的作品，非法家的作品。關於齊國黃老之學，司馬遷於《史記》中，談到稷下學者時，提到愼到、環淵、接子、田駢，說他們「皆學黃老道德之術，因發明序其指意」（〈孟荀列傳〉），並列其著述若干篇。〈內業〉一文，當是這批人的遺文。又司馬遷談到申韓一派法家時，則說「本於黃老而主刑名」。據此，先秦黃老之學，有兩種傾向：一是講黃老養生之學，一是講黃老刑名之學。就《管子》四篇提供的史料說，〈內業〉屬於黃老養生之學，而〈心術〉上下和〈白心〉，因其中談到刑名之治，可以說是黃老刑名之學的先驅，司馬遷說的「黃老道德之術」是否限於養生，不得而知，但包括養生之術在內，是可以肯定的。就〈內業〉同其它三篇的關係看，黃老刑名之學，當是黃老養生學的發展。或者說，〈心術〉和〈白心〉通過對〈內業〉的詮釋，將養生和刑名結合起來，而〈白心〉又同法治結合起來，此即屬於申韓所走的道路。

## 五

先秦黃老之學，分爲兩種傾向，從戰國末年和漢初有關文獻中，也可以得到印證。《呂氏春秋》中的〈盡數〉、〈達郁〉屬於〈內業〉養生傳統，此二篇皆以保養精氣爲養生之本。特別〈盡數〉的養生論，是對〈內業〉的闡發。《呂氏春秋》中的〈貴因〉、〈察今〉、〈任數〉講治國之術和靜因之道，乃繼承〈心術上〉和〈白心〉的傳統。《淮南子》中的〈精神訓〉談養生問題，是闡發黃老養生之學。〈主術訓〉則是發揮黃老刑名之學。漢代成書的醫學著作《黃帝內經》，就其哲學說，是繼承黃老養生學的傳統，此書當中，以黃帝和歧伯的對話，講養生之道，而歧伯所論，則列《老子》書中語。此表明，黃老養生學，到漢代又同醫學相結合，或者說出黃老養生學走向醫學養生的道路。〈內業〉的精氣說，成爲古代醫學論生命泉源的依據。司馬談和司馬遷論六家要旨，其對道家的理解，主因物、因時，所謂「其術以虛無爲本，以因循爲用」、「不爲物先，不爲物後」、「因時爲業」、「其實中其聲者謂之端」，以及「神者生之本也」，是繼承〈心術上〉和〈白心〉的傳統，屬於黃老刑名之學。漢初的黃老之治，亦是黃老刑名學在政治上的表現。漢代的道教，被稱爲「黃老道」，又將黃老養生術引向神仙方術，《老子想爾注》主「結精自守」，即是明證。

## 六

以上所談表明，先秦西漢的黃老思潮，實爲道家中一大流派。就其發展的趨向說，或倡黃老養生學，或倡黃老刑名學，前者講聖人內心修養，可稱之爲「內聖」之學；後者講刑名和法治以及人君統治之術，可稱爲「外王」之學。黃老之學，自成一體系，在先秦西漢哲學史上應佔有重要地位。帛書本《黃帝四書》，近人大都認爲屬於黃老之學。由於其談刑名之治以及戰爭和統治，不談聖人內心修養，談外王而不及內聖，當屬於黃老刑名之學的系統。近人談黃老之學，多偏重於黃老刑名方面，甚至以黃老刑名爲黃老之學的代表。我在〈管子四篇考〉中，論黃老之學的特徵，亦執此見解。究其原因，未能將《管子》四篇中的〈內業〉與其它三篇區別開來，黃老養生學的來源被埋沒了。黃老養生學，在先秦文獻中，並不限於〈內業〉，《莊子》中也保存了不少史料，需要我們深入發掘和補充。

（《中國哲學史》〈季刊〉，一九九五・三、四期）

# 《管子》的國家管理學說

## 一、管子和《管子》一書

春秋戰國時代，是中國古代社會一大轉變時期，以小農經濟爲基礎的社會得到發展，諸侯國家連年進行兼并戰爭，社會秩序動盪不安，人們要求改革，實現統一。這一時期形成和發展起來的各種學術流派，圍繞著治理國家、經營產業、安定社會秩序，從而建立一個統一的大帝國，展開了熱烈的辯論，形成了各種類型的管理思想。《管子》一書，可以說是對當時各種管理思想的總結，也是中國古代管理學之祖，對以後封建時代的管理思想起了深遠的影響。

《管子》一書，並非春秋時期齊國的大政治家管仲所作。宋朝學者葉適於《習學記言》中早已指出：「管子非一人之筆，亦非一時之書，莫知誰所爲」。近人研究《管子》亦執此觀點。但此書與管仲的思想並非沒有聯繫。照《國語·齊語》和《史記·管晏列傳》記載，管仲爲齊國相，輔齊桓公成霸業，提出富國強兵的對策，其中包括徵收土地稅（「相地而衰徵」）、區分士農工商四民、發展本業即農業、扶助工商業、選拔賢才、按賞罰考核官吏、改編軍隊編制等，從而使齊國富強起來。管仲不僅是一位改革家，也是一位卓越的管理者。《管子》中有〈大匡〉、〈中匡〉、〈小匡〉三文，記述管仲輔齊桓公成霸業的事迹，其中所論富國強兵之策，與《齊語》所記大體一致。其它有關篇章，對管仲的思想也有闡發。據此，此書雖非管仲所作，託名管仲，稱爲《管子》也不無所據。但總觀全書內容，所涉及的社會政治狀況以及思想學說的派別，並不限於春秋時期，更多的是反映了戰國時代的面貌。如〈大匡〉說：「賦祿以粟，案田而稅」。後一條見於《齊語》。前一條謂施行俸祿制，即不見於《齊語》，也不見於《左傳》。商鞅變法，方推行俸祿制，建立新的官僚制度。又如，《管子》中有許多篇，都講君主按法對臣民進行賞罰，〈中匡〉亦說：「法行而不苛」。法，指成文法規。春秋時期的齊國，尚未實行成文法。晉國鑄刑鼎，被認爲是古代成文法的先驅，此事出於管仲死後二十餘年。齊國推行法制，照《史記》記載，在齊威王之後。又如〈權修〉說：「萬乘之國，兵不可以無主」，春秋時期，無此種大國。又如《管子·立政》評論各家學說說：「寢兵之說勝，則險阻不守。兼愛之說勝，則士卒不戰。全生之說勝，則廉恥不立」。據《孟子》和《韓非子》，倡寢兵者爲宋鈃，倡兼愛者爲墨家，倡全生者爲楊朱。此三說皆流行於戰國時代。就全書各篇內容看，重點亦不一。如〈法禁〉、〈重令〉、〈法法〉、〈明法〉、〈任法〉等篇，講法家以法治國的思想；〈兵法〉、〈地圖〉、〈參患〉、〈制分〉等則講兵家的戰略和戰術；〈心術〉上下，〈白心〉、〈內業〉等，則講道家的修養方法；〈幼官〉、〈四時〉、〈五行〉等則講陰陽五行家的氣象學；〈度地〉、〈地圖〉、〈海王〉、〈王蓄〉、〈輕重〉等篇則講土地管理、鹽鐵管理、物價管理和金融管理；〈第子職〉則講儒家的教育制度。其它各篇大都講富國強兵的政策。因此，此書的思想內容，就先秦學術說，包括法家、道家、儒家、兵家、陰陽五行家、貨殖家等學說，確如葉適所說：「非一人之筆，亦非一時之書」。但匯編成書，卻同齊國的政治、經濟和文化的發展有密切的關係。

據《史記》記載，齊威王和齊宣王時，齊國曾進行了變法革新。齊威王任騶忌子爲相，「修法律而督奸吏」；任田忌和孫臏爲將，伐趙魏，「齊最強於諸侯，自稱爲王，以令天下」。齊宣王時，秦用商鞅，進行變法。齊宣王亦推行富國強兵政策，任大軍事家孫臏爲帥，威振天下。他還於稷下設立學宮，招致天下學者著書，議論時政。「是以齊稷下學士復盛，且數百千人」。（以上皆見〈田敬仲完世家〉）齊國稷下成了戰國時代百家爭鳴的中心。據《史記》記載，在齊國講學和游說之士，其代表人物，有法家慎到、墨家田駢、道家環淵、陰陽五行家鄒衍，還有儒家孟子，後又有荀子。而且荀子在稷下學宮，「三爲祭酒」。此表明，齊國乃戰國時代各家薈萃之地，各派宣講自己的學說，又互相交流和影響。齊宣王所以網羅天下學者，「不治而議論」（同上），其目的是聽取各家的觀點，作爲齊國執政者的參考。稷下學宮實際上成了齊國的諮政委員會。孟子和齊宣王關於王霸問題的辯論，便是明證。《管子》一書，託名管仲，表明此書出於齊國，其中所收各篇，正反映了齊國政治、經濟、軍事和學術發展的狀況。近人有一種看法，以《管子》一書爲齊國稷下學者的論文集，不無見地。但編此論文集，也有其目的，即爲治理天下國家提供策略。如漢劉向校書時所說：「凡管子書，務富國安民，道約言要，可以曉合經義」。《韓非子．難三》曾引〈牧民〉和〈權修〉語，稱爲「管子曰」，表明《管子》一書，或其中〈經言〉部分，於韓非時已流行。至於此書的主編是誰，已不可考。

關於此書的思想傾向，《漢書・藝文志》將《管子》列爲道家，因爲其中有些篇，講黃老之學。據《正義》引《七略》，又以《管子》爲法家著作，因爲其中有許多篇是講法家學說。此書中，法、道兩家的思想言論較多，故漢人有此看法。但齊國的道家，如司馬遷於《史記》中所說，屬於黃老學派，而此派又同法家的刑名之學相結合，成爲黃老刑名之學，不同於老莊之學。齊國的法家和兵家，都講耕戰政策。近來出土的漢簡《孫臏兵法》，不僅講兵法，亦談富國之策和法治。所以《管子》書中兵家和法家的言論又結合爲一體。〈幼官〉、〈四時〉、〈五行〉等篇，乃〈月令〉一類的著作，雖出於陰陽五行家之手，但爲指導農業生產提供了一種程序，故收入《管子》書中。至於〈海王〉、〈輕重〉等篇，又是總結齊國面臨東海，經營鹽鐵以及通貨積財的經驗。値得注意的是，此書的內容，特別是〈經言〉部分，同儒家學說有密切的關係。儒家學說，雖出於魯國，到戰國時代，又流行於齊國，形成了齊魯之學。如司馬遷於〈儒林列傳〉所說：「天下並爭於戰國，儒術既絀焉，然齊魯之間，學者獨不廢也」。又說：「於威、宣之際，孟子、荀卿之列，咸遵夫子之業而潤色之，以學顯於當世」。《管子》書中所講的仁政、禮制、道德規範和道德教化等，則出於儒家的傳統。如〈牧民〉中提出的「順民心」說，以「禮義廉恥」爲國之四維說，〈立政〉提出的「大德不至仁，不可以授國柄」說，〈五輔〉提出的「德有六興，義有七體，禮有八經」說，〈小匡〉中說的「始於愛民」說，〈君臣上〉的「與民爲一體」說，〈小問〉甚至說：「非其所欲，勿施於人，仁也」，並以此爲聖王「牧民」之道。這些，顯然又是對孔孟學說的闡發。《管子》不排斥儒家學說，這同儒家創始人孔子，對管仲的評價也有關係。孔子曾贊揚管仲說：「霸諸侯，一匡天下，民到今受其賜」、「如其仁，如其仁」。（《論語．憲問》）這種以霸道爲行仁德的觀點，對《管子》一書頗有影響。所以書中許多觀點、術語，甚至於文句，又見於《荀子》書中。總之，《管子》一書具有融合各家思想的傾向，其指導思想是，富國安民而強兵。如果說，富國強兵說始於管仲，而齊國的法家和兵家則繼承和發展了這一傳統，並且吸收了儒家和道家的思想，作爲管理國家和一統天下的理論依據。因此，其講法治，不排斥儒家學說，不同於商鞅一派的法家；其講清靜無爲，是爲了加強君主集權的統治，又不同於老莊一派的道家。講兼并戰爭，又主張以德服人，又不同於一般的兵家。此是《管子》一書的思想特徵。書中有些論述，後爲荀、韓二人所引用，對儒法兩家學說的發展起了很大的影響。

從管理學的角度看，《管子》一書的中心課題是怎樣管理好國家，有效地推行耕戰政策。因此，這部書可以說是中國古代管理學說的先驅。先秦的許多典籍，大都有關於管理的思想，因學派而不同。如儒家典籍《論語》和《孟子》，著重從倫理道德方面講管理國家。法家典籍《商君書》則從法治的觀點，講治理天下國家。兵家二孫子《兵法》，則從軍事和戰爭領域談管理。陰陽五行學派的著作如〈月令〉等，則從氣象學的角度講農業生產管理。道家典籍《老子》，提倡無爲學說，又從消極的一面爲治理天下和在戰爭中保存實力提供對策。而《管子》的主要篇章，談管理國家、治理百姓、發展生產以及指揮戰爭，則吸取了上述各家的觀點，其管理學說也可以說是對上述各家思想的總結。從此書各篇的內容看，其談管理，涉及到政治、經濟、社會、法律、倫理、軍事等各領域，其範圍之廣，又非上述各家所能及。所以此書受到現代管理學界的重視，海內外學者正在開展對《管子》一書的新的研討。

任何時代的管理學說，都有其所處的時代的特點，同當時的社會制度、生產技術以及文化水平緊密聯系在一起。《管子》所關心的經濟是以小農經濟爲主體的社會生產，所要確立的社會制度是非貴族世襲的封建等級制度，政治上所維護的是君主集權制，其所嚮往的目標是通過耕戰建立一個統一的封建大帝國。因此，《管子》一書所談的管理，屬於農業社會封建的管理學說的體系，不同於近現代工業社會的管理學說。但人類作爲群體而進行社會生產，在生產過程中，總要有指揮和監督，總要有效地進行管理，從而建立各種制度，保證生產有秩序地進行。從生產的社會性看，各歷史時期的管理學說，儘管有其時代的特點，又存在著相通之處和共同要探討的問題。如計劃和決策，組織和控制，管理者和被管理者的關係等，這是任何時代的管理都不能迴避的問題。因此，我們研究古代農業社會的管理學說，對我們今天所處的工業社會的管理說，不無借鑒的作用。此外，每個民族的管理方式和管理學說也有自己的傳統。反省過去，發揚各民族的優良傳統，同現代科學管理結合起來，這對實現現代化和迎接新的產業革命也是有意義的。

今傳《管子》共七十六篇。第一、二、三卷所收各篇，即〈經言〉部分和〈外言一〉，集中反映了齊國管理學說的特點，首篇〈牧民〉乃此書中管理學說的綱領。以下所論，以前三卷所收各篇爲主，結合其它有關篇章，談談此書中管理學說的基本原則。本文所引《管子》

文，據清戴望《管子校正》本，並參考郭沫若等著《管子集校》本。

## 二、和同論

《管子》所論管理的對象，不是某一生產單位，或某一事業單位，而是當時的諸侯國家。如何管理好國家，是其管理學說的中心課題。它認爲，處於諸侯兼并的時代，只有民富國強，才能立於不敗之地。〈治國〉說：「凡治國之道，必先富民，民富則易治也」。又說：「民事農則田墾，田墾則粟多，粟多則國富，國富者兵強，兵強者戰勝，戰勝者地廣」。「治國之道」，即《管子》一書的主要宗旨，其談管理，都是圍繞民富國強這一目標而展開的。爲了實現這一目標，《管子》考察了國家的結構和職能。認爲國家乃一整體或統一體，分爲許多層次和部門，各層次各部門又相互影響。這個整體的基石是人民，如其所說「國之所以爲國者，民體以爲國」（〈君臣下〉），即民爲邦本；國君作爲國家的代表，其任務是規定各層次和各部門的地位和職守，調整各層次之間的矛盾，使其和諧一致，從而安定人民的生活，有效地從事於耕戰。它從以下幾個方面闡述了這一總的原則。

### (一)四民分業

《管子》認爲，要管理好國家這一群體，首先要實行社會分工，定民之居，成民之業，即管仲提出的四民說。〈小匡〉發揮說：「士農工商四民者，國之石民也，不可使雜處」。

「石民」，是說四民乃國家的基石。「不可使雜處」，即各守其業，不可雜居。〈乘馬〉稱道這一原則說：「聖人之所以爲聖人者，善分民也」。「分民」的目的是「使民各爲其所長，則用備」（〈牧民〉），即各盡自己的能力，創造更多的財富，供社會成員享用。四民之中，農爲本業。〈立政〉說：「好本事，務地利，重賦斂，則民懷其產」。「重」謂愼重。農雖爲本業，但不能要求士、商、工亦參加農業生產。〈乘馬〉說：「士聞見博學意察而不爲君臣者，與功而不與分焉；賈知賈之貴賤，日至於市，而不爲官賈者，與功而不與分焉；工治容貌功能，日至於市，而不爲官工者，與功而不與分焉」。「與功而不與分」，是說享受農民勞動的成果，但不參加農業勞動。這是因爲士以文化知識教育百姓，商人以貨物通有無，手工業者則製造器物，供人使用，皆有利於農民。這種社會分工論，同儒家孟子和荀子的觀點是一致的。《管子》進而認爲，四民雖有分工，但所得之利益不能相互侵犯，特別是不能損害農民的利益。〈治國〉說：「先王使農士商工四民交能易作，終歲之利，無道相過也。是以民作一而得均，民作一，則田墾，奸巧不生。田墾則粟多，粟多則國富」。「交能易作」，即分工合作。認爲四民一年之收入，不能相差懸殊，這樣則結成一整體，此即「民作一而得均」，農民方有積極性，國家因而富強。《管子》認爲，最能侵害農民利益的是商人。它說：「凡爲國之急者，必先禁末作文巧，末作文巧禁，則民無所游食，民無所游食，則必農」。（〈牧民〉）「末作」，即末業，指經商；「文巧」，指手工業者製造供人玩賞的珍奇之物。認爲放任商人的活動，則誘惑農民脫離土地，農業便荒廢了。因而提出務本抑末的政策，對四民加以管理。〈權修〉說：「野與市爭民，家與府爭貨，金與粟爭貴，鄉與朝爭治。故野不積草，農事先也。府不積貨，藏於民也。市不成肆，家用足也。朝不合衆，鄉分治也」。是說，城市與鄉村互爭勞力，家庭與府庫爭奪財貨，貨幣與糧食爭奪貴賤，地方與朝廷爭奪權力。處理這些矛盾的對策是開發土地、藏貨於民、家給自足、同地方分權而治。這些措施，都在於保護農業生產和農民的利益，所以說「治之至也」。以上是《管子》論經濟生活的管理原則，即把四民分業看爲一個整體，而以農業爲主體，認爲四者既分工又合作，國家的職能是調整四民的利益衝突，做到利益均衡，所謂「民作一而得均」。此種管理原則，既看到整體的利益，又照顧到主體的利益；就朝廷和民間的關係說，又以人民的經濟利益爲重，這對發展以小農經濟爲基礎的封建經濟是十分有利的。

《管子》認爲，將農業生產搞上去，還需要有一個安定的社會秩序，又提出建立等級制，防止社會動亂。〈乘馬〉說：「一國之人，不可以皆貴，皆貴則事不成而國不利也。爲事之不成，國之不利也。使無貴者，則民不能自理也。是故辨於爵列之尊卑，則知先後之序，貴賤之義矣」。是說，大家都成爲貴者，則無人從事生產勞動；無有貴者管理，百姓則你爭我奪，社會陷入混亂。國家的職能之一是建立貴賤尊卑的等級秩序，此即其所說：「朝者，義之理也。是故爵位正而民不怨，民不怨則不亂，然後義可理」。（〈牧民〉）〈心術上〉解釋義和理說：「義者謂各處其宜也」；「理也者明分以諭義之意也」。即區別等級成分，使社會上的人，各處其宜、各安其分。但《管子》所要建立的等級秩序，廢除了西周以來的貴族世襲制，選拔德才出衆者或有軍功者居於貴者之列，此即「爵位正而民不怨」，亦即〈權修〉所說：「察能授官，班祿賜予，使民之機也」。此種封建等級制度同荀子所設想的也是一致的，適合於當時封建經濟發展的要求，對管理當時的社會說，也是必要的。

㈡身爲國本

《管子》據管仲說，爲了治理百姓，又將當時的中國，區分爲天下、國、鄉、家四個群體單位，論述了個人同群體的關係。認爲個人生活於家、鄉、國、天下之中，同其他人存在著親疏遠近的關係，人們總是以家爲親，不以鄉之疏爲家之親；總是以本鄉爲親，不以國之疏爲鄉之親；總是以本國爲親，不以天下之疏爲國之親。即是說，人們總是以自己的家爲最親，其次親鄉，其次親國，其次親天下。此即〈牧民〉所說：「以家爲家，以鄉爲鄉，以國爲國，以天下爲天下」。「以家爲家」，即以自己家爲家。以下，文句同。但人們既生活在四類群體之中，又不能因不是一家人便疏遠同鄉之人；不是同鄉人，便疏遠同國之人；不是一國人，便疏遠天下人。從群體的更大範圍看，也可以說，天下一家而同親。所以〈牧民〉又說：「毋曰不同生，遠者不聽。毋曰不同鄉，遠者不行。毋曰不同國，遠者不從」。首句是說，與同鄉人一起生活，不能說你不是同鄉人，否則，同鄉之人便同你疏遠了，以下文意同。所以人們生活在群體之中，不僅要親家，又要親一切人。作爲一國之君，更要無私心，如天地日月一樣，養育和普照萬物，親天下所有之人。此即〈牧民〉所說：「如地如天，何私何親？如月如日，唯君之節」。《管子》此論在於表明，個人總是生活在集體之中，集體有大有小，不僅要愛護自己所屬的小集體，也要愛護自己所屬的大集體；不僅要以小集體爲家，也要以大集體爲家；作爲一鄉和一國之長，更應愛護集體中的一切成員，這樣，方能同心協力，治理好國家。此是從整體的觀點考察和處理人際關係。但集體又是由個人組成的，個人不健全，集體則受到損害，《管子》又提出修身爲本說。〈權修〉說：「有身不治，奚待於人；有人不治，奚待於家；有家不治，奚待於鄉；有鄉不治，奚待於國；有國不治，奚待於天下」。「身」，指個人；「人」，指家族中的成員。是說，不能修身，則不能治家；不能治家，則不能治國；不能治國，則不能治天下。由此得出結論說：「天下者，國之本也；國者，鄉之本也；鄉著，家之本也；家者，人之本也；人者，身之本也；身著，治之本也」。「國之本」，意謂國爲之本，即以國爲本。以下，語句同。是說，身爲家本，家爲鄉本，鄉爲國本，國爲天下本。總之，將個人修身視爲治國王天下的根本。這同儒家《大學》提出的治平之學也是一致的。其所謂身，不僅指一般人，也指一鄉一國之長，特別是國君。〈權修〉解釋修身說：「上不好本事，則末產不禁」；「商賈在朝，則財貨上流；婦言人事，則賞罰不信；男女無別，則民無廉恥」。末產，指商業。「商賈在朝」，指朝廷經商。「婦言人事」，指婦人干政。此是說，君臣民各有修身之道，其共同遵守的信念是，清除個人的私心、私情和私欲，維護國家和人民的整體利益。如〈任法〉所說：「群臣百姓，人慮利害，而以其私心舉措，則法治毀而令不行矣」。《管子》此論表明，任何集體中的個人，一方面要愛集體，另一方面又要修身治己，以此解決個體和整體之間的矛盾。在《管子》看來，個人的私欲是無底洞，而社會的財富總是有限的，以有限之財養無窮之私欲，必引起社會動盪不安，其結果個人的欲望也得不到滿足。其論國君的欲望說：「地之生財有時，民之用力有倦，而人君之欲無窮。以有時與有倦養無窮之君，而度量不生於其間，則上下相疾也。是以臣有殺其君，子有殺其父者矣。故取於民有度，用之則止，國雖小必安；取於民無度，用之不止，國雖大必危」。（〈權修〉）以節制君主個人之欲求，求得社會的安定，此乃君主制國家治國的經驗之談，也是國家元首管理群體生活的重要原則。

### ㈢上下和同

就政治生活說，《管子》突出地討論了君、臣、民三者的關係，認爲民雖爲國家基石，但需要君臣來管理。〈權修〉說：「萬乘之國，兵不可以無主；土地博大，野不可以無吏；百姓殷衆，官不可以無長；操民之命，朝不可以無政」。是說，爲了進行耕戰，必須有君長和官吏作指揮者，統一百姓的行動。但《管子》認爲，君臣作爲國家和民衆的管理者，是爲民興利除害，而不是壓迫百姓。〈君臣下〉解釋君主制的起源說：「古者未有君臣上下之別，未有夫婦妃匹之合，獸處群居，以力相征。於是智者詐愚，強者凌弱，老幼孤獨，不得其所。故智者假衆力以禁強虐而暴人止。爲民興利除害，正民之德，而民師之」。此種君主起源說，不同於暴力論，頗受儒墨兩家學說的影響。所以〈牧民〉又說：「天下不患無臣，患無君以使之；天下不患無財，患無人以分之。故知時者，可立以爲長；無私者，可置以爲政；審於時而察於用，而能備官者，可奉以爲君也」。是說，有了君主，方能選拔和任用知民時而無私心的官吏，協助君主指揮耕戰和分配社會財富。因爲君臣的責任是爲民衆興利除害，所以百姓作爲被管理者，必須服從國君的命令和官吏的監督，違抗君命而不務正業者，要受到法令的懲處。此即〈立政〉所說：「憲既布，有不行憲者，謂之不從令，罪死不赦」。〈七法〉

所說：「是必立，非必廢，有功必賞，有罪必誅，若是安治也」。按此說，君臣和百姓、上和下，雖爲管理和被管理的關係，但存在著共同的目的，即求得民富而國強，因而又成爲一整體。在此統一體中，君、臣、民三者協調一致，而不對抗，則民利可得，君令可行，在諸侯兼并的時代，方能立於不敗之地。因此，《管子》又提出「上下同德」說。〈君臣上〉說：「上明下審，上下同德，代相序也」。〈七法〉又稱此爲「一體之治」。如何才能做到上下同德，消除上下之間的隔閡和怨恨呢？《管子》認爲，責任在上而不在下。〈形勢〉說：「上失其位，則下逾其節，上下不和，令乃不行」、「上下不和，雖安必危」。〈權修〉說：「臣下賦斂競得，使民偷壹，則百姓疾怨，而求下之親上，不可得也」。又說：「授官不審，則民間其治；民間其治，則理不上通；理不上通，則下怨其上，下怨其上，則令不行矣」。〈五輔〉總結說：「上必寬裕而有解舍，下必聽從而不疾怨，上下和同而有禮義，故處安而動威，戰勝而守固」。反之，在上者「不能爲政」，「其士民貴得利而賤武勇，其庶人好飲食而惡耕農」；於是「上下交引而不和同」，「小者兵挫而地削，大者身亡而國死」（〈五輔〉）。這裡又提出「上下和同」說，認爲君臣作爲管理者，必須體諒民情，奉公守法，不循私情，不謀私利，以身作則，減輕人民之徭賦，方能做到「上下和同」，國泰而民安。由此，〈君臣上〉得出結論說：「先王善與民爲一體，與民爲一體，則是以國守國，以民守民也」。清戴望注此句說：「一國同一意，萬人同一心」，可謂得其要旨。

「和同」這一辭滙，最早見於春秋時代的和同之辯。史伯和晏嬰都主張務和而不務同。「和」指不同性質和不同觀點的和諧一致，「同」指等同或齊一。到孔子則提出「君子和而不同」（《論語・子路》），同指苟同，亦主和為貴說。孟子繼而提出「人和」說，以人和為治國之本。《管子・五輔》的作者，吸取了上述「和」的觀念，並與「同」聯繫起來，提出和而後同，同指齊心協力，以此為處理人群關係的準則，從而導出「與民同體」說。此說乃《管子》管理學說的精華之一。任何管理者，如果以為手中握有指揮權，便不考慮被管理者的福利和要求，一意孤行，只能引起被管理者的怨恨，不僅不能行使其指揮權，而且造成統一體的破裂，以失敗而告終。

總起來說，《管子》所論管理的對象即國家和人民，是指基於小農經濟體制而形成的統一體。小農經濟的特點是以一家一戶為單位進行生產，具有鮮明的分散性，將分散的個體農民組織起來，納入富國強兵的軌道，是十分艱巨的任務。《管子》的作者，為了實現這一任務，提出兩條原則：整體原則與協調原則，二者又不可分離。整體原則是將治理的對象視為一相互聯繫和相互影響的統一體。在此統一體中，既要分工，又要合作；雖有相疏的一面，但又要相愛護；個體要靠集體來保護，而集體的興旺又靠個體的自我修養。在此統一體中，君為首腦，民為根基；君發號施令，統一百姓的言行，所謂「和民一衆」（〈七法〉）；民則以其勞力生產財貨以奉其上，所謂「民非作力毋以致財」，「主上用財毋己，是民用力毋休也」（〈八觀〉）。此種整體原則同法家倡導的耕戰政策是分不開的，同時也是受了儒家學說的影響。協調原則是調整統一體內部各層次和各部門的矛盾和衝突，如農商或城鄉的矛盾、朝廷和地方的矛盾、上級和下級的矛盾、君主和百姓的矛盾等等。其目的是保證統一體的安定而不破裂，所謂「上下和同」。而實現這一原則又在於掌權的人以農為本業，不謀私利，關心百姓的疾苦和福利，所謂「高安在乎同利」（〈版法〉）。這又是闡發儒家的政治哲學，如孟子對齊宣王所說：「君行仁政，斯民親其上，死其長矣」（《孟子．梁惠王下》）。《管子》提出的這兩條原則，雖然是爲了維護封建經濟和封建政體有其時代的局限性，但從人類管理思想史說，探討了群體內部的結構和層次以及維繫人群關係的準則，仍値得認眞研究和總結。

## 三、牧民說

《管子》首篇爲〈牧民〉，意謂積蓄和培育民力。按孟子同齊宣王辯論時，稱國君爲「人牧」（《孟子．梁惠王上》），亦是此義。從管理學的角度看，此說所討論的是如何有效地組織民衆即被管理者從事於耕戰的問題。對此，《管子》提出人本說，即把調動勞動者的積極性視爲組織工作的基本原則。它從規定職守、法律約束、福利激勵和道德教育等方面，論證了這一原則，從而爲古代的管理學說做出了重大的貢獻。

管理的具體對象，總有人和物兩方面。權衡二者，《管子》認爲人重於物，提出務人說。〈五輔〉說：「古之聖王，所以取明廣譽，厚功大業，顯於天下，不忘於後世，非得人者，未之嘗聞」。又說：「不務得人，是以小者兵挫而地削，大者身死而國亡，故曰人不可不務也，此天下之極也」。「極」指得天下和治天下的最高原則。人所以貴於物，因爲事是人做的，物是受人支配的。〈八觀〉說：「穀非地不生，地非民不動」、「天下之所生，生於用力；用力之所生，生於勞身」。是說，人類總是靠自己的勞動而創造天下之財。農民不耕耘，土地不會生出穀來。《管子》還認爲天覆育萬物，地生養萬物，皆有其不易之則，人不能對其有所損益，所謂「天地莫之能損益也」（〈乘馬〉）。但人類可以運用自己的才能，依天時變化的規律，生產更多的農作物，此即〈形勢〉所說：「巧者有餘，而拙者不足」，「順天者有其功，逆天者懷其凶」。地勢雖有沃瘠大小不等，但人類可以運用組織能力調整土地，使其均平，生產更多的農產品。此即「地不平均和調，則政不可正也」；「正不正，則官不理，官不理則事不治，事不治則貨不多」（〈乘馬〉）。以上都是從農業生產方面，論證人重於物。至於進行戰爭，更要靠將帥的才能和士兵的素質。〈七法〉說：「不能治其民，而能強其兵者，未之有也」；「能強其兵，而不明於勝敵國之理，猶之不勝也」。人同城廓、武器相比，人亦重於物。由此，〈霸言〉得出結論說：「夫爭天下者，必先爭人，明大數者得人，審小計者失人，得天下之衆者王，得其半者霸」。又說：「夫霸王之所始也，以人爲本，本理則國固，本亂則國危」。（〈霸言〉）「以人爲本」，即以得人、用人和育人爲管理好國家的決定因素，此即人本原則。如何管理好人？《管子》提出以下幾條：

### ㈠明分守職

此條的內容是，從君到民，各有自己的崗位和職守，各盡其能，辦事方見功效。〈五輔〉稱此條爲「布法以任力」，即以法律條文規定各項職責，要人們遵守。〈五輔〉解釋說：「君擇臣而任官，則事不煩亂；大夫任官辯事，則舉措時；官長任事守職則動作和；士修身功材，則賢良發；庶人耕農樹藝，則財用足。故曰：凡此五者，力之務也」。是說，按個人的能力，安排其工作崗位，或爲官、或爲士、或爲庶人，各有其應盡的職守，此即「力之務也」。因爲各有其職守，方能專心致力做出成績。此即〈五輔〉所說：「夫民必知務，然後心一，心一然後意專，心一而意專，然後功足觀也」。關於任用官吏，〈立政〉提出三條規定：「一曰德不當其位，二曰功不當其祿，三曰能不當其官」，即德義未明者不能處尊位，不見功力者不授俸祿，辦事不取信於民者，不能爲官吏。此是推行法家的量能受官說，荀子亦執此主張。值得注意的是，關於農民的管理，《管子》提出「均地分力」說，即按家口分田而耕，其收穫一部分歸農民自己所有。〈乘馬〉說：「均地分力，使民知時也……是故夜寢蚤起，父子兄弟不忘其功，爲而不倦民不憚勞苦，故不均之爲惡也」。「不均」，謂不按人口授田，則勞逸不均。又說：「與之分貨，則民知得正矣。審其分，則民盡力矣，是故不使而父子兄弟不忘其功」。（〈乘馬〉）是說，只有分地而耕，方能調動農民的積極性，此即荀子所說「農分田而耕」（《荀子·王霸》）；《呂氏春秋·審分覽》所說：「今以衆地者，公作則遲，有所匿其力也。分地則速，無所匿遲也」。分田而耕說，明顯地表達了小農經濟的特徵，對發展當時的農業生產，有重大意義。

### (二)勸賞振罰

爲了使人們各盡其職守，《管子》又繼承了管仲和法家以賞罰來管理臣民的辦法，即有功者賞，無功和怠工者罰。〈牧民〉說：「明必死之路者，嚴刑罰也。開必得之門者，信慶賞也」，「嚴刑罰則民遠邪，信慶賞則民輕難」。此種管理方法，〈權修〉稱之爲「勸之以慶賞，振之以刑罰」。「振」，謂威嚴。但對臣民進行賞罰，《管子》提出三條方針。一是當賞者必賞，當罰者必罰，此即賞罰有信。〈權修〉說：「賞罰信於其所見，雖其所不見，其敢爲之乎？」是說，見到可喜之事即賞，見到可惡之事即罰，也就無人想幹壞事了。〈七法〉說：「言是而不能立，言非而不能廢，有功而不能賞，有罰而不能誅，若是而能治民者，未之有也」。此亦是講賞罰有信。二是賞罰分明，堅持原則。〈權修〉說：「祿賞加于無功，則民輕其祿賞，民輕其祿賞，則上無以勸民」；「刑罰不審，則有辟就；有辟就，則殺不辜而赦有罪……則國不免於賊臣矣」。是說，賞罰不當，其效果適得其反，民不向上，賊臣當道。〈七法〉亦說：「常令不審則百匿勝，官爵不審則姦吏勝，符籍不審則姦民勝，刑法不審則盜賊勝」。三是賞罰皆依法令，不循私情。〈七法〉說：「論功計勞，未嘗失法律也」。依法令行賞罰，也是用來防止權貴之臣，以權謀私，保護卑賤者的合法利益。此即〈七法〉所說：「大族、尊貴、大臣，不得增其功焉，疏遠、卑賤、隱不知之人，不忘其勞。故有罪者不怨上，受賞者無貪心」。亦即〈任法〉所說：「君臣上下貴賤皆從法」。以賞罰爲激勵臣民務力的手段，從管理學的組織原理說，也是無可非議的。

### ㈢順民與德

《管子》認爲，勸賞振罰，對管理臣民說，雖然是必要手段，但還不是根本的辦法。要調動勞動生產者的積極性，使民衆從事於耕戰，最重要的是行德政，即順從百姓的欲求，關心民衆的疾苦，減輕人民的負擔，使老百姓生活安定，無後顧之憂。〈牧民〉說：「政之所興，在順民心；政之所廢，在逆民心。民惡憂勞，我佚樂之；民惡貧賤，我富貴之；民惡危墜，我存安之；民惡滅絕，我生育之」。「順民心」，即順民欲，使百姓得以佚樂、富貴、存安和生育。其進而論證說：執政者，使民佚樂，「則民爲之憂勞」；使民富貴，「則民爲之貧賤」；使民安存，「則民爲之危墜」；使民生育，「則民爲之滅絕」。「之」，指執政者。是說，執政者能順民之四欲，遇有危機，民則爲其憂勞、貧賤、赴難，以至於獻出生命。如果，逆民欲而行民之四惡，只能激起人民之反抗，所謂「從其四欲，則遠者自親；行其四惡，則近者叛之」。由此引出一條十分重要的論點：「刑罰不足以畏其意，殺戮不足以服其心」，即靠酷刑和鎮壓不能征服民心。不能服民之心，自己地位也就搖搖欲墜了，此即「刑罰繁而意不恐，則令不行矣；殺戮衆而心不服，則上位危矣」。總之，以繁刑殺戮對待百姓，只能自食其果。最後得出結論說：「知予之爲取者，政之寶也」。是說，能予之，方能取之。此語本於《老子》：「將欲奪之，必固予之」。但《管子》則以順民心解釋取予之道，以其爲立政之寶。這實際上是批評商鞅一派法家不講德政而專用刑殺的管理觀。顯然，又是受了孟子仁政學說的影響。

怎樣方能做到順民心？〈五輔〉提出「德有六興」說。其一，開闢田疇、修建住宅、植樹稼穡，以「厚其生」。其二，修道路、置旅舍、便利關市、交流貨物，「輸之以財」。其三，興水利、防旱潦、建橋樑，「遺之以利」。其四，薄徵斂、輕賦稅、緩刑罰、赦罪人、恕小過，以「寬其政」。其五，養長老、慈幼孤、恤鰥寡、問疾病、弔禍喪，以「匡其急」。

其六，凍寒者得衣、飲渴者得食、救濟貧困、資助乏缺，以「振其窮」。其解釋說：「凡此六者，德之興也。六者既布，則民之所欲，無不得矣。夫民必得其所欲，然後聽上；聽上，然後政可善爲也」。此六條爲順民所欲的具體措施，包括生產和生活各方面。其所論福利措施，不僅針對勞動者個人，而且涉及家庭和社會。《管子》認爲，能行此德政，民衆自然會聽從在上者的指揮了。不僅如此，百姓的經濟生活有了保證，其道德品質也就提高了。此即〈牧民〉提出的著名的論斷：「倉廩實則知禮節，衣食足則知榮辱」。孟子見梁惠王曾說：「老者衣帛食肉，黎民不飢不寒，然而不王者，未之有也」。（《孟子·梁惠王上》）又說：「老吾老以及人之老，幼吾幼以及人之幼，天下可運於掌」。（《孟子·梁惠王上》）《管子》中的德政說，是對孟子政治哲學的闡發。其不同於孟子者，在於不排除戰爭和刑罰。從管理學的角度看，此六條可以稱之爲福利原則；即是說，必須使勞動者的物質生活得到改善，方能激發其勞動熱情，從而提高勞動生產率。順民心、興六德乃《管子》管理學說的精華。

### ㈣教訓成俗

《管子》認爲，要管理好國家，使臣民奉公守職，除在經濟、政治、法律等領域建立各種規章制度外，還要對臣民進行道德教育，養成良好的社會風尚，從精神上保證生產和生活的安定，爲國家的富強而奮鬥。〈權修〉說：「凡牧民者，使士無邪行、女無淫事。士無邪行，教也；女無淫事，訓也；教訓成俗，而刑罰省數也」。是說，進行教化，可以少用刑罰。又〈乘馬〉說：「期而致，使而往，百姓舍己以上爲心者，教之所期也。始於不足見，終於不可及，一人服之，萬人從之，訓之所期也」。是說，進行教化，百姓則可一心爲上盡職，按期完成任務。因此，其將教育視爲百年樹人的大計，所謂「十年大計，莫如樹本；終身之計，莫如樹人」（《孟子・梁惠王上》）。據此，〈牧民〉提出了著名的「國有四維」說：「一曰禮，二曰義，三曰廉，四曰恥。禮不踰節，義不自進，廉不蔽惡，恥不從枉」。是說，明禮則遵守社會秩序，守義則不假公濟私，行廉則不暗中做壞事，知恥則不爲邪枉之事。〈牧民〉認爲，行此四德，既可守國，又可安民，乃國家存亡之關鍵。它說：「四維張，則君令行。故省刑之要在禁文巧；守國之度，在飾四維」；「四維不張，國乃滅亡」。〈權修〉還認爲，禮義廉恥有大有小，張此四維，應從小處做起，能行小禮小義，方可爲大禮大義，此即「民之修小禮、行小義、飾小廉、謹小恥、禁微邪，治之本也」。總之，四維乃維護群體生活的命脈。

據此，〈五輔〉又提出「義有七體，禮有八經」，對禮義的內容作了進一步的規定。其論七義說：「孝悌慈惠，以養親戚；恭敬忠信，以事君上；中正比宜，以行禮節；整齊撙詘，以辟刑僇；纖嗇省用，以備飢饉；敦懞純固，以備禍亂；和協輯睦，以備寇戎」。「撙詘」，謂節制而卑屈。按其解釋，此七條德目，各有所指。爲君上者應「中正無私」，爲臣下者「忠信不黨」，爲人父者「慈惠以教」，爲人子者「孝悌以養」，爲人兄者「寬裕以誨」，爲人弟者「比順以敬」，爲人夫者「敦懞以固」，爲人妻者「勤勉以貞」。此外，全國人還要遵守秩序和紀律，節省財用，團結和睦。這些德目，雖以家庭道德爲主，但加以推廣，可以治理天下國家，甚至贏得戰爭的勝利。如其所說：「夫民必知義，然後中正，中正然後和調，和調乃能處安，處安然後動威，動威乃可以戰勝而守固」。〈五輔〉認爲，民有此七義後，還要導之以禮。其釋禮有八經說：「上下有義，貴賤有分，長幼有等，貧富有度」。行此八禮，便可以防止上下相亂、貴賤相殺、長幼相乘、貧富相扎。總之，可以防止社會動亂。其解釋說：「夫人必知禮然後恭敬，恭敬然後尊讓，尊讓然後少長貴賤不相逾越，少長貴賤不相逾越，故亂不生而患不作」。八禮主要是講社會和國民的道德，以維持整體的安定。

《管子》關於道德教育的論述，也是對商鞅一派法家所倡導的「任其力而不任其德」和「貴法不貴義」的揚棄。它認爲德教和法治相比，德教更爲根本。因爲法律的制裁只是針對行爲的後果，而道德的教化，則從思想上引導人們爲善去惡，如後人所說：「禮者禁於將然之前，而法者禁於已然之後」。就上述所列舉的德目看，其道德教化說，同樣受了儒家倫理學說的影響。就管理學說，《管子》倡導的四維或禮義，雖然基於以家族爲生產單位的農業社會生活的需要，有其歷史的局限性，但任何人類群體從事生產和生活都需要以道德來調整人際關係，因爲人類能自律，具有理性的自覺。這一原則被《管子》揭示出來了。發揚人類的特質，將道德教育納入治理國家和經濟管理之中，應該說是《管子》管理學說的一大貢獻。其所提出的那些德目，加以批判地吸取，如忠、信、廉、恥等，對現代社會說，也是值得繼承和發揚的。

### ㈤量力審能

此條是講使用民力，要量能、量力，既不應強其所不能，又不能竭其所能。總之，要珍惜民力，積蓄民能，方能發揮其效用。〈權修〉說：「欲為天下者，必重用其國；欲為其國者，必重用其民；欲為其民者，必重盡其民力。無以畜之，則往而不可止也。無以牧之，則處而不可使也」。「重盡其民力」，「重」，謂使用民力，不能輕率，既要愛護，又要蓄養。〈形勢〉認為，使用民力，如同造父馭馬一樣，不在其駕御，而在懂得馬性，即「造父之術，非馭也」。〈形勢解〉解釋此句說：「造父善馭馬者也。善視其馬，節其飲食，度量馬力，審其足走，故能取遠道而馬不罷。明主猶造父也，善治其民，度量其力，審其技能，故立功而民不困傷」。是說，量力審能，合理使用，工作既見功效，又不傷損勞力。因此，〈牧民〉提出「不為不可成，不求不可得」的原則，即不能強迫民衆做其不能勝任的事情。它解釋說：「不為不可成者，量民力也。不求不可得者，不強民以其所惡也」。後一句是說，不強迫百姓去做他所討厭的工作。由此得出結論說：「量民力，則事無不成。不強民以其所惡，則詐偽不生」。後一句是說，便不會弄虛作假了。此亦是使用人力的經驗之談。值得注意的是，《管子》進而指出「用力不可以苦」，即不能過分使用民力。〈版法解〉說：「用力苦則勞，民不足，令乃辱；民苦殃，令不行」。「辱」，謂繁縟。此是說，過分使用民力反而損害勞力，政令不得推行。〈版法解〉說：「用力苦則事不工，事不工而數復之，故曰勞矣」。「衆勞而不得息，則必有崩弛堵壞之心。故曰：民不足，令乃辱」。是說，使用人力，令其勞累而不得喘息，必然激起怠工和破壞的心理。〈權修〉進而解釋說：「賞罰信而兵弱者，輕用衆，使民勞也」；「輕用衆，使民勞，則民力竭矣。賦斂厚，則下怨上矣。民力竭，則令不行矣。下怨上，令不行，求敵之勿謀己，不可得也」。是說，對百姓雖然賞罰有信，可是兵力仍弱，那是由於輕率使用民力，令其不得休息，結果勞力枯竭；加以橫徵暴斂，必然怨聲載道，又爲敵國顛覆自己製造了可乘之機。總之，不知愛惜勞動力，拼命地驅使其耕戰，不是破產，便是亡國。以上所論，同儒家的愛民說也有聯繫。孔子曾說：「愛之能勿勞乎！」（《論語・憲問》）「擇可勞而勞之，又誰怨？」（《論語・堯曰》）從現代管理學的觀點看，《管子》提出的審能量力說，可以稱爲能級原則，即按各人的能力差等分配和考核工作。但在《管子》看來，人的能力消耗總有其限度，超過限度，便走向其反面，即能力的毀滅。這一點，可以稱之爲「能極」原則。違背這一條原則，生產力同樣會遭到破壞。

以上五項，在《管子》看來，也是相互聯繫的。但以解決民生問題爲首要任務。〈五輔〉談組織問題，第一項爲「德有六興」，第二項爲「義有七體」，第三項爲「禮有八經」，第四項方爲「法有五務」。認爲實行規章制度和法令，必須以厚民生、教民德爲前提。也就是說，「倉廩實則知禮節，衣食足則知榮辱」，有此基礎，規章制度和法律的約束，方不落空。〈權修〉概括說：「厚愛利，足以親之；明智禮，足以教之；上身服以先之；審度量以閑之；鄉置師以說道之；然後申之以憲令，勸之以慶賞，振之以刑罰，故百姓皆說而喜，則暴亂之行無由至矣」。「上身服以先之」，謂居上位者，率先實行。可以看出，《管子》作爲中國古代管理學之祖，十分重視勞動者的生活處境及其所受的道德教育。這是因爲它把人看成是生產過程中頭等重要的因素，認爲有了人，方有一切。而人力作爲生產中的一大要素，首先要得到溫飽，過上安定的生活；其次還要有教養，能自覺地從事生產勞動。僅靠規章和法令的約束，不能從根本上調動勞動生產者的積極性。此是《管子》管理學說中人本原理的基本觀點，也是對中國古代管理思想中優良傳統的闡發。

## 四、君道觀

在戰國諸侯兼并的年代，國君作爲一國之長和最高階層的管理者，要想保持自己的國家不被別國所吞并，進而統一天下，其自身的素質負有重大的責任。《管子》因受法家學說的影響，認爲要推行耕戰政策，必須施行君主集權制，即一切大權掌握在國君一人之手，由國君發號施令，統一全國的行動。君主集權制是符合小農經濟發展的要求，個體和分散的農民需要有一個高高在上的統治者，管理他們的生活，賜給他們陽光和雨露。由於國家的大權集中在國君一人手中，君主的一言一動，關係到人民的生死和國家的存亡，所以《管子》又著重討論了國君管理國家生活所應具備的條件，成爲其管理學說的另一重要的內容。此部分內容，就現代管理學說，屬於控制論的問題。〈七法〉提出七條綱目，即則、象、法、化、決塞、心術、計數，作爲國君控制其臣民的原則。其解釋說：「錯儀畫制，不知則不可。論材審用，不知象不可。和民一衆，不知法不可。變俗易教，不知化不可。毆衆移民，不知決塞不可。布令必行，不知心術不可。舉事必成，不知計數不可」。「則」，指原則或規律；「錯儀畫制」，指決策和規劃。「象」，指事物的形象和類別，如其所說：「義也、名也、時也、似也、類也、比也、狀也，謂之象」。「法」，指法規包括度量衡。「化」，指教化。「決塞」，指對予奪、險易、利害、生殺等作出決斷。「心術」，指誠實、厚施、寬恕等品德。「數」，指剛柔、輕重、大小、遠近、多少等度數。以下，以〈七法〉和〈經言〉其它部分爲主，介紹一下其君道觀的主要內容：

㈠尊　道

「道」指根本原則或規律，即〈七法〉說的「則」。〈形勢〉說：「天不變其常，地不易其則，春秋冬夏，不更其節，古今一也」。〈形勢解〉說：「古以至今，不更其道，故曰：古今一也」。即以「道」爲不易之則。〈君臣上〉亦說：「順理而不失之謂道」。《管子》認爲，治理天下國家，要對萬事萬物加以規劃，進行決策，此是國君的首要任務。但制定規劃，選擇對策，要依據事物的法則。尊道即掌握法則或根本原則，依此處理萬事萬物。〈形勢〉說：「道之所言者一也，而用之者異。有聞道而好爲家者，一家之人也。……有聞道而好爲天下者，天下之人也。有聞道而好定萬物者，天下之配也」。是說，掌握道這一根本原理，既可治家，又可治國，亦可治天下、定萬物。〈形勢解〉說：「道者，扶持衆物，使得生育，而各終其性命者也」。如以「道」治一鄉，鄉人則親其父子、順其兄弟、正其習俗、樂其上而安其土。《管子》所說的「道」，不僅指人道，而且包括天道和地道。天時氣候變化的法則爲天道，大地生養萬物的法則爲地道。順從道，辦事則成功；違背道，則招致危難，甚至毁滅。如〈形勢解〉論天道說：「天之道，滿而不溢，盛而不衰。明主法象天道，故貴而不驕、富而不奢、行理而不惰，故能長守富貴，久有天下而不失也」。此是發揮春秋時期思想家范蠡之說：「天道盈而不溢，盛而不驕，勞而不矜其功」。（《國語・越語下》）「盈而不溢」，是說盈滿則止，從不過度，所以四時輪替而不衰。身爲一國之長，如果未盛而驕，不勞而矜其功，違背事物變化的法則，必然招來失敗。〈君臣上〉總結說：「夫道者虛設，其人在則通，其人亡則塞者也。非茲，是無以理人；非茲，是無以生財。民治財育，其福歸於上，是以知明君之重道法而輕其國也」。「道者虛設」，謂道無形狀，靠人來運用。下文是說，治國在尊道，故道重而國輕。《管子》說的「道」或「則」，有其時代的特徵，主要指管理農業生產和統治臣民的原則、規範和規律。但它畢竟認爲君主作爲國家管理者，其制定規劃和決策，不能想當然、任意而爲，要遵循事物的客觀法則，這無疑是正確的。

### ㈡貴　德

「德」即〈七法〉中說的「心術」和教化。《管子》認爲，國君自身必須有高尚的品德，方能教化百姓。君德之中最重要者是公正無私。此即〈牧民〉所說：「無私者可置以爲政」。〈幼官〉所說：「信利周而無私」。〈版法〉所說：「四悅在愛施，有衆在廢私」。「四悅」，謂君臣悅、朋友悅、兄弟悅、父子悅。〈版法解〉說：「凡君所以有衆者，愛施之德也。愛有所移（私），利有所并，則不能盡有，故曰有衆在廢私」。是說君主有私心、謀私利，不會得到臣民的擁護。君主之德，應法天地日月：「法天合德，象地無親。日月之明無私，故莫不得光。聖人法之，以燭萬民」。（〈版法解〉）私和公是對立的，〈五輔〉說：「公法行而私曲止」。無私即公，即是中正，所以又說：「爲人君者中正而無私」。〈樞言〉論此道德說：「氣者身之充也，行者正之義也。充不美則心不得，行不正則民不服。是故聖人若天然，無私覆也；若地然，無私載也。私者，亂天下者也」。總之，以公正無私爲人君之美德。此公正無私之德，對君主說，其義有三：一是愛人或愛民而無偏心。〈八觀〉說：「天下無私愛也，無私憎也。爲善者有福，爲不善者有禍，禍福在爲」。是說，愛與憎，出於民之善與不善，不是出於君主個人的好惡。君有私心，徇私情，亦還不能推舉賢能之士。〈正〉說：「廢私立公，能舉人乎？」又說：「愛民無私曰德」。二是秉公執法。〈任法〉說：「夫愛人不私賞也，惡人不私罰也。置儀設法，以度量者，上主也」；「臣有所愛而私賞之，有所惡而私罰之，倍其公法，損其正心，專聽其大臣者，危主也」。是說，賞罰要依公法、秉公心，不受官僚之左右，方能治理好國家。所以〈七法〉又說：「不爲愛親危其社稷，故曰：社稷戚於親。不爲愛人枉其法，故曰：法愛於人」。「戚」，謂親愛。是說，如果自己的親屬危害國家的利益，要棄親而存社稷；如果自己的心愛之人觸犯了法律，也要受到法律的制裁。三是開誠布公，採納群言。〈牧民〉：「毋蔽汝惡，毋異汝度。賢者將不汝助。言室滿室，言堂滿堂，是謂聖王」。是說，不隱瞞自己的缺點，有意見公開說出來，滿堂滿室皆知之。〈君臣上〉又說：「民別而聽之則愚，合而聽之則聖。雖有湯、武之德，復合於市人之言」。是說，虛心聽取各方面的意見，而不偏聽偏信，方爲聖王。因此，《管子》中〈心術〉、〈內業〉等篇，提出「虛素」說，以道家的「恬愉無爲，去智與故」、「心靜氣理」等作爲人君廢私立公的修養方法。《管子》提出的公正無私說，雖然是爲了維護君主的利益，但從管理學的角度看，任何機構和組織的管理人，都要有公正無私的品德，否則不能有效地發揮其管理的功能，如《管子》所說，乃「危主也」。

### (三)明 法

此條，前面已談及，這裡再作一些補充。〈七法〉說：「不明於法，而欲治民一衆，猶左書而右息之」。此是以明法為控制民衆的有效手段，即靠法則統一人們的行動。《管子》還認為，明法可以加強國君的集權統治。〈枉法〉說：「聖君任法而不任智，任數而不任說，任公而不任私，任大道而不任小物，然後身佚而天下治」。「不任智」，謂不憑任巧智。「不任說」，謂不聽花言巧語。「任數」，即「任術」，即循名責實，按職稱考核臣下的工作成績。君主任法而又任數，便可以「不事心、不勞意、不動力」，控制臣民，拱手而天下治。這又是闡發法家駕御臣民的方術。

### (四)知 數

〈七法〉說：「不明於計數，而欲舉大事，猶無舟楫而欲經於水險也」。「計數」，即計算其數，作為決策時所依據的數據。它舉例說：「若夫曲制時舉，不失天時，毋壙地利，其數多少，其要必出於計數」。「曲制」，即部曲之制，指軍隊的編制。是說，出征前，對軍隊的編制、天時的好壞、地形的險易，都要有所計算，做到胸中有數，舉事方可成功。計數不僅限於戰爭，對土地的廣狹、人口的多寡、賦稅的等差都要計算其數。如〈八觀〉所說：「凡田野萬家之衆，可食之地，方五十里，可以為足矣。萬家以下，則就山澤可矣。萬家以上，則去山澤可矣」。《管子》書中〈山權數〉、〈山至數〉、〈地數〉、〈揆度〉等篇都是從經濟管理方面，講知數問題。《管子》還認爲，知數不僅是了解數據，而且還要掌握時機，制定策略。〈七法〉說：「徧知天下，而不明於機數，不能正天下」。又說：「徧知天下，審御機數，則獨行而無敵也」。其所謂知數，用現代管理學的術語說，就是廣泛收集數據，掌握信息，抓住有利時機，採取控制措施，以提高經營的效益。

### (五)修　權

此條是說，制定政策，不僅要尊道、知數，還要權衡事情的輕重緩急，採取應變的措施，所謂行權有術，因機而發。〈經言〉中〈權修〉一文，即言此理；〈輕重〉等七篇，著重從經濟生活方面闡發此義。〈權修〉說：「有萬乘之號，而無千乘之用，而求權之無輕，不可得也」。謂有大國之名，卻無實力，是不懂輕重之理。〈輕重甲〉說：「厭宜乘勢，事之利得也。計議因權，事之囿大也。王者乘勢，聖人乘幼，與物皆宜」。「厭」即厭合。「囿」，通侑。「乘幼」，〈山至數〉說：「王者乘時，聖人乘易」。「幼」當作「易」，即變易。此是說，聖王總是依時勢之變易，採取行權之計，以助事業取得更大的成就。所以又說：「然則地非有廣狹，國非有貧富也。通於發號出令，審於輕重之數然」。是說，懂得權衡輕重，因勢制宜，雖地狹民貧，亦可以致富。〈輕重〉舉出了許多乘勢因權的措施，說明貧可以爲富，弱可以爲強，亂可以爲治。如〈輕重乙〉說：「粟重而萬物輕，粟輕而萬物重，兩者不衡立。故殺任商之利，而益農夫之事，則請重粟之價釜三百，若是，則田野大辟，而農夫勸其事矣」。此是以提高糧價的措施，保證商人不得侵犯農民的利益。《管子》一書也是古代經濟管理學的先驅。就管理學說，管理的對象，總是處於動態境地，不斷出現新的情況，必須採取新的對策，隨時加以控制和調整。《管子》稱之爲「行權」，這在管理學史上也是一個貢獻。「行權」這一觀點，出於儒家孔子和孟子。孟子說：「權然後知輕重」（《孟子·梁惠王上》），又說：「執中無權，猶執一也」（《孟子·盡心上》）。但孔孟是用來處理道德生活，而《管子》則用來處理經濟、政治以及戰爭問題。此亦是對孔孟學說的一種發展。

### (六)無　爲

最後，《管子》還吸取了道家的無爲說，作爲國君控制其臣民言行的方術。〈乘馬〉說：「無爲者帝，爲而無以爲者王，爲而不貴者霸。不自以爲所貴，則君道也。貴而不過度，則臣道也」。此段話，本於《老子》三十八章「上德不德」說：「上德無爲而無以爲，下德爲之而有以爲。上仁爲之而無以爲，上義爲之而有以爲」。《老子》原意是，上德之人，無所作爲，也不追求什麼；上仁之人，有所作爲，其作爲也不是追求什麼，以無所作爲和無所追求爲最高的道德境界。《管子》則用來解釋政治生活中的統治人物，即帝、王、霸、君、臣的精神境界。帝的境界最高尚，爲無爲；其次是王，爲而無以爲；再其次是霸主，爲而不以所爲爲貴；再其次爲國君，不自以爲高貴；而臣自以爲高貴，但又不過度。此五種人雖有高下之分，但作爲領導者，又都具有某種無爲的品格，只是程度不同。《管子》推崇無爲，並非如老莊那樣，倡導無所作爲，而是要求各階層的領導者，不要干涉和參與下級和百姓自己所應做的事情。就君臣關係說，主張君道無爲、臣道有爲。其所謂無爲，指掌握管理的指揮權，具體的事讓臣下和百姓去做。此即〈乘馬〉所說：「唯聖人，爲善託業於民」。〈形勢〉所說：「上無事則民自試，抱蜀不言，而廟堂既修」。「蜀」，謂祠器。〈幼官〉所說：「處虛守靜人物則皇」。「人物」，一說爲衍文，一說謂「人」當爲任，此即「無爲者帝」。〈心術上〉解釋此種無爲說，「心術者，無爲而制竅者也，故曰：君無代馬走，無代鳥飛，此言不奪能能，不與下試也」。是說，心如同君，耳目之官如同臣，心支配感官，但不參與感官之事，此即「無代馬走，無代鳥飛」，感官方能各盡其用，馬鳥方能各盡其力。因而又說：「人主者立於陰，陰者靜，故曰動則失位。陰則能制陽矣，靜則能制動矣」。「失位」，是說，國君參與各種具體的事，反而失去其領導的地位，從而提出「以靜制動」說，即掌握指揮權控制臣下的活動。〈君臣上〉發揮說：「論材量能，謀德而舉之，上之道也。專意一心，守職而不勞，下之事也。爲人君者，下及官中之事，則有司不任。爲人臣者，上共專於上，則人主失威，是故有道之君正其德以蒞民，而不言智能聰明。智能聰明者，下之職也；所以用智能聰明者，上之道也」。此段話，對君道無爲說，作了深入的解釋。此種無爲說，漢朝人稱爲「人君南面之術」，即駕御臣民的方術。《管子》的君道無爲說，其目的是爲了強化君主集權的統治，在政治上是爲建立中央集權的封建專制主義服務的。但從管理學的控制理論看，作爲管理者，其職能是制定規劃、組織人力、掌握信息、調整各種矛盾，如《管子》所說，尊道、貴德、明法、知數和行權，而不是親身去做各種具體的事。這樣，方能發揮集體的功能，贏得更大的效益，借用《老子》的話說，「無爲而無不爲」。

以上所論，是《管子》提出的管理國家和人民生活的主要原則。這些原則，同西方近現代的管理學相比，具有自己的特色。近現代西方管理學，大體說來，可以分爲兩大流派，即組織學派和行爲學派。前者強調組織的作用，以分工、盡職、遵守規章制度爲原則，主張以行政和法律的手段，監督和控制勞動者。後者強調人群關係，以滿足職工的需求和欲望爲原則，以福利爲手段，調動和刺激生產者的積極性。而《管子》的管理原則，可以說是兼而有之，並不偏廢一方。但從其學說的整體看，它以解決人際關係爲基本原則，非常重視「爭人」、「得人」、「用人」即「以人爲本」。就這一點說，又近於西方的行爲學派或人際關係學派。但《管子》所理解的「人」，非生物學意義上的人，即只是追求滿足個人的欲望，而不顧群體的利益。因此，它把道德教化、倫理規範引入管理學中來，以個人（包括管理者本人在內）服從群體的利益，以整體的利益爲目標，來激勵成員的勞動熱情，教育成員盡自己的職責。這一原則，又是西方行爲學派很少注意的。總起來說，古往今來，有三種管理方式：一是把人當成物或機械，一是把人當成動物，一是把人當成人。人雖然具有物理和生理方面的功能，但人畢竟不等於器物和動物。人雖然作爲個體而存在，但個人總是群體中的個人。要管理好任何事業，都不能忽視人的本質、人的價值所在。《管子》的管理學說爲我們提出了這一原則，而這一原則，又是受了儒家學說的深刻影響。當然，《管子》作爲中國古代管理學說的先驅，強調權力集中，缺乏民主管理；強調道德教化，缺乏技術教育；這又是時代的局限性。

（新加坡東亞哲學研究所刊行，一九八九年）

# 重新評估老學——關於深入研究老子思想的幾點意見

從哲學史和思想史的領域看，孔子、老子乃中國哲學的創始人；老子重天道、孔子重人道，分別開創了中國哲學的傳統，後來各自形成和發展爲兩大流派，即儒家和道家。漢朝以後，伴隨印度佛教的傳入，又形成了中國的佛學。此三大流派的思想，構成了中華文化的主要內容。三大流派在發展過程，即相抗衡，又相吸收，成爲中華傳統文化的一大特徵。關於先秦哲學流派，韓非子提出「儒墨顯學」說，認爲影響大的是儒墨兩家，但在哲學上，眞正與儒家相抗衡的是道家。儒墨雖有分歧和論爭，本質上是同一系統。因此，就先秦哲學的發展說，應突出道家哲學的歷史地位。就中華文化的發展說，漢朝以來，儒學被定爲一尊，道家受到壓抑，但對儒學的發展起了重大影響。因此，也應重視對道家學說的研究，恢復其應有的歷史地位。

近現代以來，對老學和道家學說的研究有新的突破，打破了封建時代流行的尊孔貶老的傳統，努力恢復老學的歷史地位。如胡適的《中國哲學史大綱》，認爲中國哲學的創始人是老子，而不是孔子，此對傳統觀念是一大打擊。並將老學的特徵歸之爲「自然主義」，以區別於孔墨，認爲中國哲學傳統不只是人文主義，亦有見地。但「五四」以來的老學和道家學說的研究，總的說來，還是比較浮淺，忽視對老子和道家思想體系的分析，大都停留在孔老先後問題，《道德經》的注解和成書問題上。解放後，大陸學者對老學和道家學說的研究，又有所突破，致力於老學的理論體系、思想路線和階級屬性的探討。六十年代開了一次全國性老子討論會，後來出了論文集。據我的了解，此次研討會，主要辯論了兩個問題：一是老子哲學是唯心論還是唯物論，二是老子的哲學代表沒落貴族還是小農利益。此種爭論到現在仍未結束。確定一種哲學的思維路線傾向及其形成的社會基礎，是一種科學方法，無可非議。問題在於不能簡單地、教條主義地處理此類問題，也不能以解決此問題爲哲學史研究的唯一任務。即使將老子哲學定性爲唯心論和沒落貴族的代表，亦未必解決問題。意識形態的形成和發展是複雜的，特別是哲學的發展，有其自身的邏輯進程。形式主義、簡單化和貼標簽的辦法，妨礙對哲學形態的深入分析，而且往往引起不必要的爭論。在我過去的教學和研究中，由於長期受教條主義和形式主義的影響，對老子思想否定過多，今天看來，有必要重新評估老子的歷史地位。爲了深入開展老子和道家思想的研究，我想可從以下三方面入手：

## 一、以歷史的方法，清理老學發展的過程

老子的《道德經》，其影響深遠，如同儒家的經典一樣，一直爲後人所闡發，直到今天，

仍未中斷。就先秦說，道家便分化爲許多流派，突出的有黃老之學、莊學、韓非的解老。漢朝以後，解老的著作，源源不斷，歷代史書皆有著錄。有關老子的注說，就有千百種之多。陳鼓應教授於其《老子注釋及評介》中，列了一個書目，目前可以看到的，就有二六二部。這是一個龐大的系統，可同儒家學者對經書的注釋相抗衡。如果說，歷代對孔子學說的研究，稱爲儒學，同樣，我們有理由說，歷代對老子學說的研究，可以稱爲老學，同傳儒家的經學一樣，已成爲一種專門的學問、獨立的學科。歷代學者對《老子》的注釋和闡發，各有其時代的特徵，反映他那個時代的人，對老子理解，及那個時代的精神面貌，如同儒家歷代的經學一樣，無不打上時代的烙印。歷代解老的著作，同《老子》原書相比，既有聯繫，又有區別。如關於「道」這一最高範疇的解釋，在戰國時期，就有不同的理解，有《管子》的精氣說，有韓非的「盡稽萬物之理」說，有莊子「道通爲一」說。漢朝以後，有淮南、河上公的虛空說、元氣說，有王弼的「無不由」說、郭象的自然說、葛洪的玄一說、成玄英的重玄說、王安石的元氣不動說、蘇轍的至無說、以及王夫之的「函三爲一說」。這如同《周易》系統的太極範疇一樣，後來的解釋，可謂五花八門。對歷代解老的著述，應加以清理和總結。總結的目的有二：一是提示老學歷史的和邏輯的發展進程；從而了解老學的歷史地位及其對中國文化的影響；二是有助於理解《老子》思想的本來面貌，清洗後人對老子的種種解釋，正本而清源。總之，我的意見是，不能孤立地研究老子，或者說，就老子書而研究老子；應將眼光放大，將老子思想置於其形成和發展歷史過程中來認識老子的價值。即使後來注釋，雖然不符合老子的本義，但反映了老學發展的不同階段，有其自身的歷史價值，不應否定。如漢人以元氣解釋老子的道，未必是老子原意，但卻開創了唯物主義的宇宙論的體系。對儒家思想的研究，有經學史和儒學史的著作，可是對老子和道家思想的研究，至今還沒有老學史、道家學說史的著作出現。我盼望，有志於老學和道家學說的研究者，下幾年苦功夫，寫出一套老學史和道家學說史的專著來，提高老學的研究水平。

## 二、深入研究老學或道家學說對中國哲學發展的影響

中國傳統哲學有三大系統，即儒學系統、佛學系統和老學系統。儒學系統是主流，但儒學是一開放的體系，它不斷地吸收佛道兩家的哲學，來豐富自己的理論體系。老學既是儒學的對立面，又是其營養的供給者。儒學哲學中的許多重要的範疇、概念和命題來源於老學和道家哲學，特別是天道觀方面的問題。如就漢人尊奉的儒家典籍《易傳》來說，其中許多概念、範疇，甚至命題，來於老學和莊學。如太極、道器、天道盈虛、易無思無爲以及陰陽說，都受老學和莊學的影響。漢易中的太極元氣說來於老學的系統，周敦頤的太極圖說，更是受道教的影響。我要著重談的是，老學中的思維方式，對儒家哲學的影響。以下講三點：

### ㈠老子首先提出宇宙論的問題

他將宇宙視爲一形成和發展的過程，此即道先天地生說、道生一說，並且提出一個模式，即道——天地——萬物（包括人類）。道指原初實體，中國哲學中的宇宙論，大都繼承和闡發

了這一模式，影響深遠。如漢朝《淮南·天文訓》、《易緯乾鑿度》、張衡《靈憲》、王符《潛夫論·本訓》、楊泉《物理論》、宗密的《原人論》。宋明以來的宇宙形成論者，如周敦頤、邵雍、王廷相等，其論天地萬物的形成，都繼承老子的模式，雖然其對原初實體的解釋，並不相同。就此問題的理論思維說，是講本原和派生的關係，否定了傳統的天命論，打擊了各種形式的創世說，此是老子的一大貢獻。關於自然界的形成和變化，老子又提出「道法自然」、「生而弗有」、「長而不宰」、「天地不仁」、「萬物自化」等命題，認爲自然現象的變化，無意識、無目的，成爲中國哲學史上反對任何形式目的論的強大武器。此說，在先秦被荀子的〈天論〉所吸收，至漢代，被王充概括爲天道無爲而自然，至王弼、郭象、劉、柳的天論，皆以自然界的變化無主宰者使之然。宋明哲學中的理學派和氣學派又闡發爲天地無心說，如張載和王夫之，皆引老子的「天地不仁」說論證自然界既無人的意識，又無道德倫理觀念，有力地打擊了陸王、心學派的天人一本論。就此問題的理論思維說，是辯論天人關係和主客關係問題，老子第一次提出這一問題，成爲中國無神論的先驅。

### ㈡老子首先提出形上學問題

如果說，西方的形上學問題始於古希臘的柏拉圖和亞里斯多德，中國的形上學傳統則始於老子，此即老子提出的有無之辨。老子談有無問題，有多種涵義，或多種層次。其中一層涵義，即論道同天地萬物的關係。道作爲天地萬物的本原，老子以無名、無形稱之，天地萬物則以有形有名稱之。認爲道作爲宇宙的本原，其自身無形、無以名之、無所追求、無有偏私，方能包容和化育一切個體事物，所謂「強爲之名曰大」、「萬物歸焉而不爲主，可名爲大」；方成爲一切有名有形之物的宗主，所謂「天下萬物生於有，有生於無」。此是以道爲形而上，天地萬物爲形而下，他所追求的是形而上的道。道則成爲宇宙的第一原理。老子這一觀點，同樣影響深遠，中國哲學講形上學問題，都是繼承和闡發這一思想。《易傳》提出的「形而上者謂之道，形而下者謂之器」，雖是講卦爻象及其變易的法則，但以有形和無形解釋道和器，當是受了老子的影響。到王弼解老，形上和形下之辨，更爲鮮明。他將「無」理解爲無規定性的實體，以此解釋老子的道；以天地萬物爲有，即有規定性的個體，認爲萬有依靠萬無方能存在，既以一般的東西爲個別東西存在的根據，所謂「五物之母，不炎不寒，不柔不剛」，從而建立起貴無論的形上學體系，進而將老子的宇宙論引向本體論。老子提出的形上學原則，經過王弼的闡發，到宋明清時期，成爲儒家本體論的依據之一。從程頤到王夫之，都認爲本體必須無形，甚至無象，即形而上的東西。如張載的太虛無形說、程朱的理無形迹說、王廷相的元氣無象說、王守仁的良知無形象方所說、王夫之的氣有體而無形說。總之，都認爲無形者乃有形之本原，雖然對本體的理解各不相同。就此問題的理論思維說，所辯論的是一般和個別、規律和實體、本質和現象、抽象和具體的關係。認爲本原的東西，必須有一般性、普遍性、包容性或某種抽象性。老子第一次提出此問題，可以看成是中國形上學的先驅。此種形上學原則的形成基於古代的天文學，即道從天道轉變而來，不同於古希臘基於數學的形上學傳統，又具有中國的特色。

㈢老子是中華辯證思維的奠基人

《周易》含有辯證思維的萌芽，但沒有形成概念、範疇和命題。形成概念、範疇和命題的辯證思維，在先秦，先有老子，後有《易傳》。如老子的「有無相生」、「反者道之動，弱者道之用」、「物壯則老」、「萬物負陰而抱陽，冲氣以爲和」等命題，都是其辯證思維的哲學表述。老子的辯證思維，無非是兩點：一是講對立面相互依存，一是講對立面相互轉化。關於依存，突出和諧，所謂「冲氣以爲和」、「知和曰常」，所謂「玄同」、「爲而不爭」。關於轉化，突出物極則反，如「將欲歙之，必固張之」、「多藏必厚亡」；並且主張保持負的或消極的一面，防止走向反面，所謂「曲則全」、「柔弱勝剛強」、「大盈若冲」、「爲道日損」、「進道若退」等。以上兩點，皆爲《易傳》所吸收、並加以發展，提出剛柔相濟、陰陽相成說，奠定了中華辯證思維的基礎。其中「冲氣以爲和」的命題，追求對立面的和諧，影響深遠。如《易傳》講的「保合太和乃利貞」。「太和」這一範疇，朱熹則以「陰陽會合冲和之氣」解之，王弼釋「保合太和」爲「不和而剛暴」，張載以此解釋其「太和所謂道」，以陰陽之氣處於高度和諧的境地爲「太和」，進而提出「仇必和而解」說。辯證法大師王夫之，更是欣賞老子的「冲氣爲和」說。他在《外傳》說：「陰陽無畔者謂之冲」，「同功無忤者謂之和」，認爲陰陽二氣各以其功能化育萬物而又協調一致，乃自然界的基本法則，從而以「太和絪縕之氣」爲宇宙的本體，並且提出「天地以和順爲命，萬物以和順爲性」。追求對立面的和諧與均衡是中華辯證思維的一大特徵。此種思維，與其說來於孔子的

「和為貴」，不如說來於老子的「知和曰常」說。

以上三點，可以說明老子哲學對中國哲學發展的深遠的影響。可以說，沒有老子哲學，也就沒有孔孟以後的儒家哲學。就中國哲學的理論思維的發展說，應恢復老學的歷史地位，糾正尊孔貶老的偏見。

## 三、關於老學的現代價值問題

傳統的東西，只有同現代人的生活需要相結合，方有其生命力。關於儒學的現代價值，人們展開熱烈的討論。老學作為中國傳統文化的一大流派，同樣存在著這一問題，也是要深入研究的課題。對傳統文化遺產的批判繼承，我主張有選擇地繼承。因為任何意識形態都是時代的產物，打上時代的烙印；時過境遷，其中落後的、過了時的東西，只能拋棄。如老子的小國寡民說、老死不相往來說，與當代社會背道而馳，如何予以新意，也不會受到人們的讚揚。但是，任何有影響的大的學派，其學說中總有永恆價值的東西，否則不會吸引著後代的長期追求和討論。老學中有哪些具有永恆價值的觀念和命題？我想，就老子觀察問題的思維方式，談一點看法。老子的思維方式，可稱為從負面或反面看問題，即老子說的「正言若反」。負或反，是針對傳統的和常識的觀點說的。如「道可道非常道」、「有之以為利，無之以為用」、「無為而無不為」、「知慧出，有大偽」、「知足者富」以及「柔弱勝剛強」等，都是從負面看問題。見一般人之所不見，對常識來說，是一種更高的智慧。此種思維方式，對現代人觀察自然現象和人類的社會生活仍是有價值的。如「無爲而無不爲」這一命題，對政務及企業的管理者說，並未過時。身爲管理者，不掌握大政方針，終日忙於煩雜的事務，陷入「有爲」之中，不會管理好國家和企業。當然，如果將老子的思維方式，講過了頭，見無而不見有，又會倒向虛無主義。老學自身就含有此種消極的因素，這是我們應當避免的。

（《老子與中華文明》，陝西人民教育出版社，一九九三年）

# 道家的思維方式與中國形上學傳統

中華傳統文化，就其觀念形態說，其影響深遠者有三大系統，即儒家、道家和佛家，傳統的說法，稱爲儒釋道三教。此三家學說，各有自己的理論體系，對中華文化的發展都起了深遠的影響。儒學在漫長的封建社會中成爲中華文化的主流，此是人們所公認的，然而其它兩家學說在中華文化中的地位和影響，特別是道家學說對中國傳統哲學的影響，往往被人們所忽視。中國傳統哲學，始於先秦諸子爭鳴，經過漢唐到宋明，發展到高峰，可以儒家的宋明道學爲代表。但宋明道學的形成和發展，頗受佛道兩家哲學的影響，其中受道家哲學的影響，尤爲突出。可以這樣說，沒有道家哲學的滋養，便沒有宋明道學。從歷史上看，儒釋道三家哲學，在其發展過程中，既相抗衡，又相吸收；抗爭的結果，是相互融合，此是中國傳統哲學發展的一條規律，也是中華文化發展的總趨向。本文僅就以下三個問題，談談道家學說在中國傳統哲學中的地位及其貢獻。

## 一、無爲而無不爲

任何哲學體系的形成，同其思維方式的特徵是分不開的。哲學是理性思維的產物，出於人類對自身和周圍世界即主體和客體的反思。但反思的方式，即以理性思維觀察和解釋世界（包括人和物）的方式，卻是多方面、多角度和多層次的，而且是一個歷史的發展過程。這是因爲人們所處的社會歷史條件不同、生活環境不同、所受的文化教養不同，因而對世界的感受和觀察問題的方式也不盡同。先秦的儒學大師荀子，基於戰國時代開展的百家爭鳴，寫了〈解蔽〉一文，認爲諸子之學皆是「蔽於一曲而闇於大理」。他所追求的是眞理的全面性，即「大理」，故以「一曲」之見爲「蔽」。其實，一曲之見，如眞有所見，即其所長，即有眞理的顆粒或永恆的價值。因爲眞理總是相對的。至於人類對「大理」的認識，不是某一哲學家或某一時代的哲學家所能完成的。爲什麼哲學家們提出的問題和命題，有所見又有所不見呢？荀子將其歸之於「心」，即理論思維的水平和能力。他說：「心不可以不知道。心不知道，則不可道而可非道。」又說：「心不使焉，則白黑在前而目不見，雷鼓在側而耳不聞，況於蔽者乎！」荀子此論，頗有見地，揭示出哲學家們的見與不見，同其「心術」即思維方式有著密切聯繫。心術不同，對世界的解釋也就不一樣。因此，我們研究歷史上不同流派的理論體系，不能忽視其思維方式的特徵。

先秦道家的心術，同儒家相比，有哪些特徵？這是一個值得研究的課題。有一種流行的說法，認爲儒家重人道，道家重天道，前者形成人文主義傳統，後者形成自然主義的傳統。此說，就兩家學說的形成說，有一定的道理。因爲兩家的創始人孔子和老子，其觀察世界的角度不同，因而在天人問題上各有偏重。但此種區分，只表示兩家探討問題的視野不同，還不足以說明其思維方式的差異。就思維方式說，兩家的差異，可以概括爲：儒家習慣於從正面看問題，而道家則善於從反面或負面看問題。所謂從正面看問題，是說從常識、常規和一般的心理常態以及傳統的觀念出發，討論人類面臨的問題。如孔子所處的時代，人們都崇拜祖先、尊重禮儀、追求富貴，又受等級身分的約束。孔子從肯定這種現實出發，探討人道問題，即是從正面看問題。所謂從反面看問題，是說與當時的常識、常規和心理常態相反，思考和處理問題。如不以富貴爲榮、不以鬼神爲神、不以耳目見聞者爲實、不以禮儀爲維持社會秩序的規範、不以飲食豐美爲長命之術等等。此種反常識和反常態的思維方式，並非是精神失常，如荀子說的心術不正，而是從另一側面，即從一般人所肯定的反面，觀察事物的性質，並評論其價值。如莊子於〈齊物論〉中所說，「是其所非，而非其所是」。此種差異，從兩家的言論中可以得到說明。《論語》說：「子所雅言」、「述而不作」、「溫故而知新」、「子不語怪力亂神」、「攻乎異端，斯害也已」。「雅言」，一說謂常言，一說謂官話。總之，指正規的語言。「異端」，指與常識和常理相反者。上述言論，表明孔子的思維方式是循規蹈矩，從不標新立異，違背常理和常識。可是，老子則不然。《老子》說：「正言若反」、「大巧若拙，大辯若訥」、「明道若昧」，「善數不用籌策」、「玄德深矣、遠矣，與物反矣，然後乃至大順」。「正言若反」，謂說反面的話，反而符合正理。後一段話，是說，同一般人之所見相反，反而是高深的德性。凡此皆表示老子看問題，從不循規蹈矩，像孔子那樣，以「雅言」爲據，以「異端」爲非，而且專講同常識和常規相反的話。老子的這種從反面看問題和追求負面價值的思維方式，可以稱之爲否定意識，構成了道家學說的主要特徵。

《老子》一書中許多命題和觀念，都是基於這種意識而提出的。其第一章論道，一開始便說：「道可道，非常道；名可名，非常名」。謂一般人或常識所說的「道」和「名」，既然可以說出，可以稱謂，就不是永恆的道和永恆的名。是說，大道和眞理是不能言說的，因爲它是同常識相反的。他進而解釋說：「上士聞道，勤而行之；中士聞道，若存若亡；下士聞道，大笑之。不笑不足以爲道」（四十一章）。「道」，指事物的原則。但此原則是反常識的，所以下士之人，即智力低下的人，不能了解，故聞道而大笑。什麼是常道和常名呢？他說：「反者道之動，弱者道之用」（四十章）。「反」同返，謂向反面運作；「弱」，謂功用在於柔弱。這兩句話，都是針對常識所肯定的「道」而發的。一般人所追求的道，就運動說，總是以一往直前爲上；就功用說，總是以剛強不屈爲貴。而老子則認爲，「道」作爲事物的原則，恰恰相反，其意義在於「反」和「弱」。如果說，前者所追求的是事物的正面和積極的一面，老子所追求的卻是其反面和消極的一面。此負的一面，在老子看來，卻是非常有價値的，此即所謂「正言若反」。正是依據這一原則，老子考察了世界和人生，思考了許多常人所看不出的問題，從而成爲儒家的對立面。如儒家爲了維護正常的社會秩序，主張仁民愛物，故以天地化育萬物和聖人愛護百姓爲仁。而老子則反其道而行之，提出「天地不仁，以萬物爲芻狗。聖人不仁，以百姓爲芻狗」（五章）。強調天地與聖人的自然性，而不以天地和聖人爲有「仁」德。又如，儒家以追求人格的自我完善爲道德修養的目的，如孔子所說：「志於道，據於德」（《論語・述而》）。而老子卻說：「上德不德。是以有德；下德不失德，是以無德」（三十八章）。「不德」，謂不追求德，認爲有此境界，方爲道德高尚的人。又如，孔子提倡好學，如說：「學而時習之，不亦樂乎」（《論語．學而》），「默而識之，學而不厭」（《論語．述而》）。而老子卻說：「爲學日益，爲道日損」（四十八章），「學不學，復衆人之所過」（六十四章）。此又是對學習知識和常識的否定。又如儒墨兩家都提倡賢人政治，選拔有才幹的人治理民事的糾紛。而老子則說：「不尙賢，使民不爭」（三章）。又是對尙賢的否定。儒家以知、仁、勇爲美德，而老子則說：「大道廢，有仁義；智慧出，有大僞」（十八章）；「慈故能勇」（六十七章），「勇於敢則殺，勇於不敢則活」（七十三章）。此又是對儒家倡導的美德的否定。老子的否定意識，不僅對儒家學說，對其它各家的觀點，也是從其反面的效果加以指責。如關於法家，他說：「法令滋彰，盜賊多有」（五十七章）。關於兵家，他說：「善爲士者不武，善戰者不怒，善勝敵者不與」（六十八章）。總之，以「不爭」爲兵家的美德。關於養生，一般人皆以個體生命爲貴，應精心調養，保持長壽。而老子則說：「天地所以能長且久者，以其不自生，故能長生」（七章）。「不自生」，謂不故意爲生，反而能長久。又說：「吾所以有大患者，爲吾有身，及吾無身，吾有何患」（十三章）。「無身」，謂不以個體生命爲貴，即「外其身而身存」（七章）。此又是對世俗養生意識的否定。又如，剛和柔兩種性能相比，常識認爲剛強的東西總是戰勝柔弱的東西，並以剛強爲美德，如《易傳》所說：「天行健，君子以自強不息」。而老子則反其道而行之，提出「柔弱勝剛強」（三十六章）、「強大處下，柔弱處上」（七十六章）、「天下之至柔，馳騁天下之至堅」（四十三章）。認爲堅強者早死，水雖柔弱，卻能攻堅。因此，老子認爲，處理問題，應著眼和保持事物的消極一面，或相反的一面，如其所說：「知其白，守其黑，爲天下式」；「知其榮，守其辱，爲天下谷」（二十八章）。總之，從反面入手，方立於不敗之地。這種從反面或消極一面對待事物的態度，老子稱之爲「無爲」，並以無爲爲處理事物的最高原則。他說：「是以聖人處無爲之事，行不言之教」（二章）。又說：「爲無爲則無不治」（三章），「道常無爲而無不爲」（三十七章）。無爲是同有爲對立的。此種無爲說，又是對積極有爲的思維的否定。老子創立的道家學說，後來分化爲黃老學和莊子學兩派，其傾向並不盡同，但倡導無爲則是一致的。

如何理解老子的這種否定意識或追求負面價值的思維方式？有一種說法，認爲此種消極意識出於對當時社會的不滿，憤世疾俗，故意作反面文章；或者認爲乃隱士們對其前途失去信心的沒落意識的表現。此說，雖有所見，但未免將思想問題簡單化了。還有一種說法，即將道家的無爲思維所起的積極作用，說成是歪打正著。此說又抹煞了理論思維自身發展的規律。從人類理性思維發展的歷史看，道家的思維方式，並非無價值可言。因爲事物的性質和人的思維都具有兩重性，用中國哲學的術語說，即都有陰陽兩方面，如老子所說「萬物負陰而抱陽」（四十二章）。而且陰陽、正反、肯定和否定兩方面又是相互依存的。道家的思維方式，提倡從反面即陰的一面思考問題，是無可非議的，從某種意義說，是一種更高層次的智慧，比僅從正面或肯定的一面看問題更爲深刻。所以老子將其看問題的方法稱爲「微明」或「玄德」。如果，將道家對常識和常規的否定和追求負面價值的意識，簡稱之爲「無」的思維，並以此來觀察和處理人類面臨的現實問題，這同數學史上，對零和負數的發現一樣，在人類理性思維或認識史上是一大飛躍。因爲此種思維方式，從對現狀的肯定轉向否定，具有反常識、反常規、反傳統、反權威和反世俗的意義，同樣對中國傳統文化的發展起了重要的影響。歷史上不墨守成規和敢於創新的思想家、科學家以及文學藝術家，大都受到道家思維方式的薰陶，從而突破舊傳統，開拓新的視野和思路，對中華文化作出新的貢獻。當然，道家的思維方式，如果講過了頭，就會引向極端。由於老子所創立的道家，善於從反常識和反常規的角度思考問題，因而在哲學上提出了許多有價值的問題，如中國傳統哲學中的天人之辨、有無之辨、動靜之辨、心物之辨、生死之辨、言意之辨、性情之辨，以及內聖與外王、世俗與超俗之辨，都是由於道家的思維方式引起的。道家在回答這些問題時，既有所見，又有所不見。但其提出的問題，卻引起歷代哲學家們的爭議和研討，成爲中國哲學的重要內容。這是先秦其它流派所不能比擬的。就此而言，道家又是中國傳統哲學的奠基者。

## 二、道法自然

老子以其無爲而無不爲的思維方式，考察天和人的關係，便引出了天人之辨，成爲中國傳統哲學中的一大問題。天和人作爲中國哲學中的一對範疇，其涵義是不斷發展的，哲學家們對其所作的解釋並不盡同。就「天」說，有天神、天意、天命、天道、天體、天時、天然、天理等說；就「人」說，有人爲、人心、人德、人力、人欲等。就二者的關係說，有天人感應說、天人合一說、天人一本說、天人相勝說、天人不相勝說等。這些不同的理解，反映了哲學家們不同的立場、觀點及其思維路線。老子作爲道家的創始人，第一次從理論上辯論了這一問題，揭開了中國哲學史上探討人與自然關係問題的序幕。

在西周時期，「天」作爲哲學範疇，主要指天神、天命和天意。此種意義的天被認爲是世界的主宰者，自然界和人類社會的一切變化都是由天命和天意決定的，從而宣揚一種具有宗教意味的目的論的宇宙觀。春秋以來的儒家學者，由於重視人爲和人道，對西周的傳統的天命論作了修正。或者強調盡人事，如孔子；或者認爲天意依人意爲轉移，如孟子；但都保留了天有意志的傳統觀念。在先秦，首次向傳統的天命觀念挑戰的是老子。他提出了自然界無意識、無目的的學說，如前面所引的「天地不仁」和天地不自生說。他把這種觀點，概括爲：「道法自然」。他說：「人法地，地法天，天法道，道法自然」（二十五章）。老子說的「自然」，謂自己而然，非使之然，即「無爲」之義，如其所說：「輔萬物之自然而不敢爲」（六十四章）。道以自然爲法，是說道作爲宇宙的最高原則即是自然無爲。天地以道爲法，是說自然界的變化亦是無爲而自然。在老子看來，道作爲萬物的本源，其生化萬物亦是這樣。他說：「萬物恃之以生而不辭，功成不名有，衣養萬物而不爲主」（三十四章）。又說：「生而不有，爲而不恃，長而不宰」（十章），「莫之命而常自然」（五十一章）。此種自然無爲說，排除了人的意志、情感和欲求等心理因素，作爲一種自然觀，嚴重地打擊了主宰的天和目的論。如其所說：「吾不知其誰之子，象帝之先」（四章）。在中國古代社會，以農業生產爲主要生活資料的來源，而農業生產的好壞，同天時、地利又有密切的關係。由於生產力的低下，人們形成了靠天吃飯的思想，乞求天的保祐，從而將天神化，實際上是將其人格化，天便成了宇宙命運的主宰者。老子第一次對這種習以爲常的傳統觀念加以否定，這在古代思想史上是一大解放，從而成爲中國無神論的先驅。

老子的天人觀的基本觀點是反對以人觀天，此種理論思維，後被道家各派所繼承和闡發。莊子則以自然的東西或自然所給予的東西爲天，以天爲「天然」，即自然而然，非人力所能爲。如《莊子・秋水》所說：「牛馬四足是謂天；落馬首，穿牛鼻是謂人」，並且提出「無以人滅天」說。他崇拜自然，鄙視人爲。按此觀點，觀察自然現象的變化，則認爲皆無人的意識、行爲和目的。莊子於〈齊物論〉中說：「夫吹萬不同，而使其自已也，咸其自取，怒者其誰邪」！「自取」，即自己而然，非或使之。其在〈大宗師〉中評論造物者說：「䪢萬物而不爲義，澤及萬世而不爲仁，長於上古而不爲老，覆載天地刻雕衆形而不爲巧」。〈天運〉一文，論天體的運行、四時氣候的變化，又以懷疑的語氣提問說：「孰主張是？孰綱紀是？孰居無事推而行是？」認爲在天地日月風雲之上，別無有一主宰者，操縱和安排其變化，一切運動和變化皆是自然而然。所以〈在宥〉一文，論天人關係說：「無爲而尊者，天道也；有爲而累者，人道也。」並且將人的生命亦看成是一種自然現象，主張亦應以無爲的態度對待生死問題。如其所說：「知天樂者，其生也天行，其死也物化，靜而與陰同德，動而與陽同波。故知天樂者，無天怨、無人非、無物累、無鬼責」。此種生死物化說，又是對有鬼論的否定。總之，先秦道家提出的天人之辨，以天道無爲說，否定了主宰的天和意志的天，進而否定了目的論的宇宙觀。

此種天人觀，對先秦儒家的學說，起了深刻的影響。荀子正是在道家的影響下，寫了〈天論〉一文，斷言天體的運行和天時的變化不體現某種意志和作爲，因而其運行和變化同人事吉凶毫無聯繫。其論天道變化說：「列星隨旋，日月遞炤，四時代御，陰陽大化，風雨博施，萬物各得其和以生，各得其養以成。不見其事而見其功，夫是之謂神。皆知其所以成，莫知其無形，夫是之謂天」。「不見其事」，謂無經營的行爲，即道家說的無爲。「神」，即莊學所說：「油然不形而神」（〈知北游〉），謂神妙莫測。「無形」，謂其功迹無形迹可查，亦本莊學語。荀子此論，可以說是對老莊天道無爲說的闡發，爲儒家無神論代表。又《易傳》的作者，論天地陰陽的變化說：「顯諸仁，藏諸用，鼓萬物而不與聖人同憂，盛德大業至矣哉」（〈繫辭上〉）。「顯諸仁」，謂化育萬物，無有私心；「藏諸用」，謂其作爲不見於外，即荀子所說「不見其事而見其功」。「不與聖人同憂」，謂天地陰陽，無人的憂患意識。此論亦是受了道家天道觀的影響。總之，儒家從孔孟的天命論到荀子和《易傳》作者的天論，其言天，從肯定天有意志轉爲天無意志，這一轉變的關鍵，基於道家的天人之辨。當然，荀子作爲儒家學者，並不滿意老莊的天論，指出「莊子蔽於天而不知人」，即掩蓋了人道的特點，進而提出「制天命而用之」的命題，又揚棄了道家的人道順應自然的任天說和宿命論。《易傳》提出「天地設位，聖人成能」說，亦是對任天說的揚棄，從而在天人問題上，作出了重要的貢獻。先秦儒家學者取得的這一貢獻，同道家的天道無爲說是分不開的。

道家的天人之辨，在漢唐時期，其影響更爲突出，成了無神論者抵制和批判儒家的神學目的論的重要武器。漢代的儒家學者董仲舒，適應漢帝國皇權政治的需要，在哲學上又恢復了以天爲神的天命論，並且炮製了一套目的論宇宙觀的體系，將天人之辨引向天人感應論。從《淮南子》開始，到揚雄、桓譚、王充等無神論者，都借助於道家的天人之辨，同以董仲舒爲代表的目的論展開了大辯論。《淮南子》解釋老莊之學，以大量的文字，論述了天道無為而自然的學說，認為一切自然現象的變化，「非有為也，正其道而物自然」（〈泰族訓〉）。揚雄則說：「老子之言道德，吾有取焉耳」（《法言．問道》）。「道德」，指「道法自然」說。桓譚則以「天非故作為」說，反對了目的論。到王充，寫了〈自然〉、〈物勢〉等文，集中論證了「天道自然無為」這一命題。其在〈自然〉中，駁斥「天生五穀以食人」的目的論說：「此謂天為人作農夫桑女之徒也，不合自然，故其義疑，未可從也。試依道家論之」。關於天以其氣化育萬物的觀點，他解釋說：「天動不欲以生物而物自生，此則自然也；施氣不欲為物而物自為，此則無為也」。其在〈物勢〉中，又提出「天地不故生人，人偶自生」說，反對了目的論。「故」，謂有心而為；「偶」，謂恰合，非出於謀劃。因此，其論天地陰陽之氣同萬物和人類的關係說：「無心於為而物自化，無意於生而物自生」（〈自然〉）。王充對道家天道無為說的闡發，其要點有二：一是以氣化萬物，無意識和無目的；二是引證實物實事即實際經驗，說明天無意志，如其所說：「道家論自然，不知引事物以驗其言行，故自然之說，未見信也」（〈自然〉）。他將道家的天道無為自然說，引向了科學的和實證的道路。在漢代，由於有一批無神論者，繼承黃老之義，堅持天道無為說，抵制了儒家的神學目的論，從而使今文經學派所炮製的天命論，終未成為西方基督教那樣的宗教體系。道家的天人之辨，成了阻止儒學宗教化的理論支柱。

到了魏晉時期，兩漢的黃老之學轉向了魏晉玄學，形成了新道家。玄學家以解釋老莊的著作為任務，進一步闡發了先秦道家的天道觀。玄學中的兩大流派，貴無論和崇有論，皆以自然無為解釋天和道。貴無派的代表王弼在《老子注》中說：「天地任自然，無為無造，萬物自相治理，故不仁也」。又說：「地不爲獸生芻，而獸食芻，不爲人生狗而人食狗，無爲於物而萬物各適其所用，則莫不贍矣」。此是對老子的「天地不仁」說的解釋。意謂天地作爲最大的自然物，其化育萬物，既非「造立施化」，亦非「有恩有爲」，無造作、無選擇，故能覆載一切個體。其以「任自然」，解釋天無意志，以萬物相互調治，解釋萬物得以生存的原因。進一步打擊了目的論的宇宙觀。所謂「萬物自相治理」，又是受了王充的「萬物自相勝負」（〈物勢〉）說的影響。由於王弼推崇自然無爲，又導出「天地雖廣，以無爲心」說，進而導出了「天地萬物皆以無爲本」的玄學本體論。崇有論的代表郭象於《莊子注》中說：「自己而然，則謂之天然。天然耳，非爲也，故以天言之。以天言之，所以明其自然也，豈蒼蒼之謂哉！……故天者，萬物之總名也。莫適爲天，誰主役乎？故物各自身，而無所出焉，此天道也」（〈齊物論〉）。此是以萬物自己而然，無任何外力使其然，解釋天和天道。此種解釋的特點是，否定了天的實體性，進而否定任何形式的造物主說，如其所說：「故造物者無主而物各自造。物各自造而無所待焉，此天地之正也」（〈齊物論〉）。他將天道自然無爲說，引向了物各自造說或萬物自生自化說，從而導出了「物之所有，自然而然，非無能有之」（〈則陽〉）的崇有論。由於郭象，因受王充的「物偶自生」說的影響，又將自然而然理解爲不知其所以然而然，進而將萬物各自造說引向萬物「欻然自生」的獨化論和偶然論。其獨化論在當時是反對目的論的一種新形式，其理論意義是否定事物的變化有第一因或終極因。可以看出，玄學的代表人物，繼老莊之後，對中國無神論的發展同樣做出了貢獻。

郭王兩家的天人之辨，對南北朝和隋唐時代儒家無神論者同樣起了重要的影響。南朝的無神論者范縝在同佛教有神論的爭論中，寫了〈神滅論〉，其中說：「陶甄稟於自然，森羅均於獨化，忽然自有，怳爾而無，來也不御，去也不追，乘夫天理，各安其性」。此是依郭象義，反對了佛教的生死輪迴說和三世因果報應論。玄學派的天道無爲說，到唐代，又爲儒家解經的學者所吸收。孔穎達的《周易正義》，通過對《周易》經傳的解釋，進一步闡發了道家反對目的論的傳統。如其釋乾卦〈文言〉四德說：「凡天地運化，自然而爾，因无而生有也，无爲而自爲。天本无心，豈造元亨利貞之德也」。此是說，元亨利貞作爲天運行的德行，乃自然而有，非出於有心而爲，所以天地萬物的變化無使之然者。又其解復卦《彖》文「復其見天地之心乎」說：「天地養萬物，以靜爲心，不物而物自爲，不生而物自生，寂然不動，此天地之心也……天地非主宰，何得有心？以人事之心，託天地以示法爾。」他將「靜」解釋爲無有意識，以「天地之心」爲無心而爲，說明萬物自爲自生，無主宰者使其生。此是對郭象義的闡發。又其依郭象義，解釋《繫辭》文「一陰一陽之謂道」說：「自然而有陰陽，自然无所營爲，此則道之謂也」。按此解釋，陰陽二氣的運動和變化，不僅沒有意志和目的，而且其存在，也不被創造，便進一步否定了宗教的創世說。孔疏通過對儒家經典的解釋，依道家義所闡發的天人之辨，在當時影響很大。唐中期，儒家內部展開了天人問題的大辯論。韓愈、柳宗元和劉禹錫的天說，即其代表。韓愈認爲，人類的生產活動，破壞了自然的環境，應受到天的懲罰，從而陷入了目的論。柳、劉二人則依道家的天道無爲說，批駁了韓愈的天說。柳宗元認爲，天地陰陽同其它自然物一樣，其變化，都是自然而然，沒有意識，無賞功罰禍的欲求。他還依郭象和孔疏義，指出，陰陽二氣游於天地之間，其運動變化，是「自動自休，自峙自流」，「自鬥自竭，自崩自缺」，不依人的好惡爲轉移；並且認爲天地陰陽沒有開端，亦無終結，所謂「天地之無端，陰陽之無窮」（〈非國語〉）。劉禹錫在辯論中，寫了〈天論〉，同意柳的「自然之說」，但以其義有未盡，又作了補充。他提出「天人交相勝」說。此說，以天象和自然給予的爲天，以智力最強又能推行法制者爲人。認爲天人各有其所能，不相代替，但可以相互爲用，即人依其智力可以掌握自然現象變化的「數」和「勢」，使其爲人類服務。此說，一方面繼承了道家的天道自然說，另一方面又揚棄了道家和玄學派的因天說，對兩漢以來的天人之辨作了總結。

到了宋明時代，伴隨著儒家道學的興起和發展，天人之辨又獲得了新的內容，即從目的論和反目的論的爭論，轉向心物之爭、主觀和客觀之爭。這同傳統的哲學問題，從漢唐的宇宙論轉向本體論的研究是聯繫在一起的。道學家們對天的解釋，取郭象義，以天爲天地萬物的總名，指外在的客觀世界。對人的解釋，則以人心和人德爲人。天人關係變成了客觀世界和主體人的關係。道學中心學一派，以心爲世界的本體，主天人一本；佛教憚宗心學主心法起滅天地；兩派皆宣揚人心爲自然立法。兩派心學，在天人問題上，或以天地萬物具有人心或人德，或以天地萬物爲人心的顯現。總之，都不區分天和人。如道學中心學的先驅程顥，提出「仁者與天地萬物爲一體」（《遺書》二上），認爲仁愛之心將客觀世界和主觀世界結爲一整體，既無人我之分，也無心物之別，天地生物之德即是仁德，人心即是天地之心，所謂「只心便是天」（《遺書》二上）。由此得出結論說：「天人一也，更不分別」；「天人本無二，不必言合」（《遺書》六）。他以心釋天，成爲心學一派天人觀的基本原則。如陸象山所說：「宇宙便是吾心，吾心即是宇宙」（〈雜説〉）。所謂「宇宙」，指心外的客觀世界，即程顥說的「天」。其弟子楊簡依此提出「天人一本」的命題，認爲人的自強不息即是天行之健，人心的變化即是天地萬物的變化，所謂「陰陽變化無一日不自道心而生者」（《易傳·臨》）。明代心學大師王守仁依此得出結論說：「人者，天地萬物之心也。心者，天地萬物之主也。心即天，言心則天地萬物皆舉之矣」（〈答季明德〉）。又說：「天即良知也」，「良知即天也」（《傳習錄》下）。他從心出發，將天人合而爲一，所謂「大人與天爲一而已矣」（《山東鄉試錄·易》）。總之，在宋明時代，由於本體論的流行，心學派的代表人物，竭力抹煞或沖淡天人的區分，進而以人心爲天，以主觀意識爲客觀世界，爲其心本論提供理論根據。此種天人觀，來於孟子的盡心、知性、知天說，將人的道德意識視爲客觀世界的本原。如果說，以前的儒家講的天命論，以天爲有意志，從而導出了目的論的宇宙觀，宋明時期心學一派新儒家，又將天意解釋爲倫理的心，宣揚心本論的形上學，爲這一時期的天人之辨開闢了新局面。

道學中的理學派和氣學派，爲了論證自己的本體論的體系，同心學派展開了天人異同之辨。他們的出發點，雖然不同，但都不贊成天人不分，反對天人一本說。其所依據的理論思維仍舊是道家的天人之辨。理學派的創始人程頤，以理釋天，認爲天地萬物皆有其理，理爲一物之所以然及其當然之則，規定事物的本質，不受人心之左右，故以「天理」稱之。其以天稱謂理，「天」取郭象義，即以「自然」爲天。他說：「天者，自然之理也」（《遺書》二十四）。所謂「自然之理」，是說，事物之理，本來就有，固然如此，非人意所安排，如其所說：「事理之固然，非心意之所造作也」（《易傳・無妄》）。他引道家的自然說，表示理乃客觀存在的實體。因此，他區分心和理。他說：「自理言之謂之天，自稟受言之謂之性，自存諸人言之謂之心」（《遺書》二十二上）。此是以理爲天，以心爲人，認爲心可以存理，但天理不等於人心。依此觀點，他辯論了天人關係問題，認爲天和人，天道和人道，既有同一性，但又有差別。他評論《禮記》提出的「人者，天地之心」這一命題說：「謂只是一理，而天人所爲，各自有分」（《遺書》十五）。「一理」謂天和人，有共同遵循的法則，但又各有其本分，不可混同。意謂心外有天，人道應符合天道，但不能以人道爲天道，更不應認爲人心能創造天道或天理。他評論陰陽變易的法則說：「此是生生之謂易，理自然如此。維天之命，於穆不已，自是理自相續不已，非人爲之」（《遺書》十八）。是說，天道變化，深遠而無窮盡，其理自然如此，非人心之所爲。據此，他批評佛家的心學說：「書言天敘天秩。天有是理，聖人循而行之，所謂道也。聖人本天，釋氏本心」（《遺書》二十一下）。認爲人道指人心符合天理，而佛家則以人心爲天道，本末倒置，是錯誤的。可以看出，理學派的天人之辨，是區分主觀和客觀，以天理爲客觀的東西，所謂「自然之理」，從而否定了心本論。此種理論思維，同樣來於魏晉玄學的天人之辨。關於理，王弼曾說：「物無妄然，必由其理」（《周易略例・明象》）。又說：「萬物以自然爲性，故可因而不可爲也，可通而不可執也」（《老子注》二十九章）。郭象曾說：「物有自然，理有至極，循而直往，則冥然自合，非所言也」（〈齊物論注〉）。又說：「今仲尼非不冥也，雇自然之理，行則影從，言則嚮隨」（〈德充符注〉）。總之，郭王兩家，皆以理或天理出於自然，而非人爲，人只能與理冥合。程氏因之，從而在天人問題上區分了主觀和客觀，建立其理本論。當然，程氏說的「自然之理」，也不盡同郭象義。他揚棄了「冥然自合」說，認爲理或天理，非不可思議，而是可以認知的。這又是受了儒家的「窮理盡性」說的影響。

氣學派的奠基人張載，在同佛教心學的爭論中，則以氣釋天。他說：「由太虛有天之名，由氣化有道之名」（《正蒙·太和》）。所謂「太虛」，指氣的本然狀態，即「太虛之氣」。他以氣化的過程爲天道。認爲氣化過程，即陰陽二氣相互推移的過程，其推移又有其自身的法則，所謂「其爲理也，順而不妄」（《正蒙·太和》）。所以氣化的過程即天道，即無意識和目的，也非人心所能造化。他說：「其所以屈伸無方，運行不息，莫或使之，不曰性命之理，謂之何哉」（《正蒙·太和》）又說：「有謂心即是易，造化也。心又焉能盡易之道」（《易說·繫辭上》）。其對氣化過程的解釋，同樣本於道家的天道自然說。如其所說：「蓋爲氣能一有無，無則自然生，氣之生即是道是易」（《易說·繫辭上》）。「無」指無形，「有」，指有形，認爲氣能統一有形和無形，氣雖無形，卻生生不已，出於自然，無使之然者。張載又依道家的自然說論證氣化過程有其客觀的規律性。因此，在天人問題上，他斷言天是無心的。他說：「天地則無心無爲，無所主宰，恆然如此，有何休歇」（《易說·復》）。此是對復卦《彖》文「天地之心」的解釋，認爲此「心」只表事物的本質和實情，指天地以生物爲本，無止息之時，非謂天地有人的意識和情感，故又以「無心無爲」釋之。因此，他認爲老子提出的「天地不仁」這一命題是正確的，其錯誤在於以聖人爲不仁。他說：「天則無心，神可以屈，聖人豈忘思慮憂患？雖聖人亦人耳，焉得遂欲如天之神，庸不害於其事」（《易說·繫辭上》）。「神」同伸。是說，天道之屈伸，出於自然，無思無慮，而人的特點是有思有慮，所以聖人應有憂患意識，仁愛百姓。此種天人之分，無疑是正確的。但他強調，不能因爲人有思慮，具有仁德，從而認爲天和天道亦有人心和人德。他說：「鼓萬物而不與聖人同憂，則於是分出天人之道。人不可混天。鼓萬物而不與聖人同憂，此言天德之至也」（《易說·繫辭上》）。「人不可混天」，謂不能將人的意識強加於天，即不贊成天人一本說。又說：「天能爲性，人謀爲能。大人盡性，不以天能爲能，故曰天地設位，聖人成能」（《易說·繫辭下》）。「天能爲性」，謂天以自然爲性，無人的思慮，亦無人德，而人則以謀劃爲能，人的任務是成就天之所能，而不是以人能代表天能。張氏此論，頗爲深刻。是其天人之辨的主要貢獻。在中國哲學史上，他第一次提出「天人合一」這一命題，見《正蒙·乾稱下》。但其所謂「合一」，不是說天合於人，而是人合於人，即人的思想和行動應符合氣化的過程和法則。此種天人觀，顯然來於道家的天人之辨。不同的是，他提出「人謀爲能」說，拋棄了老子的「絕聖棄智」說。張載的天人之辨，同樣具有區分主觀和客觀的意義，強調人德基於天德，即氣化萬物的本性，而不以人德爲天德，對後來氣學派的天人之辨起了很大的影響。如明代氣學派的代表羅欽順說：「天之道，莫非自然。人之道皆是當然。凡所當然者，皆其自然不可違者也」（《困知記》上）。

明末清初的氣學派大師王夫之，進一步辯論了天人關係問題。他繼承了張載的天人觀，認爲天道和人道皆基於陰陽二氣變易之理，有其同一性，但強調其差異。他說：「同一道也，在未繼以前爲天道，既成而後爲人道。天道無擇，而人道有辨」（《周易內傳·繫辭上》）。此是解釋《繫辭》文繼善成性句。認爲陰陽二氣形成人物的本性，出於無心而爲，無所選擇，如其所說：「天地無心而成化，故期於陰陽也，泰然盡用之而無所擇」（《外傳·繫辭上傳》七）。可是，人基於陰陽二氣而成性後，人有心靈，能辨別是非善惡，此即「人道有辨」。因此，他以有思維和道德意識爲人道的特點。他說：「天地之生，以人爲始，故其吊靈而聚美，首物克家，聰明睿哲，流動以入物之藏，而顯天地之妙用，人實任之」（《外傳·復》）。謂人聚衆美而心最靈，居萬物之首，能以其聰明智慧深入到萬物的內部，揭示天地生物之功。正因爲人爲萬物之靈，人有道德本性，故能擇善去惡。他說：「人物有性，天地非有性。……性存而後仁義禮智之實章焉。以仁義禮智而言天，不可也」（《外傳·繫辭上》五章）。「性」，指性善。是說，自然界無所謂性善問題，善乃人性特點。因而不能以人的道德品質稱謂天。他說：「在天謂之元，在人謂之仁。天無心不可謂之仁，人繼天不可謂之元」（《內傳·乾》）。是說，人道之仁來於天道之元，但不能以人道之仁稱謂天，所謂「理通而功用自殊，通其理，則人道合也矣」（《內傳·文言》）。此是對張載的「天人合一」說的發揮。其目的是反對以人道言天道，如其所說：「君子以人合天，不能強天以從人」（《外傳·繫辭下》九章）。「以人合天」，謂人道本於天道。王夫之的這些辯論，可以說是對老子的「天地不仁」說的闡發，在哲學史上是少見的。他精通老莊之學，著有《老子衍》、《莊子解》和《莊子通》。其在《莊子解》中，對道家的自然說，作了充分肯定。如說：「天地之化，無非自然」（〈天運〉）。又說：「天者，自然之化。人者，因功趣差等而達權者也」（〈秋水〉）。「自然之化」，謂無心無爲。「達權」，謂有心而爲，能通權達變，即人道有主動權。此種天人觀，是對莊學的新發展，也可以說是對莊子「蔽於天而不知人」的糾正。因爲人道的特點在於人有主動權，所以人不應因襲自然而無所作爲，應協助天地治理萬物，使萬物爲人類所用。他說：「人者，天地之所以治萬物也」，「人者，天地之所以用萬物也」（《外傳・繫辭下》一章）。治萬物和用萬物的職能存於人，如《易傳》所說：「財成天地之道，輔相天地之宜」。就此而言，也可以說「人者，天地之心」，即人類應成爲自然界的主人，並非天地有人的意識。如其所說：「自然者，天地；主持者人，人者天地之心」（《外傳・復》）。由此，他提出「延天以祐人」說、「相天」和「竭天」說、「勝天」說等，批評了道家的任天說。他在天人問題上所取得的成果，就其理論的淵源說，由來有二：一是道家的「天地不仁」和「天地無心」說，一是心學派的「心者，天地萬物之主」說。他取二說之長而揚其短，從而得出了天人既相對立又相依存的結論。即他所說的「天人之合用」（《外傳・繫辭上》一章），從而有力地批判了心本論。

總上所述，老子提出的「道法自然」說及由此而引起的天人之辨，對後來哲學的影響有兩方面：其積極的方面，即天道無爲說，在宋代以前，成爲無神論者反對目的論宇宙觀的理論支柱，宋明以來，又成爲理學家和唯物主義者反對心本論的武器；其消極的方面，即人在自然面前無所作爲的觀點，又成爲儒家學者所批評的對象。中國傳統哲學就是在儒道兩家既相批評又相吸收的過程中得到發展的。

## 三、有生於無

老子以其無爲而無不爲的思維方式，思考世界的本原問題，又引出了有無之辨，成爲中國傳統哲學中又一重要問題。所謂本原問題，即宇宙的總根源或世界的統一性的問題，即第一原理問題。對此，老子提出「有」、「無」範疇，以本原的東西爲無，以天地萬物爲有，解釋二者的關係，便形成了有無之辨。由於老子以無規定本原的東西，其對世界的解釋，則成爲中國傳統哲學中形上學的先驅。以後，道家各派都遵循這一原則，探討本原問題，對中國形上學的形成和發展起了深遠的影響。

關於世界的本原，在老子的時代，其說有二：一是殷周傳統的天命論，一是春秋時期的天地生萬物說。在老子看來，此二說乃一般人或常識的見解，即從「有」出發。前者以天有意志，有營爲；後者以天地爲有形的實體，都不足以說明天地萬物的本原。因此，他提出新的觀點，即從「無」出發，解釋天地萬物的形成。他說：「無名天地之始，有名萬物之母」（一章）。又說：「天下萬物生於有，有生於無」（四十章）。「無名」，指世界的本原，其無形體，故不可稱謂。「有名」，指天地，因爲其有形體，可以稱謂。老子認爲，萬物雖天地之所生，但天地還有其老根或始基，此老根卻無形體。其所說的：「萬物生於有，有生於無」，亦是此義。「有」指天地，「無」指無名的始基。老子以無名解釋天地之始基，是對上述流行說法的否定。此說，以「無名」和「有名」，區別本原和天地萬物，就其理論思維說，是以超感覺的東西，即超乎形象的東西爲世界的本原，因爲其超乎形象，老子又稱其爲「道」。

他說：「有物混成，先天地生，寂兮寥兮，獨立不改，周行而不殆，可以爲天下母。吾不知其名，字之曰道」（二十五章）。關於「混成」，老子自己解釋說：「視之不見名曰夷，聽之不聞名曰希，搏之不得名曰微。此三者不可致詰，故混而爲一」（十四章）。按此說法，「道」作爲混成之物，乃超感覺的無形象的實體，但非空無，故又以希、夷、微等詞形容之。關於道的這種品格，老子又說：「道之爲物，惟恍惟惚。惚兮恍兮，其中有象，恍兮惚兮，其中有物。竊兮冥兮，其中有精，其精甚眞，其中有信。自古及今，其名不去，以閱衆甫」（二十一章）。他以「惚恍」解釋「道」，一方面表示此實體超越感覺，無形無象；另一方面又表示其非空無，故又說其中有象、有物。道的這種品格，又被稱爲「無狀之狀，無物之象」（十四章）。因此，他又以「常無」和「常有」解釋「道」的這種性格。他說：「常無欲以觀其妙，常有欲以觀其徼。此兩者同出而異名，同謂之玄，玄之又玄，衆妙之門」（一章）。是說，道之爲無，非常識所說的無，即一無所有，乃「常無」；其爲有，又非常識所說的有，即有名有形之有，而是「常有」。常無和常有乃道體的兩方面，此即「同出而異名」。老子的這些辯論，都在於表示道作爲天地萬物的始基乃無形無象但又是客觀存在的實體，只有無形無名之物，方能成爲一切有形有象之物的根源，此即其所說的「以閱衆甫」或「衆妙之門」。儘管後人對老子提出的道的內容，可以有不同的理解，但「有生於無」即有形來於無形這一原則是清楚無疑的。這一原則，借用歐洲的哲學語言說，即是形上學（metaphysics）的原則。此原則的理論意義是，作爲本原的東西，應具有普遍的和永恆的性格，而不是某種具體的和個別的東西，老子簡稱其爲「無」。此原則的提出，是人類理論思維的一大飛躍，因爲是站在更高的層次，即較爲抽象的層次，討論世界的本原，表明人類對世界統一性問題的認識，超越了感性階段而深化了。這同老子追求負面價值的思維方式是分不開的。關於有和無的關係，老子曾說：「三十輻共一轂，當其無，有車之用。埏埴以爲器，當其無，有器之用。……故有之以爲利，無之以爲用」（十一章）。此處，以「無」爲空間概念，舉例說明「無」的重要性，並非以道體爲虛空。但他重視無的作用，對見有而不見無的思維方式卻是一次挑戰。老子關於本原問題的辯論，屬於宇宙形成論，即探討宇宙的起源，如其所說：「道生一，一生二，二生三，三生萬物」（四十二章），還不是本體論的問題。但他提出的形上學原則，對本體論的形成和發展卻起了重要的影響。

老子提出的形上學原則，在戰國時代，爲道家黃老學派和莊子學派所闡發。《管子》四篇保存了黃老學派論道的史料。此派以氣或精氣解釋老子的道，用來說明世界的本原。〈內業〉解釋說：「凡道，無根無莖，無葉無榮。萬物以生，萬物以成，命之曰道。」此是說，「道」作爲萬物的本原，無有形狀或形體。又說：「不見其形，不聞其聲，而序其成，謂之道」。是說，道又是超感覺的。此文認爲，此無形之道，即是氣或精氣。它說：「凡物之精，此則爲生，下生五穀，上爲列星，流於天地之間，謂之鬼神；藏於胸中，謂之聖人，是故民氣穀」。又說：「精也者，氣之精者也」。總之，天地萬物以及人的生命和智慧都是氣或精氣的產物。〈心術上〉加以解釋說：「虛無無形謂之道，化育萬物謂之德」。「無形則無所位迕，無位迕，故遍流萬物而不變」。還說：「道在天地之間，其大無外，其小無內」。「道」，皆指氣或精氣。黃老學派對道或氣的解釋，其特點三：一是氣作爲實體，無有形狀，超越感覺；二是有流動性，遍於一切有形的個體之中；三是具有包容一切的性格，所謂「其大無外，其小無內」。此三點是對老子提出的形上學原則的闡發。按〈內業〉和〈心術上〉的說法，人的形體得氣則生，失氣則死，氣或精氣可以出入於人的形體中。此派提出的作為生命根源的氣，實際上是呼吸之氣，即空氣，包括寒溫之氣。此氣加以昇華，則成為解釋世界統一性的哲學概念。黃老學派所以選中空氣說明「道」的物質性，因為在直觀的領域內，物質性的東西，只有空氣符合於老子提出的形上學的原則。正因為如此，氣便成為後來哲學家們解釋世界本原及其物質構成的重要範疇。黃老學派可以說是中國氣論哲學的先驅。

莊子學派對老子提出的「有生於無」命題作了深入的闡發，成為莊學的重要內容。就《莊子》一書提供的材料看，其對世界本原的解釋，大致有三種傾向。一種傾向，可以〈齊物論〉和〈秋水〉為代表，提出「道通為一」和「萬物一齊」說，以無差別對立的境地為「道」。如〈齊物論〉說：「夫道未始有封，言未始有常」；「彼是莫得其偶，謂之道樞」。又說：「其分也成也，其成也毀也。凡物無成與毀，復通為一」。其以「一」解釋「道」，「一」謂泯滅差別對立。由此得出結論說：「天地與我並生，而萬物與我為一。」是說，道將天地萬物人我融為一體而泯滅其差別。〈秋水〉說：「萬物一齊，孰短孰長？道無終始，物有死生」，亦是此義。此二文，未直接談天地之始基問題，其著眼點是探討世界的一體性或同一性。認為一切有形的個體都存在差別對立，有生死成毀，而「道」作為世界的根本原理，不應再有差別對立，故能包容一切，有其普遍的和永恆的價值。這是對老子的有無之辨的闡發。另一種傾向，可以〈大宗師〉和〈知北游〉為代表，將無差別的道視爲天地萬物的老根。如〈大宗師〉說：「夫道有情有信，無爲無形，可傳而不可受，可得而不可見。自本自根，未有天地，自古以固存，神鬼神帝，生天生地。在太極之先而不爲高……長於上古而不爲老」。此是以道爲一切有形個體產生的根源。道不僅無形，超越感覺，而且超越時空的局限，它不依靠任何個體，本來自足，即「自本自根」，但卻是一切有形個體存在和變化的依據。所謂「萬物之所係而一化之所待乎」！〈知北游〉解釋此道說：「夫昭昭生於冥冥，有倫生於無形，精神生於道，形本生於精，而萬物以形相生」。是說，一切個體事物，從形體到精神，都來於無形之道。此文進而指出，道所以爲一切物體的本原，因爲其自身無形，故能周流於一切有形的個體中，「無所不在」，具有「周遍咸」的性格，即其所說「物物者與物無際」。正因爲有此性格，它方能滋養萬物而不匱乏，成爲萬物之「本根」。此是對老子的「有生於無」說的進一步闡發。其目的在於論證任何個體事物都不能成爲世界的本原。如其所說：「有先天地生者物邪？物物者非物，物出不得先物也。猶其有物也，無已」。「物」，皆指有形之物。「物物者非物」，意謂「道」不能是某種具體的東西，因爲其爲具體的東西，又要有另一具體東西產生它，如此推下去，無有窮盡，則陷入循環論證。此論也可以說是對從有到有的思維方式的批評。此文以「道」爲無，取其無形之義，如其所說：「知形形之不形乎，道不當名」，又是對老子的「無名天地之始」的發揮。此文未明言「道」爲何種實體，但據〈大宗師〉和此文對生死問題的解釋，其所說的作爲本原的道，當指無形之「氣」。此文論生死說：「人之生，氣之聚也，聚則爲生，散則爲死，若死生爲徒，吾又何患？故萬物一也。……故曰：通天下一氣耳，聖人故貴一」。〈齊物論〉說的「道通爲一」，此文則以「一氣」釋之，將一體論引向了本根論。莊學關於道的解釋，還有一種傾向，可以〈庚桑楚〉和〈天地〉爲代表，以虛空或虛無爲道。〈庚桑楚〉說：「有乎生，有乎死，有乎出，有乎入，入出而不見其形，是謂天門。天門者，無有也，萬物出乎無有。有不能以有爲有，必出乎無有。而無有一無有，聖人藏乎是。」「有」，指個別有形物體。此是說，個別形體，總是有生有死，出入於道體，但作爲萬物出生入死的「天門」，卻無形體，即「天門者，無有也」。其所以無形體，因爲萬有不能靠有形之物成爲有，只能靠無形的道。但此本原的道，說到底，亦是「一無有」，即一無所有。此種道體，只能是虛無或虛空。此種觀點，亦見於〈天地〉：「泰初有無，無有無名，一之所起，有一而未形。物得以生謂之德，未形者有分，且然無閒謂之命，留動而生物，物成生理謂之形」。此處說的「一」，按下文所說「未形者有分」和「流動而生物」句，指陰陽二氣尚未分開的狀態，其分爲二氣，則生出萬物，並規定其命、形、性。但此未分之一氣，又是來於泰初之「無」。此是對老子的「道生一，一生二，二生三，三生萬物」說的解釋。按此解釋，「無」比氣更爲根本，其對無的解釋，取老子以空間爲「無」之義，又導出虛生氣說。以上，是莊學論道的三種傾向，所論並不盡同，但有一點是共同的，即發展了老子的「有生於無」的命題，認爲道作爲世界的本原，必須是無形的，不能是某種個別的實物，因爲個別有形之物，非長則短，非生則死，總有其局限性，只有無形的道，方有普遍的和永恆的性格。這正是對老子提出的形上學原則的貫徹。其有無之辨同樣對中國傳統哲學中宇宙論和本體論的形成起了深刻的影響。

道家提出的有無之辨，到漢代，經各派哲學家的闡發，形成了宇宙論的體系，成爲兩漢哲學的主流。《淮南子》解釋老子的「道生一」的命題說：「道始於一，一而不生，故分而陰陽，陰陽合和，而萬物生」（〈天文訓〉）。此說，以道為一，以一為陰陽混而未分之氣，認為其分而為陰陽二氣，相交而生天地萬物。又其解釋說：「道始於虛霩，虛霩生宇宙，宇宙生元氣。氣有涯垠，清陽者，薄靡而為天，重濁者，凝滯而為地」（〈天文訓〉）。此又是以道為虛空。認為有虛空而後生出元氣，元氣分成陰陽二氣，分別形成天和地，天地陰陽二氣又構成萬物。此二說，對道的解釋，或本於先秦道家的「一氣」說和精氣說，或來於虛生氣說，但皆將老子的「道生一」的命題，闡發為宇宙形成論，從而否定了今文經學派的天神創世說。其後，道家典籍《易緯》吸收了《淮南子》的元氣說，以元氣解釋太極。如《乾鑿度》所說：「夫有形生於無形，乾坤安從生？故曰：有太易，有太初，有太始，有太素也」。乾坤，取象為天地。按其解釋。大易謂無氣可見，其它三太，乃氣質具備的階段，其渾淪未分即是「太極」，其分而為陰陽，清輕者上升為天，濁重者下降為地。認為此渾淪未分的太極，即是元氣。《易緯》此說，本於道家的虛生氣說，由於以元氣解釋太極，成為儒家宇宙形成論的先驅。漢初道家提出的元氣說，影響頗大。如揚雄的《太玄》，以「玄」為天地的本原，「玄」即無形的元氣。其以本原為玄，取老子的「玄之又玄，衆妙之門」義。又天文學家張衡，依老莊義，提出宇宙演化論。認為宇宙的原始狀態，無形無象，「斯謂溟涬，蓋乃道之根」；其後，「自無生有，太素始萌」，「渾沌不分」，即老子說的「有物混成，先天地生」，此為「道之幹」；其後，「元氣剖判，剛柔始分，清濁異位」，形成了天和地，其陰陽二氣交合，則形成了萬物，此為「道之實」（以上見《靈憲》）。其將宇宙的形成分為三時期，即從根到幹，從幹到實，認爲此即老子所說「有生於無」的過程。其所說的「溟涬」，本於《莊子·在宥》：「大同乎涬溟」。王充以「涬溟」爲「氣未分之貌」。按此說法，張衡則以元氣尚未成象的狀態爲「道」，取元氣說解釋其宇宙演化論。漢代的元氣說，到唐宋仍有影響。如唐朝柳宗元於〈天對〉中，以宇宙的原始狀態爲「龐昧革化，惟元氣存」。宋代的周敦頤於其《太極圖說》和《通書》中，關於天地萬物的形成，提出「自無極而爲太極」說。「無極」一語，本於《老子》，他理解爲虛無的實體。「太極」，謂混沌未分之氣，即元氣。此是對老子的「有生於無」說進一步地闡發，成爲儒家宇宙論的代表。可以看出，中國傳統哲學中的宇宙論，是按著老子提出的「有生於無」思維路線而展開的。此種宇宙論的特點是，以宇宙的原始狀態不存在任何個體，元氣作爲原初物質或宇宙的始基，亦無形象，其自身分化爲對立面即陰陽二氣，相互作用，方轉化爲各種有形的物體，從而有力地否定外因論。此是中國自然哲學的一大貢獻。

道家提出的有無之辨，到了魏晉時期形成了玄學。玄學所討論的主要哲學問題，是有無之爭。崇有和貴無兩派都是通過對有和無的解釋，建立各自的理論體系。其在中國哲學中的主要貢獻是，通過有無之辨，建立起中國形上學體系，並將兩漢的宇宙形成論推向本體論的探討。王弼將老子的「有生於無」這一命題解釋爲「天地萬物皆以無爲本」。他是以形式邏輯的思維方式，考察有和無的關係，建立起貴無論的體系。他因受易學中象義之辨的影響，將有無問題，歸結爲物象和義理、現象和本質的關係，以義理統率物象，解釋無爲有的本原。在王弼看來，任何事物皆有物象和義理兩方面，物象可以感受，其義理則不能感受，前者稱之爲有，後者稱之爲無。其在《老子注》中解釋「大音希聲，大象無形」說：「聽之無聞名曰希，不可聞之音也。有聲則有分，有分則不宮而商矣。分則不能統衆，故有聲者非大音也。」又說：「有形則有分，有分者，不溫則炎，不炎則寒，故象而形者，非大象。」他區別聲和音或大音，形象和大象。聲指具體的聲調，音指聲音本身，無聲調；形象指方圓、溫寒等具體的物象；大象指物象自身而無形象。認爲具體的聲調和物象皆有其規定性，即「有分」，有其差別，不能相通，故不能統率一切聲調和形象。從而認爲，作爲事物本原的道，如大音大象一樣，其自身則無任何形象，無名可稱謂，但爲一切形象的基礎。他論「道」說：「在象則爲大象，而大象無形，在音則爲大音而大音希聲，物以之成而不見其成形，故隱而無名也」。王氏此論，是以聲調和具體的形象爲一類事物的外延，聲音和形象自身爲其內涵，前者統稱爲「象」，後者統稱爲「義」。認爲一類事物的內涵即義理乃一類事物的共性，其自身無形無象，非感覺的對象，但規定外延中一切個體的本質，如其所說：「五物之母，不炎不寒，不柔不剛」，「物生功成，莫不由乎此，故以閱衆甫也」（《老子指略》）。「五物」，指金木水火土等個別物體，各有其規定性，其共性則無具體形象，故爲五行之母。據此，王弼認爲，道作爲天地萬物的本原，其自身必須無任何規定性，故稱其爲「無」，方能統率和包容宇宙中一切個體事物，成爲萬有存在的基礎。此即他所說：「道也者，無之稱也。無不通也，無不由也，次之曰道，寂然無體，不可爲象」（《論語釋疑》引）。總之，王弼以形式邏輯思維方式，闡發老子提出的形上學原則，以抽象的義理和具體的物象解釋無和有的範疇，利用概念內涵的抽象性、包容性和普遍性，導出萬有以「無」爲本的形上學。由於他推崇一類事物的內涵，將義理和物象對立起來，又依莊子的「得意而忘言」說，提出「得意在忘象」，認爲哲學家的任務是探討物象之上的原理，從而使他成爲中國哲學史上自覺地建立形上學體系的第一人。由於他以形式邏輯思維方式，解釋有和無，追求事物的本質，又將老莊的「有生於無」的命題，引向有以無爲本的本體論，此是王弼哲學的又一貢獻。玄學中郭象一派，通過對《莊子》的注釋，又將有無之辨引向崇有論。此論的特點是，將無解釋爲數學上的零，即不存在，不承認「無」有實體的品格，得出了「有」即個別存在物乃唯一自存實體的結論。其在〈在宥〉中說：「夫老莊之所以屢稱無者，何哉？明生物者無物，而物自生耳」。此即以無爲一無所有，即不存在之義。他解釋〈大宗師〉中「道生天地」句說：「不生天地，而天地自生，斯乃不生之生也」。又釋〈知北游〉「物物者與物無際」說：「明物物者無物而物自物耳」。又釋其「有先天地生者物耶」說：「吾以自然而先之，而自然即物之自爾耳。吾以至道爲先之矣，而至者乃至無也，既以無矣，又奚爲先？」是說，如果以道爲無，無即不存在，道先於天地，即無任何實體先於天地。他將「物物者非物」解釋爲「物物者無物而物自物」。又其釋〈庚桑楚〉「天門者，无有也」說：「以無爲門，則无門也」。釋「必出乎无有」說：「此所以明有之不能爲有，而自有耳。非謂無能爲有也。若無能爲有，何謂無乎？」此是以無爲零，認爲有生於無，即萬有自生或自有，無任何超越的實體使其爲有。又釋〈天下〉「建之以常無有」句說：「夫無有何所能建，建以常無有，則明有物之自建也」。以上所引，都說明郭象不以道和無爲實體，居於萬有之上或之先而生成萬有，或爲萬有存在的根據。此說的理論意義是，萬有生成和存在的根本原理，即是萬有自身，萬有本來就是自足的。從表面上看，此種有無之辨，是對本體論的否定。但他只是否認天地萬物有共同的本體，先於萬有而存在，肯定萬有各以其自身的存在爲根據。就此而言，可以說是以另一種形式，講本體論問題。郭象此論，同樣是以形式邏輯思維方式所謂「辨名析理」，辯論有無問題。但他推崇外延中的個體事物，輕視其共性或一般。從而成爲王弼哲學的對立面。他從肯定個體出發，探討本原問題，對後來儒家哲學本體論的發展同樣起了影響。

魏晉玄學的有無之辨，到了宋明時期轉變爲道器之辨、理氣之辨。宋明時期是儒家形上學和本體論形成和發展的時期。其形成和發展同魏晉玄學有著密切的關係。宋明道學家是打著反對二氏的旗幟建立其體系的。但是，在反對二氏的過程中，他們吸收了二氏特別是道家哲學提出的問題、觀點和範疇，尤其是有無之辨的思維形式和內容，從而發展了中國的形上學傳統。程朱理學，以理爲世界的本原，提出道爲器本、理爲氣本以及理爲事本等命題，這些命題，就其思維路線說，都脫胎於王弼派的無爲有本的本體論。就其使用的哲學範疇，如道器、理事、理氣等，亦來於道家哲學系統。關於道和器，作爲一對範疇，始於老子。老子以道爲樸，以其分散爲器，如其所說「道常無名，樸」（三十二章），「樸散則爲器」（二十八章）。其以道爲無形，以器爲有形，認爲道高於器。此說，後被《易傳．繫辭》所吸收，提出「形而上者謂之道，形而下者謂之器」，說明卦爻畫和卦爻象同其變易之道的關係。玄學家韓康伯解〈繫辭〉，則以形而上爲無形之道，以形而下爲「成形之器」，貴道而賤器，即貴無而賤有，以道爲器的根本。此種道器觀，爲程頤所吸收。關於理事範疇，流行的說法，認爲來於唐代佛教華嚴宗的理事之辨。其實，同樣來於王弼派玄學。如王弼所說：「物無妄然，必由其理」，又說：「識物之動，則其所以然之理皆可知也」（《周易注·文言》）。程氏以理爲「必然」和「所以然」，即本於此。又韓康伯解〈繫辭〉文「其事肆而隱」說：「事顯而理微也」。此以事爲顯、理爲幽，認爲卦爻辭講的事件隱藏著事物之理。關於二者的關係，他說：「其事彌繁，則愈滯乎形；其理彌約，則轉近乎道」。此是以無形之理爲本，以有形之事爲末。此種觀點，亦爲程氏所吸收。關於理氣問題，玄學貴無派，以「無」爲宇宙中的「至理」，認爲陰陽二氣靠「無」方發揮其功能，所謂「陰陽恃以化生，萬物恃以成形」（《晉書·王衍傳》引）。總之，理本論的主要概念、範疇以及觀點，來於魏晉玄學。不同的是，在本原問題上，拋棄了以「無」爲最高範疇，而代之以「理」，以理爲世界的本原。程氏說：「一陰一陽之謂道，此理故深，說則無可說。所以陰陽者道，既曰氣，則是二，言開闔，已是感，既二則便有感。所以開闔者道，開闔便是陰陽，老氏言虛生氣，非也。」（《遺書》十五）。「所以陰陽者道」。謂道乃陰陽二氣之所以然，即二氣之理，有其理方有陰陽開闔之事，陰陽二氣的本原是理，而不是虛無。這樣，便將貴無論轉爲理本論。理學家稱「理」爲形而上，認爲比有形之器更爲根本，正是闡發道家的形上學原則。但關於形上和形下的關係，王弼派則排斥物象，如韓康伯所說：「非忘象者，則無以制象」（〈繫辭〉注）。而理學並不排斥物象，認爲物象乃理表現自己的形式，所謂「理無形也，故假象以顯義」（《易傳·乾》），理和象不即不離，從而提出「體用一原，顯微無間」（《程氏易傳·序》）命題，以理爲體，以象或事爲用，以體用無先後，說明二者在時間上亦無先後之序，又揚棄了老莊和玄學家以「無」先於「有」而存在的思維模式，完成了中國哲學中本體論的體系。其理事之辨，同樣基於形式邏輯思維，以理爲一類事物的內涵，以事爲其外延中的個別分子，認爲抽象的東西比具體的東西更有價值，但抽象的和一般的東西，乃一類事物之所以然或當然之則，並非無任何規定性的虛無概念，從而走上理本論的道路。理學家認爲哲學的任務是揭示天地萬物之所以然和當然之則，即研究個體事物所蘊涵的無形之理，如程頤所說：「隨事觀理，而天下之理得矣。天下之理得，然後可以至於聖人」（《遺書》二十五）。從而成爲形上學的積極倡導者。

宋明道學中的氣學派，其本體論的形成和發展，亦頗受玄學的影響。其奠基人張載，以氣爲天地萬物的本原，其淵源出自先秦道家的「一氣」說和漢唐的「元氣」說。但張氏不以元氣這一範疇，解釋氣，提出「太虛之氣」，作爲世界的本原。「太虛」一語，出於《莊子》，以虛空深遠爲「太虛」。後來，《列子》又以氣「凝寂於太虛之域」，解釋老子的「有物混成」。至唐孔疏解《易》，進而將太虛解釋爲虛無之氣，所謂「由太虛自然而有象」。「太虛」指陰陽二氣尚未分狀態，無形象可見。張氏的「太虛之氣」，即出於此。他以太虛之氣解釋萬物的成毀，又是依莊子的氣有聚散說。他說：「太虛不能無氣，氣不能不聚而爲萬物，萬物不能不散而爲太虛」（《正蒙·太和》）。又說：「氣聚則離明得施而有形，氣不聚則離明不得施而無形。方其聚也，安得不謂之客？方其散也，安得遽謂之無」（《正蒙·太和》）。由此得出結論說：「氣之聚散於太虛，猶冰凝釋於水，知太虛即氣，則無無」（《正蒙·太和》）。這樣又將作爲原初物質的氣，解釋爲萬物存在的根據，將漢唐氣論中的宇宙形成論推向本體論。他將本原的氣同虛空融爲一體，從而揚棄了道家的虛生氣說，對氣論哲學的發展，作出了重要貢獻。他爲了論證氣爲物質性的實體，又提出「氣無形而有象」說，對道家提出的形上學原則作了新的解釋：形而上的東西，只表示無形，並非無象。他區別形和象，認爲本原的氣，有其廣度、深度、運動和靜止的性能，即是氣之象。他說：「凡有皆象也，凡象皆氣也。」（《正蒙·乾稱》）。又說：「象若非氣，指何爲象」（《正蒙·神化》）。此種象氣統一觀，在於說明太虛之氣亦屬於形而上的領域，其爲實有，並非虛無。如其所說：「形而上者，得意斯得名，得名斯得象」（《正蒙·天道》）。是說，形而上的東西，既有名可以稱謂，就有其象；氣有其象，不防其爲形而上。按道家各派，往往形象不分，如王弼從義理無形，導出忘象說，從而走向貴無論。張載的形象之辨，可以說是從唯物主義的立場，闡述了形上學的原則。從而肯定了本原之氣的客觀實在性。他同樣認爲，哲學家的任務是探討形而上之道，但不是虛無本體或理世界，而是「窮神知化」，即研究氣化的過程及其規律。從而爲氣學派的形上學和本體論奠定了理論基礎。

理學派和氣學派提出的形上學原則，南宋以來，哲學家們展開了熱烈爭論。到了明末清初，氣學派的殿軍王夫之，對此作了總結。他同理本論的鬥爭中，提出「象外無道」和「氣外更無虛托孤立之理」，以道和理爲氣化的條理或形式，否認其爲獨立自存的實體。因此，他提出「太和絪緼之氣」即陰陽二氣統一體作爲天地萬物的本體。但認爲此太和之氣，其作爲世界的本體，雖爲形而上，卻不離形而下的世界，即寓於一切有形的個體之中。他說：「沖和者行乎天地，而天地俱有之，相會以廣所生，非離天地別爲一物也」（《外傳·復》）。「沖和」即老子說的「沖氣以爲和」，王氏理解爲太和之氣。又說：「陰陽行乎萬物之中，乘時以各效，全具一絪緼之體而特微爾」（《正蒙注·太和》）。爲了論證此種氣本論，他辯論了道器關係問題，提出「天下惟器」和「無其器則無其道」的命題。他說：「天下惟器而已。道者器之道，器者不可謂之道之器也」（《外傳．繫辭上》十二章）。關於形上和形下，他說：「形而上者，非無形之謂。既有形矣，有形而後有形而上。」又說：「器而後有形，形而後有上」（《外傳．繫辭上》十二章）。王氏此論，並不否認有形而上的道，而是認爲形而上的道依賴於形而下的器。哲學家的任務是即器求道。他說：「器盡則道無不貫，盡道所以審器。知至於盡器，能至於踐形，德盛矣哉！」（《思問錄．內篇》）王氏此說的理論意義是，一切抽象的原則、本原的東西、本質的東西、規律性的東西和一般的東西，只能寓於有形有象的個體之中，離個體沒有一般，離現象也無本體。從而對中國的形上學問題，作出了重大的理論貢獻。王夫之所以取得這一成就，除受其易學觀「非象則無以見易」說的影響外，同郭象的崇有論也是分不開的。他是玄學中崇有論的闡發者。關於有和無的關係說，他說：「就言有者之所謂有而謂無其有也。天下果何者而可謂之無哉！」（《思問錄．內篇》）此是取郭象義，以無爲數學上的零，即不存在之義，不以無爲實體。依郭象義，王氏還認爲一切客觀存在的東西都是「實有」。他說：「天下之用皆其有者也。吾從其用，而知其體之有」（《外傳．大有》）。此是對貴無賤有說的批評。關於「實有」，他說：「誠者實也，實有之固有之也，無有弗然，而非有他耀也」（〈洪範三〉）。是說，一切客觀存在物都本來如此，「無所待而然」。因此，他同意郭象《莊子注》中的萬有自本自根說。其在《莊子解》中解釋〈大宗師〉的「本根」說：「天地日星山川神人皆寓之庸，自爲本根，無有更爲其根者。」又說：「觀渾天之體，渾淪一氣，即天即物，即物即道。則物自爲根而非有根，物自爲道而非有道。」是說，一切個別存在物都是自爲本根，即獨立存在的客觀實體；所謂道，只是個體事物的道，離個體的存在，別無所謂道。王夫之重視個體事物的立場，如其「天下惟器」說，萬有生而不妄說，當是受到崇有論的啓發。當然，王氏的崇有說，不盡同於郭象，他承認萬有有其共同的本質及其變化的規律，並非獨化論者。但他從肯定個體出發，探討本原問題，從而在本體論上，導出本體即寓於個體或現象之中的結論，也可以說是對魏晉以來的有無之辨作了一次總結。

總上所述，老子提出的有無之辨及其倡導的形上學原則，經過漢魏至宋明哲學家們的闡發、爭議、修正和補充，到王夫之終於給出豐碩的果實。可以看出，中國的形上學傳統，具有自己的民族特色，即從追求無形之上，最終落實於有形之中。這在其它民族的哲學史上是少見的。此種形上學和本體論，對人類科學思維的發展，有其重要的理論意義。

（《道家文化研究》第二輯，一九九二年）

# 莊學生死觀的特徵及其影響——
## 兼論道家生死觀的演變過程

生死問題是一個永恆的課題。人類一方面有求生存的願望，另一方面又面臨著死亡的威脅，這是一個難以解決的矛盾。古今中外的哲學家、思想家和宗教家都探討這一課題，企圖尋找滿意的答案，以擺脫死亡給人類帶來的痛苦。因而在哲學史上形成了各種類型的生死觀，成爲人生觀的重要內容之一。

就中國哲學傳統說，儒家、道家和佛家三大流派都研究生死問題，三家的答案，並不相同，甚至相互論爭，一直爭論到今天。儒家創始人孔子，首先提出「未知生，焉知死」（《論語·先進》）以及「死生有命，富貴在天」（《論語·顏淵》）等命題。他不大相信人死爲鬼，認爲人生的目的是充實人的道德生活，不必追問死後的事情，至於人的壽命長短，出於命運的安排，不必掛在心上。後來孟子進而提出「立命」說，所謂「殀壽不貳，修身以俟之，所以立命也」（《孟子·盡心上》），同樣認爲不必考慮壽命的長短，應努力於自己的道德修養，等待命運的安排。但他反對不珍惜自己的生命，提出「盡其道而死者，正命也。桎梏而死者，非正命也」（《孟子·盡心上》）。認爲人應爲自己的理念而死，不應因犯罪而死去，如孔子所說「朝聞道，夕死可矣」（《論語·里仁》）。總之，孔孟都教導人們不必計較生死壽夭，人活一天，就應盡人事，處理好人的現實生活，爲了正義和人類的幸福，不惜獻出自己的生命。此種生死觀可稱之爲「如生」說，即追求生的價值，雖然對生死壽夭的回答，採取了命定論的形式，但其目的是要求人們將人生問題置於首位。此種生死觀，具有人本主義或人文主義的特色，對後來儒家的生死觀起了深遠的影響。秦漢以來的儒家各派，對「命」的解釋，雖盡不同，但都主張盡人事，努力於人格的完善或爲人群造福，置個人的生死之命於度外，如宋儒二程所說：「求之以道，得之以義，不必言命」（《語錄》二上），至於企求長生或追求死後的彼岸生活，都是儒家學者所不取的。

東漢以來，佛教從印度傳入中國，其生死觀，別具一格，具有出世主義的特色。佛教宣揚生死輪迴說，認爲人的生命，不限於一生，此生死後，還有來生，如此循環不已，不能從生死圈中解脫出來，成爲人生一大苦惱。要想從死亡的痛苦中得到解脫，只有皈依佛門，通過修煉，斷卻情欲，使自己的靈魂，脫離生死輪迴的苦海，不再投生，進入永恆安寂的無生的境地，即涅槃世界。佛教認爲，肉體是要死亡的，而靈魂卻可以從肉體的死亡中得到永生。如東晉佛學家慧遠所說：「不以情累其生，則生可滅；不以生累其神，則神可冥。冥神絕境，故謂之泥洹。」（《弘明集·沙門不敬王者論》）此種生死觀，在哲學史上稱爲「無生」說，即以靈魂不再轉生，斷絕死亡的根源。此說，區別此岸和彼岸世界，以彼岸的涅槃世界，爲人生的歸宿，具有宗教生死觀的特色。

從學理上看，孔孟儒家和佛家關於生死問題的辯論，都存在著問題。孔孟的「死生有命」說，脫胎於西周的天命觀，未能擺脫傳統觀念的影響，雖然揚棄了上帝賞罰說，但「命」究爲何物，不能做出正面的解釋。其對死後問題則採取迴避的立場，亦難以消除一般人追求死後生活的願望，又爲有鬼論開了後門。至於佛教倡導的生死輪迴說以及無生說，只是一種設想，通過這種設想，給人一種精神上的安慰，但在生活中得不到證實，或者說只是以一種無法證實的信念，引導人們擺脫死亡的苦惱。總之，儒家人文主義和佛家的出世主義，都難以解釋人的生死現象。以理智的態度，從理論上以及事實上回答生死問題，使人從死亡的威脅中解脫出來，則由道家擔負起來了。

## 一

生死之辨是道家哲學中的一大課題。道家的創始人老子首先討論了這一問題，認爲死亡是一種自然現象。他說：「天地尚不能久，而況於人乎！」（《老子》，二十三章）是說，人類同其它自然物如飄風驟雨一樣，不能長久生存下去，肯定生命的終結是一種自然的而又必然的現象。因此，他不贊成有意識地追求長生，如其所說：「天地所以能長且久者，以其不自生，故能長生。是以聖人後其身而身先，外其身而身存」（《老子》，七章）又說：「吾所以有大患者，爲吾有身，及吾無身，吾有何患」。（《老子》，十三章）「不自生」是說，不有意地追求長生；「外其身」，是說將個人的生命置於度外，反而保存了其生命。「無身」，謂不以生命爲私有之物。他進一步解釋說：「益生曰祥，心使氣曰強，物壯則老，謂之不道，不道早已」，（《老子》，五十五章）。「祥」謂妖祥。是說，有意識地增益其生命，反而走向反面，加速其衰老和死亡。他又舉例說：「人之生也柔弱，其死也堅強」，「故堅強者死之徒，柔弱者生之徒」（《老子》，七十六章）。同樣是說，有意識地使身心強壯，反而招來死亡。因此，他把嬰兒的柔弱狀態視爲生命的理想境地，所謂「含德之厚，比於赤子」（《老子》，五十五章）。他又舉例說：「人之生，動之死地，亦十有三。夫何故？以其生生之厚。蓋聞善攝生者，陸行不遇兕虎，入軍不被甲兵；兕無所投其角，虎無所措其爪，兵無所容其刃。夫何故？以其無死地。」（《老子》，五十章）是說，不進入危險境地，才能免除死亡的威脅。厚其生，如同進入險境一樣，反而損害生命。因此，他認爲善於養生的人，應該少私寡欲，見素抱樸，遠離或淡化聲色臭味和財貨的誘惑，所謂「五色令人目盲；五音令人耳聾；……難得之貨，令人行妨」（《老子》，十二章）。最後，他得出結論說：「夫唯無以生爲者，是賢於貴生。」（《老子》，七十五章）頭一句是說，不有意追求長生。「貴生」，指「益生」或「厚生」。此種生命觀，其意義有三：一是以其無爲的思維方式，反對了常識的貴生說，特別指出追求物欲的享受，不是延長生命，反而減損壽命；二是看到生和死是相互轉化的，並非孤立地存在，企圖長生不死是不可能的；三是其「攝生」說，是使生命處於柔和的境地，保存其生存的活力。這三點，爲後來道家倡導的生死觀奠定了思想基礎。老子視生命爲一種自然現象，反對人爲的益生說，具有自然主義的特色，不同於儒佛兩家的生死觀。其養生的理論，可以稱之爲「全生」說。「全生」一語，出於《莊子・養生主》，意謂保全生命，不受損害。老子曾說，「曲則全」。「曲」，就養生說，可以理解爲減損欲望，避免爭強好勝。總之，老子第一次以冷靜頭腦觀察和分析了生死問題，突破了傳統的天命鬼神觀的束縛，將人看成是自然的人，並從這一角度，探討了人的生命法則，這是值得大書特書的。

到了戰國時代，道家黃老學派興起。黃老之學的特徵之一，是大講養生的理論。就《管子・內業》提供的資料看，此篇的主旨是講養生問題，未談及刑名之治，不同於〈心術〉、〈白心〉等篇。《莊子・庚桑楚》曾引此篇中的一些辭句，冠之以「老子曰」。據此，〈內業〉當爲齊國道家著作。其養生理論是對老子生命觀的新發展。此篇作者，將老子提出的作爲本原的「道」，解釋爲氣或精氣，大概本於老子的「其中有精」說、「沖氣以爲和」說，或「心使氣日強」說。〈內業〉說的氣或精氣，指一種無形的氣體，具有流動的性能和生機活力，故稱其爲「精氣」或「靈氣」。認爲此種氣既是天地萬物的本原，又是人的生命力，特別是精神的泉源。如其所說：「凡人之生也，天出其精，地出其形，合此以爲人。和乃生，不和不生」。「精」，指精氣。此是以精氣說，解釋人的生命現象。在〈內業〉的作者看來，精氣進入人的肉體之中，則使人的生命旺盛，形成人的聰明和智慧，其離開人的形體，人則喪失了生命力而死亡。所謂「精存自生，其外安榮，內藏以爲泉源，浩然和平，以爲氣淵。淵之不涸，四體乃固；泉之不竭，九竅遂通」。又說：「精也者，氣之精者也。氣道乃生，生乃思，思乃知，知乃止矣」。「道」同導，指在體內流通。〈內業〉認爲，保持體內精氣旺盛的方法，是清除情欲和外物聲色的干擾，所謂「敬除其舍，精將自來」、「不以物亂官，不以官亂心」、「能去憂樂喜怒欲利，心乃反濟」。此種養生方法，將老子的全生說引向形神交相養的道路。總之，〈內業〉的作者，同樣將人看成是自然的人，繼老子之後，研究了人的生命來源。其以精氣說解釋人的生死現象，第一次提出形神關係問題，視精神爲一種物質現象，雖然具有形神兩元論的傾向，但它從生理學和心理學的角度探討人的生命本質，同樣值得大書特書。

黃老之學的養生理論，後來影響深遠。《呂氏春秋·盡數》，依精氣說，提出防止疾病的理論，所謂「故凡養生，莫若知本，知本則疾無由至矣」。所謂「知本」，即懂得保持體骨精氣流通，避免大甘、大酸、大喜、大怒、大熱、大寒，則疾病不生，即可長壽了。所謂「精神安乎形，而年壽得長焉」。漢代傑出的醫學名著《黃帝內經》，即以精氣說解釋人的生命現象，並同醫學結合起來，成爲中國醫學理論的奠基者。黃帝被拉入養生家的行列，戰國時代已開其端。《莊子》書中有關黃帝的寓言，即是一證。此書託名「黃帝」，表明其思想淵源來於戰國時代黃老之學的養生論。但黃老派的生命觀，到漢代又同神仙方術結合起來，由養生進而追求長生不死，從而形成了道教。道教同樣將人看成是自然的人，但它將生和死割裂開來，又走向了另一極端，幻想將人變成神。道教的生死觀，不是來於老子，而是黃老養生論的變種。《莊子·在宥》假託黃帝學道之事，述廣成子之言說：「無搖女精，乃可以長生」，「女神將守形，形乃長生」。此說可視爲黃老養生論向神仙說轉化的先聲。

總之，從老子的生命觀到黃老的養生論，由黃老的養生論到道教的神仙不死說，都從生理和心理方面考察人的本質，不同於儒家那樣從道德價值角度觀察人的本性。其不同處是，老子主全生，反對益生；黃老講養生，以延長壽命；道教主長生，追求不死。這一演變過程，乃老子生死觀發展的一個方面，成爲中華文化的內容之一。但老子的生死觀還有另一分支，同樣成爲中華文化傳統之一，那就是以莊學爲代表的生命觀。

## 二

老子開創的道家後分爲黃老之學和老莊之學兩大流派，黃老學可稱爲老學右派，莊學可稱爲老學左派。左右之分，是就對傳統觀念和常規否定的程度而說的。左派趨於激進，右派趨於保守。就道家的生死觀說，黃老之學將老子的全生說向右的方面發展了，而莊學則向左的方面發展了。同樣基於老子的自然主義生命觀的傳統，但所走的道路卻不相同。

今傳《莊子》一書，乃以莊子學說爲主的先秦道家言論的總集。其中有些篇或某些章節，並非都是闡發莊子本人的學說。這裡所講的莊學，以內七篇爲主，並參與外篇中有關章節，談談莊學生死觀的特色。

莊學生死觀的主要特徵是，闡發了老子提出的生死相互轉化的觀點，以生死爲自然而然的現象，繼老學以後反對「益生」說，提倡「達生」和「遺生」說，從而使人們從死亡的苦惱中解脫出來。其理論可以歸結以下幾點：

### (一)以死生爲一條

莊子於〈齊物論〉中，依其「道通爲一」說，認爲生和死是互相轉化的，無絕對的鴻溝。

他說：「方生方死，方死方生，……因是因非，因非因是，是以聖人不由，而照之於天」。是說，物之生死，瞬時轉化，無固定的界限，人們無須辨別生和死，應聽其自然，即「照之於天」。〈秋水〉進一步發揮說：「道無終始，物有死生，不恃其成。一虛一滿，不位乎其形。年不可舉，時不可止，消息盈虛，終則有始」。又說：「物之生也，若驟若馳，無動而不變，無時而不移。何爲乎，何不爲乎，夫固將自化」。是說，天地萬物時刻都處於流轉的過程，沒有不變的東西，物之生死亦如是，只有任其自然轉化，不必措意於爲與不爲。此是對老子的「天地尚不能久，而況人乎」的闡發。又〈德充符〉論此種生死觀說：「死生存亡、窮達富貴、賢與不肖、毀譽、飢渴、寒暑，是事之變，命之行也。日夜相代乎前，而不能規乎其始也」。「命」指人力無可奈何。同樣認爲死生和寒暑晝夜一樣，循環不已，對人來說是一種無可奈何的命運，人們只有聽之、任之。由此得出結論說：「胡不直使彼以死生爲一條，以可不可爲一貫者，解其桎梏，其可乎！」「以死生爲一條」；是說不必區別生和死，這樣便能從生死的束縛中解脫出來。此說的目的是反對「益生」說。莊子和惠施辯論人是否有情時說：「吾所謂無情者，言人之不以好惡內傷其身，常因自然而不益生也」。「常因自然」，即順從生死的自然轉化，不必人爲地延長其壽命。此種生死觀的特點是，從事物的盈虛消長的過程，觀察人的生死問題，並以此種流轉過程爲事物變易的規律，如〈秋水〉所說乃「萬物之理」，認爲認識到這一規律，就可以從好生惡死的情感中擺脫出來。此種生命觀，可以稱之爲「以理化情」說，此是莊學的一大特色。

## ㈡大冶鑄金

《莊子．大宗師》集中討論了人的生死問題，乃莊學生死之辯的代表作。此文從自然觀的角度論證了以死生爲一條的命題。此文說：「孰知生死存亡之一體者，吾與之友矣」。「一體」，謂生和死乃一整體，不可分割。意謂有生則有死，有死方有生，生死相互依存。爲什麼生死乃一整體呢？此文回答說：「夫大塊載我以形，勞我以生，佚我以老，息我以死，故善吾生者，所以善吾死也。今大冶鑄金，金踴躍曰：我必爲鏌鋣，大冶必以爲不祥之金。今一犯人之形，而曰：人耳人耳，夫造化者必以爲不祥之人。今以天地爲大爐，以造化爲大冶，惡乎往而不可哉！」「大塊」，司馬注，謂指大自然。依下文「以天地爲大爐」句，當指天地，天地乃有形之最大者，其生化萬物，無有意識，故以「大塊」稱之。此是說天地造化萬物，如同大冶鑄金一樣，無所選擇，有的鑄成人，有的成爲物，有的五官不全，有的成爲殘廢，此皆出於自然的安排，不能因此而怨恨造化者。至於生和死，亦是出於自然，生意謂著我獲得人的模式，一生勞苦；死意謂我得到安息，又回到大冶中去。因而生和死都不值得留戀或厭惡。依此，莊子描述得道之人的境界說：「古之眞人，不知說生，不知惡死，其出不訢，其入不距，翛然而往，翛然而來而已矣。」此是說，將人的生命視爲天地造化萬物的一個片段，從宇宙宏觀的角度看，不值得貪戀。此即「善吾生者，乃所以善吾死也」。懂得此番道理，便從死亡中得到解脫，如其所說：「且夫得者時也，失者順也。安時而處順，哀樂不能入也。此古之所謂縣解也」。「得」、「失」，指生死；「縣解」，謂解脫生死之苦。「安時而處順」，是說，生則安之，不益其生；死則順之，不爲之悲痛，即順於自然造化，不因生死而動情感。此種生死觀，以人的生命爲天地造化萬物的一種形式，死亡只意味著個體生命的終結，又回到大自然中去，是對老子的自然主義生命觀的進一步闡發。

### ㈢死生氣化

宇宙這一大熔爐，用什麼材料鑄造萬物從而使其獲得人形？莊學進一步提出氣化說。〈大宗師〉已提出這一問題，它說：「彼方且與造物者爲人，而游乎天地之氣……夫若然者又惡知死生先後之所在？」「彼」，指得道之人；「人」，依王引之義，謂人偶；「爲人」即爲伴。是說，生死只是天地之氣造化萬物的不同形式，基於氣之變易。〈知北游〉進一步闡明其義說：「生也死之徒，死也生之始，孰知其紀？人之生，氣之聚也；聚則爲生，散則爲死。若生死爲徒，吾又何患？故萬物一也。是其所美者爲神奇，其所惡者爲臭腐。臭腐復化爲神奇，神奇復化爲臭腐，故曰：通天下一氣耳，聖人故貴一。」此處，以氣之聚散解釋人之生死現象。因爲生死乃一氣之聚散，聚散相互流轉，生死循環不已，故說「通天下一氣耳」。「貴一」，謂萬物的變易皆歸於一氣，不必再辨別生死的差異。此種生死觀，是對〈齊物論〉中的「道通爲一」說的新解釋，使「以死生爲一條」這一命題，獲得了宇宙論的內容。因爲人之生死乃一氣之所化，生命終要返本歸宗，歸於一氣，即使長壽百年，亦不免一死，而且人生同宇宙氣化的長河相比，不過須臾之間，更不值得留戀了。如其所說：「人生天地之間，若白駒之過郤，忽然而已。注然勃然，莫不出焉；油然漻然，莫不入焉。已化而生，又化而死，生物哀之，人類悲之。解其天弢，墮其天袠，紛乎宛乎，魂魄將往，乃身從之，乃大歸乎！」意謂人之死亡，形神俱散爲氣，又回到了老根，沒有悲傷的必要。《莊子‧至樂》又以講故事的形式，表述了此種生死氣化說。據說，莊子妻子死了，莊子不僅不哭泣，反而鼓盆而歌。惠施認爲太不盡人情了。莊子回答說：開始時，我也有些傷感，後來覺悟到不應悲傷。理由是：「察其始而本無生，非徒無生也而本無形，非徒無形也而本無氣。雜乎芒芴之間，變而有氣，氣變而有形，形變而有生，今又變而之死，是相與爲春秋冬夏四時行也。」此亦是說，生死來於氣化，如四時一樣，循環不已，死後歸於虛無，爲之哭泣，實不懂得性命之理。據此，此文又導出了以死亡爲莫大快樂的結論。因爲死後，「無君於上，無臣於下；亦無四時之事，從然以天地爲春秋，雖南面王樂，不能過也」。即是說死後擺脫了一切人事的牽累和勞苦，身心徹底得到解脫。莊學說的「一氣」或「天地之氣」，指陰陽之氣，不同於黃老派的精氣。其以生死爲氣之聚散形式，認爲死後，形神俱逝，同歸一氣，並無彼岸的世界；顯然是一種唯物主義的學說，嚴重打擊了靈魂不死的觀念，具有無神論的意義，此是莊學的一大貢獻。其以此種學說要求人們擺脫對死亡的恐懼和對生的留戀，同樣具有理智主義的傾向。其以死亡爲生命的安息，就此而言，具有達觀主義的精神。但也可以看出，它對人生和生命又表現了厭惡的情緒，不同於儒家倡導的積極有爲的人生態度，此亦是莊學的特色之一。

### ㈣達　生

依據上述對生死現象的理解，關於養生問題，莊學提出「達生」說。「達生」一辭，出自《莊子・達生》。其釋「達生」說：「達生之情者，不務生之所無以爲」。意謂不強迫生命本身爲其所不能爲的事，即不能違背生命的本性，此即通達生命之理。此說的內容是，不益其生，對生死採取一種超然的立場，追求一種安於自然造化的精神境界。《莊子・養生主》說：「爲善無近名，爲惡無近刑，緣督以爲經，可以保身，可以全生，可以養親，可以盡年。」「緣督以爲經」，是說對人間的是非善惡採取中間的立場，即超然的態度，即〈齊物論〉所說「守其環中」，以此保持生命不受損傷。其以庖丁解牛爲例，指出庖丁用刀不碰牛骨，而行於骨頭縫之間，即「以無厚入有間」，「依乎天理」，「因其固然」，所以用刀十九年，解牛數千頭，而其刀刃如新磨的一樣銳利。此種養生說，是對老子攝生說的新解釋，即將老子的不入死地引向不捲入人世間的是非圈中，對禍福得失採取超然的立場，不同於黃老派的養生論。怎樣實現這一境界？〈大宗師〉依老子的「無身」說，提出「外生」說，即不以生命爲己有，即忘掉自己的形體，所謂「墮肢體，黜聰明，離形去知，同於大通，此謂坐忘。」能不以生命爲事，人世間的其它牽掛也就迎刃而解了。因此，〈達生〉又說：「夫欲免爲形者，莫如棄世，棄世則無累，無累則正平，正平則與彼更生，更生則幾矣。」「正平」，謂心境坦然。「彼」，指造化者或氣化過程。又說：「棄事則形不勞，遺生則精不虧。夫形全精復，與天爲一。」此處又提出「遺生」和「棄世」，即拋棄對生命特別是養形和世俗生活的追求，認爲有此境界，形神便得到解脫，與自然合而爲一。此處說的「精」，指精神不受生死問題困擾，獨立自主，非黃老派說的精氣。即此文中所說的「忘其肝膽，遺其耳目」，

「芒然彷徨乎塵垢之外，逍遙乎無事之業」。此段文字，又見於〈大宗師〉。這種境界，〈達生〉又稱之爲「神全」。此文說：「夫醉者之墜車，雖疾不死。骨節與人同而犯害與人異，其神全也，……死生驚懼不入乎其胸中，是故遻物而不慴。」此以酒醉之人作比喻，說明神全之人，擺脫了死亡的苦惱。所謂「神全」即不動心的境界，亦即〈大宗師〉所說，「有駭形而無損心，有旦宅而無情死」，「安排而去化，乃入於寥天一」。後兩句是說，安於造化的擺布，忘去死亡的悲痛，與自然之造化合而爲一。可以看出，此種生死觀，視生命如同塵垢一樣，自身無有價值，認爲有此覺悟，則進入一種無憂無慮的逍遙遊的精神境界，也可以說是從生死必然性的束縛中解脫出來，進入了其所追求的「自由王國」。此種生死觀，可以說是從左的方面，發展了老子的無爲學說，從「不自生」走向生的否定。當然，莊學對生的否定，不是說毀壞和扼殺自己的生命，而是「無心順化」（郭象語），即不追求生命的價值，順應生死自然變化，如〈達生〉所說「不開人之天，而開天之天」。此種生命觀，以安於自然造化來擺脫自然造化所帶來的苦痛，從肯定自然出發，達到超脫自然的目的，亦是莊學的特色之一。

以上四點，乃莊學生死觀的基本論點。同儒佛兩家相比，既不像孔孟那樣以盡人事爲生命的價值，也不像佛家那樣，追求超脫生死輪迴的彼岸世界，既非入世主義，也非出世主義，可以稱之爲超世主義。即身居人世間，但精神上不受人世死生、禍福等問題的困擾，尋求一種寧靜的生活境界，即〈大宗師〉所說的「攖寧」。此種生死觀對中國傳統文化的發展同樣起了深遠的影響。

莊學生死觀影響於後世者有三點：一是死生流轉說，二是生死氣化說，三是順化說。從而形成了中國的無神論傳統。秦漢以後的無神論者，特別是儒家中的學者，都從莊學的自然主義生命觀中吸收其合理的內核，並加以發展，成爲反對佛道二教的強大武器。

漢代的無神論者揚雄、桓譚和王充，其生死觀都本於莊學。揚雄於《法言・君子》中說：「有生者必有死，有始者必有終。自然之道也。」他從莊學的生死流轉、始終循環中引出了「有生必有死」的結論。又王充論生死說：「有血脈之類，無有不生，生無不死，以其生，故知其死也。天地不生，故不死；陰陽不生，故不死。死者生之效，生者死之驗也。」又說：「人之生，其猶水也。水凝而爲冰，氣積而爲人；冰極一冬而釋，人竟百年而死。」（《論衡・道虛》）「天地不生，故不死」句，本於《莊子・大宗師》中「殺生者不死，生生者不生」說，指造化者天地陰陽。「氣積爲人」，本於莊子的生死氣化說，並以冰水之喻釋之。値得注意的是，王充以效驗說解釋生和死的關係，認爲生命自身就包涵著死亡，此是對莊學生死觀的重大發展，揭示出生命的辯證法，從而嚴重地打擊了神仙說和有鬼論。到了魏晉南北朝時期，莊學的生死觀仍發揮其生命力。楊泉於《物理論》中說：「人含氣而生，精盡而死，死猶澌也，滅也。譬如火焉，薪盡而火滅，則無光矣，故滅火之餘，無遺炎矣，人死之後，無遺魂矣。」此依生死氣化說，得出人死形神俱滅的結論。所以東晉南北朝時期的無神論常引莊子的死生氣化說反駁佛家的形滅神不滅論。如何承天於《達性論》中說：「生必有死，形斃神散，猶春榮秋落，四時代換，奚有於更受形哉！」此依莊學義，駁斥了佛教的生死輪迴說。

莊學的生死觀至宋明時代，又被儒家學者所吸收，成爲其本體論的支柱之一。如理學派的奠基人程頤說：「有生必有死，有始者必有終，此所以爲常也。爲釋民者以成毀爲無常，是獨不知無常乃所以爲常也。」（《外書》七）此是依莊學義，以生死相依爲常恆的規律，批駁了佛教以生命爲虛幻的出世主義。因此，其於《易傳》中釋離卦九三爻辭說：「以理言之，盛必有衰，始必有終，常道也。達理順理爲樂，缶常用之器也，鼓缶而歌，樂之常也。不能如是，則以大耋爲嗟，憂乃爲凶也。」是說，人老死期臨近，應鼓缶而歌，不應悲傷，又依莊子喪妻而不哀的故事，宣揚以理化情說。他又說：「往來屈伸只是理也。盛則便有衰，晝則便有夜，往則便有來。天地中如洪爐，何物不銷鑠了？」（《遺書》十五）此依莊學的大冶鑄金說，論證有屈伸往來之理，故有聚散之氣，從而有人物生死之變易。朱熹亦持此說，「其聚而生散而死者，則氣也。有是理則有是氣」（《宋元學案·晦翁學案》），又爲其理本論提供了理論依據。

氣學派的奠基者張載，更是生死氣化論的擁護者。關於人物之生死，他說：「氣聚則離明得施而有形，氣不聚則離明不得施而無形。方其聚也，安得不謂之客；方其散也，安得遽謂之無。」（《正蒙·太和》）又說：「氣之聚散於太虛，猶冰凝於水，知太虛即氣則無無。」（《易說·繫辭上》）此依莊子的氣有聚散說和王充的冰水之喻，解釋個體消亡後又歸於無形之氣，論證了氣的永恆性。據此，他批評佛道二教的生死觀說：「彼語寂滅者往而不返，徇生持有者物而不化，二者雖有間矣，以言乎失道則均焉。」（《正蒙·太和》）是說，佛教追求無生，道教追求不死，各有偏滯，都不懂得生死乃氣化聚散之形式。據此，他又提出了「窮神知化」的人生觀。「窮神知化」出於《易傳・繫辭》，張氏則以氣化說解釋這一命題。認為聖人之學是深入研究氣化的法則，最終實現與氣化合一的境界。如其所說：「窮神知化，與天為一，豈我所能勉哉！乃德盛自致耳。」（《易說・繫辭下》）「與天為一」，本於《莊子・達生》，指與氣化過程合而為一。他進而解釋此種境界說：「存神過化，忘物累則順性命乎！」此又是依莊學順化義，以安於氣化的過程，忘卻生死之累而得到解脫。張氏認為，有此境界的人，既不厭惡人生，又不追求來生，生則盡人道，死則得到安息。此即其在《西銘》中所說：「存，吾順事；沒，吾寧也。」可以看出，張載作為儒家學者，批判地吸取了莊學的生死觀，將莊學的自然主義和儒家的人文主義傳統結合起來，從而對儒家哲學做出了重大貢獻。

（《道家文化研究》第四輯，一九九四年）

# 老莊哲學中有無範疇的再檢討

有和無是老莊哲學中的重要範疇，其內涵有多層意義，後人對其理解也不盡同。我想，從形上學的領域，談談有無範疇的本義。此問題，我在〈道家的思維方式與中國形上學傳統〉（《道家文化研究》第二輯）中作了簡要的敘述，但沒有展開討論。這裡，再作一些補充，並結合馮友蘭先生對此問題的理解，檢討其得失，以見老莊哲學在中國哲學史上的地位和意義。

## 一

老子第一次討論了世界的本原問題，稱本原的東西爲「道」。關於「道」的品格，或謂「無名」，或謂其「無形」，或謂其「無欲」，或謂「無爲」。凡此都表示，「道」作爲本原，不是某種有形的、有欲求的、有作爲的東西，屬於形而上的領域。但作爲形而上的「道」，雖無形、無以名之，並非不存在、等於虛無、如同數學上的零（依馮友蘭先生說）。即是說，「道」作爲本原，具有實體的意義，所以又稱其爲「有物混成」、「無狀之狀」、「無物之象」或「道之爲物，惟恍惟惚」。凡此又表示，「道」作爲本原，乃實體概念，非虛無概念。所以《老子》第一章論道體說：「道可道，非常道；名可名，非常名。」又說：「常無，欲以觀其妙；常有，欲以觀其徼」。「其」，指道體。「常無」，謂其無名、無形、永恆如是，即「常道」，即二十五章所說：「獨立而不改」；「常有」，謂其爲永恆存在的實體，並非虛無或不存在，即「常名」，即二十一章所說：「自古及今，其名不去」。所以說「二者同出而異名，同謂之玄」。意謂道體有兩重性，一方面爲「常無」，一方面爲「常有」，稱其爲「常」，表示其作爲永恆和普遍的原則，非一般人所理解的「無」和「有」。普通人所說的「無」，謂不存在，所說的「有」，指有形有名的個別事物。而「道」作爲本原，既非不存在，也非個別事物，此種超乎常識的品格，十分玄妙，所以又說「玄之又玄，衆妙之門」。為什麼「道」作爲本原，以無名、無形、無欲、無爲爲其特徵？老子提出的理由是，道既是萬物的始祖，所謂「以閱衆甫」，又有庇護萬物的品德，所謂「萬物之奧」，因而其自身不應是萬物中的一物，如其所說：「大音希聲，大象無形，道隱無名。夫唯道，善貸且成」。是說，「道」不是某種個別的有形之物，無以名之，所以無物不賴其資養，無物不賴其成形。如三十四章所說：「衣養萬物而不爲主，常無欲，可名於小；萬物歸焉而不爲主，可名爲大」。否則，它作爲本原，則有所偏向，拘於一方，不能「容乃公」，成爲一切有形有名之物的共同祖先了。此是老子形上學原則的基本立場。

關於形而下的世界，包括天地和萬物，老子認爲都是有名、有形、有象的，它們既來於「道」，又靠「道」來養育，故《老子》第一章說：「無名，天地之始；有名，萬物之母（依河上公本）」。這裡，無名和有名對稱，無名指「道」，有名指天地。天地乃有形之物中最大者，亦有名之物的代表。《莊子·則陽》說：「天地者，形之大者也」，因其大而稱謂它，則是「有名」，而「道無私，故無名」，即是此義。《老子》這兩句話的意思是，未有天地，無名可稱謂，唯「道」存在，爲天地之始基，即二十五章「先天地生」，六章「是謂天地根」義；有了天地，生出萬物，有名可以稱謂，「道」又撫養萬物，爲「萬物之母」，即五十一章「萬物莫不尊道而貴德」，二十五章即「可以爲天下母」義。下文說的「常無，欲以觀其妙」，「妙」，指「道」生天地，微妙莫測；「常有，欲以觀其徼」，「徼」指「道」養萬物，功德可見。關於天地和萬物的生成，《老子》四十二章又說：「道生一，一生二，二生三，三生萬物。萬物負陰而抱陽，沖氣以爲和」。「一」指天地未分的狀態，「二」指天地二氣或陰陽二氣，「三」指天地或二氣的交合。認爲從「道」到萬物的形成，經過一連續的過程，道生萬物，又經過天地這一環節。所以四十章說：「天下萬物生於有，有生於無」。此處說的有和無乃有名和無名的省語。「無」指道體無名，「有」指天地有名。如河上公注說：「萬物皆從天地生，天地有形，故言生於有」。又如唐李榮《老子注》所說：「有者，天地有形故稱有。天覆地載，物得以生，故言生於有」。《老子》此章是說，無形無名的道生出天地，天地又生出萬物，與四十二章的文意是一致的。故帛書本將這段話置於通行本「道生一」章的前面。在《老子》和先秦文獻中，天地和萬物非等同概念，如《老子》五章說：「天地不仁，以萬物爲芻狗」。此是以萬物爲天地所生之物。三十九章說：「天得一以清，地得一以寧，神得一以靈，谷得一以盈，萬物得一以生」，亦是將天地和萬物區別開來。又三十二章說：「天地相合，以降甘露，民莫之令而自均」。此處，雖未提到萬物，但天地所降之甘露，萬物同樣受其惠。在中國古代農業社會，「萬物」一詞，主要指動植物說的。如《國語・越語》引范蠡的話說：「惟地能包萬物以爲一」，「生萬物，容畜禽獸」。所以《莊子・達生》說：「天地者，萬物之父母也」。《易傳・序卦》則說：「有天地然後萬物生焉」。天地生萬物說，乃古代農業社會較爲流行的一種自然觀。老子既不贊成上帝主宰說，也不滿足於這種自然觀，提出「道」，作爲天地和萬物的本原。總之，老子的道論，以道爲無形無名的實體，以天地萬物爲有形有名的存在物，認爲有形之物來於無形的「道」，即形而上爲形而下的本原。此是老子提出的有無之辯的主要宗旨。

以上關於有和無的詮釋，涉及到《老子》第一章中「無名天地之始，有名萬物之母」的斷句問題。王安石讀爲「無，名天地之始；有，名萬物之母」。認爲「道」有兩重性，一方面爲無，一方面爲有，即下文說的「常有」和「常無」。此種斷句和詮釋，不能回答四十章中「有生於無」的命題。因爲，既然有和無，「同出而異名」，或如帛書本所說「異名同謂」，爲什麼又說有乃無之所生，無比有更爲根本，豈非自相矛盾？近人有一說法，「有」乃「存在」之義，相當於歐洲哲學中的「Being」。按此說法，「有，名萬物之母」，謂存在是萬物之母；「有生於無」句，謂存在生於非存在。因爲，在老子哲學中，有和無乃對立的範疇，如果以「有」爲存在，「無」只能理解爲「非存在」。此非老子形上學的本義。據此，《老子》第一章中的「無名天地之始」句，當依王弼說，以「無名」、「有名」斷句爲宜。此即三十二章所說：「道常無名」、「始制有名」。這兩句話，就形上學的意義說，謂道無名無形，生出天和地，世界開始有了差別對立，即「始制有名」。雖然老子不贊成追求「有名」，所謂「大制不割」。

總之，《老子》書中的有無概念，其涵義不一。二章中的「有無相生」句，十一章中的「有之以爲利，無之以爲用」句，「有」指具體的器物，「無」指器物中的空間，非形上學中的有無範疇。陳鼓應教授於《老子的注釋及評介》中已指出，甚是。有和無，就其爲形上學的範疇說，「有」指有形、有名的個別存在物，「無」指道體無名、無形、無欲、無爲，但非虛無，乃無物之物。至於此無物之物，究爲何物，老子沒有正面回答，故後人有種種解釋。總之，在老子看來，本原的東西，應具有普遍的性格，自身不應再是有形象的個別東西，提出形上學原則。這在人類認識史上是一大飛躍。在形上學領域，老子第一次區別有形和無形，以此區別本原和派生，而且影響於後世。就此而言，老子也可以說是中國歷史上第一位探討本原問題的哲學家。

## 二

莊子繼老子之後，闡發了有無之辯。關於本原和派生，形上相形下，〈大宗師〉說：「夫道有情有信，無爲無形，可傳而不可受，可得而不可見。自本自根，未有天地，自古以固存，神鬼神帝，生天生地。」此是對老子的道「先天地生」、「無名天地之始」的解說。「有情有信」，謂道作爲本原，並非虛無，乃存在的實體。「無爲無形」，謂道非個別有形之物。此是說，一切個別存在物，包括天帝和鬼神，皆道所生。此是發揮老子的「有生於無」

的命題。又〈知北游〉說：「夫昭昭生於冥冥，有倫生於無形，精神生於道，形本生於精，而萬物以形相生」。此是說，一切有形的個體，都來於無形的道，萬物的特點是以形相生，而道作爲本原，卻無形，故稱其爲「冥冥」。但莊學除闡發老子義外，對有無範疇又有新的詮釋。其中較爲明顯的是，以無爲「無有」，即不以老子說的「無」爲存在的實體。〈知北游〉說：「有先天地生者，物邪？物物者非物，物出不得先物也，猶其有物也。猶其有物也，無已」。這段話，有兩層涵義：一層是，「物物者非物」，即個別存在物，不能成爲天地的本原，此是發揮老子的「有生於無」之義。另一層涵義是，在天地之先，無任何存在物爲其本原。這又是對老子「有物混成，先天地生」命題的否定。此段話的宗旨是論證天地是無始無終的。又〈庚桑楚〉說：「天門者，無有也，萬物出乎無有。有不能以有爲有，必出乎無有，而無有一無有，聖人藏乎是？」「天門」，謂萬物從無到有，又從有到無的門戶。此門戶是無形的，所謂「不見乎形」，故稱其爲「無有」。萬物則爲有形之物，故稱其爲「有」。此意謂有形之物不能成爲有形之物存在的依據，「無有」方爲其本原。此亦是發揮老子的「有生於無」的命題。但最終將作爲本原的「無有」歸結爲「一無有」，以「無無」爲最高的宗旨，同樣否定了「無」的實體性。

總之，莊學對老學的有無之辯的闡發，有相同點，又有不同點，其不同點在於對無的理解，即將老子提出的作爲本原的「無」，引向爲虛無或不存在之義。至於對「有」的解釋，仍因襲老子義，以「有」爲個別存在物，並未以「有」爲「有」一般（Being），亦未稱其爲「道」。

## 三

魏晉玄學是對老莊哲學的新發展。關於有無之辯，玄學分爲兩派：一爲老學派，以王弼的貴無論爲代表；一爲莊學派，以郭象的崇有論爲代表。王弼談有無問題，繼承了老學的思路，以無爲實體，並且將「有生於無」，進而解釋爲「有之所始，以無爲本，將欲全有，必反於無」，即「天地萬物，皆以無爲本」，將宇宙生成論引向存有論。他在《老子注》中提出的論證是「有聲則有分，有分則不宮而商矣。分則不能統衆，故有聲者非大音也」。他區別聲和音，認爲聲調有宮有商，而音自身，無有聲調，非宮非商，但統率一切聲調，爲各種聲調的基礎。由此認爲作爲天地萬物的本原或本體，其自身不應有任何規定性，方能統率萬有，成爲萬有存在的根據。如其所說：「五物之母，不炎不寒，不柔不剛」，「物生功成，莫不由乎此，故以閱衆甫也」（《老子指略》）。五物指金木水火土五種物質，認爲作爲五物存在的本體即「五物之母」，不應再有炎寒剛柔等性質，故稱其爲「無」。所謂：「道也者，無之稱也。無不通也，無不由也，況之曰道，寂然無體，不可爲象」（《論語釋疑》引）。老子稱世界的本原爲無名、無形，是從生養萬有的角度立論的，故後來又成爲道教哲學立論的依據。而王弼因受其易學中象義之辨的影響，以形式邏輯思維方式，闡發老子提出的形上學原則，以抽象的義理和具體的物象解釋無和有的範疇，利用概念內涵的抽象性、包容性和普遍性，導出萬有以無爲本的形上學。王弼所理解的「有」，同樣指個別存在的物體及其特殊的性能，如外延中的事項，非指「有」一般（Being）。前引王弼對老子「有生於無」的解釋：

「將欲全有，必反於無」。「全有」，謂保全個體的存在，不是說保全「有」一般，如於三十八章注所說：「殊其己而有其心，則一體不能自全」。又其釋老子「有之以爲利，無之以爲用」說：「木、埴、壁所以成三者，而皆以無爲用也」，「有」亦指木、埴、璧某個別存在物。

郭象解釋《莊子》，在有無問題上則取莊學中的「無」爲「無有」義，即不存在，如同數學上的零（依馮友蘭先生說），不承認「無」作爲實體爲世界的本原。我在〈道家思維方式與中國形上學傳統〉中，引了幾段材料，玆抄錄於下。其〈在宥注〉說：「夫老莊之所以屢稱無者，何哉？明生物者無物，而物自生耳」。其注〈大宗師〉中「生天生地」說：「不生天地，而天地自生，斯乃不生之生也」。其注〈知北游〉中「有生天地者物耶」說：「吾以自然而先之，而自然即物之自爾耳。吾以至道爲先之矣，而至道者乃至無也，既以無矣，又奚爲先」，並將「物物者非物」解釋爲「物物者無物而物自物」。又其釋〈庚桑楚〉「天門者，無有也」說：「以無爲門則無門也」。釋「必出乎無有」說：「此所以明有之不能爲有，而自有耳，非謂天能生有也。若無能生有，何謂無乎？」以上，都是對老子的「有生於無」命題的批評。他以「無」爲「無有」即不存在義，將道生萬物，解釋爲萬有自生，「物自物」。值得注意的是，依〈庚桑楚〉中的「無有一無有」義，將「天門」解釋爲「無門」，徹底否定了「無」爲萬物本原說。從而形成了玄學崇有論的體系，同王弼的玄學貴無論對立起來。

如何理解郭象所推崇的「有」？是一個值得爭議的問題。崇有論不始於郭象，裴頠已倡其先。裴氏將「無」解釋爲「有之所謂遺者」，即以無爲有的消失，亦不存在之義。關於有，他說：「濟有者皆有也」，以「有」爲個別存在物，謂萬有或群生相互滋養，不需要以虛無實體爲其存在的支柱。郭象論有，亦是此義，所以又稱「有」爲「自有」、「自物」、「自生」，冠以「自」字，表示其爲個別物體，而不是「有」一般。郭象又稱「有」爲「萬有」，「萬有」乃集合名詞，亦非「有」一般。其注〈知北游〉「無古無今，無始無終」說：「非唯無不得爲有也，有亦不得化爲無矣。是以有之爲物，雖千變萬化而不得一爲無也。不得一爲無，故自古無未有之時而常存也」。〈知北游〉此段話的主題是回答未有天地以前的狀況是否可知，作者借孔子的話說，「古猶今也」。郭象注說：「言天地常存，乃無未有之時」。其注「無古無今」句，亦是此義。其中的「有」指天地萬物，故說「有之爲物」，認爲天地萬物總是處於變化的過程，但無論如何變化，不能歸於虛無，即化爲無有。「不得一爲無」，謂不能皆歸於虛無。莊學說的「千變萬化」，包括個體事物的相互轉化，如其生死物化說，因而說「不得一爲無」。從而導出天地萬有常存的結論。據此，郭注這段話中的「有」同樣指個體事物，不是「有」一般，如歐洲的巴門尼德和杜林哲學的「Being」。崇有論的主旨是，個別存在物自身是唯一的眞實存在的實體，在其上、其先，或其後，再沒有任何實體，如上帝、「無」等，爲其存在的支柱。如果，郭象所推崇的「有」，指「有」一般，以「有」爲本體，則同王弼貴無論的思維路線，並無本質的差別了。

王弼和郭象兩家對有無問題的辯論，從邏輯上說，可歸結爲一般和個別問題的爭論。貴無派推崇一般，崇有論推崇個別，兩家各有所見，又各有所不見，所以成爲玄學中的兩大流派。當然，王弼所推崇的無，就其提出的論證說，有一般或共性的涵義。但就其爲世界的本原說，此種沒有任何規定性的「一般」，只是頭腦中的虛無概念而已，成爲王弼玄學本體論的致命傷。至於郭象的崇有論，由於肯定客觀存在的東西，只是個別存在物，從而否定世界的統一性，最終又導向獨化論或偶然論。兩家都不懂得一般與個別統一的辯證法。

## 四

馮友蘭先生所著《中國哲學史》，從兩卷本，到《新編》及《新編》的修訂本，對老莊哲學中有無範疇的理解，經歷了三變。在兩卷本中，談到老子的有無之辯說：「道乃萬物所以生之原理，與天地萬物之爲事物者不同。事物可名曰：有；道非事物，只可謂爲無。然道能生天地萬物，故又可稱爲有。故道兼有無而言；無言其體，有言其用」。此是對《老子》一章的解釋。又其解釋「天下萬物生於有，有生於無」句，引《莊子·天下》「建之以常無有，主之以太一」說：「常無常有，道之兩方面也。太一當即『道生一』之一，『天地萬物生於有』，『有』或即『太一』乎？」又說：「謂道即是無。不過此『無』乃對具體事物之『有』而言，非即是零。道乃天地萬物所生之總原理，豈可謂爲等零之『無』」。認爲老子的道即是無，但此「無」謂非具體事物，不受名的限制，並非不存在。總之以道或無爲非具體的存在物，乃天地萬物生成的總原理，但此總原理的內容，馮先生沒有深究。關於「有」，提出三種說法：一是指具體事物，一是指道生天地萬物的功用，一是指太一。關於第二種說法，「無言其體，有言其用」。此說，基於「有，名萬物之母」的斷句。但《老子》十一章說：「有之以爲利，無之以爲用」，則以無爲用，不是以有爲用。關於第三種說法，以《莊子·天下》的「太一」解釋「天下萬物生於有」的「有」，但「太一」又爲何物，亦未說明。如果以「太一」爲未分之氣，但《老子》書中並無明證。如果以「太一」爲「道」，「有生於無」等於說道先於道，此是同義語的重復。總之，馮先生將「有」視爲道的一方面，則無法解釋「有生於無」的命題。雖然存在這些難點，但並沒有將「有」解釋爲「有」一般（Being）。馮先生將老子的無解釋爲非具體事物，又不等於零，視其爲討論生成問題，以此說明「至老子乃予道以形上學的意義」，此乃發前人之所未發。爲後人研究老學開闢了新的途徑。

二卷本論王弼玄學的有無之辯說：「道爲無。惟其爲無，非事物，故能『無不通也，無不由也。』『有』則有所有，有所有則成事物。事物是此只是此，是彼只是彼，不能爲其異類也」。此是以王弼所說的「無」爲無規定性的本體，「有」爲有規定性的個體事物。本體自身無規定性，故能統率一切有規定性的事物，此說符合王弼貴無論的本義，對後人研究王弼玄學亦頗有啓發。關於郭象的崇有論，馮先生說：「《莊子注》則直謂『無』即是數學上之零。萬物之所以如此如此，正因爲其自然即是這般這般」。馮先生認爲老子的無，非數學上的零，而郭象則以「無」爲數學上的零，此是精闢之論。但關於郭象說的「有」，則說：「其實，『有』永久是有，更無『未生』之時。個體底物可以有未生之時，而包括一切之『有』，則永久存在也」，接著引郭象注〈知北游〉「無古無今」句後，加以評論說：「此種理論，可謂與希臘哲學家巴門尼底斯（Parmenides）之理論極相似」。即是說，郭象說的

「有」如同巴門尼底斯的「存在」（Being）。前面談到〈知北游〉這段話，是討論未有天地之時是什麼狀態，有沒有某種實體爲天地的本原，郭象注此，在於發揮莊子的「古猶今」義，以天地爲萬古長存之物，進而論證個體事物雖千變萬化不能歸之虛無。而馮先生依此將「有」理解爲「包括一切之有」，即將群有理解爲「有」一般，這不能不說是一種失誤。

一九六二年，馮先生發表了《新編》第一冊，其中對老學的評價爲之一變。他寫老子哲學一章時，大陸學者正展開關於老子哲學體系的評價問題，即老子的哲學是唯心論還是唯物論問題。馮先生贊成唯物論的說法。因而在《新編》中，重新評價老子的有無之辯。他認爲，老子說的「道」，相當於古希臘哲學家阿那克西曼德所說的「無限」，並借恩格斯的話，認爲此「無限」即是「未分化的物質」或「原初物質」。他的根據是，《老子》書中的「無極」即「無限」之義。「無」即無限，「有」即有限、有規定性，認爲「一切有限的東西之一，不可能成爲一切東西的來源和歸宿」，而老子說的「道常無名」，表示道尚未成爲有規定的東西。此是以有限和無限解釋老子的有和無、有名和無名。依此，他解釋《老子》第一章說：「從道之爲無這一方面看，就可看見萬物的不定的微妙形態；從道之爲有這一方面看，就可以見萬物的各種各樣的差別和界限」。又說：「從道本身具有無限和未規定的性質方面看，可以說是無。從道涵有萬有的差別和規定方面看，可以是有，所以說斯二者同生而異名，同謂之玄」。「玄」，在這裡形容道之「混沌」。由此得出結論：「老子所說的道，跟阿那克西曼德所說的無限是一類的，都是未分化的物質」，但馮先生對老子道論的評價，並未停留在這一點上。接著又說：「老子也強調道是無名的。如果眞是無名，就是說，沒有任何規定，雖然說它是物質性的，可是它就只是一般的物質，甚或至是物質一般」。這樣，「又給客觀唯心主義開了後門」。以上是馮先生論老子哲學爲唯物主義的基本觀點。

馮先生此說，以老子說的道體兼有無兩方面的意義，是繼其二卷本的看法。但對「有」的解釋，則取「有名」義，依王弼斷句，「有名，萬物之母」，說明道自身涵有萬有的差別和規定。並且將「常有，欲以觀其徼」的「其」字，解釋爲「萬物」。此種對「有」的解釋，僅取有限、有規定之義，放棄了二卷本中「有」表示道能生天地萬物的功用說。馮先生此說，企圖依恩格斯論古希臘哲學義，探討老子道論的性質，令人耳目一新。但由於沿續二卷本的道體兼有無說，同樣帶來困難。如果說，道作爲原初物質，自身無規定性，後來分化爲各種有規定性的物體，這是可以理解的。但由此認爲自身沒有規定性的物質，又含有各種各樣的規定性，則將本原和派生混爲一談了。至於老子說的「混成」，按老子自己的解釋，謂「不可致詰，故混而爲一」表示道體自身沒有內在的差別。馮先生將其解釋爲含有各種差別和規定，恐非老子的本義。至於說，老子由於強調道體無名，道又成了「物質一般」，但「物質一般」不應含有各種差別和規定，否則就不是一般，而是各種差別和規定的總合了。馮先生以「有名」解釋道體，更加困難的是無法解釋四十章中「有生於無」的命題。按馮先生的說法，「天下萬物生於有」，只能理解爲萬物生於有規定性，而有規定性，又生於無規定性，這樣，又否定了道體兼有無兩方面的涵義。爲了迴避這一難點，馮先生又將此章中的「有生於無」句，理解爲老子唯物主義的「漏洞」，即是說，老子將「無絕對化了」，「無同樣成了沒有任何規定性的本體，接近了虛無的概念，同樣爲唯心主義開了後門」。這又是援引王弼義，解釋老子的道論了。

一九八三年，馮先生發表了《新編》（修訂本）第二冊。其中講到老子的哲學時，來了一百八十度的大轉彎，認爲老子的哲學是「客觀唯心主義哲學體系」。關於老子哲學中的有無範疇，其在《新編》第一冊中曾說：「不過，有和無並不是抽象的，道也不是有和無的抽象的統一」。可是，在修訂本中，一反此說。他解釋《老子》第一章說：「道或無就是萬物的共相。它是無物之物，就是因爲它是一切物的共相」。「一切萬物的共相，就是有。它不是這種物，也不是那種物，可是也是這種物，也是那種物，實際上並不存在這種有，所以有就成爲無了」。馮先生認爲，帛書本《老子》於此章中說的「異名同謂」，即表示無和有是一回事。他又說：「有就是存在。一切事物，只有一個共同的性質，那就是存在，就是有」。「但是，沒有一種僅只存在而沒有任何其它規定性的東西，所以極端抽象的有，就成爲無了」。爲了論證此觀點，馮先生又將此章中的「無名天地之始，有名萬物之母」，讀爲「無，名天地之始有；名萬物之母」，認爲天地和萬物，「互文見義」，以此說明無和有是一回事。

馮先生的這種分析，以老子的無爲「共相」，是取王弼義，但王弼並未以「有」爲共相，此是馮先生的發揮。其以有爲共相，又是基於二卷本中論郭象的崇有論以「有」爲巴門尼德的「存在」（Being）說。馮先生說：「道、有、無是異名同謂，這個有是抽象的有，與天地萬物的有是不同的。這個不同，一直到魏晉玄學才分辨清楚。魏晉玄學稱抽象的有爲有，天地萬物爲衆有或萬有」。馮先生的這種有無觀，又是受了黑格爾《邏輯學》的影響，如其所說，黑格爾「從三個概念講起，一個是有，一個是非有，一個是生成」，而《老子》第一章也是「講了三個概念，一個是有，一個是無，一個是道」。「在這一點上，他們所見略同」。按照馮先生的觀點，《老子》一章中的有和無，皆指共相，又如何解釋第四十章中的「有生於無」的命題？他的說法是，一章中談的是本體論的問題，四十章中用來談生成論的問題，老子將這兩個問題混淆了。「造成了思想的混亂」。馮先生此說，恐難成立。第一章同樣是談生成問題，如老子所說「無名天地之始」，非談本體論。至於老子的哲學所以是客觀唯心主義，他從一般與特殊的關係角度作了回答。認爲老子看到一般與特殊的區別，即有和無作爲共相是一般，天地萬物是特殊，但由於將二者加以割裂，以一般爲特殊之父母，結果導出一般先於特殊而存在，所謂「道先天地生」，「有，名萬物之母」，這樣，老子的哲學則成爲客觀唯心主義了。此種評價，同《新編》第一冊相比，是將第一冊中作爲老子哲學漏洞的「一般物質」概念，通過一般與特殊的對比，進一步解釋爲共相，則導出老子哲學體系爲共相說的結論。

如果說老子的道或無，因爲它無名、無形，就形上學說，其作爲世界的本原，具有非個別存在物的傾向，類似一般性的東西，就此而言，馮先生此說亦有所見。但由此認爲，老子的道或無是邏輯意義上的一般或共相，則講過了頭，未免將老子的道論王弼玄學化了。至於認爲老子說的「有」，即是共相，是存在本身，它除了存在這種性質外，無任何其它性質，所以老子說的有，也就是無。這種說法未免將老子的哲學歐洲化了。老莊哲學中的「有」，就古代漢語說，是有這個，有那個的簡稱，相當於英文中的「There is」，德文中的「Dasein」，都是就個別存在物及其特徵說的。所以魏晉時期的人，又稱爲「群有」、「萬有」，提出「有不能以有爲有」、「濟有者皆有」等命題。在中國傳統哲學中，沒有形成以「有」爲一般即存在自身這樣的抽象的概念，如黑格爾《邏輯學》中所講的「Sein」。這同漢語的特徵也是分不開的。關於這一點，馮先生在《新編》第四冊中論郭象的崇有論時，以「有」爲「群有」，對以前的說法，作了改正。

以上所談，是馮先生詮釋老子的有無範疇三變的過程。凡此說明，《老子》書中的有無問題，確是一個複雜和難以領會的問題，特別是第一章和四十章中的有無之辨。馮先生前後作了多種解釋，這種不斷探索的精神是十分可貴的。其要害處在於對「有名萬物之母」和「有生於無」句，難以解說清楚。這也是他遺留給我們的一大難題，需要我們進一步探討的。我於前面提出的解釋，只是一種答案。至於老子的哲學體系，是唯物論，還是唯心論，如何理解老子的道論，更是一個不斷深入研究的課題。在研究中，可以有不同的看法，也可以改變自己原來的看法，但有一點應注意的是，不能脫離《老子》中的文句太遠，總得有文字、訓詁以及歷史、文化背景的根據，否則便不是「照著講」，而是「接著講」了。馮先生在這方面所作的努力，爲我們留下許多眞知灼見以及經驗教訓，是值得我們認眞總結的。

（一九九六年在北京大學召開的道家文化國際學術研討會上的演講）

# 張角與《太平經》

東漢末年，爆發了張角領導的黃巾大起義。起義前，張角曾建立「太平道」，利用宗教形式，組織農民起義。有一種意見認爲，張角的「太平道」是依據當時流行的宗教典籍《太平經》的教義創立的，從而把《太平經》看成是反映漢末農民革命要求的著作，甚至把其中的某些教義當作黃巾起義的政治綱領和理論綱領。這種意見並不符合歷史實際。就現在傳流下來的《太平經》的內容看，張角領導的農民起義，是同《太平經》的教義對立的。從哲學史的角度看，黃巾起義軍不僅沒有宣揚《太平經》的宗教教義，相反，沉重地打擊了這部典籍的神學體系。張角不僅是農民起義的首領，也是漢代封建神學的異端。

## 一、「太平道」與《太平經》的對立

據《後漢書·襄楷傳》記載，漢順帝時，有個名叫于吉的，得「神書」百七十卷，號《太平清領書》。于吉把這部書傳給其弟子琅邪人宮崇，宮崇又把它獻給漢順帝。由於「其言以陰陽五行爲家，而多巫覡雜語。有司奏崇所上妖妄不經，乃收藏之」。宮崇所獻的《太平清領書》，後來的道教稱爲《太平經》。《後漢書》又記載說，漢桓帝時，襄楷又「上琅邪宮崇受于吉神書」，並兩次上書推薦，說這部書「專以奉天地順五行爲本，亦有興國廣嗣之術。其文易曉，參同經典，而順帝不行，故國胤不興」。就是說，此書不僅講五行災異，而且講生育之術，帝王行之，便能生子，傳宗接代。〈襄楷傳〉注引《太平經·興帝王》說：「其施不以其時，比若十月種物於地也，十十盡死，固無生者。」這是說，授精適時，便能得子。襄楷上的書，因其中批評了宦官，沒有得到朝廷的支持。漢靈帝即位後，「以楷書爲然」。〈襄楷傳〉還記載說，漢順帝時，朝廷將宮崇所獻「神書」收藏起來，「後張角頗有其書焉。」

以上這段史料說明：⑴宮崇所獻的「神書」，共一百七十卷，是一部龐大的著作，非出於一人之手，很可能是宮崇假託于吉之名而編纂的。此書在漢順帝到漢靈帝間已經流行，後來的《太平經》是依據《太平清領書》的教義推演而成。⑵宮崇敢於將《太平清領書》獻給皇帝，而襄楷又一再向皇帝推荐，表明此書並不反對漢王朝。⑶「張角頗有其書」，是說，張角曾得到《太平清領書》，不等於說，張角擁護或信奉此書的教義。《後漢書·襄楷傳》提供的史料，不足以說明張角的「太平道」是依據《太平清領書》的教義建立的。事實恰恰相反，張角是在批判宮崇所獻「神書」的神學體系的鬥爭中，建立起自己的「太平道」。

漢順帝時，農民和地主階級的矛盾日益激化，農民起義此起彼伏。漢桓帝時，農民革命浪潮席捲全國，到了漢靈帝時，終於爆發了黃巾軍大起義。漢王朝爲了維護地主階級對農民的專政，除以武力鎮壓農民起義外，在思想上大肆宣揚宗教神秘主義，妄圖以此挽救自己的滅亡。東漢初期白虎觀會議鼓吹的讖緯神學又流行起來。朝廷大臣和名士博引緯書大講災異迷信。如順帝時，太尉李固「明於風角、星算、河圖、讖緯」，要皇帝「開石室，陳圖書，招會群儒，引問失得，指擿變象，以求天意。」（《後漢書·李固傳》）又如，儒生樊英，「善風角、星算、河洛、七緯，推步災異」，朝廷待若「神明」（《後漢書·方術傳》）。漢桓帝時，那個吹捧《太平清領書》的襄楷，也是「善天文陰陽之術」，以講五行災異而聞名。東漢末年的鄭玄，依據緯書，注釋儒家典籍，百萬餘言，成了當時著名大儒。封建皇帝不僅提倡讖緯迷信，而且扶植道教。漢桓帝「好神仙事」（《後漢書·祭祖》），派使者到苦縣祠老子，並在宮中立黃老祠，奉老子爲教主，把老子同浮圖（佛）一樣看待。這樣，秦漢以來流行的神仙方術，成了朝廷認可的宗教。在封建統治者的倡導下，讖緯神學和神仙方術結合在一起，形成了一股融會各種宗教神秘主義的思潮。這股思潮，如《後漢書·方術傳》所說，有神經怪牒、玉策金繩、河洛之文、龜龍之圖、箕子之術、師曠之書、緯候之部、鈐決之符；還有風角、遁甲、孤虛之術、望雲省氣以及胎息胎食、變易物形、屍解登仙等等。宮崇所獻的《太平清領書》，就是這種神秘主義思潮流行的產物。

它當時所以被稱爲「神書」，因爲它鼓吹讖緯神學，所謂「以陰陽五行爲宗」。《太平經》中有〈天讖支干相配法〉，頌揚讖緯迷信說：「所問迺求索洞通天地之圖讖文，一言乃萬世不可易也。（以下引文，皆見王明：《太平經合校》）又〈作來善宅法〉說：「今天師言，乃都合古今河洛神書善文之屬，及賢明口中之訣事，以洞極之經，乃後天地開闢以來，災悉可除也；帝王長遊樂，垂拱無憂也。」這是吹噓《太平經》集讖緯神書之大成，可以助帝王長樂無憂。所以〈來善集三道文書訣〉一文，利用陰陽五行學說大講災異迷信。此書所以被稱爲「神書」，還因爲它宣揚神仙方術。〈上善臣子弟子爲君父師得仙方訣〉說：「天上積仙不死之藥多少，比若太倉之積粟也。仙衣多少，比若太官之積布白（帛）也。衆仙人之弟舍多少，比若縣官之室宅也。常當大道而居，故得入天」。又說：「其臣謹良，憂其君，正常心痛，乃敢助君平天下也。尙復爲其索得天上仙方以予其君也，故其君得壽也。或有大功，功大尙得俱仙去，共治天上事，天復衣食之，此明效也，不虛言也」。據此，這部「神書」，可以說是讖緯神學和神仙方術的混合物。在農民革命高潮到來的時候，《太平經》的作者大肆鼓吹這種宗教神秘主義，其目的正如它自己所表白的：「欲使帝王立致太平」（《後漢書·襄楷傳》注引《太平經》）。就是說，要挽救東漢王朝的滅亡。正因爲如此，方士宮崇和襄楷才急於把這部「神書」獻給當時的皇帝。這說明此書的出籠，不是反映農民起義的要求，而是適應豪強大族的政治需要。

這裡，剝下《太平經》的神學外衣，看一看這部「神術」的政治思想，究竟代表哪個階級的利益。《後漢書·襄楷傳》注引《太平經·興帝王》說：「眞人問神人曰：『吾欲使帝王立致太平，豈可聞邪？』神人言：『但大順天地，不失銖分，立致太平。元氣有三名，太陽、太陰、中和。形體有三名，天、地、人。……人有三名，父、母、子。治有三名，爲君、臣、人（民）欲太平也。此三者，常當腹心，不失銖分，使同一憂，合成一家，立致太平，延年不疑也。』」這段話，可以說是《太平經》或《太平清領書》的政治綱領。其中心思想是鼓吹「君、臣、民合成一家」。現在保存下來的《太平經》中有〈三合相通訣〉，其中說：

「天地與中和相通，並力同心，共生凡物」，所以「君臣民當應天法，三合相通，並力同心，共爲一家」。「君臣民相通，並力同心，共成一國」。所謂「三合相通」，就是說，「三氣相愛相通，無復有害者」，即君、臣、民相親相愛。因此，《太平經》又把「中和」視爲宇宙的根本法則，所謂「中和氣得，萬物滋生；人民和調，王治太平。」（《太平經·和三氣興帝王法》）值得注意的是，《太平經》把「民」看成是「中和」的象徵。〈三合相通訣〉說：「君爲父，象天。臣爲母，象地。民爲子，象和」。這是說，老百姓與君、臣「和調」，「太平」就到來了。這段材料清楚地表明，《太平經》大講君、臣、民三位一體，親如一家人，無非是要消除人民群衆的反抗意識。因此，《太平經》又打出頌揚「仁愛」反對「刑罰」的旗號，宣稱：「古者聖賢乃貴用道與德，仁愛利勝人也；不貴以嚴畏刑罰，驚駭而勝服人也」（《太平經·服人以道不以威訣》）。它所以反對刑殺，是害怕起義農民使用暴力，推翻漢王朝，所謂「武者以刑殺傷服人，盜賊亦以刑殺傷服人。夫以怒喜猛威服人者，盜賊也。故盜賊多出，其治凶也。」（《太平經·分別貧富法》）可以看出，《太平經》鼓吹「中和」、「君民一家」，其最終目的是反對農民使用暴力打擊當時的統治秩序。

《太平經》不僅在政治上，而且在經濟上宣揚階級調和論。《太平經》中的〈六罪十治訣〉是鼓吹貧富調和論的代表作。這篇文章的作者，把自己打扮成同情農民疾苦的樣子，對那些有錢的大戶說：「此大倉之粟，本非獨鼠有也」，「其有不足者，悉當從其取也。」這是說，那些豪強地主的財產，不應自己獨自享受，沒有飯吃的窮人也應分享一份。怎樣分享呢？辦法是由大戶之家施舍財富，周濟窮人。此文說：「積財億萬，不肯救窮周急，使人飢寒而死，罪不除也。」爲什麼要救濟窮人？它說：「乃此中和之財物也，天地所以行仁也」，「施予貧家，樂名仁而已」。就是說，通過周濟窮人，獲得「仁慈」的美名，推行「中和」的說教，從而使貧苦農民感恩戴德，無有二心。此即〈興衰由人訣〉中所說：「飢者思食，寒者思衣，得此心結，念其帝王矣，至老不忘也。思自效盡力，不敢有二心也。」因此，《太平經》極力反對剝奪地主階級的財產。它說：「天生人，幸使其人人自有筋力，可以自衣食者。而不肯力爲之，反致飢寒，負其先人之體」（〈六罪十治訣〉）。這段話，細看其內容，不是對豪強大族說的，而是對貧苦農民說的。就是說，你們所以挨餓受凍，是因爲不肯勞動，不能自食其力，辜負了老天爺給你們的筋力。接著又教訓農民說：「天地乃生凡財物可以養人者，各當隨力聚之，取足而不窮。反休力而不作之自輕，或所求索不和，皆爲強取人物，與中和爲仇，其罪當死明矣」。這是說，天地間到處都是財物，只要你肯勞動，就能取之不盡。可是你現在不勞動，「與君子爲仇」，奪取「財家」的財物，破壞了「中和」之氣，眞是其罪該死。在封建制度的剝削和壓迫下，宣稱貧苦農民自食其力便可以發家致富，這當然是欺人之談，其目的無非是用來瓦解農民起義的隊伍。所以〈不承天書言病當解謫誡〉說：「無狀之人，結客合伍，劫取人財，其主不全，縣官未得殺汝。天代誅罰，上自滅戶，下流子孫。」在漢末農民起義高潮到來的時候，《太平經》的這套說教，就是要起義農民放下武器，向封建勢力投降。把〈六罪十治訣〉解釋爲反對封建剝削，主張人人勞動，平分社會財富，那是對歷史文獻的誤解。

《太平清領書》和《太平經》都大講「太平」，它嚮往的「太平」，同樣有其階級內容。

《太平經》解釋「太平氣」說：「太者，大也；平者，正也；氣者主養以通和也；得此以治，太平而和，且大正也故言太平氣至也。」（〈三合相通訣〉）這是說，到處充滿「和氣」，便是太平。它又解釋「平」說：「平之爲言者，乃平平無冤者，故爲平也。若有一物傷，輒爲不平也。」（〈包天裹地守氣不絕訣〉）「凡事無一傷病者，悉得其處，故爲平也。」（〈敬事神十五年太平訣〉）這是說，大家都無怨恨，都無損害，心平氣和，就是太平。因此，《太平經》又解釋「平均」說：「平者，乃言其治太平均，凡事悉理，無復奸私也。平者，比若地居下，主執平也，地之執平也。比若人種善得善，種惡得惡，人與之善用力，多其物。」（〈三合相通訣〉）這裡所說的「平均」，是指善有善報、惡有惡報；「凡事悉理」，即上文所說的「悉得其處」，大家都相安無事，不受損傷。所以它又說：「天地施化得均，尊卑大小皆如一，乃無爭訟者，故可爲人君父母也。」（〈道祐三人訣〉）這是說，人君行仁政，如同天地化育萬物那樣，不分尊卑大小，一律受到恩惠，這樣，人們便無爭奪之心了。可以看出，《太平經》鼓吹的「平」或「均」，無非是「中和」的代名詞。這種和平經，就是要起義農民放下武器，爲封建帝王開太平。所以《太平經》又說：「帝王民臣之父母也。民臣反共欺其父母，使其常用心意愁困，而不能平其治，咎莫大焉。」「帝王承負之災厄，已大除去，天下太平矣。」（〈來善集三道文書訣〉）因此，它一再聲稱，其教義是：「助天生物，助地養形，助帝王化民」；「有益於君王，使小人知禁，不犯非匿邪」（〈六罪十治訣〉）；使那些「佃家謹力子（佃户），平旦日作，日入而息，不避勞苦，日有積聚，家中雍雍，以養父母，得土之利，順天之道，不敢爲非，有益縣官」（〈闕題〉）；使那些不安分守己的人，「悔過改行易心」，成爲「善人」。(〈闕題〉)總之，就是維護地主階級統治的天下。這些材料表明，將《太平經》鼓吹的「太平」說成是提倡平等和平均主義，反映了勞動人民反抗剝削和壓迫的要求，同樣是對歷史文獻的誤解。現存的《太平經》約七十多萬字，每一篇章都滲透了「助帝王化民」的說教，它不僅不反對漢朝皇帝，而且爲當時的皇帝出謀劃策，用它們的話說，就是「興帝王」。這一條足以說明，《太平經》的政治思想是同起義農民政治要求對立的。

《太平經》提出的「興帝王」的政治口號，一出籠便遭到了起義農民的反抗。在黃巾起義爆發前，起義農民便提出「吏不必可畏，民不必可輕」，反對了《太平經》要勞動人民「不敢爲非，有益於縣官」的說教。漢順帝時，起義農民「攻燒城寺，殺略吏民」，殺了一批官僚和惡霸，以實際行動回擊了《太平經》鼓吹的「一物不傷」的「中和」之道。黃巾起義爆發後，革命風暴席捲全國，「所在燔燒官府，劫略聚邑，州郡失據，長吏多逃亡。旬日之間，天下響應，京師震動」。(《後漢書·皇甫嵩傳》)，張角領導的起義軍，專「與中和爲仇」，而且矛頭直指漢朝的皇帝，又沉重打擊了《太平經》鼓吹的「君臣民共成一家」的政治綱領。參加黃巾起義軍的，除貧苦農民外，還有徒附和奴隸。可是《太平經》的作者卻把貧苦農民視爲「無德」的「小人」，說什麼「無德而好害傷之人」、「乃與禽獸同路」(〈急學眞法〉)。他們把徒附、奴婢視爲「草木」(〈闕題〉(一)卷五十六至六十四)，列爲人中最下等，說「凡民臣奴婢，皆得生於天，長於地，得見養理於帝王。以此三事爲命，無此三事，則無緣得生長自養理也」。(〈來善集三道文書訣〉)就是說，貧困農民和奴隸只能依附於封建主。起義農民同樣沒有聽信這種說教，反其道而行之，自稱「皇帝」、「太上皇」、「無上將軍」、「杜天將軍」，把《太平經》頌揚的「三綱六紀所以能長吉」（〈闕題〉（二）卷十八至三十四）的統治秩序顛倒過來，表現了奴隸們爭取人身自由、反抗等級壓迫的革命精神。《太平經》還大肆鼓吹漢朝統治階級炮製的「三統」論，即把天、地、人看成宇宙中三大勢力，把封建皇帝說成是天地的兒子和人類的主宰，所謂「帝王天所命生，以天爲父，以地爲母」（〈來善集三道文書訣〉）；「帝王屍（乃）上皇天之第一貴子也，皇后乃地之第一貴女也」（〈闕題〉（一）卷七十三至八十五），神聖不可侵犯。黃巾起義軍同樣沒有被這套神權政治的說教嚇倒，張角自稱「天公將軍」，其弟張寶稱「地公將軍」，張梁稱「人公將軍」，把自己看成世界的主人，又回擊了維護封建統治的「三統」論。以上這些足以說明，張角領導的農民起義軍不僅沒有實行《太平經》鼓吹的「三合相通」的政治說教，而且成了《太平經》教義的叛逆者。

《三國志·張魯傳》注引《典略》說：「角爲太平道。」聯繫《後漢書·襄楷傳》中「張角頗有其書」的記載，「太平道」這一組織的名稱是從《太平清領書》來的，天、地、人三公的稱號也是取自《太平經》。但張角提出的「太平」，同《太平經》宣揚的「太平」，卻是兩回事。起義農民把使用暴力推翻漢王朝的統治，建立自己的政權看成「天下太平」。這種「太平」正是對《太平經》鼓吹的「欲使帝王立致太平」的否定。在「太平」的辭句下存在著兩個階級的鬥爭。正如恩格斯所說：「宗教一旦形成，總要包含某些傳統的材料，因爲在一切意識形態領域內傳統都是一種巨大的保守力量。但是，這些材料所發生的變化是由造成這種變化的人們的階級關係即經濟關係引起的」[1]。

## 二、讖緯神學的異端

據《後漢書·皇甫嵩傳》記載，張角發動農民起義時，「訛言蒼天已死，黃天當立，歲在甲子，天下大吉」。又〈五行志〉說：「張角兄弟起兵冀州，自號黃天」。注引《物理論》說：「黃巾被服純黃，不將尺兵，肩長衣，翔行舒步，所至郡縣無不從，是日天大黃也。」張角領導的起義軍，頭戴黃巾，自稱「黃天」，提出「蒼天已死，黃天當立」的革命口號。這一口號，在政治上宣布漢王朝已死亡，一個新的政權即將建立，在思想上也是對《太平經》宣揚的讖緯神學體系的直接批判。

西漢後期開始流行的讖緯迷信，是儒家天命論和陰陽五行說的混合物，它把先秦時期的唯物主義的陰陽五行說引向了神學目的論。這種神秘主義，始於董仲舒，東漢初的白虎觀會議將其教條化，成了東漢王朝官方正統的意識形態。關於五行學說，《緯書》有一種說法，即用「五帝」解釋五行。《春秋緯·文耀鈎》說：「太微宮有五帝座星……蒼帝春受制，其名靈咸仰。赤帝夏受制，其名赤熛怒。黃帝受制，王四季，其名含樞紐。白帝秋受制，其名白招矩。黑帝冬受制，其名汁光紀……季夏六月火受制，其名含樞紐」。這是用蒼帝、赤帝、白帝、黑帝、黃帝解釋木、火、金、水、土，把五行看成是五種人格神，用五帝更治的神話，說明一年四季的形成。不僅如此，《緯書》還用五帝更治，說明王朝的興替。例如，夏朝是

❶《費爾巴哈與德國古典哲學的終結》，《馬克思恩格斯選集》第四卷第二五三頁。

白帝白招拒當政，殷朝是黑帝汁光紀當政，周朝是蒼帝靈威仰當政。據此，《緯書》又爲漢王朝的興起編造了一個神話，說漢高祖劉邦是赤帝的化身，傳到光武帝劉秀是第九代，稱劉秀爲「赤劉之九」，以火德王天下。這套五德終始的神話，無非是爲東漢王朝的封建統治制造理論根據。《緯書》有時也用五氣解釋五行。但認爲五氣的運行是受「天」支配的，所謂「爲天行氣」（《白虎通·五行》），並且體現了君臣父子之道和三綱五常之理。

《太平經》的炮製者全盤繼承了緯書的神學說教，特別是關於陰陽五行的理論，爲其「中和」的政治思想製造根據。關於四時運行和五行的關係，《太平經》說：「春也，青帝神氣太平。夏也，赤帝神氣太平。六月也，黃帝神氣太平。秋也，白帝神氣太平。冬也，黑帝神氣太平。」（〈敬事神十五年太平訣〉）這是用五帝更治解釋四時運行，同緯書完全一致。關於五行的屬性和五帝的品德，《太平經》說：「火之精爲心，心爲聖。木之精爲仁，故象在東也」。「聖賢柔明爲性，悉仁而明。仁者象木，明者象火，故悉在東南也」（〈天讖支干相配法〉）。此說同樣來於緯書。《春秋緯·運斗樞》說：「蒼帝以仁良溫讓起」，「赤帝以寬明多智略起」。又緯書《元命苞》說：「肝木之精也，仁者好生，東方者陽也，萬物始生」，「心者火之精，南方尊陽在上」。這是說，蒼（青）帝體現木德，仁愛善良，生萬物，主管春天；赤帝體現火德，寬容明智，養萬物，主管夏天。關於白帶，《太平經》同緯書一樣，認爲體現金德，刑殺和收成萬物，主管秋天。關於黑帝，認爲體現水德，埋藏萬物，主管冬天。據此，《太平經》解釋五帝更治說：「春物悉生，無一傷者，爲青帝太平也。夏物悉長，無一傷者，爲赤帝太平也。六月物悉見養，無一傷者，爲黃帝太平也。秋物悉成實收，無一傷者，爲白帝太平也。冬物悉藏無一傷者，爲黑帝太平也」。（〈敬事神十五年太平訣〉）這是說，五帝和平相處，則一年四季太平，無一物損傷。因此，它不贊成五行相勝說。〈三光蝕訣〉說：「然水火各以其道，守其行，皆相得，乃立功成事。比若五行，不可無一也，皆轉相生成。子欲知其實也，比若五藏，居人腹中，同一處。心乃火也，腎乃水也，豈可爲同處而日相與戰鬥相蝕邪」。據此，它解釋五德終始說：「比若四時之氣，但當更相生成，相傳而去。比若人生，少者後當老長，更迭相傳而去。不當乃道鬥戰，因絕滅世類也」。（《萬二千國始火始氣訣》）這是說，王位的更替，不是一勝一負，一立一死，而是老少相傳，相生相成。這套理論，拋棄了戰國末年的五德相勝說，來於董仲舒的五行相生說。董仲舒在《春秋繁露》中說：「水爲冬，金爲秋，土爲季夏，火爲夏，木爲春。春主生，夏主長，季夏主養，秋主收，冬主藏，藏冬之所成也。是故父之所生，其子長之；父之所長，其子養之；父之所養，其子成之」。（〈五行對〉）

由於《太平經》的作者不贊成五行相勝，所以極力歌頌木德和火德，認爲他們體現了「中和相愛」，「不相戰鬥」的「天心」或「天意」。〈興衰由人訣〉說：「天性上道德而下刑罰。故東方爲道，南方爲德。道者主生，故物悉生於東方；德者主養，故物悉養於南方」。這是說，東方木和南方火，屬於陽氣，是道德的本源。因此，它以木德和火德，爲天的正色，所謂「天爲之色，外蒼象木，內赤象火」。（〈天讖支干相配法〉）進而宣稱帝王作爲天之子應效法木德和火德。〈天讖支干相配法〉說：「故東方者，木仁有心，南方者，火明也。夫天法，帝王治者常當以道與德。」、「火者，君德也」。又說：「日出於東，盛於南方，天命帝王，當象爲法」。（〈王者賜下法〉）由於歌頌木德和火德，也就推崇青帝和赤帝。它說：「是正太平氣至，具樂之悅喜也。是故樂而得大角上角之音者，青帝大喜，則仁道德出，凡物樂生，青帝出遊，肝氣爲其無病，肝神精出見東方之類」。（〈樂怒吉凶訣〉）這是說，仁愛之德，說到底，是青帝和赤帝的本性，青帝唱於前，赤帝行於後，所謂「木爲火之父母」、「火稱木之子」（〈天讖支干相配法〉），青帝和赤帝的作爲，就是地上帝王的事業。關於金德和水德，《太平經》則極力排斥。〈興衰由人訣〉說：「天之法下刑，故西北少陰，太陰爲刑禍，刑禍者，主傷主殺。故物傷老衰於西，而死於北。……今刑禍武，生於西北而尚之，名爲以陰乘陽，以賤乘貴，多出戰鬥」。這是說，金和水屬於陰氣，主衰老死亡，人們效法它們，就要動武鬪禍，以下犯上。〈天讖支干相配法〉說：「眞人欲樂知天讖之審實也，從上古中古到于下古，人君棄道德，興用金氣兵法，其治悉凶，多盜賊不祥也」。這是說，效法金德和水德，就要引起農民暴動。所以它又說：「水，太陰也，民也，反使興王，傷損陽精，爲害深矣」。（〈闕題〉（一）卷五十六至六十四）這是說，提倡水德，老百姓就要起來造反了。可以看出，《太平經》所以歌頌木德和火德，崇拜青帝和赤帝，其目的是以這種神學理論推行「君臣民共成一家」的「中和」之道，從而對抗農民起義。因此，它解釋《太平清（青）領（首）書》這部「神書」的名稱說：「吾書中善者悉使青首而丹目，何乎？吾道乃丹青之信也。青者生仁而有心，赤者太陽，天之正色也。吾道太陽仁政之道，不欲傷害」。（〈闕題〉（三）卷一百十五至一百十六）《後漢書·襄楷傳》也說，此書「皆縹白素，朱介，青首，朱目，號太平清領書」。這是說，此書中重要地方，所以貫以青首（標）赤目（題目），因爲體現了木德和火德，合乎仁愛中和之道，所以名爲「太平清領」。

關於五德終始，緯書還編造一個公式說：「木王、火相、土死、金囚、水休」。（《白虎通·五行》）這是說，木當了王，火則爲宰相，土便死亡，金被囚禁，水則衰老而不起作用了。木王而火所以爲相，因爲木生火；土所以死亡，因爲木勝土。《太平經》因襲了這種說法，又大肆鼓吹木王土死。〈斷金兵法〉說：「欲使陽氣日興，火大明，不知衰時者，但急絕由金氣，勿使其王也。金氣斷，則木氣得王，火氣大明，無衰時也」。又說「木王則土不得生，火不明則土氣日興，地氣數動，有袄祥，故當急絕滅云」。還說：「行，爲六子重明陳天之法，故金氣都滅絕斷，迺氣得大王，下壓土位，黃氣不得起，故春木王土死也。故惟春則天激絕金氣於戌，故木得遂興火氣，則明日盛，則金氣囚，猾人斷絕。金囚則水氣休，陰不敢害陽則生下，愼無災變。木氣王無金，則得興用事，則土氣死。生民臣忠謹且信，不敢爲非也，是天之格法劵書也，天地之常性常行，子知之耶？」這幾段話的意思是，因爲木生火，所以木王則火明，仁德光大，萬物生長，刑殺斷絕。相反，因爲土生金，土氣興起，金氣就要得勢，金氣得勢，就要傷害木氣，必有災殃。據此，《太平經》的作者宣稱，陽氣興起，木王火明，則天下太平。此即〈斷金兵法〉所說：「今愚生欲助天，太陽之氣使遂明，帝王日盛，奸猾滅絕，惡人不得行，盜賊斷亡，袄孽自藏，不復發揚」。如果土氣興起，其結果是，「春從興金兵，則賊傷甲乙木行，令天青帝不悅，天赤帝大怒，丙丁巳午不順」，妖民盜賊便滿天下了。所以它把「木王土死」宣布爲「天常格法」、「天地之常性常行」，即永恆不變的天道。據此，它又宣稱，東漢末年就是陽氣興起，木王火明的時代，所謂「今太平氣盛至，天當興陽氣」。總之，《太平經》稱頌木王，咒詛土死，渴望青帝再起，反對黃天爲王。可以看出，這套陰陽五行學說，說到底，是爲了論證那個赤帝化身的東漢王朝萬古長存。這就是《太平清領書》這部「神書」的政治意義。

從以上的材料看，張角在發動農民起義時，提出「蒼天已死，黃天當立」的口號，並非偶然。這一口號，同《太平經》鼓吹的「木王土死」，即歌頌蒼天（木），咒罵黃天（土）的教義是直接對立的。這說明，張角在發動起義前，曾看到《太平清領書》，並研究了其中的問題。但他沒有信奉這部書的神學體系，相反，提出對立的觀點，歌頌黃天，咒罵蒼天，宣傳「土王木死」，把《太平經》的教條顚倒過來。「蒼天已死」，是說那個體現木德、以仁愛爲心、生萬物的青帝和體現火德、以繼承和發揚青帝事業爲已任的赤帝，已經死亡和黑暗不明了，這等於宣布自稱赤帝化身的東漢皇帝的死刑，矛頭直指皇帝。「黃天當立」，是說主管「稼穡」的土德即將興起，代替火德王天下，實際上是說農民即將建立自己的政權。按照緯書的說法，土王則金相、火休、木囚。所以這個口號，又意味著使用暴力（金相）奪取政權。《太平經》把「木王土死」說成是「天常」，鼓吹五行相生相成、五帝和平相處，宣布蒼天和赤帝永不衰亡，以這種「天不變，道亦不變」的形而上學，維護漢王朝的腐朽統治。張角提出的「蒼天已死，黃天當立」，又意味著主張五行相勝，承認天有生死，物有盛衰，宇宙中沒有永恆不變的東西，對立面總是互相轉化的，又打擊了《太平經》鼓吹的「天常格法」的形而上學，論證了推翻漢王朝，建立新政權的合理性。總之，張角的「蒼天已死，黃天當立」，是對《太平經》的神學體系的否定。當然，這一革命口號，利用了讖緯神學的思想資料，甚至披著讖緯的外衣，其理論思維也沒有擺脫循環論的影響，但其思想內容是同當時佔統治地位的讖緯神學對立的。這表明起義首領張角是東漢讖緯神學的異端。

在起義發展的過程中，黃巾起義軍進一步提出了「中黃太乙道」，又同封建神權展開了鬥爭。緯書是封建神權的鼓吹者，它崇拜各種神：最高的神爲「皇天大帝」，其下爲五帝，再下爲其它神。皇天大帝住在紫微宮中，「含元出氣」，即口吐元氣，產生萬物，其它神輔助皇天生養萬物。這個皇天大帝也是北極星神，又名「太一」。《春秋緯・合誠圖》說：「天皇大帝，北辰星也，含元秉陽，舒精吐光，居紫宮中，制御四方，冠有五采」。《樂緯・計徵圖》說：「天宮紫微宮，北極天一太一」。這個皇天大帝，簡稱爲「天」。《太平經》同樣宣揚這種多神教，稱皇天大帝爲「天太一」，爲宇宙中的最高主宰。如〈包天裹地守氣不絕訣〉說：「入室思道，自不食與氣結也。因爲天地神明畢也，不復與於俗治也，乃上從天太一也」。這個「天太一」，即緯書中所說的居於紫微宮中的皇天大帝。所以《太平經》又說：「故上神人舍於北極紫宮中也，與天上帝同象也」。（〈闕題〉）這個「天太一」，簡稱「天君」或「天」。他的權能之一是主宰元氣而生萬物。〈爲道敗成戒〉說：「天之爲象法也……授以元氣而生之，終之不害傷也。故能爲天，最稱神也，最名無上之君也」。這同緯書說法是一致的。這個皇天大帝不僅主宰元氣，而且統率群神。〈六極六竟孝順忠訣〉說：「天地之間諸神精，當共助天共生養長是萬二千物，故諸神精悉皆得祿食也」。這個皇天大帝還掌握陰陽五行變化的法則。〈天讖支干相配法〉說：「然夫皇天迺以四時爲枝，厚地以五行爲體，枝主衰盛，體主規矩。部此九神，周流天下，上下洞極，變化難睹。爲天地重寶，爲衆神門戶」。這個皇天上帝還主管五帝更治，五德終始，所謂「今皇天明師幸哀其愚蔽，不達於道，迺具爲明陳天法」。(〈斷金兵法〉)《太平經》不僅以皇天上帝爲至上神，而且把自然現象神靈化，要人們崇拜。〈爲父母不易訣〉說：「惟有善行之人，自不犯天地四時五行日月星辰諸神之禁」。它還宣揚人死爲鬼，要人們祭祖宗族祖先，所謂「自在天官重孝順，當祠明白，何可所疑。」(〈不可不祠訣〉)可以看出，《太平經》所宣揚的宗教神秘主義，可以說是集漢代神權論的大成，成爲當時束縛農民的四大繩索之一。

在反對封建統治的鬥爭中，張角領導的黃巾軍，又對《太平經》和緯書宣揚的諸神淫祀，進行了大掃盪。公元一九二年，青州黃巾軍與曹操大戰，黃巾軍在給曹操的檄文中說：「昔在濟南，毀壞神壇，其道乃與中黃太乙同，似若知道，今更迷惑。漢行已盡，黃家當立。天之大運，非君力所能存也」(《三國志·魏書·武帝記》注引)。這段史料十分珍貴。其中有兩點很重要：一是提出「中黃太乙道」，主張毀壞神壇，廢除淫祀；二是將「蒼天已死，黃天當立」發展爲「漢行已盡，黃家當立」。曹操任濟南相時，曾禁祀諸神，黃巾軍認爲這種行動同「中黃太乙道」完全一致。

黃巾軍提出的「中黃太乙」究竟是什麼？按照五行相生說，土居於木火和金水的中間，其色爲黃，所以稱黃爲「中黃」。「太乙」即「太一」。關於「太一」，秦漢以來，有兩種說法：一說指「太一」神，如上面所說的，始於漢武帝時期；一說指元氣或混沌未分的氣。如《禮記·禮運》說：「夫禮必本於大一，分而爲天地，轉而爲陰陽，變而爲四時」。認爲「大一」可以轉化爲天地和陰陽，這裡的「大一」即元氣。這種太一說，又見於《淮南子·

詮言訓》。緯書中講的「太一」，有時也指氣未分化時的狀態。如《春秋緯・說題辭》說：「群陽精也，合爲太一，分爲殊名」。這種「太一」，又被稱爲「太極」。在漢朝的文獻中，如果「太一」指天神即人格神的上帝，此種居於主管四時的五帝之上，不轉化爲其它神，則不用五行的屬性稱謂，所謂「天神貴者太一，太一佐曰五帝」（《史記・封禪書》）。《太平經》也持這種看法。其卷一至十七中，以老子李耳爲大教主，封李耳爲「長生大主號太平眞正太一妙氣，皇天上清金闕後聖九玄帝君」。這是說，他是皇天太一的後代，長生不死的神仙。這位「後聖李君」，又有五人爲其左輔右弼。一是「太師彭君」，其它四人爲「上相方諸宮青童君」、「上保太丹宮南極元君」、「上傅白山宮太素眞君」、「上宰西城宮總眞王君」。這是模仿五帝說炮製出「後聖李君」的「一師四輔」。這段材料表明，《太平經》的作者認爲，皇天太一作爲天神則居於五帝之上，同五帝是有區別的。在漢朝的文獻中，如果「太一」指元氣，它可以轉化爲五行之氣，則用五行的屬性稱謂。如劉歆解釋三統歷時曾說：「太極（太一）中央元氣，故爲黃鐘。」（《漢書・律曆志》）這是講音律與氣節相配。是說，十一月，陽氣伏於地下，萬物萌動，所以配以黃鐘之律。爲什麼此時的音律稱爲黃鐘？《淮南子・天文訓》解釋說：「黃者土德之色，鐘者氣之所種也。日冬至，德氣爲土，土色黃。」這是說，冬至時，陰氣施種於黃泉，元氣又開始運行，萬物滋生，就五氣更立說，土氣當運，色尚黃，所以稱其律爲黃鐘。按照《淮南子・天文訓》的解釋，此時的元氣，可以用「中黃」稱謂。劉歆稱此時的元氣爲「太極中央元氣」，以「中央」名太極元氣，這同《淮南子》的說法是一致的。據此，黃巾軍提出的「中黃太乙」，以「中黃」稱謂「太乙」，表明「太乙」不是居於五帝之上的至上神，而是指轉化爲土氣的元氣。就五行更替說，就是土氣當運。這同「漢行已盡，黃家當立」的思想是一致的。「漢行已盡」，據《三國志·武帝記》注引，又作「漢行氣盡」。「黃家當立」，就其哲學思想說，即土氣當運。曹魏政權建立後，曹丕稱帝時，也宣揚這種理論，作爲改朝換代的根據。他說：「夫太極運三辰五星於上，元氣轉三統五行於下，登降周旋，終則又始。……魏得地統，當以建丑之月爲正月」。（《魏書·明帝紀》注引）。裴松之解釋說：「魏爲土行，故服尙黃」。這同樣說明，「中黃太乙」即中黃太極元氣，指土氣，不是至上神。可以看出，青州黃巾軍拋棄了「蒼天」、「黃天」的說法，明確地用五氣代替五帝，用五氣運行解釋五帝更治，用元氣代替天太一神，用「中黃太乙道」反對諸神淫祀，從而同《太平經》的神學體系對立起來。當然，黃巾軍用五氣運行解釋王朝的興替，同樣是歷史唯心主義。但因此而抹煞「中黃太乙道」反對封建神權的意義，是不符合歷史實際的。從張角的「太平道」發展爲青州黃巾軍的「中黃太乙道」，進一步說明漢末農民起義的思想是同當時流行的《太平清領書》的教義對立的。

張角發動和領導的黃巾起義軍，不僅從思想上動搖了東漢流行的讖緯神學體系，而且以實際行動打擊了以讖緯爲核心的漢代經學。當時以讖緯神學注釋儒家經典的鄭玄，自認爲「博稽六藝，粗覽傳記，時睹秘書緯術之奧」。可是，經過黃巾軍的打擊後，他哀嘆說：「黃巾爲害，萍浮南北，復歸邦鄉。……所好群書率皆腐敝，不得於禮堂寫定，傳與其人，日西方暮，其可圖乎」！（《後漢書·鄭玄傳》）《魏書·王肅傳》注引《魏略》說：「從初平之元，至建安之末，天下分崩，人懷苟且，綱紀既衰，儒道尤甚」。這說明盛行二百多年的漢代的今文經學和讖緯神學，從此衰落了。曹魏封建統治者所以不大喜歡讖緯神學，因爲在黃巾起義軍的衝擊下，他們認識到這種神學體系不僅沒有挽救東漢王朝的滅亡，而且又爲農民起義軍所利用，出現了「蒼天當死，黃天當立」的神學異端，讖緯迷信已喪失了維護封建政權的作用。無神論者曹操不信讖緯、反對天命論，就是在這種歷史條件下出現的。黃巾起義失敗後，豪強大族的代表袁紹，接過了「黃天當立」的口號，宣稱「赤德衰盡，袁爲黃胤，宜順天意，以從民心」（《後漢書・袁紹傳》）。曹操駁斥道：「凶逆無道，乃至於此」。（《曹操集・上言破袁紹》）又太史令王立曾對漢獻帝說：「天命有去就，五行不常盛，代火者土也，承漢者魏也，能安天下者曹姓也，唯委任曹氏而已」。（《魏書・武帝紀》注引）同樣接過土德當興說，要漢帝讓位於曹氏。曹操使人告王立說：「知公忠於朝廷，然天道深遠，幸勿多言」。（《魏書・武帝紀》注引）曹操的這些言論表明，讖緯神學作爲神秘主義的一種形式，遭到新起的封建統治者的厭惡。所以到了曹魏後期，玄學唯心主義終於代替了讖緯神學，成了魏晉時代佔統治地位的哲學。

## 三、黃老道的傳播

《後漢書》記載，黃巾起義前，「張角自稱大賢良師，奉事黃老道，畜養弟子，跪拜首過，符水咒說以療病。病者頗愈，百姓信之」。（〈皇甫嵩傳〉）《三國志・張魯傳》注引《典略》也說：「太平道者，師持九節爲符祝，教病人叩頭思過，因以符水飲之。得病或日淺而愈者，則云此人信道；其或不愈，則爲不信道。」這些史料表明，張角最初建立的太平道，又被稱爲黃老道，崇拜黃帝和老子。因爲它事奉黃老，同《太平經》崇拜老子有相同之處，因此有些研究歷史的人便把張角創立的太平道看成是繼承了《太平經》的教義，並以太平道爲原始的道教。於是張角成了道教的創始人。這種論斷，同樣是站不住的。

道教作爲一種宗教，就其形成和發展的歷史說，其基本教義是追求長生不死，成神成仙。這就是《太平經》中所講的「貪生之術」。這種思想，出於先秦道家的養生學說，到了秦漢之際演變爲神仙方術，秦皇、漢武都是神仙家的信徒。由於漢初黃老之學的流行，漢代的神仙家又打出黃老的旗號，以黃帝和老子爲自己的祖師爺。據說，黃帝和老子都講長生不死之術，黃帝上天成了神仙。這種說法，在西漢便流行了，到了東漢晚期，神仙家被稱爲黃老道。《後漢書‧襄楷傳》說，漢桓帝於宮中立黃老浮屠之祠，其教義是，「此道清虛，貴尙無爲，好生惡殺，省欲去奢。」又說：「不欲久生恩愛，精之至也」，「眞守一如此，乃能成道」。這是把黃老道同佛教看成是一類的宗教。這裡所說的「黃老」，是指宣揚長生不死之術的神仙家。所謂「守一」，就是守住精氣神，擺脫情欲的干擾，從而成爲神仙。《太平經》有〈守一明法〉，其中說：「守一明之法，長壽之根也」，「百病除去，守之無懈，可謂萬歲之術也」。這是以「守一」爲長生不老之術。漢桓帝所崇拜的黃老道，就是這種教門，它是道教的正統，在張角以前便形成了。《太平經》後來成爲道教的經典，正是因爲它講神仙不死之術。這部書，鼓吹讖緯神學，也是爲成神成仙製造理論根據。這種神學理論一直延續到宋明時期的道教典籍中。在漢代，神仙方術所以廣泛流行，是由於豪強大族取得了統治地位，壟斷了社會財富，他們從貪戀人間的富貴榮華，進而追求長生不死。此是道教作爲一種多神教興起的社會根源。

張角創立的「太平道」或「黃老道」，同漢桓帝崇拜的黃老道以及《太平經》的教義相比較，有一個顯著的特點，那就是不講長生不死之術和成神成仙。就現在傳流下來的史料看，張角的黃老道的唯一宗教形式，是以符水咒說和首過爲人治病。以符水咒說爲人治病，是一種巫術。《後漢書·襄楷傳》引〈江表傳〉說：「時有道士琅邪于吉，先寓居東方，來吳會，立精舍，燒香讀道書，製作符水以療病」。于吉後被孫策殺死。被殺前，孫策的母親認爲「于先生亦助軍作福，醫護將士，不可殺之」。看來，這個于吉多半是一個巫醫。〈襄楷傳〉注引《太平經》說：「其咒有可使神爲除災疾，用之所向無不愈也」。今本《太平經》中也有關於以符水咒說治病的一類說法，如卷八十七（〈長存符圖〉）說：「天符還精以丹書，書以入腹，當見腹中之文大吉，百邪去矣」。又卷一百八〈要訣十九〉說：「欲除疾病而大開道者，取訣於丹書吞字也」。這些都是吸收了當時的巫醫之術，並非道教本質的東西。史書說，《太平清領書》中「多巫覡雜語」，即指這一類的巫術。張角建立的黃老道就是來於民間流行的巫醫之術。據《太平經》記載，當時的巫醫，還以首過治病，〈病歸天有費訣〉評論了首過治病說。它說：「書有戒而不用其行，得病乃惶，豈可免焉。誡民之愚，何益於天。使神勞心煩苦，醫巫解除。欲得求生，不忘爲過時。當爲惡時，乃如是，何不即自悔責。已病乃求生，已後之多亡，所禱祭神靈，輕者得解，重者不貰。而反多徵召，呼作詐病之神，爲叩頭自搏，欲求其生，文辭數通，定其死名，安得復脫。醫巫神家，但欲得人錢，爲言可愈，多徵肥美及以酒脯，呼召大神，從其寄精神，致當脫汝死。名籍不自致，錢財殫盡，乃亡其命」。這段話的意思是說，不遵守天書的告誡，犯了重罪，得病後才祈禱神靈寬恕，不僅不能免除死亡，反被「醫巫神家」騙走錢財，落得人財兩空，是愚人幹蠢事。所以它接著又說：「今世之人，行甚愚淺，得病且死，不自歸於天，首過自搏叩頭，家無大小，相助求哀。積有日數，天復原之，假其日月，使得蘇息。後復犯之，叩頭無益。是爲可知，努力爲善，無入禁中，可得生活竟年之壽。不欲爲善，自索不壽，自欲爲鬼，不貪其生，無可奈何也」。這是說，不遵守禁令，犯了法，受到天神的懲罰，得了病，即使叩頭悔過，也不能挽救死亡，從而斥責信奉首過治病的人爲「事邪神之家」。《太平經》的這段話，同張角的以首過治病爲號召的黃老道成了鮮明的對比。這表明張角建立的黃老道，雖然以符水咒說爲人治病，並不屬於《太平經》的道教系統。

從上面引的《太平經》的材料中可以看出，張角的黃老道，就其宗教形式說，多半是受到《太平清領書》中有關符水咒說、首過治病等「巫覡雜語」的啓發而建立的，這也是張角「頗有其書」的一種意義。但他不喜歡《太平經》宣揚的那種投合貴族口味的神仙教，也沒有信奉那套遵守天書戒令和王法才能得救的教規。這說明張角最初建立的黃老道是作爲發動農民起義的組織而出現的，其目的不是要創建和發揚《太平經》的道教神權論的體系。兩晉時期道教正統派的首領葛洪推崇《太平經》，卻攻擊張角的太平道。他評論張角的黃老道說：「進不以延年益壽爲務，退不以消災治病爲業，遂以招集奸黨，稱合逆亂」。（《抱朴子‧道意》）「不以延年益壽爲務」，說明張角的黃老道不追求神仙方術，不屬於正統的道教系統。

所謂「招集奸黨，稱合逆亂」，恰好表明張角的黃老道是組織農民起義的一種形式。魏曹植著〈辯道論〉，對漢魏之間道教的流行情況作了一個回顧。他說：「世有方士，吾王悉所招致。甘陵有甘始，廬江有左慈，陽城有郄儉；始能行氣導引，慈曉房中之術，儉善辟谷，悉號三百歲卒。所以集之於魏國者，誠恐斯人之徒，接奸詭以欺衆，行妖慝以惑人，故聚而禁之」。（《全三國文》）曹植所說的道教之徒，即神仙方術家。曹操不信神仙方術，把當時的神仙家軟禁起來，怕他們聚衆稱亂。黃巾起義是被曹操鎮壓下去的。可是曹植寫〈辯道論〉時，並沒有將張角的黃老道列入當時的道教系統中，作爲禁止道教和防範農民起義的號召。這證明張角的太平道是不講神仙方術的。如果說，張角的黃老道，由於打著黃老的旗號，也可以叫做道教，此種道教也只能是道教的異端。因此，將張角的太平道同神仙方術家等同起來，不加區分，甚至把張角說成是中國古代宗教中神仙系統即道教的創始人之一，把道教的起源歸之於農民革命的需要，同樣是對歷史的誤解。

當然，張角在發動農民起義時，畢竟利用了某種宗教形式，如以符水咒說、首過治病等巫術，作爲聯絡起義農民的手段；利用當時流行的讖緯神學的資料，提出革命的口號，這是封建時代農民起義的一種局限性。這種局限性，正如恩格斯所指出的，在宗教盛行的中世紀，「任何社會運動和政治運動都不得不採取神學的形式，對於完全受宗教影響的群衆的情感說來，要掀起巨大的風暴，就必須讓群衆的切身利益披上宗教的外衣出現」❷。由於歷史上的

❷《費爾巴哈與德國古典哲學的終結》，《馬克思恩格斯選集》第四卷第二五一頁。

農民起義利用了當時的某種宗教形式，披上了宗教的外衣，從而看不到甚至抹煞其神學異端的性質，那是一種片面的觀點。

（《中國哲學》第九輯，三聯書店，一九八三年）

# 易學編

# 請來認識《易經》

《易經》一書，在先秦稱爲《周易》，從漢代開始，被尊爲經，稱爲《易經》，爲儒家的經典五經之一，並居其首。《易經》究竟是什麼樣的書？從春秋時代開始，便長期爭論不休，直到今日，仍在爭議。如有人認爲它是占卜算命的書，有人則認爲是講哲理的書，還有人認爲是一部天文學或數學，有人甚至說是一部電子計算機。……。所以衆說紛紜，一方面由於這部典籍的文字古奧，又有圖像，令人難於捉摸；另一方面由於其影響深遠，人們習慣於從不同的角度評論其價值。怎樣認識這部典籍的性質，對其評估，有無客觀的標準？這個問題，如果從這部典籍在流傳過程中的遭遇看，即是說，歷史地看待這部典籍的命運，是可以解決的。我們知道，古今中外，任何影響大的經典，後人對它的理解，大都是從其所處時代的要求出發的，不同時代的人，往往賦予其不同的意義，此是意識形態發展的一條規律。如果，把握住某一經典流傳的歷史，弄清各個時代對其解釋的特點和原因，其本來的性質和意義，是可以說清楚的。就《易經》這部典籍說，從其形成到流傳，經歷了三個階段：《周易》、《易傳》和歷代易學。儒家尊奉的典籍，大都有經有傳，傳是對經的解釋，解說經和傳的爲學，即經學。經、傳、學三者既有聯繫，又有區別。《易經》系統的典籍亦是這樣。

古代的經學家，基於尊孔讀經的信念，往往將自己的解釋視爲經典的本義，甚至以正統自居，不注意三者的區別，所謂以傳解經，以學解傳，缺乏歷史主義觀念，其結果，經的本義便模糊不清了。甚至走上借古說今或以今釋古的道路。我們今天研究《易經》系統的典籍，不應再因襲古代經學家治學的途徑。以下從經、傳、學三個方面，談談《易經》這一典籍的性質及其影響。

## 一、《周易》原本占筮典籍

此處說的《周易》，指《易經》或《易經》中經的部分，不包括《易傳》和易學。宋朝的大哲學家朱熹也是易學專家，提出「易本卜筮之書」（《語類》卷六十六）這一論斷，認爲此書乃周朝人算命用的典籍，不是講哲理的著作，賦予其哲理的解釋，是孔子易即《易傳》的任務。朱熹此說，頗有眼力，是針對兩漢以來的易學家視《周易》爲窮理盡性之書而發的。《周易》所以是占卜之書，他依據先秦的文獻，如《左傳》、《國語》、《周禮》等有關記載，做了論證。朱說難以反駁。按古代文獻和近代出土文物提供的資料，上古人算命的方法，主要有兩種：卜和占。卜即龜卜，將龜甲和獸骨鑽孔，以火烤之，依其周圍呈現的裂紋形狀，推斷所問之事的吉凶。將其吉凶斷語所卜之事刻在甲骨上，即是「卜辭」。卜法於殷代已很流行。到了周朝，除龜卜外，又增加了依蓍草數目變化的程序，得出某一卦象，代替卜兆，推測吉凶。此種算命的方法，稱爲「筮」或占筮。依筮法判斷所問之事的吉凶辭句，稱爲筮辭。據《周禮・天官》記載，周朝流行的筮法，又稱爲「易」，取蓍數和卦象變易之義，有三種：周易、連山、歸藏。現在流傳下來的只有周易一種，將其卦象和筮辭編輯成書，即是《周易》。

此書成於西周時期，編纂此書的目的是便於算命時檢查，作爲判斷吉凶的依據。今傳《周易》一書的內容，由六十四種卦象和卦辭、爻辭構成。每卦六畫，分別由奇偶兩畫或陰陽兩爻即⚊和⚋組成。以數字示之，陽爻稱九，陰爻稱六。繫於卦象下的辭句，稱爲卦辭；繫於每一畫下的辭句，稱爻辭；卦辭共六十四條，爻辭共三百六十八條。怎樣依卦象推斷吉凶禍福？春秋以前的占法，不得而知。就《左傳》提供的材料看，筮得某一卦象後，便查閱《周易》一書中相同的卦象，依該卦象及其卦爻辭推測所問之事的吉凶。如《左傳》莊公二十二年記載，周史以周易爲陳侯算了一卦，筮得的卦象爲觀卦象䷓，此爲「本卦」；此卦象中第四畫（由下向上數）爲陰爻，變爲陽爻則爲否卦象䷋，此爲「之卦」；從觀卦引出否卦，即「遇觀䷓之否䷋」。然後查閱《周易》書中觀卦象及其卦爻辭。但爻辭有六條，應查哪一條？他查看第四畫可變的一爻。據後來的解釋，此爻之象出於揲蓍即數草棍時得出的數爲六，稱爲老陰；如筮得的數爲九，其爻象稱爲老陽；凡本卦中爲老陽或老陰的爻象，都要變爲其相反的爻象。查閱爻辭時，主要查閱可變的一爻。就觀卦說，其可變的一爻即六四爻辭說：「觀國之光，利用賓于王」。周史便依此爻辭推斷說：「此其代陳有國乎！」意思是陳敬仲的後代必能復興陳國。此即後來《易傳》所說的「易彰往而察來」。至於怎樣數草棍的數目，得出某卦象，除《易傳・繫辭》大衍之數章提供的方法外，別無其他較早的材料可以說明。按大衍章的說法，取五十根草棍，拿出一根不用，餘下四十九根。此四十九根，任意分爲左右兩堆，即「分二」，從其中拿出一根，即「掛一」；其餘的草棍，按四根爲一組，分別數之，即「揲四」；再將餘下的草棍數目合爲一堆取出，擱置一旁，此即「歸奇」。此爲一變。以後，將一變時剩下的草棍，再按上述的程序，即分二、掛一、揲四、歸奇，數一遍，此爲二變。其後，將二變的餘數，再按上述程序數一遍，此爲三變。三變的結果，其總數只能有四種情況，即三十六、三十二、二十八、二十四；各除以四，爲九、八、七、六。如其數爲九，則爲老陽爻象；爲六，則爲老陰爻象；爲七，則爲少陽爻象；爲八，則爲少陰爻象。經過三變，得出一爻之象。經過十八變，便得出一卦六畫之象，此即「十有八變而成卦」。據《周易》稱陰陽二爻爲九六，以及《左傳》對筮法的解釋，如區分本卦和之卦，《易傳》提出的揲蓍成卦說，是大體可信的。此種揲蓍說，基於數學的演繹法則，其數目和程序都可以簡化。總之，依上述文獻提供的史料，《周易》乃周人算命用的典籍，是不容質疑的。至於此書的作者，漢朝人認爲八卦爲伏羲所畫，周文王演爲六十四卦，並作卦爻辭，或者認爲爻辭爲周公所作，此皆爲傳說或推測，不足爲信，清代學者崔述和近人顧頡剛等都作了辨僞和考證。

《周易》雖爲占筮的典籍，但在中華文化史上有其重要的意義。筮法同卜法比較，同爲算命，但又有不同處。其一，龜卜所依據的象即卜兆，乃自然成紋，無邏輯的結構。而占筮所依據的卦象，由奇偶二畫或陰陽二爻排列組合而成，基於數學的演繹法則，即$2^3=8$，$2^6=64$。而且八卦和六十四卦又分別爲四個對立面和三十二個對立面，既相對稱，又相轉化，即當某爻變爲其相反的一爻，如之卦說，此卦即轉化爲彼卦。因此卦象具有邏輯思維和邏輯的結構。其二，卜法求得其龜兆，憑鑽孔火烤，唯聽命於偶然。而筮法求得其卦象，靠蓍草數目的推算，而推算的過程又具有一定的程序，有其法則可以遵循。其三，卜法中的卜辭，只是將所謂天神的啓示記錄下來，實際上出於卜者的神秘的直覺。而筮法則依《周易》一書中的卦爻象和卦爻辭所說的事項，推論所問之事的吉凶，具有類推邏輯思維的因素。其四，卜辭中關於吉凶禍福的斷語，或爲「受佑」，或爲「不受佑」，吉凶界限分明，而不可改變。而《周易》中的卦爻辭，就其吉凶斷語說，增加了「悔」、「吝」、「咎」、「无咎」等，表示筮得之卦，雖不吉利，但通過問者的自我反思或警惕，可以轉禍爲福，化凶爲吉。所以卦爻辭中許多文句含有勸戒之義，反映了先民求生的志向及其經驗教訓。而且有些文句，近於詩歌，可同《詩經》中的詩句相媲美。以上四點表明，《周易》作爲上古時代算命的典籍，強調人的努力和智謀，不是一切聽命於天啓，顯然，是我先民理性思維發展的產物。如果說，占筮爲古代迷信之一，但此種卜問吉凶的方式，確乎是一種文明的創造，這是世界上其他民族的文化所沒有的，體現了先民處於困境和逆境時，企圖擺脫不幸命運的憂患意識和生活智慧，雖然披著神秘的外衣。就《周易》一書的結構說，其中蘊藏著象、數、辭、義四種觀念，象指卦爻象，數指九六之數，辭指卦爻辭句，義指卦象和卦爻辭的涵義。此四種觀念，結合在一起，又爲後人觀察和解釋世界提供了重要的範疇。總之，《周易》這部典籍，由於具有理性思維的內容，終於成爲中國哲學和中華民族思維方式的先聲。

人們不禁要問，既然筮法和《周易》是理性思維的產物，不同於龜卜迷信，那麼用《周易》算命是否靈驗？此問題的關鍵在於依《周易》算命是否符合邏輯推理的規律。筮法雖然含有類推思維的因素，但是揲蓍而得的卦象及其所問之事，往往同《周易》中同一卦象中卦爻辭所說的事，並非同類。如有人占問有病何時愈？筮得的卦象爲坤卦，查此卦的卦爻辭皆未言有病之事。可是算命先生硬將其視爲同類，加以推論。此種推斷，只能是比附或聯想，並無邏輯的必然性，只是給人一種精神上的安慰，並不能預測其吉凶後果。所以從孔子開始，儒家的學者都不信占術，如荀子所說：「善爲易者不占」（《荀子．大略》），而是視其爲提高人的精神境界的一種手段。因此，視《周易》算命爲一種科學的預測，是沒有科學根據的。

關於《周易》一書的版本，通行的爲魏晉時期王弼注的傳本，收入《十三經注疏》中。近年來馬王堆漢墓出土的帛書本，就六十四卦排列的順序說，不同於王弼傳本。王弼本始於乾、坤，終於既濟、未濟；而漢墓出土本，始於乾、否，終於益卦。帛書本卦爻象下所繫之辭，除一些別字外，與通行本，無大差別。此說明，關於《周易》一書，在漢朝已有不同的傳本。哪一種傳本，較爲原始，目前尚不能作出定論。據晉杜預《左傳集解後序》和《晉書．東晳傳》記載，晉太康二年，汲縣魏襄王墓出土的竹簡中，有《周易》上下篇，「與今正同」。晉人說的今本，即王弼傳本。此說明今通行本，早在戰國時期即已流行了。至於卦序排列順序的不同，是出於對六十四卦相互關係的理解。今傳漢京房《易傳》，其卦序的排列，始於乾、震，終於同人、歸妹，又不同於漢墓出土的帛書本。此種不同，並不影響《周易》一書的內容和性質。

## 二、《易傳》爲窮理盡性之書

《易傳》乃解釋《周易》的著作，漢朝人稱爲十翼，即《彖》上下、《象》上下、《文言》、《繫辭》上下、《說卦》、《序卦》、《雜卦》，實際上共七種。就其內容說，可分爲四類。一類是逐句解釋經文，此即《彖》、《象》二傳。一類是專解乾坤兩卦的卦爻象和卦爻辭，此即《文言》傳。一類是解釋《周易》一書的性質和筮法的原則，通論《周易》大義，此即《繫辭》和《說卦》。一類是解釋《周易》卦序的結構和順序，此即《序卦》和《雜卦》。漢墓帛書本《易傳》，將今通行本《說卦》中前三節，錄入《易之義》中。關於《易傳》的作者和形成的年代，照漢人的說法，爲孔子所作。此說影響深遠。至宋朝歐陽修始懷疑《繫辭》爲孔子作。其後葉適認爲，十翼除《彖》、《象》二傳外，皆非孔子所作。至清崔述，進而提出《彖》、《象》亦非孔子所作。其所持的理由是，孟子去孔子不遠，以傳孔子學說爲己任。可是《孟子》中無一言論及孔子作《易傳》和有關十翼的內容，故十翼出於孔門後學之手。此說頗有說服力。近人認爲，《易傳》各部分是陸續形成的，非出於一人之手，是戰國以來解釋《周易》和筮法的文獻匯編。其中《彖》、《象》二傳較早，因爲《繫辭》對筮法和《周易》原理的解釋，多依《彖》、《象》二傳提供的體例；而《文言》又多抄錄《彖》、《象》二傳語。依漢初的文獻和帛書本《易傳》文，十翼中絕大部分，於漢以前便形成了。故司馬遷於《史記·孔子世家》中，將《易傳》的內容概括爲《繫》、《彖》、《象》、《文言》、《說卦》。據《魏志》，《易傳》各篇，曾單獨成書，至漢代經師鄭玄方以傳附經，即今王弼傳本。此書的編纂當出於儒家之手。但其內容和思想，頗受道家和陰陽家的影響。如「陰陽」這一範疇，既不見於《論語》，也不見於《孟子》，而見於《老子》和《莊子》、《管子》以及陰陽家的有關文獻。總之，《易傳》一書，漢人雖以其爲儒家解經的典籍，但並非只是闡發孔孟兩家的思想，而是吸收了戰國以來許多哲學流派的觀點，這是不容忽視的。

《易傳》同《周易》即《易經》比較，其解經有哪些特點？總的傾向是將《周易》作爲占筮的典籍，引向了哲理化的道路，如宋朝朱熹所說：「始因其言吉凶訓戒之意而推說其義理以明之。」（《文集·答呂伯恭》）此種解易的學風，孔子已開其端，視《周易》爲遷善改過之書。後來在戰國百家之學的影響下，傳授《周易》的學者，進一步予卦爻象和卦爻辭以及筮法以哲理性的解釋，使《周易》的內容理論化、系統化，從而形成《易傳》各部分文獻。因此《易傳》，從整體上看，乃哲學著作，借用古代易學家的話說，乃窮理盡性之書，既言天道，又講人事。從占問吉凶禍福，到闡發哲理，這在思想史上是一大進步。《周易》所以影響於後世，確切的說，不是由於占術，而是基於《易傳》所提出的理論。

《易傳》提出哪些解經的理論？概括起來說有四：其一，《彖》、《象》二傳解釋卦爻象和卦爻辭，追求二者之間的內在聯繫，此種聯繫後被稱爲「象辭相應之理」。《周易》中某一卦爻象下繫之以某一卦爻辭，有無邏輯的聯繫或遵循的法則？這是一個耐人尋味的問題，一直被看成是《易經》的奧秘之一，歷代的易學家都企圖揭示出這一奧秘。二傳的作者由於追求《周易》內容的系統性，提出了許多體例，如取象說、取義說、當位說、中位說、往來說、承乘說等，企圖說明象辭之間存在著邏輯上的聯繫。經過此種解釋，《周易》便被視為有嚴密的理論體系的典籍。其二，《繫辭》和《說卦》等傳，提出許多易學和哲學範疇，解說《周易》一書的原理原則。如陰陽，剛柔，健順；三才、位、中、時；太極、兩儀、四象；象、數、意、神、幾；道器、形而上和形而下；闔辟、動靜、消息、日新、太和等等；其中最重要的是通過對奇偶二畫和卦爻象的解釋，提出了陰陽變易的法則和陰陽相濟的理論。它所提出的範疇和命題對中國哲學的發展起了重大影響。其三，《文言》傳，通過對乾坤兩卦的解釋，著重闡發了儒家的倫理學說，如四德說、敬義合一說、中道觀、進德修業說等，成為儒家人生哲學的內容之一。其四，《序卦》和《雜卦》探討了《周易》六十四卦之間的邏輯聯繫，企圖說明六十四卦的卦象和卦義是一完整的體系，或相因，或相反，聯結成一系列，作為觀察事物變化過程的模式。總之，《易傳》的作者通過對筮法以及卦爻象和卦爻辭的解釋，將古代的占筮典籍昇華為哲學典籍，標誌著先秦時期理性思維能力的高度發展。其所提出的理論思維，如整體性原則、變易性原則、陰陽互補原則、和諧與均衡原則、象意合一與象數合一原則，都是中華民族智慧的結晶，在人類思想史上佔有重要的地位，至今仍閃爍著光輝。雖然，其所依據的思想資料來源於《周易》。

## 三、歷代易學與中華學術

從漢朝開始，隨著儒家經學的確立，《易經》被奉為儒家的經典，出現了一批經師專門研究《周易》經傳，或作注釋，或闡發其義理，於是形成了易學。易學在經學史上有悠久的歷史。凡漢朝以來經學家和哲學家對《周易》經傳所作的種種解釋和注疏，都屬於易學領域。隨著時代的變遷，易學經歷了四個階段，即漢代易學、晉唐易學、宋明易學和清代易學。近人和今人對《周易》經傳的研究，可以稱之爲當代易學。易學是對經和傳，特別是《易傳》解經原則的進一步闡發。它所作的闡發，同每個時代的歷史、文化和哲學的發展有著密切的聯繫，具有鮮明的時代特徵。如漢易同當時的天文氣象學和天人感應思潮相結合，其解易主卦氣說；晉唐易學又同魏晉玄學結合起來，宣揚貴無賤有的理論；宋明易學又同儒家道學結合起來，成爲理學、心學和氣學三派哲學的理論基礎；清代易學又同漢學結合在一起，對《周易》經傳的研究，著重於文字、訓詁和考證。歷代的易學著述，可以說是浩如煙海，僅《四庫》著錄就有三百九十部，二千三百七十一卷，令人望洋興嘆。

歷代易學，由於對其經傳解釋的不同，形成了許多流派，影響大的爲象數學派和義理學派。由於追求象辭相應之理，《易傳》提出了取象和取義說。取象謂取八卦之卦象及其所象徵的物象，如乾爲天、坤爲地、離爲火、坎爲水等。取義謂取八卦卦名之字義，如乾爲剛、坤爲順、離爲麗、坎爲險等。《說卦》傳對二者皆有解釋。《象》傳中解釋卦辭的部分，即《大象》，即主取象說，如以乾爲天體，以「天行健」，解釋乾卦義。而《彖》傳則以乾元或乾道即剛健的德行解釋乾卦義，故說「乃統天」。此種分歧基於概念的內涵和外延之不同。取義說注重卦名的內涵，取象說則注重其外延。二者各有所據，後來形成兩大流派，長期爭論不休。但從易學史上看，無論象數學派或義理學派，都以解釋通象辭相應之理爲其任務，從而又各自提出許多體例，如飛伏說、納甲說、五行說、卦變說、互體說、一爻爲主說、隨時取義說、錯綜說、比例引伸說等等。總之，都不滿足《易傳》提出的體例，企圖有所補充。這也是《周易》經傳這部典籍在經學史上注疏最多的主要原因。象數學派，到了宋代，提出了許多圖式，如河圖、洛書、太極圖、先天圖和後天圖、卦變圖等，又形成了易圖學。其特徵是以各種圖式解釋易理，進而解釋世界。此種學風，明代最爲流行。這是《易經》和《易傳》原來所沒有的。

由於歷代易學家和哲學家，其解釋《周易》經傳，往往援引當時的哲學思想，社會、政治、倫理觀點，以及科學、宗教、文藝等知識和理論，易學又成了中華文化和學術的軸心。古代的哲學、政治學、倫理學、宗教尤其是道教、自然科學、文學、美學、史學等都同《周易》經傳發生了密切的關係，都援引易學的原理作爲其立論的依據。其中對哲學和自然科學發展的影響甚大。就哲學說，歷代易學所闡發的太極觀念，成爲中國哲學中宇宙論和本體論的理論支柱。中國哲學中的形上學系統，是通過對易理的闡發而完成的。前面提及的《易傳》提出的相反相成等原則，其中蘊藏的形式邏輯思維、辯證思維、直觀思維和形象思維等，通過歷代易學的闡發，都得到重大的發展，成爲中華民族思維方式的典範。就自然科學說，歷代易學所闡發的陰陽五行觀，從漢朝以來，就成了古代自然科學的理論基礎，其對古代的天文氣象學、物理學、化學和醫學都起了深刻影響。元明以來，由於象數之學的發展，在醫學中形成了醫易一派，其對人體功能的探討，在世界上獨樹一幟。明末著名的科學家方以智，其學術造詣，就其理論思維的指導說，則歸功於其易學。此外，由於《周易》經傳，注重數，數學家們又引易學原理解釋其數學原理以及演算的公式。宋代的易學家邵雍提出的先天卦序圖，被認爲含有二進位制思維的萌芽。清代大數學家焦循，其數學成就同其易學的修養，也是分不開的。總之，從《易經》到《易傳》，再到歷代易學，是一發展的過程。就其理論思維的形式和內容說，可以說是後來者居上，逐漸擺脫了占筮的內容，成爲中華文化的瑰寶之一，爲人類的文明做出了自己的貢獻。

（《國文天地》四月號，一九九一年）

# 《周易》導讀

我們的課程名叫《周易．導讀》。我要講三個單元，內容共分四講：一、《周易》的內容和性質；二、《易經》；三、《易傳》，就是對經的解釋；四、易學。今天講前兩講。

## 一、《周易》的內容和性質

本講要講三個題目：一、《周易》系統典籍的結構；二、《周易》是龐大的知識系統；三、《周易》系統的文化價值。

### ㈠《周易》系統典籍的結構

《周易》是傳統文化中最早的典籍。是原典之一。這部典籍爲什麼叫《周易》，其名稱包含哪些內容呢？《周易》這個名稱有廣狹二義，其狹義是指西周時期形成的周朝人用來算命的典籍，這種算命方法叫占筮，占是問的意思；筮是指用草根算命，即用蓍草算命，當時被稱作「易」或《周易》。「周」指周朝，「易」是變易的意思。那麼爲什麼講變易呢？這是因爲用蓍草算命的時候，根據蓍草數目的變化得出卦象，根據卦象之變化推測人事吉凶的變化，其重點在變化上，故稱爲易。這部典籍到漢朝時把它作爲儒家經典之一，被稱作「易經」，所以《周易》這一名稱狹義就是指《易經》。到了春秋戰國時代陸續出現了解釋「經」的文獻，這部分文獻漢人稱之爲傳。傳就是對經的解釋。對《易經》的解釋的文獻就叫《易傳》。《周易》這名稱就其廣義來說，既包括經，又包括傳。漢王朝推崇儒家學說，把《易經》推爲五經之首，認爲它是古代聖人之書。於是從漢朝開始，出現了許多解釋《經》和《傳》的著作，這些解易著作，一直到清朝，連續不斷。據史書記載，有兩千多種，我們今天能看到的，也有千餘種。這說明從漢朝開始，對《周易》的研究已經成爲一種專門的學問，是經學的一部分，稱作「易學」，所以，《周易》系統的典籍應當包括經、傳和歷代解釋《周易》的著作，即易學。任何一部解釋《周易》的書都包括三部分。比如《周易本義》，包括三部分，一部是經文，一部分是傳文，另一部分是朱熹的解釋。注釋，就是朱熹的易學。現代的注釋著作也是如此。這三部分著作既有聯係，又有區別。傳和學都是解釋經，是有聯係的。區別在於「學」反映了不同時代的人對《周易》經傳的理解。我們也可以這樣說，傳是對經的解釋，學是對經和傳特別是傳的再解釋。經過一次解釋，理解就不一樣。這樣，從經到傳到學，經歷了一個歷史發展過程。我們研究《周易》，不僅要了解經、傳，還要了解後代人對它的詮釋。因爲從《易傳》開始，對《周易》的解釋，不僅僅是對文字的解釋，更重要的是對它所包含的義理的解釋和闡發，這樣，就形成一套理論體系。這如同一棵大樹，「經」是根，「傳」是幹，「學」是枝葉。當然，就其對中華文化的影響而言，枝葉，幹的作用更大，這也是《周易》這部典籍的一大特色。我們要用歷史主義觀點看待《周易》系統典籍，把它看成是一個歷史的發展過程，不能把後人的解釋、闡發統統套在原典上。舉例說，太極這一概念在易學中很重要，它是在《易傳》中才開始提到的，《經》中沒有。《易傳》提出這一概念，當時是指算卦擺草棍時混在一起未分時的狀態，它屬筮法範疇。可是到後來，又把它作爲一個哲學範疇，用來反映世界產生和發展的本原。這就是說，從經到傳到學，是一個發展過程。所以我們讀《周易》典籍，要善於分清經、傳、學三部分，不能混爲一談。當你參考一家注釋時，要注意它闡發的未必就是本義，而是有它自己的思想在內。

### (二)《周易》系統典籍是一個龐大的知識系統

這部分典籍，就它所包含的思想內容來說，經歷了三個歷史時期，即《易經》時期、《易傳》時期和易學時期。第一時期是以占筮爲主要內容；《易傳》時期是把《易經》哲理化，給它以哲學上的依據，爲《周易》系統典籍奠定理論基礎；第三時期是從漢代開始，根據《易傳》理論，建立自己的體系。這樣從經到傳再到易學，就形成了一個龐大的知識系統。或文化系統。這一系統就其發展來看，其核心問題是討論宇宙和人生的基本原理，也就是哲學問題。但這一典籍又不限於哲學問題，而是滲透到其他領域，比如宗教、政治、倫理、科技、美學、文藝等各方面，範圍很廣。所以說《周易》系統典籍，是中華文化的一面旗幟，影響深遠。我們研究中國文化，就觀念形態來說，可以說有三大系統，儒家系統、道家（教）系統和佛家系統。《周易》系統的文化是被儒家學者所發展，屬儒家系統，但就其影響說，又不限儒家，對佛、道都有影響。可以這樣說，在中華文化的發展中，沒有任何一部原典如《周易》這樣影響廣大而深遠。而其他典籍僅限於一個方面。正因如此，後人對《周易》的研究也是多方面、多層次的。比如研究占筮的起源，研究周易這部書的形成、經文的訓詁等，都是從文獻方面研究；也可以從文化史、社會史的角度研究《周易》，因《周易》反映了那個時代的文化生活、社會生活；也可從文學史角度、經學史角度、哲學史角度研究《周易》經傳。還有從科技史角度，研究六十四卦的邏輯結構，如從醫學與天文學角度研究。近年來，出版了大量《周易》研究的著作、論文，僅注釋就有幾十種。我們學習《周易》，總要參考現代人的解釋，但我們對這些參考書，要有一種善於辨別的能力，不然就無所是從，看它是從哪個角度講的，而且要有客觀評判的角度，不能盲目相信。研究畢竟是研究，未必都是定論。在這些出版的典籍中，有一部分專講算命。這種算命的書，從宋朝就大量出現，這些書，主要流行於民間。它們的共同特點是不研究《周易》學理，也不解釋經傳文句，而是專講算命。這部分著述在歷史上被稱作術數派，在江湖上流行，成爲算命先生的根據。這部分書籍，是《周易》系統典籍中的糟粕，所以我們必須分清學和術，不能混爲一談。尤其是近來出現的一批算命書，打著科學旗號，稱作科學預測學，實際上是古老的算命術的翻版。對這些要有清醒的頭腦，說《周易》文化就是算命，這是極大的錯誤。

### (三)《周易》系統的文化價值

《周易》系統典籍涉及面很廣，研究它們，對了解中華傳統文化的特色有極大意義。這部典籍，不僅影響中國，還影響海外，尤其是東亞的韓國、日本。比如韓國的國旗就是來於太極圖，稱作太極旗。《周易》傳到近代，被翻譯傳到歐洲。比如德國的大數學家萊布尼茲對這一典籍十分贊揚；黑格爾贊之爲「中國人的智慧之書」。所以可以說，《周易》這一原典，是世界著名古典原典之一。《周易》與其他一些典籍比，如《詩經》、《論語》等，其特色就在於它提出一套思維方式，也就是觀察處理問題的觀點和方法，是人類求生智慧的表現。人類要生存，面臨兩大關係：一是人與人的關係，一是人與自然的關係。如何處理好這兩大關係，關鍵在於人採取的思維方式。思維方式不同，處理問題的方法就不同，於是形成各個民族不同的文化類型。《周易》提出的思維方式，不同於西方，也不同於印度，而有它自己的特色。就拿算命說，各民族都有自己的算命術，《周易》算命法的特色，是通過擺草棍形成卦象來判斷吉凶。從算命術發展成一套哲學體係，這是其他民族沒有的。《周易》系統的思維方式是多方面的，比如直觀思維，就是看問題從現象出發，認識本質，即「觀象」。還有邏輯思維，形象思維，還有《周易》自己的思維方式，即象數思維。既要了解現象，又要研究其數的規定性。用象和數來研究事物的變化過程，叫象數思維。這些思維中，最突出的是辯證思維，是理性思維較高發展的表現。這有它自己的特色，不完全同於西方，直到今天，仍有它的生命力。我們學習《周易》，就要吸取它的優良的思維傳統，爲現實服務，而不是算命。無論學文學理，都要提高自己的理論思維水平。

## 二、《易經》

### ㈠《易經》的結構和性質

《易經》是由卦象和解釋卦象的文字組成的。卦象共有六十四個，即六十四卦，前兩卦爲「乾」、「坤」，最後兩卦是《既濟》、《未濟》。每個卦有六畫，構成六畫的因素是陽爻和陰爻。「—」爲陽爻，「--」爲陰爻。陽爻就數字來說代表奇數，陰爻代表偶數。每一卦下面有解說的詞句，叫卦辭，每一爻下面解說的辭叫爻辭。爲什麼叫卦呢？據《周禮》解釋，卦從土從卜，是把卦象畫在地上，以占卜吉凶。這種說法比較符合本義。爲什麼叫爻？爻有交的意思。陽爻「—」中間斷即爲陰爻，陰爻「--」連起即爲陽爻，它有往來相交的意思，所以叫「爻」。《易經》也可以說由六十四卦卦辭和三百八十四爻爻辭組成。它有圖像，即卦象，又有文字，所以給人以玄妙之感。這部典籍是怎麼形成的？據漢人的說法，卦爻象是由遠古聖王伏羲氏畫的，周文王作了卦辭，周公旦作了爻辭。從現在看來，這只是傳說，但這也說明一個問題，即《易經》不是出自一人一時，而是逐漸形成的。比如伏羲到文王，年代是很長的，它的成書，大約在西周中後期。根據近人研究，周人最初算命，只有八卦，八卦是三畫卦，六十四卦是六畫卦，後來三畫卦不夠用，於是重疊起來，即成六十四卦。把每次占卜的結果記錄下來，就成爲卦爻辭的原始素材。這些素材積累多了，經加工選擇整理，加以編排，於是就形成這部典籍，它可以說是周人占筮記錄的總結，在西周時，有專門管占卜的官，即史官。據近人研究，《周易》的整理出於史官之手。「易本卜筮之書」，這一說法是對的。近來也有別的說法，有人認爲原本即是哲理書，有人認爲是史書，有人認爲是天文學著作，又有人認爲是數學書。更玄者認爲是一部最古老的電子計算機書。這只能是把它的一個方面誇大，以抬高其地位，這是沒有必要的。

### ㈡占筮的方法

周朝人算命方法主要有兩種，一種是卜法，另一種是筮法。卜法即是將烏龜腹甲和野獸骨鑽孔，然後用火烤，根據裂紋形狀來判斷吉凶，這叫卜。把占卜的事記錄下來，刻在龜甲或獸骨上，即甲骨文。卜法是向他們認爲的上帝詢問吉凶，上帝將其意志用甲骨裂痕表現出來。這種卜法在殷王朝十分流行。筮法是用擺草根的方法，根據其數目得出卦象，然後判斷吉凶。這裡的關鍵是「數」，所以又說：「筮者數也。」最初的筮法現在仍說不清，現在最早記載筮法的是《易傳》。《易傳》中有一章叫「大衍之數」章，講了揲蓍求卦的過程。裡面說：「大衍之數五十，其用四十有九。」其程序是這樣的：取五十根草根，將其中一根取出放在一邊。將餘下四十九根任意分成兩堆，這叫「分二」。然後從左邊一堆中拿出一根，放在旁邊，這叫「掛一」。剩下草根，四根爲一組地數，這叫「揲四」，餘剩下的草根，不是四根便是八根，將它們放於一邊，這叫「歸奇」。剩下的草根，不是四十四即是四十。這是第一變。把四十或四十四這些草根再接分二、掛一、揲四、歸奇四個步驟再數一遍，剩下的草根有三種可能，或是四十根，或是三十六根，或是三十二根，這是第二變。第三變是把它們再進行四營，餘下草棍只有四種可能：三十六、三十二、二十八，二十四。將這四個數字除以四，則爲七、八、九、六。這四個數字二奇二偶，遇奇數，則畫一陽爻，遇到偶數，則畫一陰爻。三變的結果，得出一爻的爻象。再從頭來，又可得出一爻，這樣經過十八變，便得出一卦象。這一卦叫本卦。算命時，一卦不夠，需再引出一卦，爲「之卦」。兩卦合參，方可占斷。規則是什麼呢？按易學術語，七、八爲少陽少陰，九、六爲老陽、老陰，遇少陽、少陰則不變，凡遇老陽、老陰則變。陰變陽，陽變陰，這樣就可再引出一卦來。每爻皆有爻辭，根據什麼來斷吉凶呢？就根據可變之爻的爻辭來判斷。這是大衍的程序。這個演變過程，是把認爲多餘之數淘汰，餘數相同，這在數學叫同餘式，它有數學意義，反映數學結構。所以宋代數學家秦九韶就根據大衍之數提出一種解方程辦法，叫「大衍求一術」，說明大衍之數的演算過程有數學結構在內。到宋朝，民間術士嫌揲蓍成卦太麻煩，因此就另創銅錢之法。三個銅錢擲六次，則一卦就出來了。若得兩面一首，則爲少陽；兩首一面，則爲少陰；三個面，爲老陰；三個首，爲老陽。這種方法是簡化了，但是它的數學意義都沒有了，沒有什麼邏輯思維，從文明的進步來說，這是落後了。得出一卦，如何判斷吉凶？剛才說過，據可變之爻的爻辭。比如得出乾卦來，變爻爲初九。《乾》卦辭爲：「元亨，利貞。」意思是一開始就很通順，有利於占問，這是吉利的卦。再看具體爻辭，初九爻辭爲「潛龍勿用」，意思是龍潛在地下，還不能發揮才能，不能飛起來。據此就可推斷你所占卜的事。比如你要占問是否出來做官，得此爻，便要等一等了。這種算法，《易傳》叫做「彰往而察來」，往是往事，來是未來。如，「潛龍勿用」，是往事，根據它來推斷你所要占問的事，便是察來。這種思維方法。在現在看來，就是類推思維。這種方法（筮法）與卜法比較有其獨自特點。卜法依靠的信息是龜兆，即裂痕，但裂紋是自然成紋，人類無法控制，所以後人把它稱作「鬼謀」。而筮法依靠的信息是卦象，它體現了人的智力活動。其間有數學運算又有類推思維，所以稱筮法爲「人謀」。與卜法比較，人探求命運的主動權大大增強了，而不是一切都聽從鬼神的擺布，這在算命歷史上是一大進步。但是，這種預測術是否靈驗，是另一個問題。彰往察來是類推思維，是邏輯思維最低級的形式，它有一個原則，即同類相推。不是同類便不能推。先秦時代有一部講形式邏輯的著作就叫《墨經》。《墨經》講類推的原則叫「異類不比」，不同類的東西不能推論類比。它舉了一個例子，就是說你不能根據一個人頭髮的長短來推論他家裡藏有多少糧食。它們不同類，無可比性，故不能推。可是《周易》筮法卻往往違反這個原則。因爲《周易》僅有三百八十四爻，無法應付無限多的人事，所以只能異類相推。比如你要算一算你的病什麼時候能好，得《乾》卦初九爻，爻辭爲「潛龍勿用」，你如何類推呢？它們不同類，但算命先生還是要作出判斷，即進行比附，這是違反類推思維的原則的。而且卦象的得出也是出於偶然，與你所要占問的事沒有必然的聯係。所以占卦問卜只能是一種心理安慰，而往往害人不淺。算命這種東西，就概率說，吉和凶往往各占百分之五十，所以預測時，算卦先生也有偶然命中的時候，但不能把它看作是一種必然性。偶然命中並不能說是科學的預測，如果你相信它，就是迷信。

### ㈢卦畫和卦爻象

《周易》預測根據的是卦爻象。關於卦爻象的來歷，現在還不能完全說清。關鍵是陰陽兩爻、奇偶二數是怎麼來的。現介紹兩種說法，這兩種說法有考古學上的根據，一種是取象說。認爲卦爻象是模仿龜兆之紋，一道裂痕就是陽爻。兩道裂痕就是陰爻，就是說筮法的爻象是受了龜卜的啓示。另一種說法是取數說。是說人們首先有奇偶觀念，然後用數字表達它，數字自身就形成卦爻象。照現在發現的數字卦，當時的數字是這樣寫法：從一到八依次爲一二三亖×∧+χ，比如發現這樣一卦䷖，這就是《剝》卦。所以數字卦用六和七很多。六代表陰爻，七代表陽爻。但爲什麼後來以九代表陽爻，這還沒解決。數字卦告訴我們，卦爻象的起源與數字有十分密切的關係。所以有人認爲陽爻、陰爻來源於奇數和偶數。

下面講講易卦的結構。卦的結構有兩種，一種是八卦，易學上叫經卦，是三畫卦。另一種是六十四卦，稱作別卦，是六畫卦，奇、偶兩個爻象符號，按三重疊，只能得出八種卦，有了八種單卦，再兩兩重疊，可得到六十四卦。這樣一個結構。體現了數學的排列組合原則，符合數學上的演繹邏輯。$8=2^3$，$64=2^6$，這是演繹邏輯，而龜兆沒有數學的邏輯結構。所以卦象的出現標志著先民的邏輯的、數學觀念的進步。六十四卦的排列問題是卦序問題，通行本的卦序首兩卦爲《乾》、《坤》，最後兩卦爲《既濟》、《未濟》。爲什麼這麼排？照唐朝人的解釋，體現非覆即變的原則，比如乾、坤兩卦，䷀ ䷁，互相對立，這是變；屯卦䷂，後邊是蒙卦䷃，與屯卦是倒轉關係，這是覆，兩兩相對。六十四卦分三十二對，兩兩對立，非覆即變，有的既是覆又是變，如《既濟》、《未濟》兩卦。這種排列反映了一種思維，即對立面互相轉化的思維。「覆」是倒轉，變是陰變陽，陽變陰。通行本卦序在戰國中期即已流行，以後又出現許多種卦序，出土的帛書本《易經》，頭一卦是《乾》卦，最後一卦是《益》卦，宋朝邵雍把《乾》放到第一卦，而以《坤》爲最後一卦。無論哪一種排列方法，都體現了排列者的邏輯思維。比如邵雍的卦序，如果把陰爻陽爻都代入「0」和「1」的話，從左往右數，的確與數學二進制是一致的，它不是隨意排列的，而是有其邏輯思維在內。所以卦序的不同排列，鍛煉了古代學人的思維能力。

再講講關於卦名的問題。六十四卦的名稱是怎麼來的，比如乾䷀，爲什麼叫乾卦？這裡介紹兩種說法。一種說法認爲來源於爻辭中某一個字，比如《乾》卦，九三卦辭爲「君子終日乾乾，夕惕若，厲，无咎」。其中有一個乾字。這種說法，對大部分卦都能解得通，高亨即主這種說法。但也有說不通的，比如《坤》卦。另一種說法認爲與所問卜的事有關，比如問卜是關於出師打仗的，得出的卦象名字就叫《師》。若是問卜是關於打官司的，得出的卦象就叫《訟》；問旅途平安否，得出的卦象就叫《旅》；問卜關於家人，得出的卦象就叫《家人》。這兩說，都可參考。現在通行本的卦序和卦象，都是經作者加工過的。如《乾》與《坤》排在一起，《損》與《益》排在一起，卦名都是兩兩相對排在一起。《泰》與《否》排在一起，泰是通順，否是不通，也是相對。這也反映了追求在對立中相配合的思維，還反映一種思維，就是認爲卦象可以代表一類事物。但卦象是抽象的符號，只有陰陽。卻可表現很多具體事情。就如同用數字，1、2、3、4可表達許多具體事物一樣，這叫符號思維。從這裡可看出，我們先民的符號思維也是很發達的。用一種符號表示許多具體事項。說明先民的抽象思維大大增強了。

總之，卦象和卦序的組合和排列標志著先民的邏輯思維和辯證思維水平，其具體的證據就是《易經》的結構。這說明三千年前我們的祖先就已有較成熟的理性思維水平，已進入世界先進民族的行列。

### ㈣卦辭和爻辭

卦辭和爻辭是《易經》的主要內容，它是用來表示所占問的事情吉凶與否的，表達占筮的結果。卦、爻辭可分爲兩大類，一類是判斷吉凶的斷語，我們稱之爲「占辭」，比如吉、凶、利、不利等等。另一類是敘事之辭，即敘述所問卜的事以及對此作的回答，它來自占筮事例的記載，經過加工而成。有些加工具有文學色彩，有的句子同《詩經》某些詩歌風格有相似之處。那麼卦、爻辭同卜辭相比，有什麼特點呢？我們說有兩大特點。一個特點是占辭，即判斷吉凶的辭除了吉、凶、利、不利之外，又增加了一些斷辭，比如悔，即悔過；咎，即過錯；吝，可氣，可恨，這些詞有自我反省的意思在內，比如《乾》，卦辭「元亨，利貞」，是很吉利的。九三爻：「君子終日乾乾，夕惕若，厲，无咎。」意思是說君子整日不懈怠，傍晚時仍保持警惕，盡管危險，也沒什麼過錯。无咎，是沒什麼過錯。又如《屯》（䷂）卦，六三爻爻辭說，進山打獵，如果沒有人引路，就會迷失方向。所以君子遇此，見機而行，便不去打獵，如果一定要進山打獵，便會「往，吝」。又如《困》（䷮）上六爻辭說，如果被藤類草木纏住，陷入困境，此時不加思索地亂動，便會「動，悔」。如果肯反省，「有悔」，便可擺脫困境。繼續前進。上面舉的例子在於說明卦爻辭與卜辭相比，斷辭中含有改過自新的意義在內，改過自新，便可化凶爲吉。這就是說，吉凶在於人的選擇。不是如卜辭那樣不是吉，便是凶，完全聽命於上帝的旨意而沒有人的選擇。第二個特點是，卦爻辭中有不少生活智慧和處世原則。如剛才舉的例子《乾》九三就是如此。又如《乾》上九：「亢龍有悔」，亢是飛得過高的意思。龍飛得過高，就有摔下的危險。這就告誡人們做事不要走極端，否則就會走向反面。又如《坤》初六：「履霜，堅冰至。」是說當腳踩到霜時，就知氣候寒冷，堅冰就要到了。這告訴人們做事要防微杜漸，把握要物發展的趨向。又如《師》初六：「師出以律」，是說出兵打仗軍隊要有紀律，否則便凶。這也是經驗之談。又如《履》卦辭有這樣一句：「履虎尾，不咥人，亨。」是說見到老虎，小心翼翼地跟在老虎後面，是以柔的辦法對付剛，這樣即可免於傷害，所以「亨」。又如《泰》九三：「無平不陂，無往不復。」沒有平坦的地方，就沒有坡斜；沒有往便沒有復。懂得這個道理，便會无咎。這是說人生即如旅行，不可能一帆風順，有平地，就有坡險，有往便有復。懂這個道理，遇到困難也不要沮喪，而要等待好的機會到來。又如《謙》初六：「君子謙謙，用涉大川。」是說君子保持謙虛的美德，過大川也可平安，提倡謙虛美德。又如《明夷》，明是光明，夷是消滅，卦名的意思是光明沒有了。六五爻說：如果遇到暴君迫害，應像殷時箕子那樣隱居起來，韜光晦迹。又如《恆》九三：「不恆其德，或承之羞。」是說做事沒有恆心，難免要承受羞辱，這就是教人們做事要有恆心。孔子當年讀《易》，讀到此時，對這一爻辭十分贊賞，他說：「南人有言曰，人而無恆，不可以作巫醫善夫！」又說：「不占而已矣。」孔子所欣賞的，正是它的哲理。「觀象玩辭」，是儒家教人讀《易》的方法。孔子對算命、占筮個人吉凶禍福是不感興趣的，認爲明白了道理，不占也可以了。孔子解《易》，可以說開創了儒家解《易》的人文主義傳統。後來儒家都把《周易》看成是提高人的道德品質和精神境界的典籍，因爲卦爻辭有很多哲理和教育意義在內。所以荀子說「善爲易者不占」。宋代張載說：「易爲君子謀，不爲小人謀。」是說《周易》是用來提高君子的道德境界，而不是爲小人占卜吉凶，謀求利益。這也是闡發儒家人文主義傳統，而與專講算命大相徑庭。

## ㈤易經的文化價值

《易經》作爲中華原典之一，本是占筮之書，但有其歷史價值。一，《周易》筮法不同於一般巫術，它含有人要掌握自己命運的願望。在上古宗教迷信濃厚的時代，表示它相對肯定了人的努力和價值，不是只憑鬼神的安排，而是要通過分析，趨吉避凶。在上古時代，科學萌芽往往同神秘主義聯係在一起，我們對《周易》也應作如是觀。二，卦爻象的邏輯結構含有辯證思維的因素在內，而卦爻辭又含有人道教訓的意義。就這兩點來說，《周易》是尊重人的理性思維，所以它後來成爲中國哲學的源頭，儒道兩家的哲學都不同程度受到它的影響、啓發，正由於它有這種尊重理性的特點，它就由算命的典籍演變成爲講哲理的典籍，而卜辭只是巫術，不可能轉化。三，《易經》儘管是卜筮之書，但它告訴人們在何種情況下吉，何種情況下凶，而且告訴人們如何化凶爲吉，這就說明《周易》卦爻辭充滿了求生的憂患意識。古代學人讀《易》，深深受到它的教育。即便處在平安之中，事業興盛之時，也要提高警惕，不能掉以輕心。另外，在身處逆境時，也要堅持原則，不斷反省，以迎接光明到來。

《困》卦爻辭即是如此。所以《周易》與其它原典相比有其特點，它培育了中華民族的憂患意識和求生智慧，使中華民族的生存得以延續。所以後人不斷研究，代代相傳，使之成爲中華民族思想史上的一朵奇葩。

## 三、《易傳》

### (一)《易傳》的內容和性質

《易傳》是戰國以來陸續形成的解釋《易經》文獻的匯編，共十篇，又稱作十翼。有的篇目分上下。共七種：《彖》（上，下），《象》（上，下），《文言》，《繫辭》（上，下），《說卦》，《序卦》，《雜卦》。彖是斷的意思，斷定一卦之意義。《象》是解釋卦象的，有兩類，一是《大象》，一是《小象》，《大象》用來解釋卦象，《小象》解釋爻象。《彖》、《象》二傳都是逐字逐句解釋經文。《文言傳》只解乾坤兩卦的卦爻辭。《繫辭傳》是解釋筮法的功能、性質。可說是《周易》總論。《說卦傳》是解說《周易》的性質和占筮的體例。《序卦》、《雜卦》是解釋六十四卦的排列順序和結構。相傳孔子作《易傳》，這一傳統說法由來已久，但近代學者多不贊同此說，認爲是出於戰國以來儒家學者之手，不是孔子本人所作，而且非一時一人所作，而是文獻的匯編。就《易傳》內容說，除闡述儒家人文主義觀點外，又受了道家和陰陽家的影響。《易傳》與《易經》比，傳是對經的解釋，是對《易經》的發展。但《易傳》的解釋並不限於文字的解釋，更重要的是對義理的闡發。任何影響大的典籍，都是通過後人的闡發、解釋而不斷發展，而後人對它的解釋總是站在當時的文化水平，結合當時的需要進行解釋，通過解釋闡述自己新的觀點，這是意識形態發展的一條規律。

《易傳》對《易經》的解釋有一個總的傾向，即將這部占筮的典籍哲理化。戰國時期百家爭鳴，形成了中國古代哲學的繁榮時期，《易傳》的作者在講解傳授《易經》時，必然受到當時哲學思潮的影響，這樣就使《易經》走向哲理化的道路，《易傳》將《易經》哲理化有這樣幾個表現。一，將《易經》的內容系統化，邏輯化，即把《易經》看成是有完密的思想體系的典籍。《易經》自有外在形式上的體系，比如有六十四卦，每卦繫有卦爻辭，這是外在形式上的體系，但是卦爻象和卦爻辭是什麼關係？是否有嚴密的邏輯關係呢？其實並沒有，《易傳》的作者就是把《易經》邏輯化，體系化，所以後來的人都是按照《易傳》的解經思路去解釋《易經》，直到現在仍是如此。二，給筮法以哲理的依據。春秋以前，都是只有筮法，而到《易傳》，則是給以理論上的說明。比如大衍之數，是揲蓍成卦的過程，而《易傳》則演化爲「易有太極，是生兩儀，兩儀生四象，四象生八卦」，變成一個邏輯順序，而後來的易學家又把它解釋成宇宙生成模式。又如《易經》占筮的方法，《易傳》解爲「彰往而察來」，這是《易傳》的概括，即是以類推思維解釋占筮。所以《易傳》特別重視類概念，說明卦爻象、卦爻辭乃一類事物吉凶的象徵，「方以類聚，物以群分」。另外《易傳》又提出象、數概念，用象來說明吉凶的象徵、卦象的功能。用數說明量的規定性，比如天地之數，大衍之數。三，更重要的是，《易傳》作者提出一些原理原則，作爲《易經》的理論基礎。這個原理、原則最突出者，即是提出陰陽學說。以陰陽或剛柔範疇來解釋《易經》原理，從而創建了中國哲學中陰陽變易學說，認爲陰陽變易爲宇宙普遍法則。另外《易傳》又提出許多易學範疇，比如太極、道和器、形而上、形而下等，後來轉變成中國哲學中的重要範疇。四，關於《易經》的性質，提出「窮理盡性」之說，即是說讀《易》要探討事物的規律以及人和萬物之本性，從而指導人的言行，這樣《易經》就變成哲學著作。

總起來看，《易傳》把《易經》看成是講宇宙人生原理的哲學著作。這裡有一個問題要討論，就是《易傳》的作者對《易經》的種種解釋，是《易經》本來就有的，還是《易傳》作者的闡發創新呢？在經學史上流行一種看法，即是說上面說的道理原則都具備，因爲它是聖人之書，本來就具備，經孔子挖掘闡述而使之彰明，這被稱作挖掘說，我們說這是古代經學家的一種偏見。《易傳》是對《易經》的創新，把《易經》中本來含有的哲理因素加以發展，變成哲學著作，這在中國哲學史、思想史上是一重大突破。但是這部哲學著作又不脫離《易經》卦爻象和卦爻辭，也不脫離筮法，而是給筮法以哲理的根據，所以這部典籍又不同於同時代的其他典籍。所以我們研究《周易》，一方面不能把《經》《傳》混同，另一方面又不能《經》和《傳》一刀兩斷，截然分開，而要正確處理《經》和《傳》的關係。

### ㈡《易傳》的解經體例

《易經》的編者在整理筮辭時企圖把它體系化，但它沒有實現。比如每卦要體現一個中心觀念，從初爻到上爻體現一種變化過程。比如《乾》六爻從初到上體現龍從潛伏到飛上天的過程。它體現一個中心觀念，而爻辭又與之相配合。又比如《漸》卦，六爻體現大雁由河邊飛到山崗的過程；比如《剝》卦，六爻體現了從剝床角開始，直到剝草廬的過程。但是並不是所有卦都能體現一個中心觀念。又如爻辭與爻象配合的問題，它企圖追求其內在聯係。如《乾》初爻「潛龍勿用」，爲第一爻，第二爻爲見龍在田，到第五爻飛龍在天，每一卦都與龍象結合起來。但第三爻「君子終日乾乾」，則不言龍，而換以君子，並沒有堅持下去。至於卦爻辭吉凶與卦爻象究竟是什麼關係，《易經》編者並沒有提出規則，因爲卦爻辭在《易經》中多次重復，同一爻辭見於不同的卦、爻，而卦爻象不同。比如《小畜》，卦辭「密雲不雨，自我西郊」，這一卦辭又見於《小過》六五爻辭。又比如《泰》，初九「拔茅茹，以其彙」，又見於《否》卦初六爻辭，辭句一樣，而爻象不一樣。就吉凶之辭來說，《履》卦辭「履虎尾，不咥人，亨」，而六三則「履虎尾，咥人，凶」，前面亨，而至此則凶。如果《易經》是一個完密的體系，是能夠自圓其說的。而《易傳》，特別是《彖》《象》，企圖回答這個問題，這在易學史上叫「象辭相應之理」，就是說象、辭存在邏輯上的關係。於是《彖》《象》爲了回答這個問題，提出了解經的體例。主要有三條：一條取象，一條取義，一條是爻位。現分別介紹一下。

1. **取象說**　「象」有兩層含義，一層指卦象，一層指八卦所象徵的物象。它認爲八卦代表八種自然物象，乾爲天，坤爲地，坎爲水，離爲火，震爲雷，巽爲風，兌爲澤，艮爲山，用八卦所代表的物象來解釋象辭相應之理。比如《大象》即是取象說。如《乾》卦，《大象》說：「天行健，君子以自強不息」，它以乾爲天，天體運行剛健不息。《大象》解經都是分兩部分，上一半講天道，下一半講人事，這是取象。又如《師》，卦象坤上坎下（䷆），

《大象》說：「地中有水，師，君子以容民畜衆」。這是君子效仿地中有水之義，而都是取《師》卦的上下卦象，以此解釋卦辭之吉凶。

**2.取義說**

又是指卦名的字義和它所含的義理，所以卦義又叫卦德，是取八卦之字義。乾爲健，坤爲順，坎爲陷，離爲麗（依附），巽爲入，震爲動，兌爲悅，艮爲止。如《乾》《象傳》：「大哉乾元，萬物資始，乃統天」，乾之義爲剛健，故能統天。坤爲柔順，所以「順承天」，以此解釋《乾》、《坤》二卦之卦辭。又如《師》卦之義亦如此。取象和取義在春秋時即已有，而《易傳》則將其系統化，《說卦》對此作了頗多發揮。

**3.爻位說** 這是《易傳》提出的體例，主要見於《象傳》和《小象傳》。一卦六爻，各爻各有其位置，故爻辭也不同，這是爻位說的內容。爻位說的內容較多，現介紹四條：㈠當位說，即是說一卦六畫，一、三、五爲奇數是陽位，二、四、六爲陰位，如果陽爻居陽位，陰爻居陰位，這是當位，反之則不當位。一般認爲當位則吉，不當位則凶。這樣把爻象與爻辭聯繫在一起。如《師》初六，位爲陽位，而爻是陰爻，陰居陽位，不當位，所以爻辭爲凶。㈡中位說，一卦六畫，分上下兩體，二爻、五爻各居上、下兩體之中，居中位者一般爻辭吉利，不居中位者一般爻辭不吉利。如《師》九二爻居下卦之中，所以「吉，无咎」。如《乾》九五，既處上卦之中，又當位，被視爲君位，所以爻辭爲「飛龍在天，利見大人」，很吉利。㈢應位說，一卦六爻，初與四、二與五、三與上之間的關係，如果雙方一爲陰，一爲陽，這是陰陽相應，一般吉；如果皆爲陽，或皆爲陰，而沒有感應，則不吉。比如《既濟》䷾，初四、二五、上六皆相應，所以亨。㈣承乘說，是說鄰近兩爻，一爻爲陰爻，一爻爲陽爻，這是承乘關係。如果陽乘陰，一般爻辭吉利，反之，陰乘陽一般不吉利。

這三種體例，在《易傳》看來，其解經是相互補充的，取象解不通，則取義；取義不通，則以爻位，哪種解得通，便用哪一種。但是盡管提出這三種體例，仍然不能完全解釋清象辭相應之理，仍有許多困難。所以後來易學家又不斷提出許多體例，力圖將其解釋清楚。比如互體說，即以《師》卦爲例，上坤下坎，（䷆）二、三、四和三、四、五各爻組合，又可形成兩卦，即震和坤。就是說一卦可以取四個卦象，這是通過互體引出的。又如卦變說，一個卦，一爻由陽變陰或由陰變陽，就可引出另一卦。例如乾卦，最上一爻變爲陰爻，就成爲《夬》卦（䷪），這樣就又多出了一卦，用此來解釋原卦的卦爻辭，這叫卦變說。這樣各種體例不斷補充，力圖將卦爻辭講清楚，這告訴我們，《易經》中卦爻象與卦爻辭之間並沒有形成嚴密的邏輯體系。所以後人不斷補充體例．這樣關於《易經》的注釋就越來越多，爲群經之首。所以古代經師把象辭相應之理看成一大奧秘，皓首窮經，企圖揭開這奧秘。

這種《易傳》解經思路有何意義呢？就取象和取義來說，這兩說各有特點。取象說重視物象，取義說重視義理。物象是個別的，義理是標志一類事物共性。從邏輯上講，義和象是一類事物的外延和內涵的關係。比如乾卦，乾之內涵即是剛健，外延則是天、君、父等，都具有剛健的性質。歷代易學家利用這兩說解釋《易經》，鍛煉了區分事物隸屬關係的邏輯思維能力，所以《易傳》講「君子以類族辨物」。李時珍作《本草綱目》，區分藥物性能，就受到這種思維方法的影響。爻位說規定各爻之間的關係，確定各爻在一卦中的地位。一卦之象都爲一個整體，各爻爲其中個體，各爻不僅自身存在著吉凶，而且還關係到一卦的吉凶。爻位說引導人們思考其間的關係、地位和影響，諸如爻與爻之間、爻與卦之間等等。它鍛煉人們按時間、地點、條件觀察問題的辯證思維。古代學人正是在追求象辭相應之理的過程中鍛煉了理論思維能力，這在古代經典解釋史上是少見的。

### ㈢陰陽變異觀

《易傳》哲學的基本內容是陰陽變易說，即用陰陽學說解釋《周易》的基本原理。《易經》中只有九、六之數，沒有陰陽概念。陰陽原指日光的向背或氣候的寒暖，屬於天文氣象學範疇。到《老子》，則用來表示事物的性質，《老子》說：「萬物負陰而抱陽」。《易傳》作者吸取了陰陽概念，解釋奇數和偶數、卦爻象的邏輯結構，進一步解釋變化的法則，這樣《周易》就變成講事物變化規律的典籍。《易傳》陰陽觀有以下內容：

1. **一陰一陽** 「一陰一陽」是又陰又陽的意思。《易傳》說：「一陰一陽之謂道」。道是指規律、規範或法則。就卦象來說，是由陰陽兩爻組成，缺一不可。孤陰孤陽不能形成八卦，也不能形成六十四卦。就自然現象和社會現象說，也是具有一陰一陽的性質。比如天爲陽，地爲陰，天地相配；日爲陽，月爲陰；男爲陽，女爲陰；君爲陽，臣爲陰；剛爲陽，柔爲陰；動爲陽，靜爲陰。這種相配表現一種思維，就是只有天沒有地，則不成宇宙；有男人無女人，則沒有人類。不僅如此，《易傳》還認爲事物的陰陽性能是相互滲透的，陰中有陽，陽中有陰。比如太陽，整體爲陽，其黑斑則爲陰的一面；月爲陰，但發光，則爲陽的一面。

又如白天為陽，但中午過後則表現為陰。總之天下沒有純陰純陽的事物，都是陰陽相間的。由此可知，《易傳》所講的陰陽，是一個功能概念，而不是實體概念。所以陰陽說又可以說是關於實體的功能學說。一陰一陽就思維方式說，告訴人們思考問題要從正反兩方面著手才不致片面。

2. **陰陽合德**　陰陽性能是相互配合、相互補充的，後來叫相反而相成，相反而相通。就卦象說，乾、坤兩卦為一陰一陽，但乾、坤兩卦不是相對抗的卦，「乾知大始，坤作成物」，功能相互補充。乾取象為天，坤取象為地，天地功能相互補充，才能生化萬物。《易傳》講「天氣下降，地氣上升」，就是天地配合，相互補充。就男女說，男女是相反相成的，男女之交合是人類的始終。《周易》說「男女睽而其志同」，就是這個意思。就爻象說，爻有剛柔等差，但剛柔是相配合的，而不是相對抗的。比如《既濟》（䷾），剛柔相濟，所以卦名叫「既濟」。就事物說，剛與柔也是互相配合的。過剛則易折，過柔則易被消滅，剛要容納柔，柔要容納剛，剛柔相濟，才能立於不敗之地。《乾》卦六爻皆陽，都剛健，必配以柔道，這樣才能剛而不暴，事物才能鞏固和發展。《易傳．彖辭》說：「保合大和乃利貞。」就是說剛與柔必須保持高度的和諧，才有利於鞏固和發展。這裡「大和」是一個重要的概念，就是高度的和諧。就水火來說，水滅火，火滅水。有相反的一面，但也有相濟的一面，比如乾柴烈火，潑點水，則可延長燃燒過程。水火不但有相滅一面，也有相養的一面。(易傳）說「水火不相射」，是互補的關係。這告訴人們觀察問題要著眼於相通互補的一面，異中求同，「君子以同而異」，從同的角度看它的不同，有共同點，才能互補。

3.**剛柔相推**　相推就是相互推移，陽去則陰來，陰去則陽來，陰陽互易，剛柔相推而成變化。這是講事物變化的過程和法則，剛柔相互推移，則此卦就變成彼卦。比如《乾》卦初爻變爲陰爻，則成《巽》卦。卦象中有一爻變，則卦也變成另一卦。相推也包括轉化。一切事物的變化都遵循著這樣的法則。比如日月相推而有光明，寒暑相推而有歲月。總之，從天地到一草一木，其變化都是一消一長，一盈一虛，一盛一衰，一往一來，沒有窮盡，是一個大循環過程。《序卦傳》解釋六十四卦中爲什麼最後一卦爲《未濟》時說：「物不可窮也，故受之以未濟終焉」。就是說，六十四卦表示事物的變化過程，沒有窮盡，永遠變下去。所以以「未濟」作結束，這是很了不起的辯證思維。變易過程也是一個轉化過程。事物發展到極限，就會向反面轉化，比如「亢龍有悔」；《泰》之後爲《否》，卦象相反；《剝》之後爲《復》，卦象相反，剝盡則復。所以說「否極泰來」，等等。但轉化必須經過變革的階級，所以《易傳》說「易窮則變，變則通，通則久」，意思是說事物窮盡則要變革，變革之後就通順了，通順則會維持一個長久的局面，這個變就是劇烈的變革。《彖》解釋《革》卦時說，一個王朝腐敗到極點，就要用武力把它推翻，進行變革，百姓才有安定的生活。所以說「湯武革命，順乎天而應乎人」，「革命」一詞即由此而來。《序卦傳》又提出一命題叫「革故鼎新」，意思是說變革舊的東西，新的東西才能夠建立起來。正因爲《易傳》有這種轉化的思想，所以《易傳》認爲，要防止事物向對立面轉化，就政治生活、社會生活說，要做到「三不忘」，即存而不忘亡，安而不忘危，治而不忘亂，要求人們不要被勝利衝昏頭腦，要防微杜漸，居安思危，要有憂患意識。

4. **陰陽不測** 事物的變化一方面有規則可循，有規則則有確定性，這叫做「常」。有常規；但另一方面，《易傳》又認爲事物的變化又存在變，難以預測。因此人們認識事物，不要抱著成見，因爲事物的變化沒有固定不變的模式，不能以一成不變的模式去觀察事物。事物的變化固然有常規，但又存在著變數，有規律可循的一面，又有不測的一面，這就叫「陰陽不測之謂神」，這裡的神是神妙的意思，神妙莫測，謂事先很難預料到。比如就揲蓍成卦來說。其中「分二」在事先並不能預料到占筮必定出現哪一卦，它存在偶然性，因爲「分二」是任意分的，這叫陽陰不測。就卦象變化說，陽爻有時居陰位，有時居陽位，變動不居，沒有固定的格式。就卦象的變化說，任何一卦都可以變成另外一卦。比如《乾》，既可變成《坤》，又可變成《離》，沒有固定的方向和體制，所以說「神無方而易無體」。這是就筮法說。就人事說，事物的變化既具有常規，又有偶然性和不確定性。俗話說「人有旦夕禍福」，正是這個意思。因此，我們考察事物的變化，就不能墨守固有的模式，而要隨時變通，所謂「變通者趨時也」，即不贊成用固定的模式觀察一切現象。

陰陽變易說貫徹到筮法、人生、社會等等各個領域，可以看成是《易傳》所闡發的《周易》基本原理。大哲學家、大易學家朱熹把《易傳》陰陽觀概括爲兩句話：一是對待的，一是流行的。對待就是陰陽相反而相成，而不是對抗；流行、流轉就是陰陽推移和轉化。這概括得很準確。對待和流行既是事物變化運動的法則，又是人們觀察事物的思維方式，這種思維方式可以叫做陰陽對待或兩元對待的思維方式，對待可包括流轉，無陰陽則無流轉。這種兩元對待的思維方式是具有中國特色的辯證思維方式。它追求兩元的互補，維持和諧、均衡局面，以「大和」爲事物發展的最佳境界。它追求的不是一方消滅另一方，而是通過互補互利使統一體得到發展。而西方思維方法則重點強調對抗，把兩元對立鬥爭看成是事物發展的推動力量。中、西這兩種不同的思維方式，可以說各有所見，也各有所不見，所以可以相互補充。

### ㈣天人觀

在中國的典籍中，「天」和「人」可以有很多涵義，其中有一種是這樣的：天指自然界，人指人的作爲。在古代中國的典籍中，往往「天地」連稱，指自然界；「天地萬物」連稱，也相當於現在說的自然界，有時候只用「天」來代表。「人」是指人的作爲，人的主觀努力。對這種意義上的天人關係的闡發，在《易傳》以前主要有兩家，一是儒家，孔子和孟子，注重人道，強調人的作用。二是道家，以老子、莊子爲代表，注重天道，認爲天道是自然無爲的。兩家各有偏重。《易傳》將兩家的說法結合起來，形成了自己的天人觀。其總的趨向是把天、地、人看成一個整體。這種思維來源於對一卦六畫的解釋，一卦共六畫，認爲第一畫、第二畫體現了地道，當中兩畫體現了人道，五、六畫體現天道，稱天地人三才之道。三才各有自己的「道」，有自己遵循的規則，天道遵循的規則是陰陽，所謂「立天之道曰陰與陽」。這裡陰陽指氣候的寒暖，因爲農業社會所關注的就是氣候。立地之道爲剛柔，立人之道曰仁義，但三才又遵循總的規律，這就是陰陽，當然，這裡的陰陽並非僅指氣候的寒暖，而是具有更廣泛的意義。三才遵循共同的道，就是「性命之理」。這樣就把一卦六爻看成是宇宙結構的縮影，就卦畫說，各有自己所占地位，而且互相影響，進而把天地人作爲一個整體，「三才」也各有其地位和職能，相互影響，相互關聯。就卦畫說，人道居中間兩爻，居天地之中。居中位，最爲可貴。人的價値，就在於協助天地化育萬物。《易傳》說：「天地設位，聖人成能」。這句話後來影響很大。《易傳》還有一句話也很有名，「裁成天地之道，輔相天地之宜，以左右民」。「裁成輔相」認爲人可以控制天地之道，協助天地化育萬物，爲百姓造福。如何裁成輔相呢？《易傳》說：「先天而天弗違，後天而奉天時。」這裡的天，指天時的變化。意思是說，天時未到時，聖人便預測出天時到來的情況，天時到來並不與聖人的預測相違背；天時到來後，聖人依照天時而活動。這與古代農業社會有關，農業社會，以天時氣候爲最重要。比如何時立春，何時播種等。「先天而天弗違」是肯定了人能夠認識自然規律的能力。這種思想後來又稱作「人與天地參」，意即人能參與天地的事業，後來又被認爲是人工可以補天工之不足，這裡的不足是指自然對人類的需要而言。這種天人觀後來又被闡發爲人改造自然的學說。清代哲學家王夫之說：「自然者天地，主持者人。」明末科學家方以智說：「因天地之理，以補天地。」這種天人觀，一方面區別了天、人，另一方面又看到了它們的統一性。它否定了道家「任天」的學說，不贊成只是順應自然；另一方面，也否定了把自然人格化、理念化的目的論。儒家有的人如孟子就把人的理念加之於自然。就人和自然的關係說，《易傳》提出「裁成輔相」說，既不同意破壞自然，又反對做自然的奴隸，正確地處理人和自然的關係，其理論思維就在於把人和自然看成一個對立的統一體，就如同陰陽的關係一樣，相互對立，又相互依存，共同發展，這對古代科技觀產生很大影響。它與西方在工具理性指導下的科學主義有很大不同，而是把價值觀念引入科技思維中，形成了中國科技觀的一大特色。

## (五)《易傳》對中國文化的影響

上面講到，《易傳》的「陰陽對待」、「陰陽流轉」的思維方法，對中國文化產生了深遠的影響。就政治生活來說，中國古代的政治理念有兩條很重要，一條是追求和諧與統一，一條是要求改制，即「革故鼎新」，這兩條都來源於《易傳》。就和諧與統一方面說，《咸》卦《彖傳》說：「聖人感人心而天下太平。」如何做到天下太平呢？那就是君、臣、百姓都和睦相處，保持高度和諧，所謂「保合大和乃利貞」，這樣才能「萬國咸寧」，保持國家的安定。所以，故宮聽政處叫「太和殿」，即取此義。如何保持和諧與統一呢？後來易學家提出「中」、「和」，作爲治理之道，「中」是不要偏於一方，「和」是不要搞對抗。各階層同心協力，另一方面，儘管追求和諧統一，但並非無原則地對舊勢力屈服，而要求改制，當舊制度維持不下去時，要變革，窮則變，變則通，通則久，要變法，維新，必要時要革命，這樣就會出現新的局面，得到新的生機。中國古代的政治家都受到了《易傳》這種思想的影響，比如王安石、康有爲、孫中山等等。就科技思維講，比如數學，受《易傳》的影響也很大。中國傳統數學有一個特色，就是用陰陽對待原理解釋數學演算的法則。其內容是把奇偶二數和方圓二形看作是數學的基本概念，方圓二形自己有數的規定性，而且形和數是可以轉換的。比如《周髀算經》，頗受《易傳》影響，認爲奇偶二數是相反相成的，並用此解釋勾股弦定理。到魏晉時，劉徽根據這個原理，提出割圓術，就是圓內多邊形的邊數無限增加時，其周長也就越接近圓周長度。這個理論就思維來說，是方圓既相依存，又相轉化。他把圓看作陽，把方看作陰，易學就是這樣。他在《九章算術序》中說：「觀陰陽之割裂，總算術之根源。」此陰陽代表方圓，他據此推算出圓周率爲3.1416。再舉一個天文學方面的例子，陰陽對待思維對天文學很有啓發。漢代的天文學家在陰陽對待思維的啓發下提出一個命題，叫「天左旋，地右轉」。天左旋出於觀測，但地右轉則來源於猜測，但這種猜測是來源於《易傳》的陰陽對待思維。地是輔助天體而運行的，與天相對待，天左旋，則地自然右轉，這是最早的地動說，宋代沈括觀察到太行山上有貝殼，當時他就推斷太行山若干年前是海濱，他推斷的根據就是陰陽流轉。陰陽對待原則對中國醫學有非常大的影響。中國醫學用陰陽對待的原則考察人體各器官的功能。健康的人陰陽均平，五臟相互補充，維持人體正常的生理功能，假如陰陽相離，就意味著死亡。中醫就是根據陰陽互補、陰陽對待的原則，對疾病進行辯證治療，在世界醫學上獨具一格。在文學藝術方面，陰陽對待也是創作和審美的一個基本原則。比如好的詩歌，主張情景合一，好的文章是情理合一，好的繪畫，神形合一，書法用筆，講究剛柔並濟、方圓相參等等。總體來說，在《易傳》陰陽對待思維的影響下，中華文化在世界史上獨樹一幟。我們讀《易傳》，正是吸取它優秀的思維方法，增長智慧，提高我們觀察問題、分析問題的水平。

## 四、易學

### (一)易學中的兩大流派

《周易》很難讀，因此要藉助古注，這就必然要牽扯到易學的兩大流派問題。《易傳》解經，提出兩種體例，一種是取象說，一種是取義說，以此兩說來解釋象辭相應之理。這兩說在《易傳》中並存，相互補充。但自漢代開始，易學家解《易》，各有偏重，有的偏重取象，有的偏重取義。於是逐漸形成兩大流派，一派叫義理學派，一派叫象數學派。義理學派主張以取義爲主，象數學派主張以取象爲主。這兩大學派解《易》的學風貫穿著《易》學史。一直到今天。漢代的《易》學是象數學派流行，其代表人物有京房、虞翻等。漢代象數學派的著述保存在唐李鼎祚編的《周易集解》中，這是一部重要著作。就虞翻說，他是以取象來解釋象辭相應之理，他取的物象有三百多種。比如《乾》卦取象有六十多種，《坤》卦取了八十三種。爲什麼越取越多呢？主要是便於附會。象數學派解《易》有一個總的特點，即提出陰陽二氣說，即以陰陽爲兩種氣體，實指天文氣象學上的寒暖二氣，以這兩種氣體來解釋卦爻象，而以陰陽二氣的推移解釋卦爻象的變化，反過來以卦爻象的變化解釋一年四季氣候的變化。這種理論，易學史上叫卦氣說，卦氣說受到了漢代天文氣象學的影響。陰陽二氣就寒暖說是可以感知的，屬於物象的範疇。以陰陽二氣解釋卦爻象，因而是取象說。除陰陽二氣外，漢代的易學家解《易》，還引入了五行觀念，水火木金土五種物質，稱五行。五行最初指五種物質資料，後來和天文氣象學結合起來，用五行代表春夏秋冬，比如木爲春，火爲夏，金爲秋，水爲冬，土居中央。分管四季。漢代有五氣說，把五行看作五種氣，也是受了天文氣象學的影響。漢易象數學派把五行觀念引入卦爻象，以八卦配五行，《乾》卦爲金，《坤》爲土，《震》爲木，《巽》爲木，《坎》爲水，《離》爲火。《艮》爲土，《兑》爲金。一卦六畫各爻又配五行，如《乾》屬金，其初爻配水，上爻配金等等。五行有生克關係，相生，水生木，木生火，火生土，土生金，金生水。相克又叫相勝，木勝土，土勝水，水勝火，火勝金，金勝木。這些法則在戰國即有，漢代易學家拿來配卦爻象，用來解釋卦爻象之間的關係，用來解釋卦爻辭的吉凶。相生一般爲吉，相克一般爲凶。五行屬物象，因而以五行配八卦解經，也屬取象說。總之象數學派取象，越取越多，結果許多都牽強附會，走上了繁瑣解經的道路，我們叫做繁瑣經學。比如虞翻解《小畜》卦，下乾上巽䷈，卦辭「密雲不雨」。虞翻解釋說，《小畜》從《需》卦而來，《需》卦上爻變爲陽爻，就成爲《小畜》卦，這是卦變說。因此要研究《小畜》卦，就要研究《需》卦。《需》上卦坎爲水，水由雲變來，因而坎又爲雲。「密」如何解？他認爲，《小畜》卦互體爲《兑》，《兑》爲羊，羊毛很密，因而「密」字解決了。「不雨」，《小畜》上卦「⚎」爲坎卦之半，坎爲雨爲雲，坎卦之半，還沒到下雨的程度，因此說「不雨」。這種解《易》的方法，牽強附會，只能是玩弄文字遊戲，走上繁瑣的道路，因而必然遭到義理學派的反對。

首先起來反對漢代象數學派的是魏晉時的王弼，王弼可以說是義理學派的奠基人。王弼《周易注》影響很大，保存在《十三經注疏》中。王弼認爲，取象說不能夠解釋通象辭相應之理，爲什麼呢？王弼認爲，《說卦傳》認爲乾爲馬，坤爲牛。但是《乾》的卦爻辭中並沒有馬，只有龍象；而《坤》的卦爻辭中也沒有牛象，反而有馬象，「利牝馬之貞」。因此取象說解不通，他認爲取義說卻解得通。比如《乾》爲健，凡是一切剛健的東西都是乾，包括馬和龍，又包括父、君、玉等；《坤》取義爲柔，一切柔順的東西都可以納入其中，包括牛等。這樣用剛健之義來解釋《乾》的卦爻辭，用柔順之義來解釋《坤》的卦爻辭，就可以解得通。這是用一卦的卦義來統攝一類事物中個別物象。他提出「卦生於義」，抓住一卦之義，那麼象辭相應之理就迎刃而解了。取義說提出後，影響很大，給漢易的繁瑣學風以沉重的打擊。但王弼的取義說也並不能完全解釋得通。《大象傳》即主取象。相傳《大象傳》亦爲孔子所作，若盡廢取象，這就違背了孔子的教訓，因而引起爭論，這是第一點。第二點是因爲過於強調取義，走上了鄙視取象的道路，認爲物象只給人帶來迷惑，不能使人了解義理，於是提出忘象求義，又叫得意忘象。就是說得到「意」之後，便可以忘掉物象，甚至忘掉卦象。王弼是玄學家，因此使易學走向以無爲本的虛玄的道路。

到了宋朝，義理學派代表人物程頤從王弼的學說中得到教訓，揚棄王弼忘象說，對「象」作了肯定。他認爲「象」是顯示義理的形式，不能忘。關於象義關係。他認爲義理爲體，物象爲用，不可分割，「體用一源，顯微無間」，成爲義理學派解經傳的代表人物。他的著作《程氏易傳》影響很大，代替了王弼注。後經朱熹的闡發，《周易本義》與《程氏易傳》合在一起，成爲後來幾個朝代科舉考試的教科書，影響很大。

義理派與象數派都是從不同角度解釋《周易》經傳，因此不能說它們孰優孰劣。封建時代經學家宗派思想很濃厚，持義理者反對象數易，持象數者反對義理易。我們今天來看，都各有所偏頗。但這裡有一個理論問題，就是象和理或義的關係問題。象數學派認爲有象而後有義，義理學派認爲有義而後有象，這是兩派爭論的焦點。但並非義理學派完全不講取象，象數學派也完全不講義理，只是二者誰更爲根本的問題。從現在來看，象數學派重視個體和物象，而義理學派重視一類事物內在的共性。就邏輯上說，象數派重視一類事物的外延，義理學派重視一類事物的內涵。就哲學上說，義理學派重視一般、本質、原則，象數派重視個別和現象。這兩派通過辯論，大大提高了古代學人邏輯思維和辯證思維的能力。任何事物都具有現象和本質的兩方面，因此認識事物不能只強調一方面而忽視另一方面，物象和義理是相反而相成的。是一個辯證統一的關係，因爲兩派解經各有偏重，因而對中華文化的影響也各有千秋。義理學派重視事物的本質和規律，屬形而上的層次，對古代哲學影響深遠。象數派重視現象個體的性能，對古代科技影響深遠。如張衡、劉徽、沈括、張介賓、徐光啓、方以智等，都精通象數之學，以象數哲學爲指導，從事科學研究，在不同領域取得了卓越的成就。

### ㈠易圖學

從宋易開始，象數學派用許多圖式來解釋《周易》原理，或用圖式來解釋個別章句。這種學風，在易學史上稱易圖學。宋代以來，易圖學影響較大的有三類。一類是河洛之學，即河圖和洛書，一類是先天圖，再一類是太極圖。

先講先天圖。漢代易學主卦氣說，究其淵源，來於《說卦傳》，其中一章以八卦配春夏秋冬四季和東西南北四方，其配法是：乾居西北方，坎居北方，艮居東北，震居東方，巽居東南，離居南方，坤居西南，兌居西方。坎離震兌居四正方，爲四正卦。四正卦說至漢代被

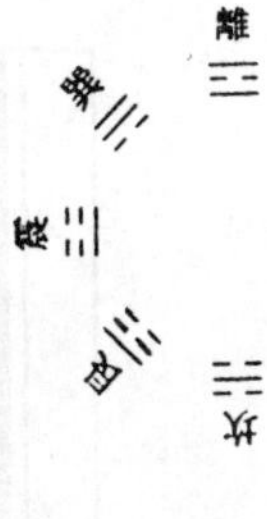


圖一　後天八卦方位圖

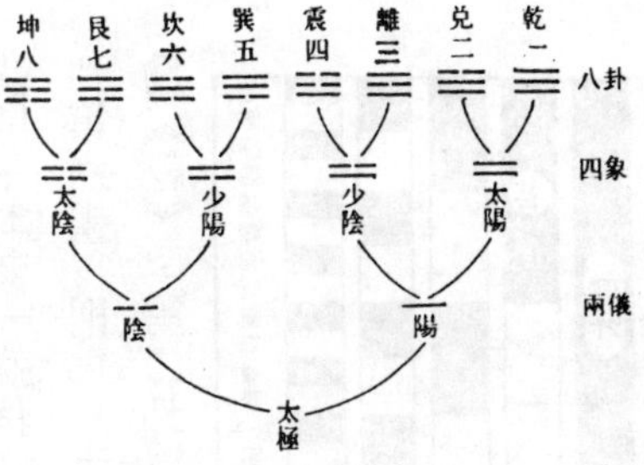


圖二　先天八卦次序圖

加以闡發，用卦氣說來解釋八卦所處的方位，八卦方位體現了一年四季陰陽二氣互爲消長的過程。請看第一圖。「後天」二字是宋代邵雍加進去的。其東南西北的方向與現代地圖上北下南左西右東正相反。這種相配，主要是根據八卦的名字。震爲動，春雷一聲，百物皆生，故以震配東方。離爲火熱，爲夏，日在南，夏天炎熱，故離配南，等等。宋代邵雍解釋六十四卦卦序，提出了一個新的說法。認爲六十四卦排列首乾終坤。這就關係到八卦是怎麼來的問題。他認爲八卦是這樣畫出的：開始本於太極，太極分陰陽，陰陽上面再加一陰一陽。上面再加一陰一陽，這樣三畫相重，則爲八卦。見圖二。這是用畫卦的過程來解釋八卦的形成。太極爲動靜陰陽之間，後來生出一陰一陽，爲兩儀；兩儀上各加一陰一陽，爲四象，四象上再各加一陰一陽，就形成八卦，頭一卦爲乾，終卦爲坤，八卦的次序也就形成了。他稱此次序圖爲「先天八卦次序圖」，或「伏羲先天八卦次序圖」，認爲伏羲氏最初畫卦就是這樣的順序，至文王才改爲後來的順序。「先天」

就是「本來」就有的意思。這種畫卦的方法，數學上叫加一倍法，加到第三畫即爲八卦，加到第六畫，則爲六十四卦。這就形成了圖三「先天六十四卦次序圖」，又叫大橫圖。頭一卦爲《乾》，第二卦爲《夬》，第六十三卦爲《剝》，最後一卦爲《坤》。將小橫圖（先天八卦

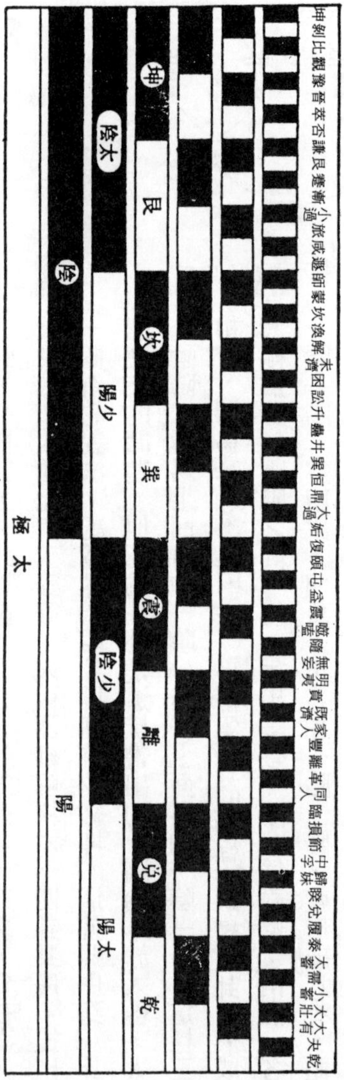


圖三　先天六十四卦次序圖

次序圖）從中拆開，然後圍起來，一邊圍在左。一邊圍在右，就形成了第四圖。「先天八卦方位圖」。這個八卦方位圖與漢代的八卦方位圖（後天八卦方位圖）不同，不同在四正卦不同。漢代以坎離震兌爲四正卦，邵雍的圖以乾坤坎離爲四正卦，以乾配南方，以坤配北方，離爲東方，坎爲西方。爲了與漢代的八卦方位圖相區別，邵雍稱漢代的方位圖爲「後天八卦方位圖」。這個圖式，

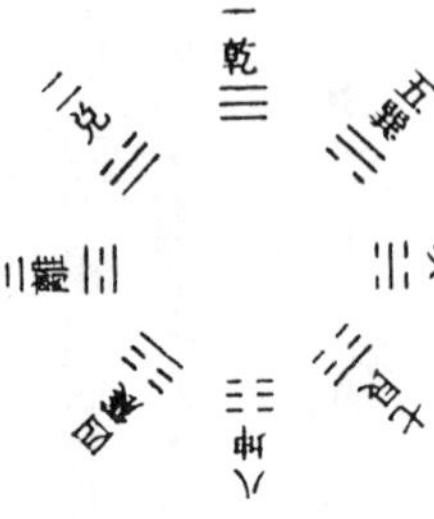

圖四　先天八卦方位圖

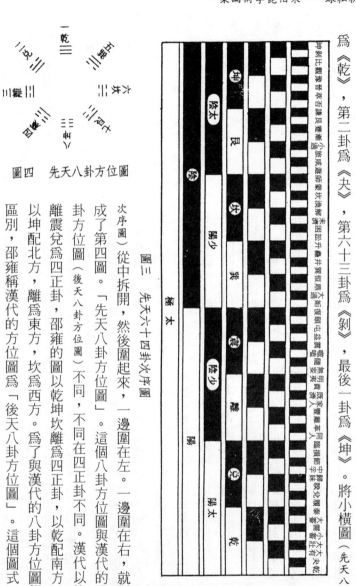

就解釋一年四季的氣候變化說，比後天圖更合乎邏輯。比如《震》為春，一陽初生，二陰一陽；到《離》卦，二陽一陰，陽氣增長；《兌》卦二陽一陰，二陽爻相近，力量更強；到《乾》卦，純陽無陰，天氣熱極。從震到乾，通過爻象的變比，標示著氣候變化的過程。《巽》一陰生，天氣漸涼，至《坤》陰氣極盛。這就是把陰陽二氣消長的過程通過爻象的變化顯示出來，與後天八卦方位圖相比，更為邏輯化，所以影響很大。

大橫圖從中拆開，圍起來，一半居左，一半居右，就形成「先天六十四卦方位圖」（見圖五中外面這一圈），也同樣是乾南坤北離東坎西，其道理是一樣的，這叫大圓圖。大圓圖也是講一年四季陰陽二氣的消長，比如《坤》卦旁邊是《復》，復一陽五陰，表示一陽生，相當於舊歷十一月，陽氣初生；往後陽氣逐漸上升，至《夬》五陽一陰，至《乾》六爻皆陽，相當夏至。往下《姤》卦一陰生，天氣轉涼，以後陽氣漸減，陰氣漸長，直到《坤》卦。所以大圓圖與小圓圖都是用卦爻象的變化來表示陰陽二氣的消長，其邏輯結構是一致的。

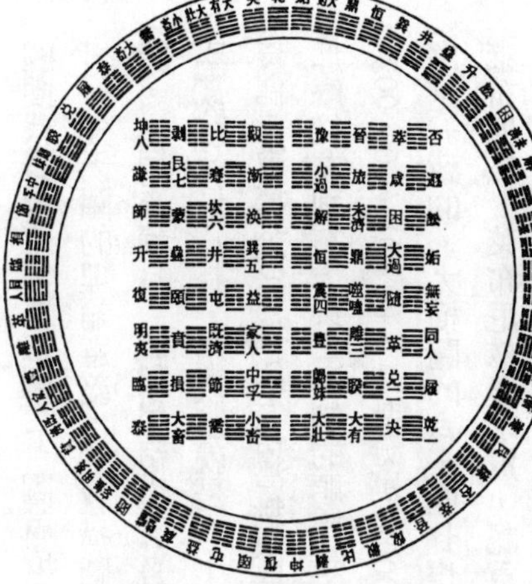

圖五　先天方圓合一圖

當中的是方圖，將大圓圖以八卦為一段，分成八段，比如從《乾》到《泰》卦這一段放在下面，把第二段拿下來放在第一段上面，這樣直到第八層，最後一卦為《坤》卦，按後來的解釋，方圖代表地理，圓圈代表天道，此方圓合一圖就成爲整個宇宙的縮影。

先天圖的理論意義：㈠就橫圖來說，從太極到八卦再到六十四卦，是一個邏輯的演繹系統。這個系統有一個數學結構，就是n次二項式的展開。如n等於0就是太極，n等於1就是兩儀，n等於3就是八卦，n等於6就是六十四卦，n等於8、9、10，可以無限展開。這個數學結構是以奇偶二數爲基數，按加一倍法無限展開的。如果把這個次序圖的陰陽兩爻代入二進制的「01」，那麼從左到右，與二進制的順序是一致的。就拿小橫圖說，兩儀的陰、陽爲 0、1，四象分別爲00、01、10、11，八卦分別爲000、001、010、011、 100、101、110、111，與二進制的順序是一致的。大橫圖的六十四卦也是如此。康熙年間傳教士白晉把這個圖式寄給德國數學家萊布尼茲，萊布尼茲很吃驚，認爲與他的二進制結構是一致的，贊嘆中國人智慧的非凡。爲什麼會一致呢？因爲邵雍這個圖式是以陰陽兩爻爲基數。一奇一偶，以加一倍法無窮展開，與萊布尼茲二進制以二位數爲基數無窮展開是一致的，正因爲基數相同，以n次二項式展開，自然得出相同的次序。但是邵雍圖式並沒有進位觀念，只是與二進制結構相同，因此我們不能說邵雍也發現了二進位制。㈡就圓圖說，來源於表達陰陽二氣消長過程，是古代卦氣說的新發展。就卦象的排列程序來看，既體現了陰陽對待法則，又體現了陰陽流轉的法則。就對待說，左半圈爲陽，右半圈爲陰，但就左半圖說。陽爻一百十二個，陰爻八十個，陽爻多；右半圈陽爻八十，陰爻一百十二，表示天氣寒冷，每一卦都遙遙相對。六十四卦，上下左右都相對，比如《乾》對《坤》，《離》對《坎》，卦爻象都相對。就流轉說，左半圈自《復》卦始，陽氣漸升，到《乾》卦六面皆陽；自《姤》卦始一陰生，至《坤》卦六畫皆陰。陽氣升，則陰氣消，一長一消，都是相對的，而且無窮無盡，所以用圓圖表示循環的過程。對待中有流轉，流轉中有對待，而且用數學結構，表示易學中辯證思維的內容。把數學上的邏輯思維與哲學上的辯證思維融合在一起，在人類思想史上是一大創見。㈢這個圖式儘管出於對大陸氣候的解釋，但並不僅僅如此。邵雍認爲，世界上的一切事物，都按照他的圖式所揭示的規律而發展變化，所以這個圖式，又成爲解釋宇宙的模式。比如天和地，天地也出於陰陽消長的過程，所以他據此提出一個宇宙周期年表。人類所住的天地，也是有終有始，他計算出地球的周期是十二萬九千六百年。其他各星辰的變化也都有周期。他認爲整個宇宙都是衆多的天地不斷生滅的過程，反對了天體永恆不變的理論，這是非常可貴的。所以說，邵雍先天圖式是中華辯證思維的結晶。

古太極圖

圖六

再講第六個圖，太極圖。太極圖是把太極用圖畫出來，以前有太極概念，但沒有圖。關於太極，有很多說法，漢人認爲太極爲元氣，王弼貴「無」，以「無」解釋太極。程朱理學以「理」解釋太極。太極圖出於宋代易學家對《易傳》「易有太極章」的解釋。關於太極與兩儀、四象、八卦的關係，在宋代有兩種說法。一種是太極生兩儀，是母子關係的「生」，經歷一個時間的過程，用這種世界觀來解釋宇宙，就成爲宇宙形成論。如果太極是元氣，元氣生天地爲兩儀，兩儀陰陽相交，形成四時五行之氣爲四象；萬物皆由五行之氣構成，爲八卦，這就是宇宙形成論的模式。用圖式來表達，就是宋周敦頤的《太極圖說》。另外還有一種說法，認爲天地萬物是太極本體自身的展開和顯現。它不是生成模式，這種模式，叫做本體論或存有論模式。爲了說明本體論模式，至南宋時出現了一種太極圖，俗稱陰陽魚太極圖《圖六》。白魚代表陽，黑魚代表陰，其區分陰陽不是直線，而是「S」形曲線。它表示陰陽互爲消長的過程。周圍配八卦。其方位取乾坤坎離四正卦，所以這個圖，來源於邵雍易學系統，但究竟是誰作的，已不可考，南宋以來已流行，稱古太極圖。這個太極圖有何意義呢？㈠這個圖，以太極爲一陰一陽的統一體，太極含陰陽，兩條魚各有一個眼珠，表示陰中有陽，陽中有陰，用陰陽消長來表示太極處於運動狀態，而不是靜止狀態，太極是流轉的。㈡陰陽不是對抗，而是處於互補狀態，相反相成，處於高度和諧的狀態。㈢這個圖式配先天八卦方位，表示陰陽消長，所以說它本原於卦氣說，但又不限於卦氣說，因爲它稱作「太極」，是宇宙本體，不僅限於氣候的消長，而是一切事物變化消長的模式。從思維說，同樣是易學中辯證思維的典範，包含著對待與流轉兩個方面。就價值系統來說，它包含著眞、善、美在內。眞，是說世界本來就是這個樣子；善，是追求和諧；和諧，自然是美的。所以，這個圖也是中華智慧的結晶。諾貝爾獎金獲得者丹麥物理學家波爾看到這個圖後非常贊賞，把這個圖作爲他榮獲爵士封號的紀念章，他欣賞的就是這個圖的陰陽互補符合他的量子力學思維方式。現在關於太極圖有許多說法，比如看到旋渦狀，即認爲是太極圖，例如星雲等等，這屬於牽強附會，無助於學術研究。或者從考古發現中看到有類似旋渦狀的圖紋，便認爲更早就有了太極圖，這也是比附。太極圖最重要的一點是配八卦方位，不配八卦方位，就不能叫太極圖。再者，現在有的太極圖畫得很濫，把左邊畫成黑的，右邊畫成白的，應該是左陽右陰，才符合八卦方位。

再講河洛圖，《易傳》說「河出圖，洛出書，聖人則之。」後人依此就研究，河圖洛書與八卦有什麼關係？就現在提供的先秦文獻說，河圖洛書是古代天子受命爲王的象徵，但其內容已不可考。到漢代，人們一般認爲河圖與八卦有緊密聯係，認爲《尙書·洪範》所述的治國九條大法的文字就是洛書，但都沒有圖式傳下。至宋代。象數學派解釋《大衍之數章》「天地之數五十有五」，用天地之數解釋大衍之數的來源。天地之數，就是說從一至十，單數爲天數，偶數爲地數，二者相加共五十五。宋代易學家爲了解釋天地之數和大衍之數，繪製河圖、洛書兩種圖式，並用黑白點的形式把它表示出來，我們稱之爲圖書學，「書」是文字的意思。代表人物是劉牧，後朱熹加以重新解釋，錄於《周易本義》卷首。朱熹爲什麼這樣做呢？因爲河圖、洛書最初是用來解釋八卦的來源的，圖書學派認爲來源於河圖、洛書，朱熹採納了這種說法，將它置於卷首。這個圖式與先天圖比較，除了講奇偶陰陽之外，還引入了五行觀念。

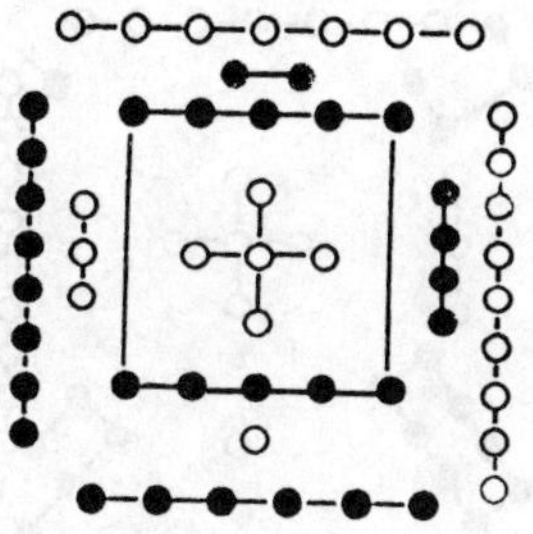

圖七　河圖

我們先看河圖（圖七），黑點代表陰，白圈代表陽，二七南方配火，四九西方配金，三八東方配木，一六北方配水，五十中央配土，這也是卦氣說。但這個圖式，體現了五行相生的程序，如北方水生東方木，木生南方火，火生中央土，土生西方金。這個圖，天數二十五。地數三十，共五十五個數。這些數，配五行有天地相成的關係，比如天一生水，地六成之；天三生木，地八成之；中央天五生土，地十成之。體現了五行生成的關係。這個圖式也是表示一年四季氣候變化的過程。其思想源淵是漢易中的五行生成說。

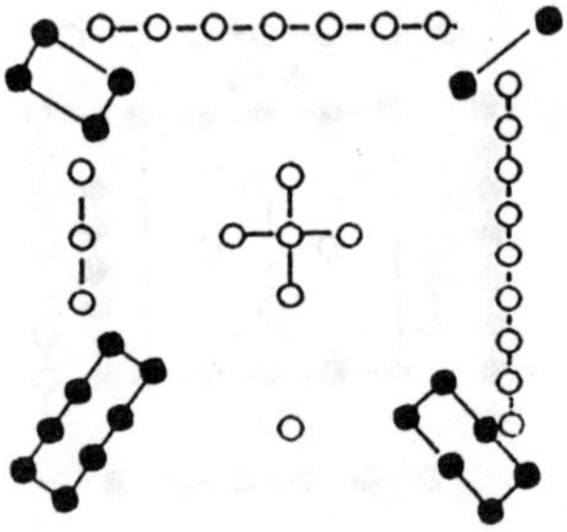

圖八　洛書

再看洛書（圖八）。洛書的結構，天數二十五，地數二十，與河圖相差十個數，因爲沒有十。這九個數的排列，來源於先秦的九宮說。所謂九宮說，就是說古代天子住的宮殿，爲九間，按一年氣候不同輪流住，表示天人一致。九宮配數，上面二九四，中間七五三，下面六一八。從數學上看，縱橫相加都是十五。洛書所以這樣配數，就來源於九宮圖。洛書也配五行。東方三配木，上面九配金，七配火，一配水，當中配土。這個圖右轉，體現五行相克的法則。如水克火，火克金等。配八卦的方法，依朱熹說，其河圖配先天八卦，依劉牧說，其洛書配後天八卦。

最後說說它的理論意義。㈠河圖洛書是由奇偶之數和陰陽五行之象構成的，而且認爲陰陽五行之象自身有數的規定性。用奇偶之數在四方的分布，來說明陰陽五行所居的方位，將象和數結合起來，用象數合一的思維方式來考察時間和空間，以至萬物變化的過程，是象數學派用圖式解釋義理的典範。㈡這個圖，雖然是用來解釋八卦的來源，但仍然是卦氣說的一種新形式，但又不限於卦氣說，並把它加以推演，同樣成爲解釋世界的一種模式。照後來易學家的解釋，河圖是講天道，洛書是講地理，被稱爲天地之表法，進而認爲人文現象、生理、數學的演算程序等，都見於河圖洛書。比如數學家用之解釋勾股弦定理，醫學家用之解釋人體各器官的均衡。㈢從哲學上說，河洛圖書以陰陽五行爲間架，將天地萬物納入這個間架之中。通過陰陽五行的關係，把天地萬物連在一起，構爲一個整體，成爲易學中整體思維的結晶。㈣如果以中五爲核心，各加一二三四，則爲七八九六，成爲河圖四邊之數。所以這個圖式，又意味著是太極中五之數自身邏輯的展開，同樣具有易學中邏輯思維和辯證思維的內容。

我們通過這些圖式，可以看出它們與黃河流域一年四季氣候變化是緊密聯繫的，這是卦氣說的重要內容，因此這些圖式，帶有古代農業社會的特點。陰陽五行的來源，都與農業生活有關，後來上升到哲學範疇，演變爲許多圖式，是中國長期以來農業生產方式的反映。有它的歷史的時代特點，因此，我們今天研究這些圖式，要吸取理論思維中合理的成分，不要把這些模式看成是科學的公式，而對於那些過時的東西，就應該加以揚棄，比如說天圓地方，這已不符合實際，須要摒棄，但它體現了方圓相對待的關係，這種對待思維還是要吸取的。現在有些人喜歡把現代科學研究中的成果與古代易學中的圖式相附會，認爲是自己的發明，這種研究，是沒有前途的。

# 帛書本《繫辭》文讀後

馬王堆漢墓出土的帛書本《繫辭》文現已公開發表，爲研究《易傳》文提供了新的史料，怎樣理解此史料的價值，我想，談以下幾點意見，供學術界參考。

一、漢代儒家經書，就其傳本說，有今古文之別。今文經是以當時通行的隸書體寫成的，古文經是以篆文體寫成的。帛書本《繫辭》文是以隸書寫成的，屬於今文經系統。但漢初今文經則來於秦代或以前的古文經。如漢初伏生傳《書》經，所依據的是古文本，以口授形式傳於弟子，弟子以隸書記錄下來，則爲《今文尚書》。由於經師口授或將古文經轉寫爲今文，在傳誦或傳抄時，往往出現口誤或筆誤，此是帛書本《繫辭》文訛誤較多的原因之一。如「有攻則可久」，「攻」當爲「功」；「以田以漁，蓋取諸羅」，「羅」當爲「離」；「使民不亂」，據《鹽鐵論·本議》引《繫辭》文，「亂」當爲「倦」；「義之而後動」，「義」當爲「議」；「不位冬日」，「位」當爲「俟」、「冬」當爲「終」；「君子之區几」，「區几」當爲「樞機」；「教在其中」，「教」當爲「爻」。凡此，或由於口誤，或出於同音假借，或因字形而誤。其中最爲突出者有兩處：文中凡「象」字皆寫成「馬」字，凡「坤」字，皆寫成「川」。所以有此筆誤，是由於將古篆文抄寫成隸書體造成的。按篆文□（象），與□(馬),字形相似,除上體頭部稍有差異外,下體完全相同,故帛書本誤「象」爲「馬」。「坤」字,古文爲「巛」。按《大戴禮記・保傳》說:「易之乾巛,皆慎始敬終云爾」。漢初文獻仍保存古坤字「巛」。清黃宗炎於〈周易尋門餘論〉中說:「☷之象爲地,即古文巛地字。」亦以古坤字爲巛。「巛」與「川」字形相似,故帛書本誤「坤」爲「川」。以上兩點說明,帛書本所依據的藍本爲篆文竹簡本,所錄《繫辭》文,在秦代或以前已存在,證明通行本《繫辭》文中此部分內容,並非漢人所撰。

二、帛書本《繫辭》文同通行本《繫辭》相比,無通行本《繫辭上》大衍之數章,其它所缺的章節,見於通行本《繫辭下》者,又分別見於帛書本其它部分《要》和《子曰:易之義》中。此種現象,如何理解?帛書本《繫辭》文所無者,是否晚出?就「天地之數」和「大衍之數」章說,還不能得出此結論。關於「天地之數」章,《漢書・歷律志》說:「故易曰:天一地二,天三地四,天五地六,天七地八,天九地十。天數五,地數五,五位相得而各有合。天數二十有五,地數三十。凡天地之數五十有五,此所以成變化而行鬼神也。」此是引劉歆《三統歷》文,劉歆看到的「天地之數」章,「天一地二」到「天九地十」一段文字,並非孤立地存在,是同「天數五……」一段文字相承的。朱熹依程頤說,對「天地之數」章所作的校刊,即本於此。可是帛書本《繫辭》文只有「天一地二」一段文字,無「天數五」以下一段文字,文意孤立,難以理解。此種現象,或者出於其所依據的竹簡有脫落,或者抄寫時遺漏了。劉歆繼其父劉向的事業,校刊和整理皇家藏書,所見到的《周易》經傳傳本,不僅有今文本,亦有古文本,其引「易曰」的「天地之數」章當有所據。關於通行本

「大衍之數」章，最早的注釋，見於京房。《周易正義》引京房語說：「五十者，謂十日，十二辰，二十八宿也。凡五十其一不用者，天之生氣，將效以虛來實，故用四十九焉」。西漢易學家有兩京房，一是梁丘賀的教師，與司馬談同學於楊何；一是京君明，焦延壽的弟子，如果爲前者，楊何傳《易》時，已有大衍之數說，故京房釋之。如果爲京君明，其大衍義，亦當有所本。又《大戴禮記·易本命》，講到動物之數時，認爲各類動物皆有三百六十種，從而得出結論說：「此乾坤之美類，禽獸萬物之數也。」通行本「大衍之數」章說：乾之策二百一十有六，坤之策百四十有四，凡三百有六十，當期之日。二篇之策，萬有一千五百二十，當萬物之數也。」此段文意又見於京房《易傳》：「筮分爲六十四卦配三百六十四爻，序一萬一千五百二十策，定天地萬物之情狀。」《易本命》說的「禽獸萬物之數」，其前冠有「乾坤美類」，顯然是依「大衍之數」文。按《大戴禮記》文，乃戴德所編，其中多爲漢初文獻，如有關賈誼的著作，亦收錄其中。《易本命》文，不會晚於賈誼的文章，當是漢初或以前的文獻，而其所依的大衍之數說，更應早出。又帛書本《繫辭》文中，於「日新之謂誠德」後，有「生之謂馬」，即「生之謂象」句。此句不通，與下文「見之謂之馬（象）」文意不合。通行本《繫辭上》此句爲「生生之謂易」，當從通行本。京房於《易傳》中說：「故曰生生之謂易」，此是引《繫辭》文。他所看到的傳本，並非如帛書本所說。以上幾點說明，帛書本《繫辭》文，在漢初，只是一種傳本，並非唯一的傳本。

三、帛書本《繫辭》文與通行本相比，有些文句的差異較大。突出者有「易有太恆」、「聖者仁勇」、「古物定命」和「易之馬（象）也」四條。此四條應如何理解？⑴關於「易有太恆」句，通行本作「易有太極」。按先秦文獻中，只見「太極」一辭，未見「太恆」一辭。前者見於《莊子·大宗師》。《莊子·天下》中有「主之以太一」，《呂氏春秋·大樂》有「太一出兩儀」句。但「太一」不等於「太恆」。「太一」既有根源又有實體之義，而「太恆」從字義上看，並無此種意義。按《繫辭》此段文句，是講揲蓍或畫卦的過程，其下文所說的「兩儀」、「四象」和「八卦」，皆指筮法而言。就此段文句說，其首句，當爲「易有太極」。因爲「太極」有極限之義，表示揲蓍或畫卦的最初狀態。而「太恆」或「太一」皆無此種涵義。帛書本是將「太極」誤抄爲「太恆」。所以出現這一筆誤，也是由於將古文篆文轉抄爲隸書造成的。石鼓文的「亟」字，小篆的「亘」字，字形很相似。故帛書本誤「極」爲「恆」。帛書本中的「極」字，並非皆爲「恆」字。此處，誤「極」爲「恆」，當是其所依據的竹簡本字形較爲模糊所致。有一種說法，認爲太極原爲太恆，後因避漢文帝諱，故改爲「太極」。此說難以成立，因爲儒家的經傳文，不存在避諱問題。如《易》經「恆卦」之「恆」字，不能寫成「極」字。而且漢文帝以後的典籍和著述，亦無改「恆」爲「極」的例子。(2)關於「聖者仁勇」句，下文爲「鼓萬物而不與衆人同憂」。通行本則爲「顯諸仁，藏諸用，鼓萬物而不與聖人同憂。」按通行本的諸家注，以此句有兩層涵義：一爲形容道體，即上文說的「一陰一陽之謂道」。道體有化育萬物之功，故說「顯諸仁」；但無經營意識，故說「藏諸用」。一爲聖人得道的境界。就第一層涵義說，道體無經營意識，故下文說「鼓萬物而不與聖人同憂」。可是，帛書本的文句，只有一層涵義，皆爲講聖人的德業。故以「仁」和「用」，爲「聖者仁勇」，下文則以「聖人」爲「衆人」。按《繫辭》此段文意，頗受老子無爲說的影響。如《老子》二十章所說「衆人皆有以，而我獨頑似鄙」。帛書本的「不與衆人同憂」句，當本於此，表示聖人的境界是無心無爲。可是，其上句又說聖人以仁勇之德鼓動萬物，又是講聖人有心而爲，其文意自相矛盾，難以理解。就文意說，通行本於義爲長。按「顯諸仁，藏諸用」的說法，同《荀子．天論》中所說：「萬物各得其和以生，各得其養以成，不見其事，而見其功」，文意一致。「見其功」即「顯諸仁」，「不見其事」即「藏諸用」。荀子這段話是講「陰陽大化」，而《繫辭》文則講一陰一陽之道。主語亦一致。又漢元帝時翼奉說：「故曰顯諸仁，藏諸用，露之而不神，獨行則自然矣」（《漢書．本傳》）。其「故曰」，即引《繫辭》文。可見，通行本的文句，在翼奉前已流行。(3)關於「古物定命」，通行本作「開物成務」。「開物」指前章「遂知來物」和「通天下之志」句，「成務」指前章「成天下之務」句，文意自通。可是帛書本的「古物定命」，則很費解。「古物」如指蓍草和卦象，《繫辭》通稱其爲「神物」，何以又稱「古物」？在先秦和漢初關於「命」的論述中，有「立命」、「知命」、「俟命」、「正命」、「安命」等說法，未見有「定命」說，不知此說究爲何義。如指命定或前定之義，但《繫辭》文並不認爲人的命運不可改變，所謂「動則觀其變而玩其占」，即通過「悔吝」和「无咎」，可以化凶爲吉。據此，通行本的「開物成務」句，於義爲長。(4)關於「易之馬(象)也」句，《正義》和《本義》本，皆作「易之序也」。而李氏《集解》本則爲「易之象也」，與帛書本同。按此句下文爲「君子居則觀其象而玩其辭」，上文句當爲「君子所居而安者，易之象也」。帛書本可爲旁證。以上所論，帛書本《繫辭》文中的文句，有的出於筆誤，有的或另有傳本，但不能代替通行本。

四、通行本《繫辭》中的有些章節，不見於帛書本《繫辭》文，而分別見於帛書《要》和《易之義》中。見於《要》者有通行本《繫辭下》第五章中「子曰：危者安其位者也」一段，還有「子曰：顏氏之子」到「立心勿恆，凶」一段文字。就此章說，帛書本《繫辭》文，只有其中「君子見幾而作」到「萬夫之望」一小段。帛書本《要》所見此大段文字，與通行本相比，除個別字有出入外，文句大致相同。其不同者爲《要》中於「其刑屋，凶」到「子曰顏氏之子」之間，只殘缺八個字。可是，通行本於「其形渥，凶」後至「君子見幾而作」，其中有「言不勝其任也。子曰知幾其神乎！君子上交不諂，下交不瀆，其知幾乎！幾者動之微，吉之先見者也」，共三十八個字，其中「子曰知幾其神乎」至「吉之先見者也」這一段文字，顯然爲帛書本所無有。帛書本所缺的這一段話，是否晚出？按《漢書·楚元王傳》，元王劉交與魯穆生、白生、申公爲同學，其爲楚元王後，又以穆生、白生、申公爲中大夫。穆生曾進言說：「易稱知幾其神乎！幾者動之微，吉凶之先見者也。君子見幾而作，不俟終日。」穆生乃漢初儒者，其引《繫辭》文，自有所據。與通行本相比，只缺「君子上交不諂，下交不瀆」兩句，其它皆同，而且「吉」字後，多一「凶」字，於義爲長。此說明，帛書本所無者，漢初已有之。關於通行本《繫辭》見於帛書《易之義》者，有第六章、第七章、第八章和第九章。帛書本這部分可讀的文句，與通行本相比，字句差別較大者，有以下幾處。通行本六章「乾坤其易之門邪」一段中，「以體天地之撰」，「撰」，帛書本作「化」。「以通神明之德」句，不在此句之後，而在另一段中，作「而達神明之德也。」通行本七章三陳九德，凡「巽」卦名，帛書本皆作「渙」卦名。又帛書本於「其有憂患乎」後，多出「贊以德而古以義者也」一句。此種差異，如何理解？按通行本中的「天地之撰」，《九家易》訓「撰」爲「數」，韓伯《繫辭傳》取其義，謂指天地之數即天九地六之數。朱熹於《本義》中，則訓「撰」爲「事」，不取天地之數義，因爲其證據不足。而帛書本作「天地之化」，於義爲長，可以解決上述兩家訓詁上的分歧。按三陳九德章對卦名的解釋，大都依《彖》、《象》文義，《彖》以巽爲「申命」，謂順從和退讓，故通行本《繫辭》文以其爲「德之制」和「巽以行權」。而「渙」或爲「渙發」，或爲「渙散」義，都不足以說明其何以爲「德之制」，何以「以行權」。當從通行本。關於帛書本多出的文句，不影響其內容，可與通行本並存。這裡，有一值得討論的問題，即此部分文句，何以不見於帛書《繫辭》文，而見於《要》和《易之義》？對此現象可以有兩種解釋：一種解釋是，此部分文句，原爲《繫辭》所無有，後來通行本的《繫辭》，依帛書《要》和《易之義》，將其編入其中；一種解釋是，此部分文句，本爲《易傳》或《繫辭》文，《要》和《易之義》將其引人文中，作爲其講易之義的依據。就《要》和《易之義》的內容看，後一種意見也是有根據的。其理由有三：其一，不見於或見於帛書《要》和《易之義》者，有的曾被漢初至武帝時儒家經師所引用，稱其爲「易曰」。如前引穆生語「知幾其神乎」一段話，則不見於帛書本。又董仲舒《春秋繁露・精華》中說：「易曰：鼎折足，覆公餗。夫鼎折足者，任非其人也。」此種解釋又見於通行本《繫辭下》五章。而帛書本則脫落「言不勝其任也」六個字。此說明，這些文句，本屬於《易傳》或《繫辭》文，漢初至武帝時已存在，非帛書本一家所獨有。其二，帛書《要》和《易之義》中所見到的與通行本相同的文句，是作爲論據的形式而出現的。如《要》中「危者安其位者也」（見通行本《繫辭下》五章）一大段文句，其前有「子曰：吾好學」，「安得益吾身」，「而貴之，難立者也」一大段話。看來，此是引三不忘以下的文句，討論好學問題。故結尾後，接著又談「夫子老而好易」，說明孔子晚而學易，可以無大過。故稱此文爲《要》，即學易的要領，如其所說「察其要者，不絁其要」。又《要》中還談到與通行本《繫辭下》十章有關「三才之道」的文句。提出「有天道焉」、「有地道焉」、「有人道焉」。並分別對其內容作了解釋。如論天道說：「故易有天道焉，而不可以日月生（星）辰盡稱也，故爲之以陰陽。」關於六畫而成章，加以解釋說：「有四時之變，不可以萬物盡稱也，故爲之以八卦。」顯然，此是對通行本《繫辭》下十章中：「易之爲書也，廣大悉備，有天道焉、有人道焉、有地道焉，兼三才而兩之，故六。六者非它也，三才之道也」所作的解釋，顯然其中未引「三才之道」的辭句。又如《易之義》，此文的中心內容是解釋乾坤兩卦的卦義，所謂「易之義，唯陰與陽，六畫而成章」。爲了說明「鍵（健）之平說」和「川（坤）之平說」，進而提出「乾坤其易之門也」一段文字。此段文字前，有「子（曰）□□之□可得而知矣」，表示爲了說明此問題，故有以下的言論。在敘述時，又插入了「易曰：括囊无咎」和「龍千變而不能□其文」（帛書此文以坤卦義爲「文」）句。此說明，「乾坤其易之門」一段文字，在《易之義》中是作爲引述而出現的。正因爲出於轉述，又將其中「以體天地之化」同「而達神明之德」兩句分隔開來，成爲文中不可讀的部分。又《易之義》講到「易之爲書也」、「爲道屢遷」一段話，最後歸結爲「無德而占，則易以不當」。此又是用來論證其以德爲占說。其下文「原始要終以爲質」一段文字，亦在於論證「德占之，則易可用矣」。其三，値得注意的是，《易之義》中與通行本《繫辭》九章相同的文句即「二與四同功而異位」和「柔之爲道不利遠者」，其前皆冠以「易曰」，而非「子曰」。此表明《易之義》是引《易傳》語或《繫辭》文。以上三點說明，《要》和《易之義》中與通行本《繫辭》相同的文句，原有所本，非此抄本一家解易之語。至於此部分文字，原爲《繫辭》文，還是其它《易傳》文，尙待考證。

五、帛書本《周易》經傳文，公開後，有一種看法，即帛書本無《彖》、《象》、《文言》，從而認爲此三傳爲晩出。此說根本不能成立。《彖》咸卦辭，見於《荀子·大略》，《象》謙卦文，又見於《韓詩外傳》：「夫天道虧盈而益謙……人道惡盈而好謙」。《文言》坤卦文「臣弑君，子弑父，非一旦一夕之故也，其漸久矣」，見於《太史公自序》引。《文言》文常引《象》傳語，又是出於《象》傳之後。據此，此三傳在漢初或以前已流行。以此三傳文附經文，始於漢鄭玄。在此以前，經傳分別傳授。故帛書本《周易》經傳，只傳經文而未及以上三傳文。因此，僅依帛書本斷定其它傳形成的年代，是站不住腳的。

六、關於《易傳》文，從漢初開始，在西漢就有不同的傳本。其中的文句，有的既不見於通行本，亦不見於帛書本。如賈誼《新書·胎教雜事》說：「易曰：正其本而萬物理。失之毫釐，差以千里。」此文句，又見於《大戴禮記·禮察》、《禮記·經解》和司馬遷《史記·太史公自序》。還見於《漢書·杜周傳》和《漢書·東方朔》：「易曰：正其本，萬事理。失之毫釐，差以千里。」按賈誼的解釋，是對乾坤兩卦義的闡發，當爲《繫辭》一類的文句。又京房於《易傳・遯》中，引《繫辭》文說：「繫云：能消者息，必專者敗。」又劉向於《說苑》中曾引「易曰：不損而益之故損，自損而終故益」。以上所引「易曰」，皆不見於通行本和帛書本。西漢時期的人所引「易曰」文句，除指經文外，亦指《易傳》文，但非各家自己解《易》的言論。因爲在他們看來，《易經》和《易傳》皆爲聖人之書，故統稱爲「易曰」，如同引「書曰」、「詩曰」一樣。如劉向於《說苑》中引萃卦《象》辭則爲「易曰：君子以除戎器，戒不虞。」劉歆《三統歷》引《說卦》文則爲「易曰：立天之道曰陰陽」，「易曰：參天兩地而倚數」，同其於此文中引「書曰：天功人其代之」的語調是一致的。至於各家自己解《易》的著作和言論，引述時，則同《易傳》區別開來。如《漢書・蓋寬饒傳》說：「韓氏易傳言：五帝官天下，三王家天下，家以傳子，官以傳賢，若四時之運，功成者去，不得其人則不居其位。」《韓氏易傳》即韓嬰《易傳》，又稱《子夏傳》。以上說明，關於《易傳》文，在西漢有不同的傳本。至於哪一種傳本爲最早，由於史料缺乏，尚不能得出結論。帛書本《繫辭》文，如同帛書本《易經》一樣，只是目前發現的最早的手抄本，並非即是最早的傳本。依《晉書》和杜預《左傳集解後序》，晉太康二年在汲縣發掘的戰國魏襄王墓出土的「易經二篇」，「與今本正同」。當時說的今本《易經》，即王弼傳本，即通行本。所謂「正同」，包括六十四卦排列的順序在內。可是帛書本《易經》，其卦序則不同於通行本。此《易經》傳本，是否比魏襄王時的傳本更早，並無旁證。至於漢初或秦漢之際的《易經》傳本，亦非只有帛書本一家。按《韓詩外傳》解謙卦義說：「孔子曰：易先同人後大有，承之以謙，不亦可乎！」他看到的《易經》六十四卦的排列順序，即通行本的卦序，非帛書本的卦序。韓嬰乃當時傳易的經師之一，其傳本，自有所據。總之，帛書本《周易》經傳文，只是一種傳本而已。

七、通行本《易傳》分爲十翼，此說始見於《史記．孔子世家》，談到孔子晚而喜易說：「序彖、繫、象、說卦、文言。」其中未言及《序卦》和《雜卦》。但《淮南子》已引《序卦》文。此說明《易傳》中的六類文獻，在司馬遷時或以前都已存在。關於《繫辭》部分，司馬談引《繫辭》文「天下同歸而殊途，一致而百慮」，則稱「易大傳曰」（見《史記．太史公自序》）。又韓嬰於《韓詩外傳》中引《繫辭》「易簡則天下之理得矣」，則稱「傳曰」，都未言「繫曰」。在漢初，《繫辭》文所以又被稱爲「易大傳」，因爲此傳是通論《周易》之大義，不是如《彖》、《象》、《文言》那樣，逐句逐字解釋經文。此種解經的體例，亦見於其它經學，如伏生的《尙書大傳》，《禮記》中的《大傳》，《春秋大傳》等，都是通論一經之大義。而司馬遷，則稱《易大傳》爲《繫》，此說始於何時，亦不可考。在西漢的易學著作中，除司馬遷提到《繫辭》外，還有京房《易傳》，如其所說：「繫云：一陰一陽之謂道。」今通行本《繫辭》文部分稱爲「繫辭」，與上述說法是一致的。

可是，帛書本有關《易傳》文，皆無標題，亦未分爲《繫辭》、《說卦》和《序卦》。此種現象如何解釋？一種解釋是，此傳本較早，當時尙未分爲十翼。一種解釋是，此是另一種傳本，與司馬遷所見者不同。二說皆有可能。按司馬遷引述其父司馬談的志願說：「有能紹明世，正易傳，繼春秋，本詩書禮樂之際，意在斯乎！」（《史記．太史公自序》）。關於《周易》的研究，司馬氏所以稱之爲「正易傳」，這是因爲《易》本卜筮之書，秦始皇焚經書，獨不禁《周易》，當時關於《易傳》有不同的傳本，需加以整理，使其符合所謂孔子作《易傳》的宗旨。帛書本的《易傳》文，可能是司馬遷父子所要「正」的一種傳本。至於司馬遷以《易傳》文爲孔子所作，此是因襲前人的說法。如《禮記・經解》和《韓詩外傳》皆以孔子爲傳《易》的宗師。此說出於儒家易學系統。但晉汲縣魏襄王墓出土的竹簡中，只有《易經》，卻「無《彖》、《象》、《文言》和《彖辭》」（杜預《左傳集解後序》）。當時的魏國乃孔門弟子子夏傳經之地，子夏曾爲魏文侯師。如果，這些《易傳》文眞爲孔子所作，子夏當傳之於魏國，魏襄王死後，應同《易經》一道作爲隨葬文物，埋藏於地下。魏墓無今傳《易傳》文，說明《易傳》在戰國中期尚未形成。

八、關於帛書本《易傳》文，屬於哪一派傳授系統，是值得探討的問題。就儒家系統說，孟子不傳《易》。在先秦，有文獻可據者，只有荀子及其弟子傳授《周易》。《荀子・大略》引《彖》文解釋咸卦義即是一證。並說：「善爲易者不占」，重視研究《周易》的原理及其人道教訓之義。其於〈禮論〉中說：「天地合而萬物生，陰陽接而變化起」，同咸卦《彖》文「天地感而萬物化生」和《繫辭》文「剛柔相推而生變化」的文意是相通的。荀子在齊國講學多年，齊國儒者多出於荀門。如秦漢之際和漢初傳《詩》的經師齊人浮丘伯，即是荀子的學生。漢初傳《詩》的魯申公又是浮丘伯的學生。韓嬰於其《外傳》中，曾大量引用荀文，受荀學影響頗深。漢初傳《易》者始於田何，亦是齊人。他的再傳弟子楊何，爲京房和司馬談的老師。齊人田何是否荀門弟子，已不可考，但其易學出於齊學，是可以肯定的。此外，漢初傳《書》者伏生，傳《春秋》者胡毋生，傳《詩》者轅固生，亦皆齊國人。這些資料說明，漢初的經學大都來於齊學。按《漢書．楚元王傳》，元王亦學於浮丘伯，楚國的經學，與齊學亦有關，或來於齊學。依此推測，楚地帛書本《周易》經傳文，多半來於齊學。齊學解經的特徵之一，多依陰陽五行說，釋經文義。如伏生的《尙書》學、轅固生的《詩》學以及受齊學影響的董仲舒的《春秋》學即是如此。關於《易》學，司馬遷說：「易著天地陰陽四時五行，故長於變。」又說：「易以道化」（《史記．太史公自序》）。此說大概本於其父司馬談義，而司馬談又本於其師楊何說。漢代儒家傳經，皆承其師說，後來形成師法和家法，後學不敢憑空杜撰。今文經學中的陰陽五行說，當出於戰國時代的齊國。當時的齊國不僅提倡道家，形成黃老之學，講陰陽說，而且陰陽五行家的代表人物鄒衍，亦出於齊國。《管子》書中的〈幼官〉即玄宮、〈四時〉、〈五行〉等篇，保存了此派談陰陽五行的文獻。秦始皇尙黑統，即採納鄒衍的五德終始說。漢興，齊人經師傳《公羊春秋》，以魯國爲繼黑統，爲漢立法，亦是本於鄒衍說。馬王堆漢墓出土的有關帛書《易傳》的文獻，其中既談陰陽，又言五行。此外，帛書《刑德》、《陰陽五行》和《九宮圖》，皆講陰陽五行說。就《刑德》說，其以刑德對稱，解釋甲子周期當本於《管子．四時》「陽爲德，陰爲刑」和「德始於春，長於夏；刑始於秋，流於冬」說。據此，帛書本中的易說，當屬於今文經學中齊學的傳統。此與司馬遷所說「易著陰陽五行之變易」是一致的。至於西漢易學還有另一傳統，即古文經的傳統。劉向校書時，始以官府所藏古文《易經》校施、孟、梁丘三家今文經。其後，成、哀時費直則傳古文經，無章句，僅以《易傳》文解經。故古文經易學不大講陰陽五行之變易，特別是其卦氣說和占候術。以上所談，關於帛書本易學的淵源，只是一種想法，還需要新的史料證實。

總之，帛書本《繫辭》文，就其史料的價值說，可歸結爲三點：其一，此文獻證明《繫辭》文，先秦已有之。通行本《繫辭》的內容，非出於一時一人之手，而是逐步形成的。其下限，可斷在秦漢之際。《繫辭》晚出說，不攻而自破。其二，帛書本可以校通行本中個別文字傳抄之誤，如「易之序」，當爲「易之象」。其三，爲研究通行本《易傳》的形成提供了一條線索。帛書本中的《易傳》文，未分十翼，十翼說可能在漢初尚未形成。其形成的下限當在司馬遷以前。至於以此抄本，爲唯一的古本，不承認漢初還有其它傳本，從而否定通行本在易學史上的地位及其影響，是沒有必要的。

（《道家文化研究》第三輯，一九九三年）

# 帛書本《易》說讀後

馬王堆漢墓出土的《要》、《易之義》、《二三子問》、《繆和》、《昭力》等帛書，都是關於《周易》經傳的解釋，屬於易學領域，可統稱之爲易說。這部分文獻，文句殘缺較多，難以窺其全貌。就其中可讀部分，談幾點意見。

一、凡歷史上對《周易》經傳的解釋，都屬於易學領域。從儒家經學史上看，漢代是易學確立的時期。漢代的易學也經歷了一個發展的過程。此部分帛書論《易》的文獻，可代表漢初或秦漢之際易學發展的一種傾向。此部分文獻，所以屬於易學領域，因爲其不僅解釋經文，而且解釋傳文。如《要》的主題是講學易之道，主張以德爲占，故引《易傳》或《繫辭》文「安不忘危」以及「顏氏之子其庶幾乎」一大段文句，作爲立論的依據。其中談到「損益之道」說：「損之始，凶，其終也吉。」此是依益卦《彖》文「損上益下，民說無疆；自上下下，其道大光」以及通行本《序卦》文中「損而不已必益，故受之以益」。又其中談到有關三才之道，對「易有天道焉」、「有地道焉」、「有人道焉」，分別作了解說。如說「易有天道焉，而不可以日月生（星）辰盡稱也，故爲之以陰陽」；「有地道焉，不可以水火金土木盡稱也，故律之以柔剛」。此是依通行本《繫辭》文中「易之爲書也，廣大悉備，有天道焉，有人道焉，有地道焉」。又如《易之義》，其主題是講乾坤兩卦的卦義。爲了說明其論點，其中插入見於通行本《繫辭》文中「乾坤其易之門邪」一大段文句。其中談到「二與四同功而異位」和「柔之爲道，不利遠者」時，則稱其爲「易曰」。此又是引《易傳》或《繫辭》文。又如《二三子問》中，對鼎卦九四爻辭「鼎折足」的解釋則說：「孔子曰：此言下不勝任也。非其任而任之，能毋折乎」。此又是對通行本《繫辭》中「鼎折足」釋文的發揮。又《昭力》解釋渙卦，則說「元者善之始也」，又是依乾卦《文言》文。以上表明，帛書中這部分文獻，不是屬於《易傳》，而是屬於易學的領域。

二、此部分文獻解釋《周易》經傳時，有的稱爲「子曰」，有的稱爲「孔子曰」，有的提到「夫子」或「孔子」，此說明這部分文獻，屬於儒家易學系統。關於儒家傳《易》的譜系，司馬遷於《史記・儒林傳》說，孔子卒，商瞿傳易六世，至齊人田何。漢興，田何又傳於王同，王同又傳於楊何。司馬遷提到的先秦儒家傳易的儒者，大都不可考。就儒家傳《易》者說，戰國末到漢初，有文獻可據者，有《荀子》、《禮記・經解》和《韓詩外傳》，反映了這一時期的易學傾向。《荀子》中解《易》語，共有四處。兩處爲解釋經文：一處引坤卦六四爻辭「括囊，无咎无譽」，斥責「腐儒」，「好其實不恤其文」（〈非相〉）；一處引小畜卦初九爻辭「復自道，何其咎」，解釋《公羊春秋》以秦穆公爲賢，能悔過自新（見〈大略〉）。一處爲解釋咸卦《彖》文，謂「易之咸，見夫婦」（〈大略〉）。一處爲解釋《易》的精神，所謂「善爲書者不說，善爲易者不占，善爲禮者不相」（同上）。這些解釋表明，荀子及其門人是傳授《周易》的，視《易》爲儒家經書之一。《禮記・經解》解說作爲六經之一的《易》

說：「潔靜精微，易教也」；「易之失，賊」；「潔靜精微而不賊，則深於易者也」，其前冠以「孔子曰」。此文結尾，又引「易曰：君子愼始，差若毫厘，繆以千里，此之謂也」。又《韓詩外傳》說：「故易有一道，大足以守天下，中足以守其國家，近足以守其身，謙之謂也。夫天道虧盈而益謙，地道變盈而流謙，鬼神害盈而福謙，人道惡盈而好謙」（卷三）。又說：「孔子曰：易先同人後大有，承之以謙，不亦可乎」（卷八）。此是依謙卦《彖》文和通行本《周易》卦序，解釋謙卦義。以上所引對《周易》經傳的解釋，都取人道教訓之義。冠以「孔子曰」，表明是闡發儒家易學的傳統。帛書解《易》的文獻，或談孔子言《易》事，或冠之以「孔子曰」，與上述解釋《周易》經傳的傾向是一致的，屬於儒家傳《易》系統。

三、按《史記·儒林傳》和《漢書·儒林傳》，漢初至武帝時，傳《易》的人物，始於齊人田何，後又傳至菑川人楊何，楊何於武帝元光元年爲中大夫。此外還有周王孫、丁寬、齊人服生、齊人即墨咸、廣川人孟但、魯人周霸、莒人衡胡、臨菑人主父偃等。司馬遷說：「然要言易者，本於楊何之家」。《漢書》，楊何，作田何。《漢書·藝文志》著錄《易傳周氏》二篇、《服氏》二篇、《楊氏》二篇、《蔡公》二篇、《韓氏》二篇、《王氏》二篇、《丁氏》八篇。蔡公即周王孫、服氏即服光、楊氏即楊何、韓氏即韓嬰、王氏即王同、丁氏即丁寬。這些人的著述，除韓嬰《子夏傳》的一些佚文外，其它皆已失傳，無法知其內容。按《漢書·儒林傳》，這些人的易學皆本於齊人田何。田何是否荀門弟子，已不可考。其易學當來於齊學。韓嬰雖爲燕人，但其經學，頗受荀學的影響，《韓詩外傳》可以爲證。前引其解《易》的言論，同《荀子》書中以義理釋《周易》經傳的傾向是一致的。其易學也可以歸於齊學。

齊學荀子解《易》的特點有三：其一，解釋卦爻辭時，只闡發卦爻辭中的義理，並取其人道教訓之義。前引荀學對坤卦爻辭和小畜卦爻辭以及咸卦《彖》文的解釋，即是如此。又如韓嬰《子夏傳》解釋乾卦辭「元亨利貞」說：「元始也，亨通也，利和也，貞正也」（《周易正義》引）。此是依《彖》文義，解說乾卦辭，亦談義理。又其於《韓詩外傳》中，解釋《繫辭》文「易簡而天下之理得矣」說：「忠易爲體，誠易爲辟，賢易爲民，工巧易爲材」，亦是解釋其義理，從中吸取教益。此種解《易》傾向，不同於後來的孟喜、京房派以卦氣和象數解《易》的學風。其二，荀派易學，以《周易》爲提高人的智慧和思想境界的典籍，不以其爲占卜吉凶禍福之書，此即《荀子·大略》所說：「善爲易者不占」，此是闡發孔子說的「不占而已矣」的解《易》傳統。〈大略〉中還說：「以賢易不肖，不待卜而後知吉凶」。是說，由於實行尙賢政治，所以不以卜筮決定國家大事。此種不信占卜的思想，也是受了齊國道家黃老之學的影響。如《管子·心術下》所說：「能專乎，能一乎！能毋卜筮而知吉凶乎！」其三，荀學解《易》，由於重視變化，又以《周易》爲講剛柔相盪的法則。前引對咸卦的解釋，認爲此卦之義體現了「夫婦之道」，爲「君臣父子之本」，因爲「以高下下，以男下女，柔上而剛下」，體現陰陽相感之義。又《禮記·樂記》一文，許多辭句，見於《荀子·樂論》。其中談到禮樂的起源時，依《繫辭》開頭一章「天尊地卑」說，解釋禮以別異；依「剛柔相摩」說，解釋樂以和同。其中說：「地氣上齊，天氣下降，陰陽相摩，天地相盪……而百化興焉」。此段言論，當出於荀子後學。因爲其中說的「天地官矣」、「性命不同矣」，皆荀子常用詞匯。其論「陰陽相摩」一段，也是本於《荀子·禮論》文「天地合而萬物生，陰陽接而變化起」。《禮記·樂記》中此段文字，可以視荀子後學解易的代表。

以上所談荀學易學的特點，對漢初易學頗有影響。如《淮南子》中引《周易》經傳文，其解釋，亦是此種傾向。如〈繆稱訓〉解釋同人卦辭說：「至德者，言同略，事同指，上下一心，無歧道旁見者」。又其解釋屯卦上六爻辭「乘馬班如，泣血漣如」說：「言小人處非其位，不可長也。」此是取《象》文義。又解釋乾卦上九爻辭「亢龍有悔」說：「動於上不應於下者，情與令殊也。」此是取《文言》義。又〈齊俗訓〉，引坤卦初六爻辭「履霜，堅冰至」，解釋周公因主「尊尊親親」治魯，結果魯日以削，至三十二世而亡。以上這些同荀子和韓嬰解《易》的學風也是一致的，即探討卦爻辭的義理，以明人事之得失。帛書本《易》說文，究為何人所作，已不可考。但其解《易》的傾向，屬於上述的傳統。

四、帛書《要》解《易》，主要討論了學《易》的目的以及易之道的特徵。其中假託孔子和子貢的對話，闡述學易的要領。文中提出「夫子老而好易」。此是對《論語·述而》：「假我數年，五十以學易，可以無大過矣」的闡發。此說與司馬遷所說「孔子晚而喜易」說是一致的。並且表明其所依據的《論語》本子，是《齊論》而非《魯論》。因為《魯論》本，「易」作「亦」。其論孔子學易說，《周易》中「有古之遺言焉」（指卦爻辭），學《易》的目的是「非安其用而樂其辭」。「用」指卜筮吉凶禍福。「樂其辭」本於《繫辭》文「所樂而玩者，爻之辭也。」因為卦爻辭含有義理，可以提高人的道德修養境界。如其所說：「易，我後其祝卜矣，我觀其德義耳也。」關於占筮，借孔子的話說：「贊而不達乎數，則其為之巫；數而不達於德，則其爲之史。」「史」指史官以筮數占人事之吉凶。此文認爲，孔子學易，不同於史巫：「後世之士疑丘者，或以易乎！吾求之德而已。吾與史巫同塗而殊歸者也。」「同涂而殊歸」，是說，同來於《周易》，但走的道路不同，即史巫追求占卜個人吉凶禍福，而孔子則研究和學習卦爻辭中的「德義」。即提倡學易，不是追求占易。《要》對《易》的解釋，可以稱爲「以德爲占」說。爲了闡明這一觀點，又說：「仁義焉求吉，故卜筮而希也」。此種《周易》觀，即荀學所說的「善爲易者不占」。爲了說明學易的重要性，故文中又引述通行本《繫辭下》中對否卦九五爻辭、鼎卦九四爻辭、復卦初九爻辭以及益卦上九爻辭的解釋，作爲「樂其辭」和「觀其德義」的範例。關於「易之道」，此文說：「故易剛者使知瞿，柔者使知剛。」此是以剛柔變易，即陰陽推移，解釋「易之道」，本於《繫辭》文「剛柔相推而生變化」。進而認爲，「損益之道」即體現了陰陽變易的法則。所謂「損之始，凶，其終也吉」。是說，損益兩卦可以轉化，損可以帶來益，益可以招來損。從天時到人事的變化都是如此。認爲懂得損益之變的人，遇事「不可動以憂喜」，所以「明君不時，不宿，不日，不月，不卜，不筮」，意謂不因天時和人事的變易，而去卜筮吉凶。從而得出結論說：「損益之道，足以觀得失矣。」《要》對損益之道的解釋，同荀子提出的「陰陽接而變化起」的觀點也是相通的。

五、《易之義》，乃通論乾坤兩卦之大義，如其所說，「易之義，唯陰與陽，六畫而成章」。認爲乾卦「六剛無柔」，爲天之道；坤卦「六柔無剛，此地之義」。此以剛柔釋陰陽和乾坤兩卦義。但乾坤兩卦並非截然對立，其剛柔之德，又相互補充。此即其所說：「天地相衛（率），氣味相取，陰陽流刑（形）」。此文論證說：「萬物之義，不剛則不能動，不動則無功」。但「不柔則不靜，不靜則不安，久靜不動則沉，此柔之失也」。此是講萬物需動靜相濟。此文又說：「句（姤）之離角，鼎之折足，豐之虛盈，五爻者剛之失也，動而不能靜者也」。是說，只動而無靜，有剛而無柔，乃剛之過失。「姤之離角」，即姤卦上九爻辭：「姤其角，吝，无咎。」以其為「剛之失」，本於《象》文：「姤其角，上窮，吝也。」是說，此卦上九爻，為剛，又居此卦之上位，剛而又剛，故為「吝」。「鼎之折足」，乃鼎卦九四爻辭，認為鼎足過於剛，便要折斷，故爻辭為「凶」。「豐之虛盈」，本於此卦《象》文「明以動，故豐」和「天地盈虛，與時消息」句。此卦上六爻辭說：「豐其屋，蔀其家……凶。」《象》文解釋說：「豐其屋，天際翔也」，意謂陰處於此卦上位，動極而反於陰靜，要走向反面，故為凶。此文接著又說：「肫（屯）之泣血，五爻者，陰之失也，靜而不能動者也。」此是依經文義，解釋只靜而不動為陰柔之過失。「泣血」乃屯卦上六爻辭，《象》文解釋說：「泣血漣如，何可長也」，表示陰柔居上位，無陽剛相應，故難以長久。帛書所謂「陰之失也」，即本於此。此文進而討論剛柔或動靜的關係說：「故天之義，剛健動發而不息，其吉保功也。無柔教之，不死必亡。重陽者亡，故火不吉也。」、「地之義，柔弱沈靜不動……重陰者沈，故水不吉也。」是說，剛強而無陰柔輔之，陰柔而無剛陽濟之，都要走向死亡。此文，還以武為剛，以柔為文，以文武相成，說明剛柔互補之理。如其所說：「柔而不枉，然後文而能勝也；剛而不折，然而後武而能安也。」是說，文中有武，武中有文，文武方能各發揮其作用。此文，還以乾坤兩卦的爻辭，說明剛柔相盪之理。如釋乾卦用九爻辭說：「群龍无首，文而聖也。」釋坤卦上六爻辭說：「龍戰于野，文而能達也。」還說：「川（坤）之至德柔，而反於方。鍵之至德剛而能讓，此鍵川（坤）之參說也。」「反於方」，指坤卦六二爻辭「直方大」，有剛陽之德。此種解釋，本於坤卦《文言》文「坤至柔而動也剛，至靜而德方」。以上是《易之義》關於剛柔或陰陽互補的觀點。因此，此文為了論證其觀點，又插入了見於通行本《繫辭下》六章「乾坤其易之門邪」一大段文句，以其中的「陰陽合德而剛柔有體」，說明乾坤兩卦和剛柔二德的關係。為了說明這一論點，其中還插入了通行本《說卦》前三章的文句。以其中的「觀變於陰陽而立卦也，發揮於剛柔而生爻也」，「分陰分陽，迭用柔剛，故易六畫而為章也」以及「山澤通氣，水火相射，雷風相薄，八卦相錯」等文句，說明剛柔或陰陽相互配合或滲透。故下文緊接著提出「萬物之義，不剛則不能動」，闡發其義理。此說明，其中有關《說卦》前三章文字，亦係抄錄《易傳》文，因為其中有些文句，如「數往者順，知來者逆」，與主題是無關的。就此文對卦爻辭的解釋說，多取於《彖》、《象》、《文言》義，如其釋坤卦六四爻辭「括囊，无咎」說：「不言之謂也」，此是本於《文言》文「蓋言謹也」，以「言」為語言。其釋坤卦六五爻辭「黃裳，元吉」說：「尉文而不發之謂也」。此又是本於《文言》文「正位居體，美在其中」。就此而言，此文的下限，當在《文言》之後。其中引通行本《繫辭下》九章，「二與四同功而異位」，稱其為「易曰」，又是出於通行本《繫辭》文之後。

六、《二三子問》、《繆和》、《昭力》這三篇帛書，都是解釋《周易》卦爻辭。其解釋同《荀子》和漢初儒者解易的學風也是一致的。《二三子問》釋卦爻辭，亦多依傳文義。

如其釋乾卦上九爻辭「亢龍有悔」說：聖人之立正（政）也，若循木，愈高愈畏下。」此是取《文言》「知進退存亡而不失其正者，其唯聖人乎」義。如其釋蹇卦六二爻辭「王臣蹇蹇，非今之故」說：「王臣蹇蹇者，言其難也」。以蹇爲「難」，是取《彖》文義。此條釋文中又說：「見幾而務之，□有功矣」，「務幾者，成存其人，不言吉凶焉」。此又依《繫辭》「君子見幾而作」文。又其釋乾卦九三爻辭說：「君子之務時，猶馳驅也，故曰君子終日鍵鍵。」此依《文言》義：「終日乾乾，與時偕行。」又此文解釋坤卦六四爻辭「括囊，无咎无譽」說：「孔子曰：此言箴小人口也。小人多言，多過，多事，多患。」以此爻辭爲指小人之事。「聖人之言也，德之首也。聖人之有口也，猶地之有川谷也，財用所劃出也」，「唯恐其不言也，有何箴焉」。此種解釋，可能受到荀子以此爻辭爲「腐儒」的影響。此文釋卦爻辭，也有新意。如其釋坤卦上六爻辭「龍戰于野，其血玄黃」說：「言大人之廣德而下接於民也。」「其血玄黃者，見文也。聖人出法教以導民，亦猶龍之文也，可謂玄黃矣。」其以「戰」爲「廣德」，突出了儒家的德治主義；以玄黃爲「文」，又是受了《文言》「夫玄黃者，天地之雜也」的影響。又其釋鼎卦上九爻辭「鼎玉鉉，大吉，无不利」說：「鼎之舉也，不以其趾」，「必人舉之」；「賢以舉忌也，則君立正，賢輔弜（弼）之，將何爲而不利，故曰大吉」。此以舉賢說釋此爻辭之義。此文還對乾卦爻辭中的「龍」作了頌揚，認爲「龍之德」，其上升於天，「高尚行乎星辰日月而不眺，能陽也」；其下入於地，「潛深淵之淵而不沫，能陰也」。「龍既能雲變，又能蛇變，又能魚變」。以龍能陽能陰，善於變化，解釋乾卦爻辭的不同。按《淮南子·人間訓》釋乾卦九三爻辭說：「終日乾乾，以陽動也。

夕惕若厲，以陰息也。因日以動，因夜以息，惟有道者能之。」帛書文以龍德能動能靜，與《淮南》說是相通的。又此文對「龍」德的頌揚，頗類似荀子的〈雲〉賦。荀子描寫「雲」德說：「充盈大宇而不窕，人郤穴而不逼者歟」（《荀子・賦篇》）。「不逼」，謂無不容。「不窕」，謂無有間隙。帛書文謂龍德其上「不眺」，其下「不沫」，可能受荀文影響。《繆和》和《昭力》對卦爻辭的解釋，亦取傳文義或引《易傳》文。如其釋渙卦九二爻辭「賁（奔）其階（机），悔亡」說：「渙者，赫也。賁（奔）階（其）几（机）也，時也。古人之君子時福至，則難取。」又說：「聖人知福之難得而賁（奔）也，是以有矣。」此以「渙」爲渙發義，以時至而求其福，如願以償，釋此爻辭。這是本於此爻《象》文：「渙，奔其机，得願也。」又如其釋渙卦六四爻辭「渙其群，元吉」說：「思下天下之士而貴其渙者口，元者善之始也，吉者百福之長。」此以「渙」爲賢，以尚賢義，解釋此爻辭，又見於《呂氏春秋・召類》。「元者善之始」是依《文言》乾卦文「元者善之長也」。又其釋謙卦初六爻辭「謙謙君子，用涉大川，吉」說：「聖人不敢有立也，以有知爲無知也，以有能爲無能也，以有見爲無見也。」又說：「守以卑若此，故能君人」。此是依此爻《象》文「卑以自牧也」義。其中還說：「謙者，謙然不足也，亨者嘉好之會也。」其對「亨」的解釋亦是引乾卦《文言》文。文中還說：「天道毀盈而益嗛，地道……」。顯然，此又是引謙卦《彖》文，雖稱其爲「子曰」。又其釋恆卦六五爻辭「恆其德，貞，婦人吉」說：「婦德一人之爲口可以有心，有心矣，凶。」此是本於《象》辭：「婦人貞吉，從一而終也。」以上所引，說明此部分帛書，同樣出於《彖》、《象》、《文言》三傳後，其上限亦在《文言》之後。《繆和》、《昭力》解易，也有其特點，即引史證經，援引歷史事迹和歷史人物的遭遇，說明卦爻辭的意義。如引文王拘羑里、越王勾踐困於會稽，解釋困卦卦辭。引魏文侯、段干木事，解釋此卦九五爻辭。引楚莊、晉文、齊桓稱霸事，釋豐卦九四爻辭。這是因此部分文獻是通過對卦爻辭的解釋，講治國之義和君臣之道。此亦是帛書易說的特色之一。

七、以上所談帛書本易說，雖不屬於《易傳》範圍，但在易學史上有重要的意義。從《易傳》至漢易孟京一派象數之學的建立，其間經歷了一個發展過程。但由於這一時期有關解《易》的著述已失傳，無法窺其眞象。帛書本易說的出土，塡補了這一空白。其解《易》的傾向，可以歸結爲四點：其一，帛書各篇對卦爻辭所作的解釋，多依《彖》、《象》和《文言》義，除釋明夷卦引取象說外，都未論及象辭之間的關系，而是直接解釋卦爻辭中的義理，闡發人道教訓之義，特別是治國平天下之道。此種解《易》傾向，同漢易中以象數和卦氣解易的學風是不同的。其二，《要》區別學易和占易，提出與史巫「同塗而殊歸」說，可以說是繼荀子後，發展了儒家的易學觀，不同於後來京房一派所宣揚的占候術，即利用卦氣說推測人事特別是政事之吉凶得失。其三，《易之義》提出了陰陽變易說和剛柔相濟說，認爲乾卦爲陽，其中有陰，坤卦爲柔，其中有剛，論證動靜相合、文武相成是事物發展的基本法則，堅持了《易傳》的「陰陽合德」說，揭示出中華辯證思維的一大特色。此說可以說是上繼《易傳》，下開漢易陰陽說的先河。其中特別指出「剛健而不息」，如無陰柔以裁之，「不死必亡」，說明中國傳統思維方式並非只是以「剛健不息」爲美德。其四，帛書易說解釋卦爻辭，引入「五行」觀念，如《要》以「水火金木土」解釋地道有剛柔，《易之義》提出「子曰：五行」，《二三子問》又說「理順五行天地」、「天道始，必順五行」。此是對《易傳》解經的發展，當是受了齊學陰陽五行說的影響。帛書解《易》的這些特徵，不同於京房一派的象數之學，也不同於漢易中的章句之學，而是與後來古文經學派費直解易的學風相通的。《漢書·儒林傳》論費直易學說：「亡章句，繼以彖、象、繫辭十篇文言解說上下經。」帛書《易》說，有助於了解以《易傳》文解經的特色。總之，帛書《易》說的出土，爲研究漢代易學發展的歷史提供了新史料，其價值遠高於帛書本《周易》經傳文獻。

（《道家文化研究》第六輯，一九九五年）

# 帛書易傳研究中的幾個問題

帛書有關易傳文，共六篇，即《繫辭》、《要》、《易之義》、《二三子問》、《繆和》、《昭力》。《繫辭》部分，按張政烺釋文本，其結尾有「繫……」幾個字。此部分文獻，當爲《繫辭》文，即漢人所說的《易傳》即十翼之一。其它五篇中，《要》、《繆和》、《昭力》三篇皆有標題，《易之義》、《二三子問》則無標題。此五篇文獻，不屬於今傳《易傳》即十翼的內容，可稱爲「易說」。「易傳」有廣狹二義：廣義指凡解易的文獻，皆可稱爲「傳」；狹義指十翼文。這裡說的「易傳」，取狹義；不屬於十翼者，則稱爲「易說」。以下，談談我對帛書《繫辭》和其它文獻即易說的看法。

## 一、關於帛書《繫辭》

㈠關於帛書《繫辭》的本子，有人認爲是最早的傳本。我的看法是，此是現在最早的手抄本，不是最早的傳本，同今傳《繫辭》一樣，只是漢代的一種傳本。理由是，就漢初或西漢的有關文獻說，其引《繫辭》文，如賈誼《新書》引「失之毫厘，差以千里」，既不見於通行本，又不見於帛書本。又如京房看到的《繫辭》文有「能消者息，必專者敗」（見《易傳》），皆不見於帛書本和通行本。此說明，帛書本只是一種傳本。此帛書本，是否比通行本早，目前尚無證據可以說明。有人認爲，帛書本只有「天地之數」章，而無「大衍之數」章，所以比通行本早。此說難以成立。京房對「大衍之數五十，其用四十有九」，已作出解釋。他看到的傳本已有大衍之數章。《大戴禮記·易本命》講到動物之數時，認爲各種動物皆有三百六十種，認爲此是體現了「乾坤之美類，禽獸萬物之數。」此說即本於通行本的大衍之數章：乾坤之策；凡三百有六十，當期之日，加以推衍爲一萬一千五百二十，當萬物之數。可見，大衍之數章，在漢初和以前已流行。帛書本無此章節，不足以說明比通行本早。如同帛書本經文一樣，它只是一種傳本，不是最早的傳本。漢初文獻解釋卦序，多依通行本，如《韓詩外傳》論卦序，有同人、大有、謙的順序，此即通行本卦序。帛書易說中引的卦序順序，如乾坤、損益連稱，亦本於通行本，非帛書本經文的卦序。據《晉書》載，汲縣出土的易經上下的卦序與今本同，說明通行本卦序早在戰國中期已流行。據此，很難說，帛書本經傳文早於通行本。與通行本相比，帛書本的別字、假借字、錯字較多，亦非可靠的傳本，如無通行本參照，帛書本可以說是很難讀懂的。但帛書《繫辭》文，亦有可取之處，其中個別字可校通行本之誤。如通行本中的「易之序」，帛書本作「易之象」，當從帛書本。通行本以「體天地之撰」，帛書本作「以體天地之化」，帛書本於義爲長。

(二)帛書《繫辭》文，屬於漢代今文經學系統，因爲是用當時隸書體寫的。但它所依據的當是古文即篆文體的竹簡本。其中只有「天地之數」一節，而無「大衍之數」一節，可能由於其所依據的竹簡本，已脫落。漢初經師傳授經文，如伏生傳《書》，則依古文，口授弟子，以隸書記下來。在轉述或傳抄過程中，常有口誤或筆誤。傳抄《繫辭》文，亦是如此。帛書文中有二條突出的例子：一是凡「象」字皆寫爲隸書「馬」字，凡「坤」字皆與爲隸書「川」字。二是「太極」寫成「太恆」。此是出於篆文轉抄爲隸書而造成的筆誤。象古文作□；馬，作□，形似而誤。坤，古文爲巛，漢初文獻仍有此字形，抄書者將其寫成隸書「川」字。極，古文爲□；恆，篆文爲□，字形相似而誤。有一種說法，依帛書本，太極原爲太恆，因避漢文帝諱，改恒爲極，進而認爲「太恆」乃道家的範疇，從而認爲帛書《繫辭》爲道家的作品。避諱說，難以成立。傳抄經傳文，在當時無避諱可言。如帛書經文恒卦，並未因避諱改爲「極」卦。此種錯字的出現，說明帛書本的藍本是古文，證明今本《繫辭》文所依據的底本，漢代以前已存在，通行本《繫辭》晚出說，不攻自破。

㈢帛書本《繫辭》中沒有的文句，而見於通行本或見於帛書易說中者，應如何解釋？如通行本中，「危者安其位者」、「顏氏之子」等章節，則見於《要》中。通行本（朱熹《本義》分章）五、六、七、八、九章，見於《易之義》中。又通行本《說卦》前三章，亦見於《易之義》中。有人據此，以爲通行本《繫辭》和《說卦》中這部分文字，是後人從帛書中抽出來，成爲通行本的《繫辭》文。以此證明通行本《繫辭》爲晚出。我的看法是，《要》和《易之義》中這部分文字，是引述《繫辭》，作爲其立論的依據。《要》的主旨是以德代占，故引「顏氏之子」一段文字，加以說明，《易之義》是講乾坤兩卦義，主張剛柔相互補充，故引「乾坤其易之門」一段文字。引《說卦》中「窮理盡性」一段文字，說明陰陽剛柔相互補充，孤陰孤陽，非易之義。《要》中還談到有關三才之道的說法，有天道、地道、人道，此見於通行本《繫辭》下，但《要》分別對其內容作了解釋，以日月星辰爲天道、五行爲地道、上下有序爲人道。更爲重要的是，《易之義》中引「二與四同功而異位」一段文字，三次皆稱「易曰」，不稱「子曰」。此證明，其中有關與通行本相同的文句，或出於轉述《繫辭》文，或引用《繫辭》和《說卦》文。同時證明，通行本《繫辭》中有關文句，早於帛書本易說，在漢初前已流行。

## 二、關於帛書易說

㈠這部分文獻成於什麼時期，是一個值得研究的問題。有人認爲成於戰國時期。我的看法是，這部分文獻，其解易，多引用或闡述三傳，即《彖》、《象》、《文言》文，當出於三傳之後。如《易之義》說：「豐之虛盈」，此是依《彖》文：「天地盈虛，與時消息。」又如其論剛柔相互轉化說：「坤之至德柔，而反於方」。後一句是說，轉向坤卦六二爻辭「直方大。」此種解釋本於《文言》「坤至柔而動也剛，至靜而德方」。又如《要》論損益兩卦義，認爲二者可以轉化，損可以招來益，益可以招來損，「損之始，凶，其終也吉。」此又是本於損卦《彖》文「損益盈虛，與時偕行」。又如《二三子問》，解釋乾卦九三爻辭「君子終日乾乾」說：「君子之務時，猶馳驅也」。此是依《文言》文「終日乾乾，與時偕行」。又如以蹇卦義爲難，又是取《彖》文義。其釋謙卦義，則說：「鬼神福謙，人惡驕而好謙」，又是引《彖》文。又《繆和》解渙卦義，則說：「元者善之始也，吉者百福之長」。此是依《文言》「元者善之長也」。又其解釋謙卦義說：「亨者嘉好之會也」，也是引《文言》文。又如釋恆卦六五爻辭說：「婦德一人之爲，不可以有心」。此是本於《象》文「婦人貞吉，從一而終也」。以上所舉的例子，說明帛書易說，出於三傳之後。這是清楚的。問題在於此三傳成於何時？我的看法是，成於戰國中期以後，《彖》較早，《象》次之，《文言》晚出，下限當在戰國末年。帛書本易說，當出於《文言》之後，或成於秦漢之際或漢初。

㈡帛書易說，《二三子問》，則稱「孔子曰」，《要》論孔子與子貢的對話，其它行文，則稱「子曰。」此部分文獻當出於儒家之手，乃儒家講易的著作。問題在於其中的「孔子曰」，是否孔子解易的原話，還是後來儒者假託孔子之言，闡發儒家解易的道理，也就是說，其中的「孔子曰」，是春秋時代孔子的易說，還是戰國中期以來儒家的易說？我認爲，不是前者，而是後來的儒家學者，依孔子當年解易的學風，對《周易》經傳文所作的解釋。理由是，「孔子曰」中的術語、概念、命題等，不僅不見於孔孟的著作中，甚至於不見於《易傳》中。如《要》論易道，大講三才說，以陰陽爲天道，剛柔爲地道，上下有序爲人道。三才說見於《繫辭》文，又見於《管子》，孔孟皆無此說。値得注意的是，引五行概念，解釋地道剛柔的內容。據《論語》，孔子不言五行，《易傳》亦不談五行。又《二三子問》中，開頭則大加贊揚龍德，說龍能千變萬化，能爲雲、爲蛇、爲魚、爲飛鳥昆蟲，而又不喪失龍形，可謂「神能之至」。按《論語》，孔子「不語怪力亂神」。此文，大談怪異，不是孔子的原意。又其中有「德與天道始，必順五行」。據《論語》，孔子罕言天道，又不談五行。以上表明，

「孔子曰」中的話，不代表春秋時期的孔子思想。《要》的宗旨是講學易的綱要，假託孔子和子貢的對話，提出以德代占說，「我觀其德義耳」，認爲德行、仁義可以帶來吉利和幸福，不必求助於卜筮。此是發揮孔子的「不占而已」的學風，取卦爻辭中的人道教訓之義，認爲學易「可以無大過」。但不能因此得出結論，帛書中的「孔子曰」乃孔子的遺教，皆出於孔子。至於其中的「子曰」，有的假託孔子，有的指解易的經師，如《昭力》中的「子曰」，即指經師。

㈢關於帛書解易的學風，同後來的漢易學風相比，也有其特色。其對卦爻辭的解釋，都是直接引伸卦爻辭義，講治國平天下之道。如《二三子問》釋乾卦九五爻辭「飛龍在天，利見大人」，則說：「君子在上，民被其利，賢者不離」。此是闡發儒家的政治理想，不談象辭相應之理，所以很少講取象說、爻位說，如《彖》、《象》二傳所提出的體例。而是依《文言》文中解經的體例，直接闡發乾坤兩卦的卦爻辭的意義。此種解經學風，又見於《繫辭》中對某些卦爻辭的解釋，不談爻位，不講象數。此種解易的學風，又見於漢初的文獻，如《韓詩外傳》、《淮南子》，亦不談象數，而直接闡發經文義。此種學風不同於後來的孟喜、京房的卦氣說，也不同於後來的章句之學，反而同後來古文經學中費直易的學風相通，「無章句，徒以彖、象、卦辭十篇文言解說上下經」。此種解經學風，可以上溯於荀子。《荀子》中解易的文字有四處，二處解釋經文，都是直接闡發卦爻辭的義理，如以「腐儒」解釋坤卦六四爻辭：「括囊无咎无譽」，亦不談象數。一處是依咸卦《彖》文，解釋咸卦辭，「易之咸，見夫婦」。一處講易道，「善爲易者不占」。帛書本易說、《韓詩外傳》、《淮南子》以及費氏易學解經的學風，都同荀派學風是一致的，不同於後來興起的象數之學。關於對《周易》義理的闡發，《要》和《易之義》最爲突出。《要》區別了學易和占易，主張以道德修養代替卜筮，以孔子爲儒家傳易的代表。此說影響很大。司馬遷的「孔子晚而喜易」說，當出於此。《易之義》，通過對乾坤兩卦的解釋，提出剛柔互補的原則，認爲剛中有柔，柔中有剛，動靜相成，文武相濟，方立於不敗之地，在易學哲學史上有重要的意義。

㈣帛書易說的歷史價值問題。帛書本有關《周易》的文獻，如《易經》、《繫辭》，與通行本相比，史料價值不大。可是易說部分，在易學史上有重要的意義。從《易傳》至漢易孟京一派象數之學的興起，其間經歷了一個發展的過程。可是這一期間的解易著作，如《漢書·藝文志》所著錄的，楊氏易（楊何）、韓嬰易、周王孫易、丁寬易等都已失傳，無法窺見漢初易學的眞象。帛書本易說的出土和公布，添補了這一空白，爲研究秦漢的易學史提供了新的史料。它向我們提出一個問題，即漢初易學的淵源問題。從解經的學風看，從《要》和《易之義》對易道的闡發看，漢初易學同荀派易學有關。在先秦儒家傳易系統中，有文獻可考者是荀子。荀子是傳授五經的，漢代的經學頗受荀學的影響。如韓嬰的《外傳》大量引荀文。他又是一位易學家，其易學當出於荀學。帛書本易說很可能出於荀學。如《要》的以德代占說，很可能是闡發荀子的「善爲易者不占」的思想，或者說，荀子易學受了此派易學的影響。此是值得我們探討的課題。

㈤據帛書易說提供的資料，漢代今文經學與古文經學的區別，不在於字體，而在於其內容。近人研究漢代經學史，有一種流行的說法，即今文經學家，其解經的學風大都講陰陽災異，如董仲舒。而古文經學家，其解經，不神化史實，如劉歆，以孔子爲歷史人物，不以其爲神。然而帛書本《周易》經傳和易學的出現，說明漢初的今文經學亦有不談陰陽災異的，從而影響後來的古文經學派的易學，如費直易學。據此，可以說，漢代的今文經學有兩種傾向：一派是受荀學的影響，不講神秘主義。一派是受董仲舒的影響，大講神秘主義。前者又影響後來的古文經學的學風。總之，帛書經傳文的出現，對我們研究漢代經學的形成和分化也是有意義的。

（《國際易學研究》第一輯，一九九五年）

# 談儒家人文主義占筮觀

《周易》作爲儒家遵奉的經典之一，最初是周人占筮用的典籍，所謂「易本卜筮之書」。但這部典籍，通過後人的種種解釋，其性質和價值起了很大的變化。它作爲古人預知吉凶的一種形式，也經歷了一演變的過程，人們對其理解並不一致。如何看待筮法演變的歷史及其價值，也是當前周易熱中值得探討的課題。我想，就此課題，談談我的看法，供學人參考。

## 一

《周易》算命的方式，被稱爲「筮法」，即依靠蓍草數目的變化，導出一卦之象，依卦象推斷人事之吉凶。所謂「筮，數也」（《左傳·僖公十五年》）。筮法最初的形態，已不可考。在先秦文獻中，有明確記載的是《易傳·繫辭》中大衍之數章所講的揲蓍成卦說。依《左傳》和《國語》提供的史料，當時人占卦的方法是，依求得的卦象查閱《周易》一書中相同的卦象及其所繫之卦爻辭，依卦爻辭所言之事，推斷所問之事的吉凶。筮法同卜法相比，有以下幾個特點：其一，揲蓍成卦的過程，依既定的演算程序，將餘數逐步淘汰，最後導出七八九六之數定一爻之象，含有演繹邏輯思維的內容。所得之卦象，乃「人謀」的產物。而卜法所依據的「卜兆」，即將龜腹和獸骨鑽孔火烤而呈現的裂紋，乃「自然成文」，聽命於上帝的啓示。其二，占筮所依據的卦象，依排列組合的數學法則而成，其結構具有邏輯的內容，而卜兆則無邏輯的意義。其三，卦爻辭所言之事，多爲先民的生活經驗，教人如何趨吉避凶，體現了先民的憂患意識和求生的智慧，而卜辭即卜法斷定吉凶之辭，皆歸於上帝的命令，對所問之事的前途，無選擇的餘地。其四，筮法推斷吉凶的程序，依卦爻辭所言之往事，推斷所問來事之結果，含有類推邏輯思維因素，而卜法則憑卜師的神秘的體驗。卜法和筮法雖同爲上古巫術之一，但筮法同其它巫術相比，就其思維內容來說，人謀的成份增強了，理性主義因素增長了，從而爲周易這部古老的占筮典籍向哲理化轉化提供了前提，成爲中國哲學和中華文化的源頭之一。

## 二

到了春秋戰國時代，隨著社會制度的巨大變革，人們對周易和筮法的理解，發生了根本性的變化。就當時的時代精神說，思想界逐漸從殷周時代的天命鬼神觀的束縛中擺脫出來，人文主義和自然主義成爲中華文化的新潮流。以孔子爲代表的儒家乃人文主義思潮的倡導者。孔子倡人道，貶低或輕視神道，所謂「子不語怪力亂神」，「敬鬼神而遠之」。他以人文主義立場，重新注解西周以來的典籍。關於周易和筮法，他取其人道教訓之義，闡發了其中的理性主義成份，視周易爲提高人的修養境界的典籍。據《論語》記載，孔子讀《易》，有兩條心得：一條是：讀恆卦九三爻辭：「不恆其德，或承之羞」，其解釋說：「南人有言曰：人而無恆，不可以作巫醫。善夫！」又說：「不占而已矣」（《論語．子路》）。另一條是，論《周易》一書的價值說：「加我數年，五十以學易，可以無大過矣」（《論語．述而》）。此兩條談易心得，都表明孔子視周易爲改過遷善之書，認爲懂得卦爻辭中所涵蘊的人生哲理，便無須占卜了。又《左傳》定公十五年記載，子貢依魯公接見外賓時，「受玉卑，其容俯」，預言魯公將死。孔子評論說：「賜不幸言而中，是使賜多言者也。」認爲子貢的預言，所以應驗，是因爲他善於言辭，話說多了，偶然命中罷了。孔子是不相信預知吉凶的方術的。

孔子所開創的這種人文主義的筮法觀，影響深遠，一直爲儒家學者繼承下來，並加以發揚光大。戰國時代形成的《易傳》，並論易道和筮法，即本於孔子解易的傳統。《繫辭》認爲，「易有聖人之道四」：「以言者尙其辭，以動者尙其變，以制器者尙其象，以卜筮者尙其占」。前兩句皆以易道爲人類行爲的指南，從卦爻辭中得到啓發，以爲立身處世與進德修業的戒鑒。而占筮只是易道之一。關於占筮之道，《繫辭》又說：「君子居則觀其象而玩其辭，動則觀其變而玩其占」。是說，依據卦爻象和卦爻辭所涵蘊的人生哲理判斷所問之事的吉凶。即是說，從其中得到教訓，悔過自省，則可以化凶爲吉。因此，其釋卦爻辭中的吉凶斷語說：「悔吝者，言乎其小疵也。无咎者，善補過也。」凡此皆是闡發孔子讀易的學風。至荀子將此種學風概括爲「善爲易者不占」（《荀子．大略》），「不占」，謂不以預知個人的吉凶爲目的。《禮記．經解》則說：「潔靜精微，易教也」，謂周易使人心地純潔，心思精密，做事不害正道，亦是闡發儒家的人文主義傳統。馬王堆出土的帛書易傳，其中《要》篇，討論了占筮的價值，認爲筮法的目的是提高人的精神境界，所謂「求其德義耳」，而不是占個人的吉凶禍福，同樣是闡發孔子開創的人文主義的筮法觀。以上所談，皆以周易爲提高人的修養境界的典籍，不以其爲占卜個人吉凶禍福的方術，雖然保留了占筮的形式，但予以人文主義的解釋，即提倡人道教訓主義，而不是祈求鬼神消災賜福。

## 三

漢王朝建立後，隨著經學的確立，周易的研究納入儒家經學的道路。漢代易學即經學有自己的特色，其中象數之學成爲當時的主流。另一方面，以周易爲人算命，卜問吉凶禍福，在民間流行起來，形成了周易文化中的「數術」派。象數之學的奠基人之一京房，自創解易的體係，提出八宮、納甲、五行等體例，倡卦氣說，其目的仍是解釋周易經傳文。他因受當時今文經學派的影響，曾以卦氣說言災異，以卦氣斷政事之吉凶，但仍不同於民間流行的靠卜筮謀生的算命先生。他在其《易傳》中說：「易所以斷天下之理，定之以人倫而明王道，八卦建，五氣立，五帝法象乾坤，順於陰陽，以正君臣父子之義，故易曰元亨利貞」。這仍是發揮儒家解易的人文主義傳統。魏晉時期占算家管輅，以周易爲人卜問吉凶，往來於士族之間，並同玄學家何晏，圍繞易道問題，展開了辯論。他依卦爻象和陰陽之數推測人事之吉凶，據說其推測無不靈驗，被稱爲「神人」。但是，這位神算家，爲人卜問吉凶，也未拋棄儒家解易的人文主義傳統。據《魏書》記載，何晏曾向管輅說：我夢見青蠅數十頭，來我鼻上，驅之不去，是吉是凶？管輅占算說：鼻爲艮，乃天中之山象，高而不危，可常保富貴。今青蠅惡臭集於鼻上，表示位高者顛，高傲者亡，盛極必衰。勸君侯以謙、大壯兩卦的卦爻象和卦爻辭爲戒，謙則損多益寡，壯則非禮不履，未有損己而不光大，行非而不傷財者。此是依艮、謙、大壯三卦所涵蘊的哲理，諷刺和警告何晏專權必敗。所以他對何晏說：「願君侯上追文王六爻之旨，下思仲尼彖象之主，然後三公可決，青蠅可驅也」。此正是闡發儒家解易的人文主義精神，以占筮爲勸人爲善去惡，悔過自新的方式，如帛書《要》所說：「觀其德義耳也」。此亦不同於民間流行的以江湖騙術爲人卜問吉凶的算命先生。

## 四

到了宋明時期，由於新儒家的興起，儒家倡導的人文主義傳統，得到進一步發展。義理學派和象數學派中的代表人物，皆反對把周易當成爲人算命卜問吉凶的工具，並同江湖數術派展開了不妥協的鬥爭。

宋代易學哲學家邵雍，乃宋易象數學派中的代表人物，因爲主「數生象」，其易學被稱爲「數學」。因而《四庫》的編者，將其著作列入「數術」類。其實，邵雍的易學，談數，並非江湖數術之流。他是一位儒家學者，以繼承孔孟之志爲己任，視周易爲窮理盡性之書。其所窮之理，一是「物理」，一是「性命之理」，後者指人生之哲理。其論數，以理爲引導。

他說：「天下之數出於理，違乎理，則入於術。世人以數而入術，故失於理也」（《觀物外篇》）又說：「物理之學或有所不通，不可以強通。強通則有我，有我則失理而入於術矣」（同上）他所謂的理，指事物變化的基本規律，如陰陽消長或推移之理以及數學中的演繹法則。認爲談數而不及理，則流於「術」。他是反對數術的。他預知未來事物變化的動向，所依據的是陰陽消長的規律，不是其它。據說，他於天橋上聞杜鵑聲，推測南人將入相掌權，天下自此多事。他的根據是，南北之地氣，互爲盛衰，今南方地氣北移，禽鳥得氣之先，暗示南人將得勢。此說，並非科學，而且具有神秘主義氣運說的色彩。但他認爲其預言是依據陰陽互爲消長的規律，而不是靠鬼神的啓示。據說，他能預知洛陽牡丹之盛衰，其根據是：「見根撥而知花之高下者，爲上；見枝葉而知者次之；見蓓蕾而知者下也」（《宋元學案·百源學案》），此是依牡丹生長的規律預知其開花的日期。此種預言，是無可非議的。總之，他將儒家的人文主義占筮觀，引向依物理推論事物發展趨向的道路。這同後來的江湖數術僞託邵雍之名所炮製的《梅花易數》有天壤之別。故明末的科學家和象數之學的代表方以智，將邵雍視爲同張衡、祖冲之、一行等齊名的人物，並斥責江湖數術說：「其言象數者，類流小術，支離附會，未復其眞，又宜其生厭也」（《物理小識·象數理氣徵幾論》）。其所說的「類流小術」，即其父方孔炤所批評的「矜言占驗，則流爲術數耳」（《時論合編·三易考約》）。可見，宋明時期易學中象數之學的代表人物，都旗幟鮮明地反對江湖派的算命術，就此而言，亦是對儒家的人文主義占筮觀的發揚。

宋易中義理學派的代表人物，尤其反對江湖流行的占術。程頤以理爲其易學的最高範疇，以周易爲窮理盡性之書，如其所說：「即事盡天理便是易也」（《遺書》卷二）。認爲周易中的卦爻象和卦爻辭是要人們認識事物的本質，遵循其規律和規範，以提高人的思想境界。關於占筮之道，他說：「吉凶消長之理，進退存亡之道，備於辭。推辭考卦，可以知變，象與占在其中矣」（《程氏易傳·序》），認爲卦爻辭涵蘊陰陽消長和吉凶轉化之理，玩味卦爻辭，即可知道事物變化的原因，從而推測事物吉凶之走向，以此決疑。因此，他批評民間流行的算命術說：「古者卜筮將以決疑也。今之卜筮則不然，計其命之窮通，校其身之達否而矣。噫！亦惑矣」（《遺書》二十五）。所謂「決疑」，謂依卦爻辭所涵蘊的義理，排憂解難，即靠認識事物發展的規律而安身立命，而不是謀求個人的升官發財。易學哲學家張載進一步提出「易爲君子謀，不爲小人謀」（《易說·繫辭下》），認爲周易和筮法是爲君子修身明德立教，不是爲小人求名逐利解惑。關於周易一書的價值，他說：「聖人與人撰出一法律之書，使人知所向避，易之義也」（《易說·繫辭上》）。所謂「法律之書」，指規定人類行爲規範的典籍。所謂「向避」，不是指避凶趨吉，而是爲善去惡。總之，以周易決疑，不是計較個人的名利與安危，而是提高君子的品德，進而成爲聖人。義理學派的殿軍王夫之進一步闡發了張載的「易爲君子謀，不爲小人謀」的占筮觀，認爲周易不是引導人們避禍求福，而是教人懂得是非善惡之分。如其所說：「易不爲小人謀詭至之吉凶，於其善決其吉，於其不善決其凶」（《周易內傳·繫辭上》）。他以善惡釋吉凶。關於占筮，他說：「易之爲書，言得失也，非言禍福也。占義也，非占志也」（《內傳·繫辭下》）。「志」，指避禍求福的志向。「得失」，指是否符合義理。在他看來，周易講「知來」，是預知善惡之理；占筮不是占來事的吉凶，而是占是非善惡的後果。從而提出「占學一理」，以學釋占，即以提高人的精神境界爲占筮的內容。其所說的學，指學習卦爻辭中的義理，以其爲「修己治人之龜鑑」。他特別指出，當人處於困境和逆境之時，觀變玩占的目的，是從卦爻辭中得到啓迪，如困卦《象》所說：「君子以致命遂志」，即不動搖自己的理念。此種占筮觀，與江湖上流行的算命書籍有天壤之別。他說：「周易之占與後世技術卜占之書，貞邪義利之分，天地懸隔，於此辨矣」（《內傳·繫辭上》）。他特別指出，《火珠林》一類的錢占，排除大衍之數的演算程序，一切聽之於偶然，乃「尊鬼之靈以治人，無需於人謀」（《周易外傳·繫辭上》），是宣揚有神論和宿命論。他還指出，《火珠林》納甲法一類的占卜之書，將人的命運納入其所炮製的吉凶模式中，以五行「相生相剋之成局」，冒充「聖人之道義，天地之德業」，違背了《易傳》提出的「惟變所適」的占筮原則，更是不足爲訓。總之，王夫之的占筮觀充分顯示了孔子以來儒家倡導的人文主義的傳統，對弘揚周易文化做出了貢獻。

## 五

自宋明以來，由於象數之學的發達，在社會上又出現了一大批利用象數之學的範疇、術語爲人占卜吉凶的算命書籍，如前面提到的《火珠林》和《梅花易數》等。這些算命的書籍，或者打著京房易的招牌，或者打著邵雍易學的旗號，爲人卜問吉凶禍福，騙取錢財。這些算命書流行於民間，爲學術界所不取，乃江湖數術派的產物。其卜卦的特徵是：其一，成卦的方式，或以錢代蓍，或觸景起卦，廢除大衍之數的演算程序，一切歸於鬼謀或偶然。其二，斷卦的方式，很少言及，甚至拋棄卦爻辭，而是憑卦象中干支排列和五行生剋的模式，以比附的手法，推斷所問之事的吉凶。其三，占卜的目的是謀求升官、發財等生活遭遇是否吉利，而不是爲善去惡以提高人的道德境界。總之，此種算命書籍，不是闡發周易所蘊涵的人生哲理，而是宣揚一種宿命論，完全拋棄了儒家的人文主義傳統，實乃周易傳統筮法的墮落，故受到儒家學者尖銳地批評。可以看出，在周易文化中存在著兩種占筮觀，一是儒家倡導的人文主義傳統，一是江湖術士所炮製的算命術，我們對此要有清醒的認識，不能魚目混珠。

在近年來的周易熱中，經過一些文化人和教授之手，出版了大批宣揚《火珠林》納甲法和《梅花易數》等算命的書，美其名曰「周易筮法的正宗」、「科學的預測學」、「中華先哲智慧的結晶」，企圖爲江湖騙術翻案，實質上是宣揚神道或鬼道，如其所表白的乃人與神相聯繫的渠道。其所舉的所謂「應驗」的例子，或者出於杜撰，或者以偶然命中而迷惑人，既無科學價值，亦無人文主義價值。我們回顧從孔子以來，儒家倡導的人文主義占筮觀，對區別周易文化中的精華與糟粕是有意義的。

（《金景芳九五誕辰紀念文集》，吉林文史出版社，一九九六年）

# 《周易》與儒家的安身立命觀

安身立命是中國傳統哲學中人生觀的一大問題。中國哲學中三大系統，即儒家、道家和佛家都探討此問題，從而提出不同的解決方案。「安身立命」這一術語，始於儒家。「安身」見於《易傳．繫辭下》「利用安身，以崇德也」、「君子安其身而後動」。「立命」始於《孟子》：「夭壽不貳，修身以俟之，所以立命也」（盡心上）。「安身」，謂身心得到安定，不隨波逐流；「立命」謂對生死、壽夭、禍福等生活遭遇，泰然處之，不動搖自己的信念。總之，安身立命，謂人的生活目的不是追求個人的得失禍福，而是實現某種生活理念，從物質欲求的驅使中解脫出來，成爲思想境界高尙的人。安身立命既是一種人生觀，也是一種價值觀。此種價值觀認爲，人的生命的意義，不是追求富貴榮華和功名利祿，而是實現人的價值，即從動物的生活境地或獸性中擺脫出來，使人成爲眞正的人。中國傳統哲學中儒釋道三教皆執這種價值觀，其教義都是教導人們如何安身立命，從世俗生活中解脫出來。如佛家，不以貪戀個體生命爲目的，而以擺脫生死之苦腦，進入超脫人世生活的涅槃世界爲歸宿，以成佛爲最高的理念。如道家，將人的生死歸之於物化或氣化過程，視貧富貴賤爲過眼雲煙，以忘卻塵世的牽累爲最大的幸福和快樂，以成爲至人或神人爲最高的理念。而儒家將生死和個人的禍福等遭遇歸之於天或命，以追求道德生活的自我完善爲目的，以成聖人爲最高的理念。儒釋道三家的教義並不相同，佛家可稱之爲出世主義，道家可稱之爲自然主義，儒家可稱之爲人文主義。但三家又有相通處，即都肯定人的價值，不是追求物質生活的享受，而是實現某種理念，具有反世俗或超世俗的意義，三家的學說表明，人類的生活，一方面有從事物質生活資料的生產，滿足人類的生存和生活的需要；另一方面，又要求不做物質欲求的奴隸，還要從事於精神生活或精神文明的創作。總之，物質生活的需要，只是維持人的生命的手段，而不是目的。此種人生觀和價值觀乃東方文化，特別是中華文化傳統的特徵之一，能否爲全人類所接受，那是另一問題。但處於當今物質競爭激化的時代，對提高人的精神境界，淨化人的靈魂，還是有其現實的意義。以下，就《周易》一書的影響，談談儒家的安身立命觀的特徵。

儒家的安身立命觀，始於孔子和孟子。關於人的生死和貧富，孔子的弟子子夏說：「死生有命，富貴在天」（《論語·顏淵》）。天和命，謂人力無能損益，不必計較。孔子說：「五十而知天命」（《論語·爲政》）。「知天命」，指對生死禍福等遭遇安然處之的精神境界。但關於人的道德生活，孔子則主張積極地追求，不斷地完善，所謂「朝聞道，夕死可矣」（《論語·里仁》）；所謂「一日克己復禮，天下歸仁焉，爲仁由己，而由人乎哉」（《論語·顏淵》）。此種安身立命觀，後被孟子所闡發。他將人的生死壽夭以及物質生活的享受歸於命，即非人力所能爲和所能預料。因此，他認爲，對於壽命的長短，君子不必過問，應努力從事道德修養，不因壽夭問題而動搖自己的信念，所謂「修身以俟之，所以立命也」。對於耳目口鼻身等欲求的滿足，亦非人力所能及，君子不必追求，所謂「有命焉，君子不謂性也」（《孟子・盡心下》）。實現仁義禮智四德，亦是基於人的本性，但君子應充分發揚此種本性，不能歸之於命，所謂「有性焉，君子不謂命也」（《孟子・盡心下》）。據此，孟子認爲，爲了正義而犧牲自己的生命，正是死得其所，所謂「莫非命也，順受其正」；「盡其道而死者，正命也」（《孟子・盡心上》）。「正命」，謂死得有價值；「盡其道」，謂努力實現自己的道德理念。可以看出，孔孟的安身立命觀，是以履行自己的道德義務爲依據的，通過道德的實踐，使人格自我完善，從而得到解脫。此種人生觀和價値觀，影響深遠，成爲歷代儒家學者所弘揚的做人準則。此種安身立命觀明顯地表現在對《周易》一書的理解中。

《周易》原本是卜筮之書，即推測人事吉凶禍福的典籍，即算命的典籍。算命是通過占筮的形式，向神靈卜問自己未來的命運。上古時代的人，遇到疑難問題，無力解決，於是求助於龜卜和與占筮，企圖從中得到啓示和安慰，樹立自己的生活信念。就其求得精神上的安慰說，占筮可以說是一種古老的安身立命的方術，但不是基於理性的自覺，而是寄託於神靈的保祐。因此，從孔子開始，便不相信這種占術，從而對《周易》進行了新的解釋，即不以其爲預測吉凶禍福的典籍，將其引向提高人的道德修養境界的道路。照《論語》記載，孔子對占筮的見解有兩條：一是對《周易》恆卦九三爻辭「不恆其德，或承之羞」的解釋，其引南人之言說：「人而無恆，不可以作巫醫。」又說：「不占而已矣」（〈子路〉）。此種解釋，強調卦爻辭的道德修養的意義，認爲道德境界得到提高，不需要算命了。另一條是，「五十以學易，可以無大過矣」（〈述而〉）。又將《周易》視爲遷善改過的典籍。這兩條都表明孔子所追求的是占筮中的人道教訓之義，而不是個人生活中的吉凶得失。或者說是賦予算命以人文主義的解釋。後來儒家的典籍《禮記》將孔子的占筮觀進一步解釋爲「潔靜精微，易教也」（〈經解〉），認爲《周易》可使人的心地純靜，心思精密，做事不害正道。儒家大師荀子又概括爲「善爲易者不占」（《荀子·大略》）。「不占」，謂不以《周易》爲占算人事吉凶的典籍。儒家的這種《周易》觀，反映了一種價值觀，即生活的目的不是追求個人的幸福，即趨利避害，而是如何做一個道德高尚的人。此種安身立命觀又表現在戰國時代解《易》的著作《易傳》中。《繫辭下》論《周易》的性質說：「其出入以度外內，使知懼，又明於憂患與故，無有師保，如臨父母」。是說，《周易》可以使人明白憂患與事故，正確處理生活中的疑難問題，如同父母一樣，告誡自己。又說：「易之興也，其於中古乎！作易者其有憂患乎！是故履，德之基也。謙，德之柄也。復，德之本也……」。認爲人處於憂患之時，故從《周易》中尋找教訓，但所尋找的不是怎樣避凶就吉，而是如何從事道德修養，作爲防止和解除憂患的依據。其中對爻卦的解釋，都是從道德修養的角度著眼的。所以《繫辭上》又說：「易其至矣乎！夫易聖人所以崇德而廣業也」；「夫易，開物成務，冒天下之道如斯而已者也。是故聖人以通天下之志，以定天下之業，以斷天下之疑」。「冒天下之道」，謂包括一切作人的準則。認爲掌握《周易》中的行爲準則，就可以解決疑惑，成就各種事業。

《易傳》認爲，《周易》所揭示的行爲準則，其中最根本的是陰陽變易的法則，《繫辭上》稱其爲「一陰一陽之謂道」。《說卦》稱此法則爲「性命之理」。它說：「昔者聖人之作易也，將以順性命之理，是以立天之道曰陰與陽，立地之道曰柔與剛，立人之道曰仁與義」。

認爲人懂得並按此性命之理而行動，便可以排除憂患，安身而立命，成爲高尚的人。即其所說：「觀變於陰陽而立卦，發揮於剛柔而生爻，和順於道德而理於義，窮理盡性以至於命」。「窮理」，爲探討陰陽變易的法則；「盡性」謂發揮人的仁義之性；「至於命」，謂達到安身立命的境地，即對生死壽夭、吉凶禍福等遭遇，皆能安然處之。《繫辭上》稱讚這種境界說：「與天地相似故不違；知周乎萬物而道濟天下故不過；旁行而不流；樂天知命故不憂；安土敦乎仁故能愛」。是說，聖人的境界與天地之道合而爲一；效法天道，雖處於困境而不憂；效法地道，仁愛萬物而不息。後兩句，集中體現了儒家的安身立命觀。此種安身立命觀，排除了占筮的神秘主義成份；既是人文主義的，又是理性主義的，對中國傳統哲學中的人生觀起了深刻的影響。

宋明時期的新儒家對《易傳》的安身立命作了深入的闡發。理學派的奠基人程頤將《周易》視爲窮理盡性的典籍。在其《易傳·序》中說：「易，變易也，隨時變易以從道也。其爲書也，廣大悉備，將以順性命之理，通幽明之故，盡事物之情而示開物成務之道也」。「道」，指事物變化的原則，包括人的行爲規範。程氏此論，是對上述《易傳》的《周易》觀的發揮。因此，他反對以《周易》爲算命之書。他說：「古者占筮將以決疑也。今之卜筮則不然，計其命之窮通，校其身之達否而已。噫！亦惑矣」（《遺書》二十五）。「決疑」，謂遇到疑難問題，通過卜筮來提高人的道德修養，而不是尋求吉凶禍福的答案。如其在《易傳》中解釋泰卦九三爻辭「无平不陂，无往不復，艱貞，无咎」說：「泰久而必否，故於泰之盛與陽之將進而爲誡曰：『無常安平而不險陂者，謂無常泰也。……當知天理之必然。方泰之時，不敢安逸，常艱危其思慮，正固其施爲，如是則可以無咎』」。按《周易》卦序，泰卦之後爲否卦，泰卦坤上乾下，其九三爻處於乾卦陽爻之上，坤卦六四爻之下。程氏認爲，泰卦表示興盛到極點，要轉向其反面即否卦。其九三爲陽爻之極至，再前進，則要轉化爲陰爻。此卦和此爻處於盛極將衰之時。故九三爻辭說：「无平不陂，无往不復」。以此警告人們，當泰之時，不要安逸而常思艱危，如是則可以無咎。其所以無咎，因爲懂得盛極則衰乃「天理之必然」，即事物發展的必然規律。按此規律指導自己的言行，則不會走向反面，此即《繫辭》所說「利用安身，以崇德也」，《說卦》所說：「窮理盡性以至於命」。此是以認識事物變易的規律，進而提高人的思想境界，爲安身立命的依據。因此，他解釋《繫辭》之「樂天知命而無憂」說：「順乎理，樂天也；安其分，知命也；順理安分，故無所憂」（《易說·繫辭》）。他以順理安分解釋樂天知命，即以遵循事物的規律和規範爲最大的快樂，從而由憂患和苦惱中解脫出來。如其於《易傳》中釋離卦九三爻辭「日昃之離，不鼓缶而歌，則大耋之嗟，凶」說：「以理言之，盛必有衰，始必有終，常道也。達者順理爲樂，缶常用之器也，鼓缶而歌，樂其常也。不能如是，則以大耋爲嗟，憂乃爲凶也」。是說，離卦九三爻處於下卦之極，極則走向反面，表示光明將盡，如日落西山；就人事說，當人已暮年，進入衰老時期。此是基於盛必有衰，始必有終之理。達觀者，懂得此理，則不以衰老爲憂，反而擊缶而歌。如果，以爲死期將至，悲嘆不已，反是大凶。程氏此解，可以說是對其樂天知命說的注腳。他以「即事盡天理」解釋《周易》之道，以順天理爲判斷吉凶的準則，是對儒家的安身立命觀的新的闡發。

宋明道學中氣學派的奠基人張載，同樣以《周易》爲窮理盡性之書，不以其爲占問吉凶禍福的典籍。他說：「易即天道」，「則歸於人事」（《易說·繫辭上》）。「天道」，指陰陽二氣相互推移的過程和法則；「人事」，謂從事於道德修養，提高人的精神境界。又說：「聖人與人撰出一法律之書，使人知所向避，易之義也」（《易說·繫辭上》）。他認爲《周易》一書乃聖人依據天道爲人類制定的行爲規範，人們依其教導而行動，則成爲道德高尚的人。《周易》教人「知所向避」，不是追求個人的得失禍福，即避凶就吉，而是教人如何爲善去惡。因此，他提出「易爲君子謀，不爲小人謀」（《易說·繫辭下》），認爲《周易》中的卦爻象和卦爻辭都是爲君子占驗未來之事，即教導人們如何具有君子的品德；道德敗壞的小人，從《周易》和占筮中撈不到好處。如其對乾卦各爻辭的意義都是從爲君子謀的角度加以詮釋。如以初九爻辭「潛龍勿用」爲顏回的修養境界，即德行尚未顯著，不求聲名和官位。以九五爻辭「飛龍在天」爲孔子即聖人的境界，其德行登峰造極，與天同德，既能化人，又能化物，「富貴不足以言之」。總之，在張載看來，以《周易》決疑，是告誡人們怎樣做一個不追求個人名利的正人君子，進而成爲聖人。依據這種《周易》觀，他提出「窮神知化」說，作爲安身立命的依據。他說：「神化者，天之良能，非人能，故大而位天德，然後能窮神知化」（《正蒙·神化》）。「天德」，即聖人的境界。「神化」指氣化的過程和法則。張載認爲，人和萬物的性和命都是氣化的產物，「不識造化則不識性命」（《易說·繫辭上》）。故聖人之學以「窮神知化」爲最高的任務，聖人的境界即與氣化合一的境界，即與天合一的境界。他認爲，此種境界，是通過道德修養，克服私心和私欲而達到的，有此境界，便能從生死、禍福等牽累中解脫出來，如其所說：「存神過化，忘物累而順性命乎」（《易說・繫辭上》）。此是對孟子說的「夫君子所過者化，所存者神。上下與天地同流，豈曰小補哉」（《孟子・盡心上》）所作的解釋。「存神」，指道德修養和對氣化的認識達到成熟的境界，不用思慮，便能與氣化合而爲一；「過化」，謂安於事物的變化，不人爲地加以干預。有此境界，則與天地之化同流，不計較個人生活中的利害得失，以至於生死壽夭，精神上便得到解脫。如其所說：「存，吾順事；沒，吾寧也」（《西銘》），即生則盡人事，死意味著得到安息。此種安身立命觀，從道德修養入手，進而樹立一種世界觀，將個人的生命和生活同宇宙大化流行聯結在一起，同樣具有理性主義和樂觀主義的精神。

宋明道學中心學一派，也研究《周易》經傳，從中汲取養料，闡發自己的安身立命觀。心學派的奠基人陸象山同樣以《周易》爲明理盡性之書。他將程氏說的「天理」歸結爲心之條理，即本心或道心，認爲《周易》的卦爻象和卦爻辭都在顯示心中之理，教人知所向避。他說：「此理充塞宇宙，誰能逃之，順之則吉，逆之則凶」（《易說》）。又說：「萬物森然於方寸之間，滿心而發，充塞宇宙，無非此理」（《語錄》）。「此理」，即孟子所說的「良知」、「良能」，或仁義本心。他認爲，易理和人心，不容有二，即其所說「心即理也」。卦爻即吾心之理，即聖人之心。如其釋乾卦九二爻辭說：「夫君位既已在五，則夫君德者非人之龍德中正，其孰足以當之。聖人於是發成己成物之道，存誠博德之要，使後之人君，能明聖人之言，以全九二之德，則天下有不足爲矣」（《全集・庸言之信》）。是說，九二爻居下卦之中位，同九五爻一樣，爲君位，人君處於此位，心無私欲之蔽，則無所偏倚，心存大中之德，既能成己，又能成物，既能閑邪存其誠，又能博施而化物，將萬物人我融而爲一。陸氏認爲，《周易》六十四卦都是教人實現合人我內外而爲一的境界，有此境界，便能擺脫一切物累，超凡而入聖。他釋《繫辭》文「聖人以此洗心，退藏於密」說：「滌人之妄則復乎天者自爾微，盡己之心則交乎物者無惑累。蓍卦之德，六爻之義，聖人所以復乎天交乎物者，何其至邪」（《程文》）。「妄」，指人欲之私；「天」，指本心或道心，即《書·大禹謨》說的「道心爲微」。「盡己之心」，謂使本心發揚光大。「交乎物」，謂同外物打交道。此是說，卦爻象和卦爻辭在於告誡人們去人欲之私，復天理之全，使本心發揚光大，同外物交往，則不隨波逐流，不受外物牽引，吉凶則能與百姓同患，遇事則能知來藏往，從世俗生活中解脫出來，此即「窮理盡性以至於命」。陸氏的弟子楊簡，依此種《周易》觀，進一步提出「天人本一」說，認爲《周易》講的天道即是人心變易之道，天道不在人心之外，如其所說：「知天人之本一，則知乾矣」（《易傳·乾》）。是說天道之剛健不息，即人心之自強不息。他通過對《周易》的解釋，將天地萬物的變化歸之於人心之變化，認爲吾心即是宇宙的全體，有此境界，則從私心和私欲中解脫出來。他說：「不以天地萬物萬化萬理爲己，而惟執耳目口鼻四肢爲已，是剖吾之全體，而裂取分寸之膚也，是梏於血氣而自私也，自小也」（《己易》）。此種天人一本的境界，強調人的主體性原則，即以人心爲天地之心，認爲有此境界，任何吉凶禍福都不在話下，成爲頂天立地的聖人。明代的心學大師王守仁進一步闡發了陸、楊的《周易》觀及其天人一本論，認爲占筮和《周易》無非是「神明吾心而已」，提出「良知即是易」（《傳習錄》下）、「天即良知」、「良知即天」（《傳習錄》）。認爲良知作爲心之本體，與天道是一回事。其釋乾卦《文言》「大人與天地合其德」說：「大人與天爲一而已矣。……惟聖人純乎義理而無人欲之私，其體即天地之體，其心即天地之心，而其所以爲之者，莫非天地之所爲也。故曰循則天爲一」（《山東鄉試錄·易》）。可以看出，心學派的安身立命觀，以發揚本心即仁義之心爲原則，以消除人欲之私和習俗之心爲手段，以人心爲宇宙之主宰，認爲有此境界，便得到解脫，不必占問吉凶，同樣將占筮和《周易》引向了理性主義的道路。

上述道學家們，通過對《周易》經傳的解釋，或者將易理視爲外在客觀的法則，如理學派以其爲「天理」，氣學派以其爲氣化過程；或者將易理視爲主觀內心的法則，如陸王心學以其爲本心或良知，由此建立其安身立命觀，作爲超脫世俗生活的依據。前者以主觀依於客觀，求得解脫；後者以客觀依於主觀，求得解脫，二者各有偏重。至明末清初王夫之，解釋《周易》經傳，綜合了二者的觀點，對儒家的安身立命觀作了全面的闡發。他繼承了張載的「易爲君子謀」的思想，認爲《周易》不是引導人們避禍求福，而是教人懂得是非善惡之分。他說：「易不爲小人謀詭至之吉凶，於其善決其吉，於其不善決其凶」（《內傳·繫辭上》）。他以善惡解釋吉凶。又說：「易之爲書，言得失也，非言禍福也。占文也，非占志也」（《內傳·繫辭下》）。「得失」，指是否符合義理。認爲《周易》講「知來」，是預知善惡之理；占筮不是占來事之吉凶，而是占是非善惡的後果。他同樣以《周易》爲窮理盡性之書，以此來提高人的精神境界。怎樣提高人的精神境界？王氏認爲，可以從占和學兩方面入手，特別強調學易，並以學易解釋占易。「學易」是說，玩味《周易》書中卦爻象和卦爻辭的義理，從中得到教益。他說：「觀象玩辭，學易之事」（《內傳·繫辭上》）。王氏認爲，卦爻象和卦爻辭蘊藏著陰陽變易的法則，即一陰一陽之道，精研其義，窮究其理，既可以修身治國，又可以上達聖人的境界。他說：「若夫學易者，盡人之事也，盡人事而求合乎天德，則在天者即爲理」（《周易大象解序》）。他舉例說，如觀否卦象爲天地不交，則可以「儉德辟難」；觀剝卦象，則可以「厚下安宅」；觀乾卦象「天行健」，君子則應自強不息；觀坤卦象「地勢坤」，君子則應厚德載物。他說：「分審於六十四象之性情，以求其功效，乃以精義入神而隨時處中，天無不可學，物無不可用，事無不可爲。是以上達則聖人耳順從心之德也。（《周易大象解序》）。是說，通過學易，懂得事物所以然之理和當然之則，就可以達到孔子所說的「六十而耳順，七十從心所欲而不逾矩」的境界。「占易」是說，人遇到重大疑難問題不能解決時，或遇凶險困境，難以解脫，通過占筮，可堅定自己的信念，不爲吉凶禍福等個人利害問題所牽擾，即安身而立命。他說：「樂天知命而不憂以俟命，安土敦仁而能愛以立命」，「吉還其吉，凶還其凶」，「所謂動則玩其占也」（《周易大象解序》）。此種占筮觀，不是求福避禍，而是從卦爻辭的吉凶斷語中，得到啓示，使自己在複雜多變的環境中，謹慎從事，憂慮所行是否有不當處；通過占筮，以決其疑，不因困境而動搖自己的理念。即是說，一方面，對生死禍福之命，不加考慮，即「樂天知命而不憂」，此即孟子所說的「俟命」；另一方面，又要推行自己的德行，堅持正道，完成自己的使命，即「安土敦仁而能愛」，此即孟子說的「立命」。此種「立命」，不是個人求得解脫，而是爲生民立命。王氏認爲此即《繫辭》所說的「聖人以此洗心，退藏於密」。此種占筮觀，同樣是啓發理性的自覺，並且將占易視爲陶冶自己人格的一種手段，實際上是從學易的角度講占易，所以他說：「占與學初無二理」，又稱之爲「占學一理」。總之，王夫之的安身立命觀，集中到一點，在於解決吉凶禍福同道德理念的關係問題，即中國傳統哲學中的義命之辨。他認爲，天地萬物都處於永恆的運動變化的過程中，人的生命特徵之一，即每日都在運動，所謂「天下日動而君子日生，天下日生而君子日動」（《外傳・繫辭下》一章）。有動則必有吉凶，有吉凶則有悔吝。吉凶之事，對人的生命來說是不可避免的。問題在於如何對待吉凶禍福問題。是逃避吉凶禍福，如佛道二教那樣去追求彼岸世界，以此得到解脫，還是承認吉凶禍福，或在吉凶禍福中得到解脫？王氏作爲儒家的大師，堅持現實主義同理想主義相結合的傳統，即在現實生活中，實現其理想，因而主張走後一條路線，即以道義統率命運，以實現道德理念或人格的自我完善爲安身立命的最高準則。在他看來，吉凶禍福等生活遭遇不能也不應逃避，而應視其爲行正道、守正義的手段，以吉凶遭遇來鍛煉人的道德品質，以悔吝來提高人的精神境界。執政者的使命，不是爲個人立命，而是爲百姓「造命」。如其所說：「俾造民物之命。己之命，己之意欲，奚其得與哉」（《文集・君相可以造命論》）。此種安身立命觀，一方面，主張認知和掌握事物發展的規律，即「盡人事而合乎天德」，另一方面，又主張不因個人的吉凶遭遇而動搖爲生民造命的信念，既不受名利的誘惑，又不屈服於邪惡勢力。此種安身立命觀，既揚棄了宿命論，又排斥了唯意志論，不是基於個人主義，而是立足於群體主義，集中地闡發了儒家的安身立命觀的精華，也是王夫之自己生活的信念的寫照。

總之，儒家學者通過對《周易》的解釋所闡發的安身立命觀，不只是一個理論問題。在此種人生觀和價值觀的影響下，在中華民族的歷史上，哺育了一大批爲民造福從而拋頭顱、洒熱血的仁人志士和民族英雄，培育了不少爲追求眞理而寧肯安於困苦生活的偉大的思想家、學者、科學家和文學藝術家，他們的思想境界可以說是「富貴不能淫，貧賤不能移，威武不能屈」，從而爲中華民族的生存和發展，爲中華文化的繁榮和進步，做出了傑出的貢獻。這是值得現代人深思的。

（《安身立命與東西文化》，香港法住出版社，一九九二年）

# 易經的憂患意識與民族精神

易經是儒家尊奉的經典之一，並居群經之首，從漢朝開始，爲歷代學人必讀之書。同其它中華原典相比，易經的一大特色是，培養了中華學人爲國爲民的憂患意識。正是這種憂患意識，使中華民族雖經歷千難萬險，滄海桑田，仍屹立於世界民族之林，爲人類文明的發展，做出了自己的貢獻。總結這份珍貴遺產，對振興中華，迎接二十一世紀的來臨，有其重要意義。

## 一

周易或易經乃西周時期形成的占筮用的典籍。這部典籍由六十四卦象和解說卦爻象的卦辭和爻辭組成。卦辭和爻辭保存了先民的求生智慧和生活經驗，含有自我反省的憂患意識，以此引導人們化險爲夷，趨吉避凶。此書中，關於吉凶的斷語即占辭或筮辭，除吉、凶、利、不利外，還有「有悔」、「无悔」、「悔亡」、「咎」、「无咎」、「吝」等。這些斷語都表示通過悔悟或悔恨，改過自新，使自己從困境中擺脫出來，否則，則陷於困境或險地而不能自拔，甚至遭遇不幸。如乾卦九三爻辭說：「君子終日乾乾，夕惕若，厲，无咎。」是說，君子終日不懈怠，至傍晚都抱有警惕之心，雖遇險情，仍不犯過錯。又此卦上九爻辭說：「亢龍有悔。」謂龍飛得過高，有掉下來的危險，會有悔恨，要人們做事不要走極端，以此自勉。坤卦初六爻辭說：「履霜，堅冰至。」謂霜降是結冰的先兆。此條爻辭要人們善於察覺事物的走向，防微杜漸，以免後患無窮。又如屯卦六三爻辭說：「即鹿无虞，惟入于林中，君子幾，不如舍，往吝。」謂入山林打獵，無守林人引路，不如罷手，否則，必有悔恨。此條爻辭要人們做事，先要熟悉情況，不可輕舉妄動。又家人卦初九爻辭說：「閑有家，悔亡。」謂治理家事，預防不軌，可免於後悔。困卦上六爻辭說：「困于葛藟，于臲卼，曰動悔。有悔，征吉。」謂遭到藤類植物纏身，處於危境，動則後悔。如能悔悟反省，找出擺脫困境的途徑，繼續前進，則吉。泰卦九三爻辭說：「无平不陂，无往不復，艱貞，无咎。」謂人生旅途，不是一帆風順，有平坦，就有陂斜，有往就有來，遇到困難，不要驚慌失措，如此則可無咎。明夷卦六五爻辭說：「箕子之明夷。」謂遇到殷紂王一類暴君的迫害，要如當年的箕子那樣隱遁起來，韜光養晦。又恆卦九三爻辭說：「不恆其德，或承之羞」，謂做事要有恆心，否則，一事無成。孔子對此爻辭，十分讚賞，認爲懂得這條道理，用不著占卦了，所謂「不占而已矣」。以上所引表明，易經這部古老的典籍，是通過占筮的形式，要人們對自己的處境和言行，時刻保持警惕。即是說，要有憂患意識，以自省和改過改善自己的處境，從而化凶爲吉，或避免不幸。此種言辭，同當時的卜辭相比，是一大進步。龜卜這種算命術，向上帝卜問吉凶，上帝的啓示，或吉或凶，或利或不利，吉凶分明，一切聽從上帝的旨意，人對自己的命運無選擇的餘地。而周易的卦爻辭，將卜問吉凶引向遷善改過，化凶爲吉以及防患於未然的反思道路，表明人類支配自己命運的主動權相對地增強了，理性的自覺提高了，從而使周易這部典籍所含有的思維方式成爲中國哲學的源頭之一。

易經中的自我反思和憂患意識，被戰國時代形成的解釋易經的文獻《易傳》所闡發，視周易爲排憂解惑的典籍。《繫辭下》論周易的興起說：「易之興也，其於中古乎？作易者其有憂患乎！」關於周易的價值，《繫辭下》說：「其出入以度，外內使知懼，又明於憂患與故，無有師保，如臨父母。」是說，周易可以培養人的憂患意識，如同師長和父母一樣，告誡其弟子和子女時刻保持警惕，從而化險爲夷。關於易經中的占筮之辭，《繫辭上》說：「吉凶者，失得之象也。悔吝者，憂虞之象也。」又說：「悔吝者，言乎其小疵也。无咎者，善補過也。」「憂悔吝者存乎介，震无咎者存乎悔。」是說，「悔吝」、「无咎」等辭，表示人有憂患之心，善於改過，從微小處做起，通過悔悟，避免犯過錯。歷代著名的易學家和思想家都如此看待周易。如宋朝的張載解釋《繫辭》文「明於憂患與故」說：「聖人與人撰出一法律之書，使人知所向避，易之義也。」（《易說‧繫辭上》）「法律之書」，謂周易乃規範人類行爲的教科書，使人有所悔悟，爲善去惡，以提高人的思想境界。清代的易學大師王夫之解釋《繫辭》文「憂悔吝者，存乎介」說：「本善也，一有小疵而即成乎不善，故告之以悔吝，使人於此憂之，以愼於微而早辨之。」（《周易內傳‧繫辭上》）此亦是以周易爲提高人的憂患意識，從而改過遷善的典籍。他又說：「本有咎而告之，故使人知悔其前過而補之，則猶可以无咎。易之所以警惕夫人而獎勸之於善者至，非但召以吉凶而已。」（《周易內傳‧

繫辭上》）此亦是說，周易的卦爻辭勸人改過自新，勉勵人爲善去惡，不只是示人以吉凶。清代易學家焦循說：「夫易者聖人教人改過之書也。更者改也。極孤危凶困，一經改過，遂化爲吉而無咎。」（《易圖略・原筮》）謂人處於逆境或困境之時，能改過自新，則化險爲夷，故以周易爲教人改過之書。以上所引，乃後來的易學家對《易傳》提出的憂患意識的闡發。

可以看出，所謂憂患意識，是說人對自己的處境和現狀，時刻抱有警惕之心，即使處於平安無事，事業發達興盛之時，也不能掉以輕心；即使處於困境和逆境，也不要氣餒，要堅持自己的原則和信念，通過反省，爭取改變現狀，迎接光明的來臨。這種意識也是對恐懼感和危機感的理性的反思。正是這種求生存求發展的憂患意識，如孟子所說：「生於憂患而死於安樂」（《孟子・告子上》），鍛煉了中華民族的生存意志和生活智慧，培育了一批又一批的仁人志士，爲國家的富強、民族的振興、民衆的福祉而奮鬥終身。北宋的改革家范仲淹，「泛通六經，尤長於易」，正是在易經的憂患意識的啓迪下，提出「先天下之憂而憂，後天下之樂而樂」的名言，成爲中華學人的典範。

## 二

易經的憂患意識，經過《易傳》的闡發，對中國人的政治生活起了深遠影響。首先，通過對卦象的解釋，提出物極則反，居安思危的治國原則。易經對六十四卦排列的順序和一卦六爻的安排，體現了對立面轉化的思維。如乾卦之後爲坤、屯卦之後爲蒙、泰卦之後爲否、剝卦之後爲復、損卦之後爲益、革卦之後爲鼎、既濟卦之後爲未濟等，所謂「非覆即變」，相互轉化。一卦六爻，初爻表示開始，上爻表示終結，意味著發展到頂點，要轉向反面。《繫辭下》稱爲「原始要終以爲質也」。如泰卦上六爻辭說：「城復于隍」，謂城牆傾覆倒於壕溝之內，表示泰極則否。剝卦上六爻辭說：「小人剝廬」，謂剝去廬舍，表示剝到盡處，將轉化爲復卦。《易傳》從卦爻象的變易中得到啓發，提出了物極則反的思維方式。如乾卦《象》解釋上九爻辭「亢龍有悔」。說：「盈不可久也」；《文言》解釋說：「窮之災也」，「與時偕極」。意謂剛健之德發展到極端，則走向反面。《易傳》依此，考查政治生活，提出三不忘：「君子安而不忘危，存而不忘亡，治而不忘亂。是以身安而國家可保也。易曰其亡其亡，繫于苞桑」。「易曰」引否卦九五爻辭，謂隨時戒懼危亡，如同桑樹之根深蒂固一樣而不移動。此是說，治亂興亡處於轉化的過程，不可掉以輕心，要居安思危，防止走向反面。故乾卦《文言》說：「知進退存亡而不失其正者，其唯聖人乎！」是說，聖人治理天下國家，總是從進退、存亡兩方面考慮，即是說，要有憂患意識，方能長治久安。此種憂患意識，對安於現狀的執政者來說，無疑是一付清涼劑，成爲歷代英明的政治家和有遠見的思想家治國安邦的原則之一。

南宋時期的抗金派和改革家楊萬里，著有《誠齋易傳》，其在〈序〉中說：「易者，聖人變通之書也」；「古初以迄於今，萬事之變未已也。其作也，一得一失；而其究也，一治一亂。聖人有憂焉，於是幽觀其通而逆紬其圖，易之所以作也。」他視周易爲講變化的典籍，就政治生活說，認爲治亂、得失總是處於轉化的過程，聖人有憂於此，故以周易爲教人居安思危、轉亂爲治的教科書。關於吉凶的轉化，他說：「易之道無它，其於以往之得失吉凶，既旋觀而順數，故其於方來之得失吉凶，亦逆睹而前知；見履霜而知冰堅之必至，以已往之微知方來之著也。見離明而知日昃之必凶，以已往之盛，而知方來之衰也。」（《誠齋易傳·說卦》），此是說，有遠見的政治家，總是依據物極則反、盛極則衰的法則，從以往的政治經驗中吸取教訓，以預防未來之事變。據此，他警告說：「泰至於上六，則陰盛而陽微，君子消而小人長，泰往而否來，如城之頹而爲險，於是治化爲亂，存化爲亡，國化爲家，辟化爲庶，有不忍言者矣。詩曰高岸爲谷，深谷爲陵是也。」（《易傳·泰》）此是借泰卦上六爻辭，警告當時的執政者，如不改弦更張，就要喪權辱國，淪爲庶人。他認爲，處於治亂存亡的關鍵時刻，作爲一位憂國憂民的知識分子，一方面要「內樂存」，即以堅持自己的節操爲樂，不同流合污；另一方面，又「外憂亡」，即憂慮國家的危亡，雖不見用，也不改變自己的初衷。可以看出，易經的憂患意識，成爲中華學人救亡圖存的民族精神之一。

其次，基於居安思危和撥亂反正的憂患意識，《易傳》於政治生活中進一步提出改制的要求。《繫辭下》說：「易窮則變，變則通，通則久」。其本義，是就器具的發明創造說的，認爲舊有器具，不能應付人民生活的需要，就要創造新的器物。但這三句話，表達了一種思維方式，即事物發展到山窮水盡的地步，只有通過變革，方能通暢下去，否則，是死路一條。就政治生活說，所謂「變」，即改變舊制度，建立新制度，即《雜卦》所說「革，去故也；鼎，取新也」。六十四卦排列的順序，革卦後面爲鼎卦，表示除舊布新。《象》贊揚革卦義說：「天地革而四時成，湯武革命，順乎天而應乎人。革之時，大矣哉！」是說，變革乃天經地義之事，從自然界到人類社會，都要經過變革，才有其生命力。因循守舊，只有走向衰亡。所以又說：「革而當，其悔乃亡。」是說，變革適當，則可免於悔恨，進入一新的發展時期。《易傳》提出的窮、變、通、久的思維方式，成爲中國歷史上追求進步的政治家和思想家號召改制的理論支柱。

魏晉時期的竹林七賢之一阮籍，著有《通易論》，視六十四卦排列的順序爲治亂興亡相互轉化的過程，進而提出改制的要求。他說：「道至而反，事極而改，反用應時，改用當務。應時故天下仰其澤，當務故萬物持其利，澤施而天下服。此天下所以順自然惠生類也。」謂事務變化的法則總是物極則反、事極則改。明君治理天下，要依此原則，應時改革舊制，當務建立新政，以此化亂爲治，恩澤及於天下，造福於生民。北宋的改革派歐陽修於《易童子問》中說：「恆之爲言久也。所謂窮則變，變則通，通則久也。久於其道者，知變之謂也。」此是對恆卦義的解釋，認爲只有通過變革，方能實現長治久安的政治局面。改革家王安石繼其後，依《易傳》的變革思維提出「天命不足畏，祖宗不足法」，認爲「新故相除」（《楊龜山集·字說辯》引），乃自然界和人類社會共同遵守的法則。禮樂刑政是聖人依時事之變而制定的，聖人「所遇之勢不同，旋設之方亦皆殊」（《臨川集·擬上殿札子》），主張因時立法，改革弊政。到了近代，龔自珍和魏源依據《易傳》的變革思維，提出變法的號召。龔氏依《易傳》窮、變、通、久原則，得出結論說：「一祖之法無不弊，千夫之議無不靡，與其贈來者以勁改革，孰若自改革。」（〈乙丙之際著議第七〉）魏源說：「小變則小革，大變則大革；小變則小治，大變則大治」。（《聖武記》）又說：「天下事人情所不便者，變可復；人情所群便者，變則不可復。」（《默觚下》）到了康有爲提出「變者，天道」，認爲天以善變而能久，社會政治制度亦是如此。他說：「法既積久，弊必叢生，無百年不變之法」；「新則通，舊則滯，物之理也」（〈上清帝第六書〉）。他依窮、變、通、久的原則，要求變法維新，走近代工業化的道路。至孫中山先生，又依《易傳》的變革思維，號召國人爲推翻帝制而鬥爭。他認爲建立民主共和政體，乃時代的要求，所謂「順乎世界之潮流，合乎人群之需要」。這兩句名言，是他對革卦《彖》辭所說「順乎天而應乎人」所作的新的詮釋。統觀中華歷史，一切憂國憂民的政治家和思想家，大都從《易傳》的變革思維中吸取智慧，視改制或革命爲挽救國家和民族危亡的唯一出路，並爲此而奮鬥終身。這種憂患意識同樣成爲中華民族的精神之一。

## 三

易經的憂患意識，經過《易傳》的闡發，對中國人的道德生活和人生觀也起了深刻影響。《易傳》談道德問題，有一顯著的特點，即從憂患出發，談如何提高人的道德品質。《繫辭下》說：「作易者，其有憂患乎？是故履，德之基也。謙，德之柄也。復，德之本也……。」認爲六十四卦中有九個卦名，即履、謙、復、恆、損、益、困、井、巽，皆有於憂患之時，提高人的道德境界的意義。此九卦的意義，先後講了三次，被稱爲三陳九德。意謂當人處於逆境、困境或衰世之時，此九卦所含有的道德意義，可以爲人排憂解難，樹立信心。其中，關於困卦義，此章說：「困，德之辨也」，謂處於困境，可以提高辨別是非的能力。又說：「困，窮而通」，謂處於困境，堅持德操，可以打開新的局面。又說：「因以寡怨」，謂處於困境，守節不移，不怨天，不尤人。關於困卦的意義，《象》說：「君子以致命遂志」，謂處於危難之時，寧肯喪失生命，也要實現志向。以上這些言論表明，當人處於困境或逆境之時，是放棄做人的準則，追求個人的安逸，還是堅持自己的理念，不受逆境的擺布？提出了倫理學中討論的義命關係問題。《易傳》對此問題的回答，成了中華學人安身立命的依據。

宋朝的哲學家張載，依《易傳》義，辯論了吉凶禍福等遭遇同道德生活的關係。他提出「易爲君子謀，不爲小人謀」（《易說·繫辭下》），認爲周易談吉凶，是爲君子提高道德境界，不是爲小人逐名求利。他特別指出，當人處於危難之時，仍要努力進德涉義，不放棄提高自己品德的機會，所謂「君子所以立多凶多懼之地，乾乾德業，不少懈於趨時也」（《易說·乾》）。當處於可進可退之時，要堅守道德原則，「惟義所適，惟時所合」，不要動搖自己的理念。易學家程頤於其《易傳》，解釋困卦《象》辭「君子致命遂志」說：「君子當困窮之時，既盡其防慮之道而不得免，則命也。當惟致其命以遂其志，知命之當然也。則窮塞禍患，不以動其心，行吾義而已。」（《伊川易傳·困》）他以無力改變自己的處境爲命，認爲當君子處於危困之時，對個人的生死禍福已無力挽回，只有泰然處之，不因禍患而動搖其志向，一心行義而已。此即他所說的「求之以道，得之以義，不必言命」（《語錄二上》）。此種命義觀，是對《繫辭》的「困德之辨也」新的闡發。清代易學大師王夫之繼承了張載的「易爲君子謀」說，以善惡釋吉凶，如其所說：「易不爲小人謀詭至之吉凶。於其善決其吉，於其不善決其凶。無不自己求之者，示人自反，而勿僥倖，勿怨尤也。」（《周易內傳・繫辭上》）認爲周易占筮所說的吉凶乃善惡之義，小人爲不善之事，不可能從占筮中得到益處。如《火珠林》納甲法一類的占術，可爲盜賊占吉凶，是對周易的褻瀆。他認爲，周易的價值在於教人通過自省，提高人的道德境界，處憂患之時，得以安身立命。他說：「雖或所處不幸，而固有可順受之命。故研幾精微，謹小愼微，改過遷善，君子自修之實功具於彖爻著之。」（《周易內傳・繫辭上》）是說，處於困境，更應精研周易，觀象玩辭，從中汲取教益，改正過錯，不因危難放棄修養，方爲道德完善之人。他認爲，人類生命的特點在於動，有動則必有吉凶，有吉凶則有悔吝。問題在於如何對待吉凶遭遇。他的回答是：「其視天下，不可無吉也，無吉則道不行；不可無凶也，無凶則義不著；不可無悔也，無悔則仁不復；不可無咎也，無咎則志不恆。」（《周易外傳・繫辭下》第一章）是說，吉意味著能行正道，凶表示能行正義，有悔表示恢復仁愛之心，有咎表示改過之志堅定。總之，要人們堅守正道和正義，不受吉凶遭遇的困擾，此即《繫辭》所說「吉凶者貞勝也」。此是視吉凶的遭遇爲守道行義的手段，即以吉凶遭遇來鍛煉人的道德品質，以悔吝來提高人的精神境界。王夫之認爲，個人的生死貧富之命，可不必計較，但國家人民之命，不可等閒視之。又提出：「君相可以造命論」，爲改變國家和人民的命運而奮鬥。這些都是對《易傳》義命觀的進一步闡發。

可以看出，歷代易學基於憂患意識所倡導的義命觀，它告誡人們，處於危難和困境之時，應將個人的吉凶得失，置於度外，既不受名利的誘惑，又不屈服於邪惡勢力，堅守自己的理念和做人的準則，「唯義所適」。這種義命觀，既是理性主義的，又是樂觀主義的。從而在歷史上哺育了一大批爲民造福、爲眞善美理念而獻身的仁人志士以及偉大的思想家、學者和文學藝術家，爲中華民族的發展和人類文明的進步做出了貢獻。此種憂患意識，同樣值得我們發揚光大。

（《北京大學學報》第一期，一九九七年）

# 《易傳》的天人觀與中國哲學傳統

關於中國傳統哲學的特色，可從多方面入手研究。本文僅就易學系統中的天人關係問題，談談中國哲學的特色。此問題，始於殷周時代，一直延續到近代，貫穿整個中國哲學史。天和人作爲中國哲學中的範疇，其內涵是不斷發展的，對二者關係的理解，也不盡同，甚至形成不同的流派，相互爭論，但始終是哲學家們共同研討的課題，從而推動中國哲學的發展。《易傳》對這一課題的探討，做出重要的貢獻，影響頗大，形成中國哲學的特色之一。

《易傳》中天人觀的形成，有其思想淵源。在殷周時期，天被理解爲天神，即「皇天上帝」，主宰世界命運的人格神；人被理解爲人世間的各種遭遇，包括政權的得失、壽命的長短以及吉凶禍福等。認爲人間的一切都是天神賜與的，天的意志不容違背，所謂「順天者昌，逆天者亡」。西周的統治者對天人的理解，又加入了「德」的內容，認爲統治者能「敬天保民」，萬能受到天神即上帝的保祐，使其獲得並保持自己的統治地位，所謂「天命靡常」，「皇天無親，唯德是輔」。此種天人觀，我們稱之爲「天命論」。此外，周人還崇拜占星術，認爲日月星辰的運行與人事的吉凶有必然的聯繫，其運行的過程或軌道，稱爲「天道」，提出「天道福善而禍淫」，即天象的變化，體現上天對人間的賞罰。此種天道觀，我們稱之爲天人感應論。周人的天人觀，同中國古代的農業生產方式和君主專制政體有著密切聯繫。其所崇拜的天神即「皇天上帝」，實際上是對影響農業生產的天時氣候的神化，故稱此種至上神爲「天」或「皇天」；也是對地上帝王的神化，故又稱其爲「上帝」。總之，天神具有自然和社會兩種屬性，成爲自然現象和社會現象的主宰者。此種天命論和天道觀，統治了人們的頭腦有好幾百年，直到春秋時代，隨著社會的變革以及生產力的提高，方動搖而趨於瓦解。代之而起的是人本主義和自然主義思潮。所謂人本主義，是說人比神更爲根本，即是說，決定人類命運的是人自己，而不是天神和人鬼。如子嚚所說：「國將興，聽於民；將亡，聽於神」（《左傳·莊公三十二年》）；士彌牟所說：「薛徵於人，宋徵於鬼，宋罪大矣」（《左傳·定公元年》）；子產所說：「天道遠，人道邇」（《左傳·昭公二十年》）。所謂自然主義，是說，天體的運行和天時的變化，有其自身的法則，同人事的禍福，無必然聯繫，如叔興所說：「是陰陽之事，非吉凶所生也」（《左傳·僖公二十一年》）；梓愼所說：「日過分而陽不克，克必甚，能無旱乎」（《左傳·昭公二十四年》）；醫和所說，「六氣曰陰、陽、風、雨、晦、明也。分爲四時，序爲五節，過則爲災」（《左傳·昭公元年》）。當時的文化人史官是這兩種思潮的倡導者，他們既是古代的天文學家，又是歷史學家，從天時的變化和王朝興衰的考查中，突破了傳統的天人觀念，得出了「吉凶由人」的結論。

春秋時代的史官提出的新觀念和新思想，對中國哲學的奠基人孔子和老子起了深刻的影響。孔子重視人道，建立起人本主義的思想體系；老子重視天道，建立起自然主義的思想體系。在天人問題上，兩家各有偏重，但都不贊成傳統的天命論和天道福善禍淫的觀點，開創了盡人事聽天命和推天道以明人事的傳統，爲中國哲學的發展奠定了基礎。

孔子可以說是古代人學的開拓者，其所創立的儒家，注重人的研究，視人倫以及人的道德行爲爲人道的本質，認爲人生的目的是從事於道德生活的自我完善，所謂「君子無終食之間違仁，造次必於是，顛沛必於是」。（《論語．里仁》）至於個人的生死禍福，可聽命運的安排，不必計較，所謂「死生有命，富貴在天」，此即盡人事而聽天命。其所謂「天命」，是一種前定論或命定論，非指天神的命令，即後來孟子闡發的「莫之爲而爲者天也，莫之致而至者命也」（《孟子．萬章上》）。孔子並不以天爲人格神的上帝，所謂「天何言哉！四時行焉，萬物生焉，天何言哉！」（《論語．陽貨》）承認天時氣節的變化有其自身的法則。但不以人道來於天道，所以其弟子子貢說：「夫子之言性與天道，不可得而聞也」（《論語．公冶長》）。到了孟子方言天道，如其所說：「誠者天之道，思誠者人之道」（《孟子．離婁上》），以人道明天道。總之，孔孟將人的道德生活從傳統的天命論中解放出來，使其具有獨立自主的品格，講人道而不講神道，成爲中國人文主義的先驅。雖然其天命論中尚存有意志天的殘餘觀念。

如果說，孔子發現了「人」，老子可以說發現了「自然」。老子從史官那裡接過來天道觀念，以天道爲天體運行的過程及其規律，但不以其爲上帝福善禍淫的徵兆。如其論天道說：「天之道損有餘而補不足」，天指天象，謂日月之盈虛消長，自然平衡。又如其所說：「天之道不爭而善勝，不言而善應，不召而自來」，意謂天時的變化，無爭奪意識，不因人的需求而轉移，即是說，有其自身的法則。進而認爲，自然界的變化，亦無人的意識，如其所說：「天地不仁，以萬物爲芻狗」，「天地所以能長久者，以其不自生故能長生」。還說：「天地相合，以降甘露，民莫之令而自均」。據此，老子提出「道」這一範疇，代替上帝觀念，作爲天地萬物的本原，認爲其生長萬物，亦無人的意識和作爲，所謂「生而不有，爲而不恃，長而不宰」。他以無形、無名、無爲、無欲解釋「道」的品格。所謂「道之尊，德之貴，夫莫之命而常自然」，「自然」謂無人的作爲，自然如是。由此得出結論說：「人法地，地法天，天法道，道法自然」。後一句，是說道效法自然的品德，即無爲無欲，自然而然，無主宰者使之然。總之，自然界及其變化，既無人的意識，也不體現某種目的或神的意志，此是老子的一大發現。他認爲，人道亦應以天道和道爲準則，所謂「聖人處無爲之事，行不言之教」，「爲無爲則天下治」。此即推天道以明人事。至莊子，則以自然給與的爲天，以人的作爲爲人，提出「不以人助天」（《莊子·大宗師》），又導向了抹煞人力的自然宿命論。可以看出，老子講的天和天道，排除了意志論和目的論，以天道爲人道的依據，成爲中國自然主義的先驅。

孔老兩家奠定的天人觀，後經過儒家孟子和道家莊子的闡發，成爲先秦哲學中的兩大思潮。到了戰國後期，此兩大思潮相互影響，出現了綜合的傾向，這一任務，由《易傳》的作者擔當起來了。《易傳》是戰國後期的學者或經師對《周易》即《易經》所作的種種解釋，後來匯編在一起，稱爲《易傳》，其內容分爲十篇，漢人又稱爲「十翼」。此書，非成於一時一人之手，但就其解經的傾向說，特別是關於天人關係的論述，乃儒道兩家思想相結合的產物。《周易》經傳，到漢朝被奉爲儒家的典籍，並居六經之首。漢代的經師獨尊儒術，以道家爲百家之言，加以排斥，其中受道家思想影響的命題、範疇、觀念，長期被埋沒或不予承認，這不符合歷史的實際情況。以下，談談《易傳》中天人觀的基本論點及其傾向。

《易經》中的卦爻辭本來具有以自然現象的變化，比擬人事變化的因素。如乾卦六爻，從下至上，一方面講龍由潛伏到飛騰的過程；另一方面又比擬人的政治生涯由不見用到飛黃騰達的過程。又如大過卦九二爻辭說：「枯楊生稊，老夫得其女妻，无不利」。即以枯楊生秀，比擬老夫新婚。總之，認爲某些自然現象的變化與人事的變化具有某種同一性。但此種觀點，基本上屬於文學的形式，如《詩經》中「比」的體例，並未取得哲學的形態。至春秋時代史官等解經，以卦象徵八種自然現象，即天地水火風雷山澤等，解釋卦爻辭的內容和意義，方將天道和人事結合起來，但只是出於占筮的需要，尚未形成範疇、命題，昇華爲哲學思維。到《易傳》解經，因受儒道兩家哲學思想的影響，方建立起較爲系統的天人觀。《說卦》表述這種天人觀說：「昔者聖人之作易也，將以順性命之理，是以立天之道曰陰與陽，立地之道曰柔與剛，立人之道曰仁與義」。此三道又稱爲「三才之道」，所謂「兼三才而兩之」，認爲天地人三者既有同一性，又各有其差異。其以陰陽爲天道的內容，陰陽指日月盈虧、四時的寒暖及其萬物的消長。如謙卦《彖》說：「天道下濟而光明」、「天道虧盈而益謙」。剝卦《彖》說，「君子尚盈虛，天行也」。復卦《彖》說：「反復其道，七日來復，天行也」。天行即天道，指天象運行的過程。由於天和地同爲自然現象，進而又提出「天地之道」的範疇，如恆卦《彖》說：「天地之道，恆久而不已也。日月得天而能久照，四時變化而能久成」。豫卦《彖》說：「天地以順動，故日月不過，四時不忒」。《繫辭上》說：「天地之道貞觀者也，日月之道，貞明者也」。是說，自然界的變化，有其規律可以遵循，故不紊亂。《繫辭上》又說：「易與天地準，故能彌綸天地之道。仰以觀於天文，俯以察於地理，是故知幽明之故」。天地之道指陰陽變易的法則。如豐卦《彖》所說：「日中則昃，月盈則食，天地盈虛，與時消息」。總之，《易傳》認爲，天道和天地之道，有其自身的規律，即陰陽推移，周而復始，如《繫辭下》所說：「日往則月來，月往則日來，日月相推而明生焉。寒往則暑來，暑往則寒來，寒暑相推而歲成焉」。因爲天地之變化有其客觀的規律，所以並無人的意識，如《繫辭上》所說：「顯諸仁，藏諸用，鼓萬物而不與聖人同憂，盛德大業至矣哉！富有之謂大業，日新之謂盛德，生生之謂易」。總之，《易傳》以盈虛消長，陰陽變易，周行而不止，解釋天道的內容。這些解釋，顯然，不是來於孔孟，因爲孔孟不講陰陽，而是受了道家老莊的自然主義的影響。當然，《易傳》對天和天命的理解，也有一些因襲儒家的觀點，但不是主要的。

關於人道，《易傳》則繼承了儒家的人文主義，以仁義中正等爲其內容。賁卦《彖》說：「觀乎天文，以察時變，觀乎人文，以化成天下」。又說：「文明以止，人文也」。此以人文爲人道的特點，不同於天文。所謂「人文」，主要指推行仁義等道德教化。如恆卦《彖》說：「聖人久於其道，而天下化成」。關於仁義，《繫辭上》說：「樂天知命，故不憂；安土敦乎仁，故能愛」。此是闡發孔孟的安身立命觀。又說：「仁者見之謂之仁，知者見之謂之知，百姓日用而不知，故君子之道鮮矣」。此以仁智不可偏廢，爲君子之道，亦本於孔孟說。又《繫辭下》說：「天地之大德曰生，聖人之大寶曰位。何以守位曰仁，何以聚人曰財。理財正辭禁民爲非曰義」。此是以仁義爲治國之本。《繫辭下》還提出三陳九德，其中提出

「履以和行，謙以制禮」，「井以辨義，巽以行權」，皆陳述儒家的德目。又家人卦《彖》說：「父父子子，兄兄弟弟，夫夫婦婦而家道正」。此是闡發孔子的正名說。至於《文言》對乾坤卦爻辭的解釋，主要闡發儒家的人文主義思想。如其對乾卦四德的解釋：「君子體仁足以長人，嘉會足以合禮，利物足以和義，貞固足以干事」。如以「積善之家，必有餘慶」，解釋坤卦初六爻辭「履霜，堅冰至」；以「君子敬以直內，義以方外」解釋坤卦六二爻辭「直方大」。關於中正之德，《易傳》倍加推崇。如同人卦《彖》說：「文明以健，中正而應，君子正也」。訟卦《彖》說：「利見大人，尚中正也」。《繫辭下》所說：「若夫雜物撰德，辨是與非，則非中爻不備」。推崇中道，亦是發揚孔孟的思想。值得注意的是，《易傳》還繼承了儒家的盡人事的思想，如《繫辭上》解釋大有卦上九爻辭說：「履信思乎順，又以尚賢也，是以自天祐之，吉無不利也」。此是以努力於道德修養和尚賢政治，解釋「自天祐之」，亦具有人文主義的特色。

以上所引材料表明，《易傳》具有自然主義和人文主義兩種思想，此是不容置疑的。問題在於怎樣將這兩種思想結合起來，建立其天人之學。總的說來，《易傳》論天人關係，可以說是取儒道兩家之長，而揚其所短，或者說，對兩種思想傳統，採取批判地吸收立場，形成一種新的天人之學的體系。前面提到道家的思維模式爲推天道以明人事，如老子說的「人法地，地法天，天法道，道法自然」，《易傳》接過了此種模式，但卻拋棄了人道無爲和因循自然的觀點，而是從天道中汲取教益，來指導人的倫理生活和政治生活，使其趨於完善。如《繫辭上》說：「夫易，聖人所以崇德而廣業也。知崇禮卑，崇效天，卑法地。天地設位而易行乎其中矣。成性存存，道義之門」。是說，聖人效法天地之變化，成就其道德和功業，提高和完善人的本性。《大象》對六十四卦卦義的解釋，充分體現了這一特徵。此傳的八單卦象徵八種自然現象，即天地水火風雷山澤，以八物的性質及其相互關係，說明人事所應遵循的準則。此傳，上半句講天道變化，下半句則講人事活動，而人事又是依於天道。如其釋乾卦義說：「天行健，君子以自強不息」。釋坤卦義說：「地勢坤，君子以厚德載物」。釋屯卦說：「雲雷，屯，君子以經綸」。釋蒙卦說：「山下出泉，蒙，君子以果行育德」。釋師卦說：「地中有水，師，君子以容民畜衆」。釋小畜卦說：「風行天上，小畜，君子以懿文德」。釋履卦說：「上天下澤，履，君子以辯上下，定民志」。釋賁卦說：「山下有火，賁，君子以明庶政，無敢折獄」。釋復卦說：「雷在地中，復，先王以至日閉關，商旅不行，后不省方」。釋大畜卦說：「天在山中，大畜，君子以多識前言往行，以畜其德」。其釋損卦說：「山下有澤，損，君子以懲忿窒慾」。釋益卦說：「風雷益，君子以見善則遷，有過則改」。引這些材料，足以說明《大象》解易的思維模式是推天道以明人事，即從自然現象變化的規律中，引伸出人事所遵循的準則。而其所論人事，非如道家老莊那種消極無爲的思維方式，而是闡發儒家孔孟的盡人事或積極有爲的觀點，可以說是以儒家的人文主義糾正道家的自然主義的偏向。此種推天道以明人道的觀點，亦見於《彖》中。如其釋謙卦義說：「天道虧盈而益謙」，「人道惡盈而好謙」。又如其釋大有卦義說：「其德剛健而文明，應乎天而時行，是以元亨」。頭一句是講天道，指天火的性能，天主剛健，火主文明。後兩句，指人道，效法天火，可以元亨。值得注意的是，《易傳》認爲，人道雖然基於天道，但人道又有自己的特點，即人能參與自然界的變化，使其有利於人類的生活。如泰卦《象》說：「天地交泰，后以財成天地之道，輔相天地之宜，以左右民」。天地相交，表示萬物化生，如咸卦《彖》說：「天地感而萬物化生」，姤卦《彖》所說：「天地相遇，品物咸章」。《繫辭下》所說：「天地絪縕，萬物化醇。男女構精，萬物化生」。《易傳》認爲，自然界的變化有其規律，即「天地之道」。君主應掌握天地之道，協助自然界的變化，使百姓生活得到改善。此即《繫辭下》所說：「天地設位，聖人成能」。「成能」謂成就天地化生萬物的功能。「聖人成能」說，謂人在天地面前，不是無所作爲，而是「裁成天地之道」，即駕御自然界的法則，參與自然界的變化過程。此種贊天化育的學說，就先秦哲學史說，乃儒道兩家天人觀相結合的產物。

總之，《易傳》認爲，天人具有同一性。一方面，自然界的變化有其自身的規律，人不能違背；另一方面，人效法天道，並非因襲天道，而是駕御其法則或提高人的思想境界。此即乾卦《文言》所說：「夫大人者與天地合其德，與日月合其明，與四時合其序，與鬼神合其吉凶。先天而天弗違，後天而奉天時。天且弗違而況於人乎，況於鬼神乎？」「先天而天弗違」，是說大人先於天時而動，天時並不違背大人的行動，意謂大人能預測天時的變化。「後天而奉天時」，謂天時的變化到來後，大人又能依天時而行動。這兩句話，表示人類既能認識天時變化的規律，又能按照其變化的規律而行動，此即天人合一，即人與自然的合一。此種合一說，並不抹煞天人的區別，既不將天人化，亦不將人自然化，正確處理了天人關係，乃道家的自然主義和儒家的人文主義的結晶。其以天地風雷水火等自然現象解釋人事，雖出於聯想或比擬，但由此引出的結論則是難能可貴的。從而爲後來的中國哲學傳統奠定了理論基礎。《易傳》關於天人的論述，還保留了以天爲神的殘餘思想。如大有上九《象》說：「大有上吉，自天祐也」，觀卦《象》說：「觀天之神道而四時不忒，聖人以神道設教而天下服矣」，《繫辭上》所說：「天垂象，見吉凶，聖人象之」等，但在《易傳》的體系中，皆不占主要地位，清除這些殘餘，那是後來易學哲學家的任務。

《易傳》的天人觀，對中國傳統哲學影響深遠。先秦荀子的〈天論〉即綜合儒道兩家的天人觀。當是受了《易傳》提出的「后以財成天地之道」和「聖人成能」以及「先天而天弗違，後天而奉天時」的影響。他一方面反對意志的天，將天人化，所謂「天行有常，不爲堯存，不爲桀亡」；另一方面又批評了道家的自然主義，所謂「蔽於天而不知人」。他以「所參」和「能參」解釋天人關係，提出「天有其時，地有其財，人有其治，夫是謂能參」。其能參說，是對「聖人成能」的闡發，從而提出「制天命而用之」的號召。漢唐以來，哲學家和思想家圍繞天道無爲和人道有爲問題展開了熱烈的爭論。漢代董仲舒和今文經學派，恢復了意志的天，將天擬人化，鼓吹天人一體，不區分天和人，以人道明天道，倒向了目的論。反之，《淮南子》和王充，則依道家的自然主義，提出天道自然無爲說，反對了董仲舒一派的目的論。但這兩大流派的天人觀，又都受了《易傳》的影響。就董仲舒說，他雖然將天人格化，但仍承認天時氣候的變化，有其自身的法則，如其論陰陽二氣的運行說：「一出一入，一休一伏，其度一也」（《春秋繁露．天道無二》），認爲人應效法天道，忠貞不二，此當是受了《易傳》的天道盈虛說的影響。《淮南子》和王充雖提倡自然主義，但並不排斥人道有爲，如《淮南子》提出「因資而立功」（《淮南子．修務》），王充提出「雖然自然，亦須有爲輔助」（《論衡．自然》），這是受了「聖人成能」說的影響。

魏晉玄學中的貴無論和崇有論，也辯論了無爲和有爲的問題。它們繼《淮南子》、王充之後，都主天道無爲，反對將天道擬人化，認爲人道亦應效法天道無爲，進一步闡發了道家的自然主義傳統。但其將人道無爲卻解釋爲非故意造作，而是順萬物之性加以引導。如王弼所說：「萬物以自然爲性，故可因而不可爲，可通而不可執也」（《老子注》第二十九章）。其解釋《易傳》的「聖人成能」說：「人無爲舍其所能而爲其所不能，舍其所長而爲其所短」（《老子注》第四十九章），以成就萬物之所能爲無爲義。從而將儒家的名教之治納入其自然主義體系之中，提出「崇本舉末」說。郭象則進一步將人道無爲解釋爲「各任其自爲」。他說：「夫用天下者，亦有用之爲耳，然自得此爲，率性而動，故謂之無爲也」（《莊子注．天道》）。又說：「天下之物，未必皆自成也。自然之理，亦有須冶鍛而爲器耳」（《莊子注．大宗師》）。從而將儒家倡導的人文主義的傳統肯定下來。總之，在人道問題上，玄學派拋棄了「垂手拱默」的無爲說和莊子的自然宿命論，同樣是受了《易傳》的「聖人成能」說的影響。

到了唐朝，關於天人問題，儒學內部展開了辯論。韓愈從維護生態平衡的角度出發，希望上天對破壞生態平衡的人，進行懲罰，又導至天有意志說。柳宗元和劉禹錫在同韓愈的辯論中，繼承了道家的自然主義傳統，斷言天無賞善罰惡的意志。柳宗元提出「天人不相預」，認爲天地、元氣、陰陽的變化，對人類無賞罰的欲求，人道有自己的準則，二者不能混同。劉禹錫則提出「天人交相勝」說，認爲「天道在生殖，人道在法制」，各有其所能，不能相互代替，同樣區分了天和人。柳、劉的天人之辨，雖然強調天道和人道的對立，其目的是打擊天道有爲說，但並沒有因此否認天人的聯繫，同樣認爲人類應依天道的變化，爲人類造福。如柳氏評論〈月令〉中的合理因素說：「迎日步氣，以追寒暑之序，類其物宜而逆爲之備，聖人之作也」（《文集・時令論上》），認爲人應依四時節氣的變化而耕種收藏，所謂「俟時而行之者」。又如劉禹錫所說：「陽而阜生，陰而肅殺」，「陽而樹藝，陰而揫斂」（〈天論〉），同樣主張因天之能而發揮人之能。此即「天人還相用」。總之，柳、劉的天人觀，一方面講天道無爲，一方面又講人道有爲，具有融合自然主義和人文主義的特色，當是闡發《易傳》的傳統，對漢唐以來的天人之辨，作了一次總結。

到了宋明時期，隨著易學哲學的高度發展，《易傳》的天人觀成了各派哲學家論天人問題的依據。由於這一時期本體論的發展，天人概念增添了新的涵意，即以天爲客觀的法則和外界，以人爲主觀的意識，哲學家們將天人之辨引向了主客觀之辨，即內外之辨或心物之辨。宋明道學中的三大流派，即理學派、氣學派和心學派，都拋棄了漢唐時期的意志的天和天象的天，或以理言天，或以氣言天，或以心言天。理學派的奠基人程頤，以理言天，稱理爲天理，「天」取道家的自然主義，謂理作爲一物之所以然及當然之則，既無人的意識，亦非人意所安排，具有客觀法則的意義。他以人爲人心，指倫理觀念和生活的欲求，認爲天人具有同一性，所謂「天地人只是一道」（《遺書》十八），「一道」又稱爲「一理」。但他認爲，天人又有差別，不能混同，所謂「天人所爲，各自有分」（《遺書》十五）。人道的特點是發揮人的本性，即窮理盡性，達到人心與天理合一的境地。如天道乾元始萬物，配四時爲春，人道法此，則以乾元爲仁，爲衆善之首，即其所說：「推乾之道，施於人事」（《易傳・乾》）。此即推天道以明人事。因此，其釋泰卦《象》文「財成天地之道」說：「天地之道，不能自成，須聖裁成相輔之。如歲有四時，聖人春則教民播種，秋則教民收穫」（《遺書》二十二上）。以上這些，都是對《易傳》天人觀的闡發。由於他認爲天理，可以脫離人事而永恆不變，所謂「不爲堯存，不爲桀亡」，其天人觀終於倒向了客觀觀念論。

心學派則以心爲天，在天人問題上主天人一本，即不區分天和人。此說始於程顥。他說：「只心便是天，盡之便知性」（《遺書》三上）。天指心外事物即外界。認爲天不在人心之外。因此，他又提出人可以包天說，認爲聖人之心即天地之心，所謂人與天地參，不是說人贊助天地之化育，而是說，人心之誠即是天地之化育。以此解釋《易傳》文「先天而天弗違」。進而解釋「聖人成能」說：「只是人爲天地之心，是心之動，則分了天爲上，地爲下」（《遺書》二下）其所謂天人一本，是以人心爲天道，將《易傳》的天人觀引向了主觀唯心主義。楊簡將此說加以發揮，提出「天人本一」，認爲天人是一回事，君子之自強不息即是天行之健，所謂「天者吾性中之象，地者吾性中之形，故曰在天成象，在地成形，皆我之所爲也」（《己易》）。他從天人一體說導出人心創造天地萬物的結論。明代心學大師王守仁亦持此觀點，他說：「心即天，言心則天地萬物皆舉之矣」（《全書・答季明德》）。又說：「先天而弗違，天即良知也。後天而奉天時，良知即天也」（《習傳錄》下）。他以天人同一解釋《易傳》文「大人者與天地合其德」句，同樣將《易傳》的天人觀引向了主觀唯心主義。心學派的天人觀，將人的主觀能動性無限擴張，導出了人心爲自然立法的結論。

氣學派的奠基人張載，以天爲太虛之氣，所謂「由太虛有天之名」，以道爲氣化的過程，所謂「由氣化有道之名」（《正蒙・太和》）。他取道家義，認爲氣化的過程和天地之化育，「莫非自然」，所謂「天則無心無爲，無所主宰」（《易說・復》），「天地固無思慮」（《易說・恆》），亦無仁德。他以人爲有思慮、有仁義之心。關於天人關係，他同樣認爲二者具有同一性，提出「天人合一」這一命題，意謂人亦是氣化的產物，具有氣的本性。但天人又有區別，天無思慮，人則有思慮，所謂「鼓萬物不與聖人憂，則於是分出天人之道」（《易說・繫辭上》）。指出「人不可以混天」。據此，他解釋「天地設位，聖人成能」說：「天能謂性，人謀謂能。大人盡性，不以天能爲能，而以人能爲能」（《易說・繫辭下》）。意謂天所能者即氣化萬物，自然而然，無人的謀劃，而人所能者則出於思慮謀劃，所謂「聖人成能」，即以人的智慧認識天道，經營萬事萬物，成就天之所能。此種天人觀，既批評了「心便是天」說，又批評了人道自然無爲說，綜合了道家自然主義和儒家人文主義的長處，是對《易傳》天人觀的闡發。此種天人觀或天人合一說，以天道爲自然界的變化過程，以人合於天，即主觀符合客觀爲內容，是一種唯物主義的學說。

到了明末清初，氣本論者方以智和王夫之，繼承了張載的天人觀，討論了人在宇宙中的地位以及人同自然的關係問題。方孔炤和方以智父子以陰陽剛柔之理即自然界變化的規律爲天道，以人有理性，能窮理盡性以至於命爲人道，即以人能認識和駕御陰陽剛柔之理爲人道。方孔炤說：「天道自順，人道貴逆」（《周易時論合編・說卦》）。「自順」是說：陽生則陰消，自然而然；「貴逆」是說：人依其智慧，格物致知，極深研幾，逆知陰陽變易的規律，以前民用。他將此種天人關係，概括爲「盡人還天之用，與天人必用之用」（《周易時論合編·說卦》）。意謂盡人道從而使天道發揮其作用，天道和人道共成其大用。他將這一論點，稱之爲「重人道以宰爲統」（《周易時論合編·說卦》），即人類有駕御自然變化的主動權，即「制變宰物之大權」。他說：「此聖人作易體天以宰天之權也」（《周易時論合編·繫辭上》）。此即聖人宰天說。方以智據此，提出「聖人主天地」和「聖人以造造化」說：「聖人因造化之薪，傳造化之火，熱造化之水，制造化之器，以熱造化之物，善成其燀物照物之性用，而教人勿受其燔暴之害」（《周易時論合編·繫辭上》）。意謂人類依自然物的性能及其變化的規律，控制和改造自然物，使其造福於人類生活。此種利用自然進而改造自然的觀點，他又概括爲「表造化之所以然，即以造造化之質，而造化不敢違」（《周易時論合編·繫辭上》），即依人類所認識的造化之理，用來改造自然物的形質，自然界又不敢違命，此即《易傳》說的「先天而天弗違」，即「天地設位，聖人成能」。此種天人觀，是對《易傳》哲學的高度發展，將儒家的人道有爲說引向人改造自然的學說，是方氏父子的一大貢獻。

王夫之繼承了張載和方氏父子的天人觀，進一步討論了天人關係問題。他依據《易傳》的三才說，稱宇宙的整體爲「大全」，又分爲天地人三部分，天在上，地在下，人和萬物居於天地之中。認爲天、地、人都受一陰一陽之道即陰陽二氣變易的法則所支配，成爲一整體，但三者各有其法則，相互影響，所謂「陰陽剛柔仁義各成其理而不紊」，「又無判然不相通之理」（《內傳·說卦》）。關於天人的特徵或差別，他提出「天道無擇，而人道有辨」（《內傳·繫辭》）。「無擇」，是說陰陽二氣生化萬物，沒有人的智謀，也無所選擇，所謂「天地無心而成化」（《內傳·復》），「天無心不可謂仁」（《內傳·乾》）。此是取道家的自然無爲義。「有擇」，是說人的形體中有精神或意識，懂得善惡之分，所謂「體皆含靈」，「君子則爲仁義禮信，人道也」（《內傳·乾》）。關於天人關係，他認爲，人道本於天道，如人的聰明智慧和仁義道德來於陰陽二氣之精者，所謂「人道合天」，但不能以天道爲人道，「強天以從人」（《外傳·繫辭下》第九章），即不能將人的意識活動強加於天。此是闡發道家義。但人道合於天道，不是說，人在天道面前，無所作爲，而是盡人道以助天德，協助天地而化育萬物，所謂「聖人盡人道，而不如異端之欲妄同於天」（《內傳·繫辭上》）。所謂「聖人裁成天地而相其化，則有擇矣」（《外傳·繫辭上》第七章）。此又是闡發儒家義。他將這種關係概括爲「聖人賴天地以大，天地賴聖人以貞」（《外傳·繫辭上》第七章）。此種關係，又稱爲「天人之合用」（《外傳·繫辭上》第一章），即天人相互爲用，即是說相互依存，相濟相成。這種天人觀，同樣體現了道家自然主義和儒家人文主義相結合的特色。但他作爲儒家的學者，十分重視《易傳》的「聖人成能」說，認爲「天地之德，亦待聖人而終顯其功」（《外傳·繫辭上》第一章）。因而他進一步提出「延天」說、「相天」和「竭天」說。他以自然所給的爲天，此是取莊子義，以人有主動權爲人，所謂「自然者天地，主持者人，人者天地之心」（《內傳·復》）。「人者天地之心」出於《禮記·禮運》。心學派將其解釋爲「心即是天」，而王氏則解釋爲人具有主動權，以人類爲天地萬物的主人。所謂「延天」，是說人依其智慧，曉天理、行仁德、治理萬物，延長天之功能爲人類服務，此即「延天以祐人」（《周易·繫辭上》第二章）。所謂「相天」本於《易傳》說的「輔相天地之宜」，他理解爲利用自然的東西創造人類的文明，不同於動物的「任天」的生活。所說「竭天」，是說盡力發揚人的能動性，使自然給予的東西發揮其功能。他說：「可竭者，天也；竭之者，人也。人有可竭之成能，故天之所死，猶將生之；天之所愚，猶將哲之；天之所無，猶將有之；天之所亂，猶將治之」（《續春秋左氏傳博議》卷下）。此是說，人類能自覺地運用自己的智慧，爲改善自己的生存條件和自然環境而鬥爭，而不是像動物那樣屈服於自然。這是對「聖人成能」說的新的闡發。總之，在王夫之看來，人同自然既有同一性，又有差異性，二者乃對立統一體。就其對立的一面說，人有智慧可以改變自然的現狀；就其爲統一體說，人又與自然並存，並且相資相濟，共同發展。所謂改造自然，不是破壞自然物和自然界的秩序，而是按自然界的規律，調整人和自然不協調的關係，使其符合人類的利益。此即「延天」、「相天」和「竭天」說的理論意義。他將道家的天道無爲說同儒家的人道有爲說有機地結合起來，辯證地處理了天人關係問題，此是王夫之的一大貢獻，也是中國傳統哲學的精華之一。

總上所述，中國哲學中的天人問題，始於孔老二家，《易傳》又綜合了兩家的觀點，一直成爲後來的哲學家辯論天人問題的主要依據。此問題的論爭有多方面的意義，包括有神論和無神論，目的論和反目的論，任天說和勝天說，客觀規律性和主觀能動性，唯心論和唯物論等。而《易傳》的天人觀對這些問題的回答，起了重大的影響。脫離《易傳》系統，談中國哲學中的天人問題以及中國哲學的傳統，或不加分析地抽象地談「天人合一」問題，或以孟子的天人觀以及心學派的天人一本說作爲儒家天人觀的代表，都是缺乏說服力的。

（《中國傳統文化的再詮釋》，北京大學出版社，一九九三年）

# 易學中邏輯思維與辯證思維傳統

## 一、引言

《周易》系統的典籍是中華學術史和文化史上的豐碑，影響深遠。今天，我們研究這部分典籍，可從兩方面入手：一是從文史角度，探討《周易》經傳和歷代易學形成和發展的歷史；一是從哲學方面，探討其中的哲學問題及其理論思維的價值。就後一任務說，應著重研究《周易》經傳特別是歷代易學的思維方式。所謂思維方式，指人們觀察和處理自然與人生問題所運用的思考方式，中國古代哲人稱之爲「心術」。心術不同，其世界觀和哲學體系也往往不同。《周易》系統的典籍，同其它經書相比，其思維方式也有自己的特色，我們應著重研究其特色。古代哲人提出的哲學問題及其具體答案，隨著人類知識的進步，有的已被淘汰，但其觀察問題的思維方式，仍有永恆價值。孔子說：「溫故而知新」。這句話，可以理解爲從古代的思維方式中汲取經驗教訓，以鍛煉和提高現代人的思維水平，進而樹立新的思維方式。

《周易》系統的思維方式，有哪些特色？這是當代易學研究的一個重要課題。照我的理解，其中較爲突出者，有四種：直觀思維、形象思維、邏輯思維和辯證思維。直觀思維，指從感性出發，直接觀察自然現象和社會現象，從而探討事物的性質或功能。《周易》卦爻辭所講的具體的事及其吉凶斷語，大都出於生活的直觀及其經驗教訓。至《易傳》，提出取象說，以物象解釋卦爻辭的吉凶之義，也是基於直觀思維。如《大象》解釋師卦象，則說：「地中有水，師，君子以容民畜衆」。此卦䷆坤上坎下，取物象，坤爲地，坎爲水，表示地上水下，水不在地外，引出出兵在於養民的結論。因爲卦象乃物象的象徵，《繫辭》又提出「觀象」說，所謂「聖人設卦觀象，繫辭焉而明吉凶」，「仰則觀象於天，俯則觀法於地，觀鳥獸之文，與地之宜，近取諸身，遠取諸物，於是始作八卦，以通神明之德，以類萬物之情」。即通過直接觀察自然現象的變化，製作卦象，進而說明萬物的性情。因而又提出觀象制器說，即通過觀察卦象及其所取的物象，創造有利於人類生活的各種器物。如通過觀察渙卦象䷺，其象巽上坎下，巽爲木，坎爲水，木在水上，於是發明了舟楫。由於取象說，以直觀方式考察自然現象和社會現象，因而重視物體的功能及其變化的過程，所謂「象事知器」。《易傳》提出的觀象和思維方式，後被歷代易學所闡發，視觀象爲研究一切事物的出發點，形成了易學中的象學派，提出「象外無道」說、「即費求隱」說，成爲中國古代科學家研究自然現象和發明創造的指導思想。中國古代的天文氣象學和醫學以及重大發明，同觀象的思維方式是分不開的。

形象思維，指通過形象進行思考或表達觀念的方式。《繫辭》說：「書不盡言，言不盡意，然則聖人之意，其不可見乎？子曰：聖人立象以盡意」。此是對卦象的解釋。是說，文字和語言雖不能充分表達心中的意念，但圖象卻可以充分表達出來，意謂卦象即陰陽爻象的變化，可以表達一切吉凶判斷。《易傳》提出的象和意的關係，後被歷代易學家和哲學家所闡發，提出象意合一說，認爲形象的東西豐富而多彩，以其表達意念，可不受語言、概念的局限，予人以無窮的意味；同時，人所設立的形象，不是任意塗抹，應體現某種觀念和情意，方有其價值。此種思維方式，對中國美學中的「情景合一」、「形神合一」以及意境說起了很大影響。

直觀思維和形象思維都是從感性出發，觀察外在的現象或表達內心的意念。從理性出發，考察客觀事物的本質和意識活動的思維方式，則是邏輯思維和辯證思維。《周易》系統的典籍，對這兩種思維方式都有表述，特別是所提出的辯證思維方式，影響深遠，成爲中華思維方式的一大特徵。以下，著重分析一下這兩種思維傳統的特徵及其對中國哲學和中華文化的影響。

## 二、邏輯思維

所謂邏輯思維，不是談形式邏輯學問題，如先秦時期的名家所討論的問題，而是以形式邏輯的思維方式，思考和認知客觀世界和主觀世界。此種思維方式，所以見於《周易》系統的典籍，是同《周易》作爲占筮的典籍和筮法即算命的方法是分不開的。或者說，《周易》系統的邏輯思維，來於占筮及對占筮的解釋。有人說，算命是一種迷信，迷信靠信念，同邏輯思維是不相干的。但占筮這種算命的方式，不同於其它原始的迷信，它含有人爲的推理的因素。依據這一特點，《易傳》和歷代易學，通過對筮法的解釋，提出三條原則，即分類、類推和形式化原則，構成了其邏輯思維的主要內容，分述於下：

### ㈠分類思維

《周易》已有萌芽。卦象分爲八卦和六十四卦，卦下繫以不同的卦爻辭，各有其吉凶含義，即是一種分類。至《易傳》對「類」概念作了闡發。睽卦《周易》《彖》文說：「萬物睽而其事類」。乾卦《文言》說，萬物「各從其類」。《繫辭》說：「方以類聚，物以群分，吉凶見矣」，即是對《周易》中分類思維的概括。《繫辭》又說：「其稱名也雜而不越，於稽其類，其衰世之意邪」。還說：「其稱名也小，其取類也大。其旨遠，其辭文，其言曲而中，其事肆而隱，因貳以濟民行，以明失得之報」。此是對卦名和卦爻辭中事物之名的解釋。是說，卦爻辭中所說的事物之名，雖複雜多端，但各有規定性，不能混淆，此即「雜而不越」。所以不相混淆，因爲各屬於不同的類別，考查其類別，可以斷其吉凶。卦爻辭中的事物之名，表面上看，指某一具體的事，但它代表的那一類的事物卻很廣泛，此即「其取類也大」。卦爻辭所講的事，其意義不限於此件事，可以旁及他事，故說「其旨遠」。卦爻辭所言之事，雖爲偏僻小事，但切合事理。此即「其言曲而中」。卦爻辭所談之事，其事迹很明顯，但其中包涵的意義，卻很幽深，此即「其事肆而隱」。正因爲如此，人們依卦爻辭，可以解除疑惑，預知吉凶。以上表明，《繫辭》是以形式邏輯思維方式，考查《周易》中的卦爻辭，即將卦爻辭分爲若干類，有其外延和內涵。具體的事，爲外延；其所含有的意義，爲內涵。此種類概念的思維，也見於《說卦》對八卦的卦象和卦名的解釋中。其依取象說，以八卦代表八大類物象。依取義說，以八卦代表八大類事物的共性。如乾卦的性質爲剛健，其所包括的物象有天、君、父、首、圓等。此是以乾卦之名，爲一概念，其外延爲天、君、父等，其內涵則爲剛健。因此，《易傳》將辨別物類，視爲君子之學。如同人卦《象》所說：「天與火，同人。君子以類族辨物」。即按類屬關係，辨別事物之異同。

《易傳》提出的「方以類聚，物以群分」的思想，爲歷代易學所闡發。易學史上的義理學派特別重視類概念，以其爲《周易》推測來事的邏輯上的依據。王弼據此，於《略例》中說：「是故觸類可爲其象，合義可爲其徵。義苟在健，何必馬乎？類苟在順，何必牛乎？」此是對《說卦》中取象說的批評。此處，「觸類」與「合義」爲同義語，「類」，指一類事物的共性或內涵。認爲乾卦剛健之性，可以統率剛健一類的具體事物，不限於馬象；坤卦柔順之性，可以統率柔順一類中的具體事物，不限於牛象。王弼主取義說，故有此論。他著眼於一類事物的共性，即重視概念的內涵，認爲內涵可以統率外延中的一切事項，而外延中的個別事項，卻無此種普遍性格。正是依據這種邏輯思維，王弼提出「象生於義」說，認爲一切具體的物象都來於其內在的義理，進而建立起形上學的體系。王弼將老子的「有生於無」的命題，解釋爲「天地萬物皆以無爲本」。「無」所以爲天地萬物的本體，就其所提出的論證看，即以個別存在物的共性爲其存在的根據。如其所說：「分則不能統衆，故有聲者，非大音也」。認爲音作爲共性，自身沒有聲調，故爲一切聲音的基礎。可以肯定地說，王弼正是依據其易學中的邏輯思維，將老子的道論，引向了本體論。又如，宋明哲學中的程朱派，其解易，亦主取義說。程頤釋「方以類聚，物以群分」說：「事有理，物有形也。事則有類，形則有群」。是說，事物分爲若干類，由於其理不同，又分爲若干群，因其形象而異。他以「理」解釋類，以形解釋群。就其邏輯思維說，是以理爲一類事物的共性，以形爲一類事物外在的形象。認爲任何事物都有理和象兩方面，其理不同，其形象亦不同。就《周易》卦爻辭說，乾之理爲剛健，故取象爲龍。坤之理爲柔順，故取象爲牝馬。程氏認爲，事物之理乃「一物之所以然」，無形象，但決定該事物的形象，此即「有理而後有象」。此是以理爲一類事物的本質，認爲有其本質，方有其現象，從而在哲學上建立起理本論的形上學體系。朱熹談理事問題，亦持此觀點。其於《語類》中解釋同人卦《象》辭「類族辨物」說：「如牛類是一類，馬類是一類，就其異處，以致其同」（卷七十）。認爲研究事物的類屬關係，應求其同處，即事物所以然之理。就其邏輯思維說，認爲概念的內涵比外延中的個別事項更爲根本，抽象的東西比具體的東西更有價值，從而在哲學上導出理爲事本的形上學。總之，從王弼玄學到程朱理學，其形上學都基於其易學中類概念的邏輯思維。近人談王弼玄學和程朱理學，往往忽視這一點，則難以揭示兩家形上學的認識論的根源。易學史上象數學派亦重視分類。如邵雍所說：「別生分類，聖人成能」，並按二、四、八的程序，將宇宙的事物分爲兩大類，又分爲四大類和八大類，認爲類與屬相互涵蘊。此種分類思維，對古代的科學思維也起了很大的影響。如李時珍的《本草綱目》，依「類族辨物」的邏輯思維，提倡「析族區類」，以分類法研究自然物性能之異同，從而在藥物學史上做出重大貢獻。

## ㈡類推思維

春秋時期的史官，依《周易》卦爻辭所講之事，推測來事之吉凶，即已成型。如依觀卦六四爻辭「觀國之光，利用賓于王」，推測陳侯後代有國而朝於王。至《易傳》，將這種占筮方法稱之爲：「夫易，彰往而察來」，「蓍之德圓而神，卦之德方以知」，「神以知來，知以藏往」。「往」，指卦爻辭所講的事，其事乃過去之事，故爲往。「來」，指將要發生的事，即所問之事。認爲占筮是依往驗而知來事。往驗所以能知來事，因爲二者爲同類事物，可以從其中某事項推出另一事項的動向。朱熹將此種占筮方法，稱之爲「推類旁通」，即類推法則。他說：「一卦之中，凡爻卦所載，聖人所已言者，皆具已見底道理，便是藏往；占得此卦，因此道理以推未來之事，便是知來」（《語類》卷七十五）。朱氏此言，道出了《周易》筮法，依類推法則推論未來之事的特色。如占筮時，筮得的卦象爲益卦，所問之事爲登險峰是否平安無事。於是查《周易》益卦的卦爻辭，此卦卦辭說：「利有攸往，利涉大川」。依利涉大川，推出登山亦平安的結論。此種推論，即以涉大川和登險峰爲同類事物，同類事物，其義理相同，故可相互印證。類推乃推理的初級形式，屬於形式邏輯中的演繹思維。《周易》系統邏輯思維，屬於演繹系統。此點，近代邏輯學家嚴復早已覺察到。其於《天演論·自序》中，將西方邏輯中的演繹法稱爲「外籀」，歸納法稱爲「內籀」，其解釋外籀之術說：「據公理以斷衆事者也，設定數以逆未然者也」。此種表述，皆本於古代的易學語言。後一句，來於《說卦》文：「數往者順，知來者逆，是故易逆數也」。嚴復認爲《周易》系統的邏輯思維，乃中國的「外籀之術」，如其所說：「遷所謂本隱之顯者，外籀也」。司馬遷於《史記·司馬相如傳》中，解釋《繫辭》文「而微顯闡幽」句爲「易本隱而之顯」。隱指卦爻辭中的義理，顯指所問之事。嚴氏認爲，此種推理方式，即邏輯學中的演繹法。嚴氏所見甚是。至於以類推法則，占問來事之吉凶，是否準確或靈驗，那是另一個問題，即是否能遵守類推的法則，而不犯邏輯錯誤。

《周易》系統的演繹思維，也表現在卦象的邏輯結構和揲蓍求卦的過程中。筮法所依據的卦象，不同於龜卜所依據的卜兆。卜兆是自然成文，而卦象具有邏輯的結構。卦象的基本要素爲奇偶二數或陰陽二爻，按三畫重疊，必然導出八個圖象，而不是七個或九個。按六畫重疊，必然得出六十四卦象。此是基於數學的排列組合，即演繹法則。用近代的數學公式表示，即$P=m^n$，$2^3=8$，$2^6=64$。因此，《繫辭》解釋說：「八卦而小成，引而伸之，觸類而長之，天下之能事畢矣」。是說，從八單卦象，可以引伸爲六十四卦象，引伸即推衍，又稱爲「觸類而長之」，即後人所說的「觸類旁通」。「觸類而長之」，是從既定的原則出發，按類推方法，推衍出一系列的程序，此即演繹邏輯的思維方式。《繫辭》「大衍之數」章，講揲蓍成卦的過程，亦是基於演繹思維，故稱爲「大衍」。從五十根蓍草出發，從中取出一根，餘數四十九，按分二，掛一，揲四，歸奇四種程序即「四營」而數之，經過三變，最後得出七八九六中的一個數，決定一爻之象，即《繫辭》所說：「極其數，遂定天下之象」。「極其數」，即從五十之數最終推衍出七八九六之數。可以看出，演繹思維乃《周易》系統邏輯思維的主要特徵。

此種思維方式，對中國人的思維方式和中國哲學都起了深遠影響。所謂「觸類旁通」，成爲中國人思考問題習慣運用的思維方式。中國傳統哲學中的宇宙演化論，以元氣爲天地萬物的始基，認爲元氣自身含有陰陽二氣，二氣衍化出各種自然現象，即基於易學中演繹邏輯的思維方式。程朱哲學的理本論，以太極之理，自身涵有陰陽五行之理，其散開，則爲天地萬物之理，所謂「一本散爲萬殊，萬殊歸於一本」，即基於易學中演繹邏輯的思維方式。邵雍的先天圖式，從奇偶二數和陰陽二爻出發，於其上各加陰陽二爻，逐層加上去，便推衍出六十四卦的卦序和方位，亦是基於演繹邏輯的思維。朱熹的太極觀，以太極之理自身含有兩儀、四象和八卦之理，其展開，則爲兩儀、四象和八卦之象，以太極同兩儀、四象等爲邏輯上的涵蘊關係，如同前提和結論的關係，而不是母生子的關係，從而在哲學上導出理氣無先後說。此種形上學同樣基於演繹邏輯的思維方式。

### ㈢形式化思維

重視命題和推論的形式，而不關心其內容。用邏輯學的語言說，只管對錯，不管眞假。此是形式邏輯思維的一大特徵。至近代，發展爲符號邏輯學。形式化思維，亦包括符號思維。此種思維方式，《周易》已有萌芽。六十四種卦象，由陰陽二畫組成，其圖式也是一種抽象的符號，而且具有邏輯的結構，以其象徵所占斷之事的吉凶。卦象的邏輯結構，除表示陰陽二爻排列組合的關係外，對實際事物無所肯定。此正是形式化思維的表現。至《繫辭》解釋卦象說：「聖人有以見天下之賾，而擬諸其形容，象其物宜，是故謂之象」。又說：「易者，象也。象也者，像也」。認爲天下事物，十分複雜，故以卦象象徵其性質，即以卦象爲一種符號，作爲萬物的性質以及變化過程的標記。如萬物皆有陰陽兩種性質，故以奇（⚊）偶（⚋）兩畫表示之。如事物的變化，有通順和閉塞。通順之時則以泰卦象䷊表示之，閉塞之事則以否卦象䷋表示之。此即「象也者，像也」。此種解釋，視六十四卦卦象爲一種抽象的公式，可以統率有關的各種具體物象，亦是形式化邏輯思維的表現。照《易傳》的解釋，占筮得到的卦象，基於奇偶即七八九六之數的規定，因而卦爻象自身又有數的規定性，二者不可分離，在易學史上又形成了「象數」這一概念或範疇。數目自身也是一種抽象的概念，可以統率各種具體事物的數目。因而歷代易學，特別是象數之學，又以《周易》中的象數爲宇宙之「表法」，從而提出各種圖式，表示自然現象變化的規律性。

《周易》系統的形式化思維，又見於對筮法的解釋中。前面提到所謂「易彰往而察來」的類推思維，實際上，在類推的過程中，遇到一個難題，即所占問之事同卦爻辭中所說之事，往往不是相同的事或相類似的事。爲了將所問之事納入筮得的卦爻辭中，必須將卦爻辭所講的具體事抽象化，視其爲預測吉凶的公式，使其具有很大的靈活性或包容性，方能對所問之事，做出各種各樣的判斷。如筮得的卦爻，爲乾卦九五爻，其爻辭爲「飛龍在天，利見大人」，此爻辭不能只看成是講帝王之事，或適用於帝王之占，也應適用於當臣子的或一般百姓。如程頤所說：「不要拘一，若執一事，則三百八十四爻，只作得三百八十四件事，便休也」（《遺書》卷十九）。「不要拘一」，即將卦爻辭的內容抽象化，使能包容與其有關的一切具體事物。朱熹據此，提出「易只是個空底物事」，即將卦爻辭看成是一系列的空套子，可以套入各種有關的事項，從而進行類推。此種推理形式，又稱之爲「稽實待虛」。「虛」，指所問之事；「實」指所占之事的義理。「稽實待虛」，即考察卦爻辭中的義理，推斷所問之事。按此說法，卦爻辭中所說的具體的事項，只是代表那一類事物之理的符號，即其所說的「假託」之辭和事物之理的「影象」，「非眞是一個物」。按此說法，《周易》三百八十四條爻辭乃三百八十四條公式，故能推算一切所問之事的動向。朱熹此說，進一步將《周易》一書的內容抽象化了，表現了以形式化思維方式考查筮法的特色。但朱熹以卦爻辭爲事物之理的影子，只是以事爲虛設，仍承認其理爲實有。至清人焦循解易，又進一步發展了朱熹以卦爻辭爲空套子的思維，提出比例引伸說，認爲卦爻辭只是吉凶的標誌，如方程式中的甲乙丙丁等符號，只是用來標誌數字之間的相互關係，既不代表物象，亦不含有義理，如其所說：「讀易著，當如算學者之求其法於甲乙丙丁」（《易話・學易叢言》）。按此說法，《周易》則成了一部預測吉凶的代數學。焦氏將朱熹說引向了符號論，乃易學中形式化邏輯思維的典型代表。

形式化邏輯思維，追求命題的抽象意義和事項之間的邏輯關係，對古代數學和哲學的發展也起了一定的影響。數學家往往以《周易》中的象數概念闡述其數學原則和演算的程序。如宋秦九韶的大衍求一術、丁易東的縱橫圖說。哲學家特別是易學哲學家依據易學中的象數概念，繪制了多種圖式，如太極圖、河洛圖、先天圖等。這些圖式，只有卦象和數的排列程序，如同公式或抽象的符號，以此表示宇宙中個體事物變化的規律，成爲中國自然哲學的一大特色。

以上所論三種邏輯思維，在《周易》系統中是結合在一起的，對中國文化和哲學的發展起了很大的影響。中國古代的邏輯學即名學或名辨思想，在戰國時代成爲一大思潮。《易傳》以邏輯思維解釋《周易》和筮法，當是受了當時名家學說的影響。但是，秦漢以來，古代的名學，未能延續下來。人們關於邏輯思維能力的訓練，是通過對《周易》經傳的解釋而實現的，雖然歷代易學並不直接討論邏輯學問題。有一種說法，認爲中國人的思維方式屬於直覺主義、經驗主義的類型，缺乏邏輯的頭腦，這是由於沒有研究《周易》系統的典籍而產生的誤解。《周易》系統的邏輯思維，同西方的傳統相比，缺乏近代的歸納邏輯的思維傳統。這是因爲《周易》是依靠數的觀念，從事占卜的。

## 三、辯證思維

所謂辯證思維，謂以辯證的觀點考察自然和人生的思維方式，不同於形式邏輯思維方式。形式邏輯思維是基於事物的靜態和相對穩定的條件而形成的思維方式，注重分析事物的類屬關係和概念的確定性。而辯證思維是基於事物的動態和變化的過程而形成的思維方式，注重從反面和動態以及整體角度思考問題。就中國哲學說，老子是古代辯證思維的奠基人。但在老子以前，《周易》一書，已含有辯證思維的萌芽。至《易傳》又吸收了老子的辯證思維，後經歷代易學所闡發，成爲中華辯證思維的代表。《周易》系統的辯證思維，總括來說，有以下三條原則：

## (一)變易思維

即從變化的觀點考查一切事物。《周易》是講變化的典籍，故稱其爲「易」，即變易。《周易》中的變易思維，有三方面：一是卦爻象的變易，即卦象自身是可變的，一種卦象可以變爲另一種卦象。如乾卦象☰，下畫變爲陰爻，則爲巽卦☴；中畫變爲陰爻，則爲離卦☲；上畫變爲陰爻，則爲兌卦☱。八卦和六十四卦都可互相轉化。春秋時期的易說，於本卦外，又提出之卦與其呼應，即是此種變易思維的表現。二是人事的吉凶禍福是可變的，如卦爻辭中關於吉凶的論斷，常予人以教訓之義，按其勸戒，可以化凶爲吉。筮辭中的「悔」、「吝」、「无咎」等，即是此義。三是自然現象也是變化的，如大過爻辭說的「枯楊生華」、離卦爻辭說的「日昃之離」、泰卦爻辭說的「无平不陂」等。承認事物處於變易的過程，是《周易》的一大特色。正因爲事物不斷的變易，人們不能掌握自己的命運，故以占筮決疑。此即《繫辭》所說：「動則觀其變而玩其占」。至《易傳》全面闡發了《周易》的變易思想，並視其爲一種思維方式，如《繫辭》所說：「知變之道者，其知神之所爲乎」；「以言者尚其辭，以動者尚其變」；「擬之而後言，議之而後動，擬議以成其變化」。以按《周易》變化之道而行動爲聖人的事業。《易傳》和歷代易學所闡發的變化之道有以下幾點：

其一，變化日新。謂事物的變易，永無止境或終結。《繫辭》稱之爲「日新之謂盛德，生生之謂易」，即不斷地更新和變易。事物的存在和興盛，只有不斷變易，才有出路，所謂「窮則變，變則通，通則久」。而且其變易，無有窮盡之時，此即《序卦》所說：「物不可窮也，故受之以未濟終焉」。此種變易觀爲歷代易學所闡發。如漢易代表人物京房，以陰陽變易爲《周易》的基本法則，斷言事物變易，無停止之時，所謂「二氣交互不停，故曰生生之謂易」。（《易傳》）。孔疏則說「易者，變化之總名，改換之殊稱」，認爲從天地到萬物，都是「新新不停，生生相續」。王夫之據此，提出太虛本動和變化日新說，認爲宇宙永遠處於運動和變化的過程，而且不斷推陳致新，惟其日新，方能富有。此條要求人們從變化和發展的觀點看待一切事物，反對因循守舊和執一不變的思維模式。

其二，陰陽流轉。謂陰陽相互推移和轉化是事物變化的基本形式。《繫辭》說：「剛柔相推，變在其中矣」。如日月推移，寒暑往來，屈伸相召，情僞相感，剛柔相易等。如《繫辭》所說：「一闔一闢謂之變，往來不窮謂之通」；剝卦《彖》文說的「君子尙消息盈虛，天行也」，皆是此義。漢易稱此種變化形式爲陰陽消息，朱熹稱之爲陰陽流轉。事物所以相互推移和轉化，又是由於對立的一方發展到極處，從而走向其反面。乾卦《文言》說：「亢龍有悔，盈不可久也」。《繫辭》提出的三不忘：「安而不忘危，存而不忘亡，治而不忘亂」即是此義。此種觀點，漢易稱之爲「物極則反」，如京房引《繫辭》文說：「能消者息，必專者敗」。至歐陽修和程頤則稱爲「物極而必反」。關於事物的變易，還認爲要經歷漸變到突變的過程。如《繫辭》所說：「化而裁之謂之變」，變又含有變革之義，故革卦《彖》說：「天地革而四時成，湯武革命，順乎天而應乎人」。此條要求人們從對立面轉化的觀點觀察事物的變化，或者防微杜漸，防止走向反面；或者順應事物發展的趨勢，進行變革。

其三，剛柔相推。謂事物變化的泉源在於其內部對立面的相互作用。《繫辭》說：「剛柔相推而生變化」，又說：「乾坤毀，則無以見易」。又說：「天地絪縕」、「萬物化生」。此種觀點，張載闡發為「一故神，兩故化」。「神」指變化的本性，「一」指陰陽合一，相互作用。「兩」，指陰陽推移。王夫之將相互作用，解釋為相交感，稱之為「絪縕」。方以智解釋為「交輪幾」，以兩端相交即「合二為一」為一切事物變化的根源。此條要求人們從事物的內部，特別是其兩端的交合中，尋找變化的原因，而不是從外部或兩端排斥和鬥爭中考察變化的原因。

其四，陰陽不測。謂事物的變化，既有客觀的規律，又無固定不變的模式。《繫辭》說：「天下之動而不可亂也」。又說：「天下之動，貞夫一者也」。是說，事物的運動和變化；並非雜亂無章，而是有其秩序，遵循正常的法則，即有其「典常」，如卦爻象的變化，有一定的規則，不是人心可以任意安排的。程頤稱之為「隨時變易以從道」，張載稱之為「其為理也順而不妄」。王夫之闡發為：「榮枯生死，屈伸變化之無常，而不爽其則」。（《內傳·乾》）。只一方面，《繫辭》又提出「神無方而易無體」，「陰陽不測之謂神」。「神」謂事物的變易，神妙莫測。是說，陰陽變易，無固定不變的方向和體制，即「不可為典要，唯變所適」。王夫之稱之為變動不居，「不主故常」。此條要求人們既要承認事物變化的規律性，又不能以一凝滯的模式觀察事物的變化。

以上四點，可以統稱之為「陰陽變易說」。此種變易說，既是一種世界觀，又是一種思維方式。就其為世界觀說，是否揭示了事物變易的主要內容，可以進一步的研討，但作為一種思維方式，要求人們不是從靜止而是從變動的一面，觀察自然和人生，無疑是一種高層次的智慧。

## ㈡相成思維

即以陰陽互補的觀點，觀察事物的存在和發展。《周易》的卦象，由陰陽爻象配合而成，只有陰或陽一方，不能形成八卦和六十四卦象。八卦分爲四個對立面，六十四卦又是三十二個對立面，也是相互配合。《易傳》依此，提出「一陰一陽之謂道」的命題，以又陰又陽爲事物存在的基本法則。即是說，任何事物的性質，都有陰陽兩方面，缺一不可。《繫辭》又將這一原則解釋爲「陰陽合德而剛柔有體，以體天地之撰，以通神明之德」。「合德」，即陰陽相配，而不可分離。歷代易學都十分重視「一陰一陽之謂道」這一命題，從不同的側面，闡發此命題的理論意義，成爲易學中辯證思維的核心。此命題要求人們從陰陽兩方面觀察事物的性質及其發展的方向。此命題的涵義有以下幾點：

其一，陰陽相依。謂陰陽相互依存和滲透，宇宙中無孤陰孤陽的事物。坤卦《文言》說：「坤至柔而動也剛，至靜而德方」，謂坤作爲柔靜的代表，含有運動和剛健的性能。漢易依此提出飛伏說，謂陽性後面隱藏著陰性，陰性背後隱藏著陽性。至邵雍提出「陽以陰爲基」、「陰以陽爲唱」，即陰陽相生；不僅相生，而且相息，「陽去則陰竭，陰盡則陽滅」。還提出陰中有陽，陽中有陰。如太陽爲陽，有陰的一面；月亮爲陰，有陽的一面；男性爲陽，有陰的成分；女性爲陰，又有陽的成分。至朱熹又提出陰陽交易說，即陰陽各生陰陽，如人各有血氣，血爲陰，氣爲陽；如晝爲陽，午後又屬陰；夜爲陰，夜半之後，又屬陽。他稱此爲

「陰陽互藏」。至王夫之，提出乾坤並建說，認爲宇宙中的事物，同乾坤兩卦的關係一樣，互爲隱顯，互爲表裡，合而爲一。總之，宇宙中的事物，不僅無孤陰孤陽，亦無純陰純陽之事。此條要求人們從陰陽兩端考察事物的性質，以免犯片面性的錯誤，如張載所說「兼體而無累」。

其二，陰陽相濟。謂陰陽性能，相通相資，相互補充，即相反而相成。相通，謂陰陽性能雖相反，但可以相交相感，共成大業。如泰卦《彖》文所說：「天地交而萬物通」，咸卦《彖》文所說：「天地感而萬物化生。聖人感人心而天下和平」。相資，謂相互資補，不是相互敵視，一方吃掉一方。如乾坤兩卦《彖辭》所說，「乾元資始」、「坤元資生」；如《繫辭》所說：「乾知太始，坤作成物」；《說卦》所說：「乾以君之，坤以藏之」。凡此皆以乾坤或天地之協作爲萬物生化的條件。故《說卦》又說：「水火相逮，雷風不相悖，山澤通氣，然後能變化既成萬物也」。此是說，八卦中六子卦所取之物象雖相反，但相輔相成，使動植物更好地成長。歷代易學都闡發了陰陽相濟的理論，成爲《周易》系統辯證思維的一大特色。漢帛書本易說提出陰陽、動靜、剛柔互補說，認爲陰主柔順沈靜，不動則死；陽主剛健不息，無柔德以裁之，不死必亡。同樣，以文輔武，剛而不折；以武輔文，柔而能勝。宋易尤其重視陰陽相濟說。如以五行觀念爲中心的河圖洛書說，認爲五行之性雖相異，但相生相成，如木得水而成長，火得木而燃燒。五行之性雖相克，又交相成，如火克金，卻鑄金而成器。至王夫之，全面闡發了陰陽相資相濟的理論。他提出陰陽合一說，以「分」表示陰陽的差異和對立，以「合」表示陰陽不可分割而融爲一體。認爲陰陽雖有差異，但不是相舍相離，相毁相滅，而是相合相濟，相因相通，事物方得以健康發展。他舉例說，水火雖相滅，但無火燒水，水則凝而不化；無水以濟火，火則燥而易窮，水火又交相養。他以陰陽相濟爲事物存在和發展的規律，所謂「若不互相資以相濟，事幸成，且不知其何以成」（《正蒙注·動物》）。此條要求人們依陰陽互補即相反相成的原則，處理自然、社會以及精神生活中的對立面，同樣是一種高度的智慧。

其三，陰陽和諧。即事物發展的最佳狀態爲對立面和諧相處或協調爲一，而不是分裂或同歸於盡。乾卦《彖》說：「乾道變化，各正性命，保合太和乃利貞」。乾卦六爻皆陽，每一爻皆有自己的規定性，但各爻之間處於高度和諧的狀態，而不是逞其剛強，相互侵犯，方有利於貞正。就其哲學語言說，乾道作爲天的德性，無剛暴之偏，「保合太和」，方有利於萬物和人生活的安定和繁榮，故下文說：「首出庶物，萬國咸寧」。《易傳》提出的「太和」觀念對歷代易學、哲學和中國文化都起了深遠影響。孔疏《正義》，取王弼義，將「太和」解釋爲「純陽剛暴若不和順，則物不得利」。以剛陽與陰柔的和諧解釋「太和」。此後，宋易各家釋「太和」，皆依此義。如張載提出「太和所謂道」，以陰陽二氣處於高度和諧的境地爲「太和」。朱熹則取老子的「冲氣以爲和」義，以太和爲「陰陽會合冲和之氣」，認爲天地萬物稟此冲和之氣，其性命方能自全。至王夫之提出「太和絪緼之氣」，解釋太極，即以陰陽二氣協調爲一，爲世界的本體，從而得出「天地以和順爲命，萬物以合順爲性」的結論。按張載和王夫之的解釋，天地萬物雖形殊質異，甚至相互排斥和鬥爭，如水火相滅、愛惡相攻，但終究歸於和諧一致。此即張載所說：「有反斯有仇，仇必和而解」，王夫之稱爲

「皆協於一」。王氏認爲，一味追求對立，甚至鬥爭，其結果是「使萬物之性命分崩離析」，永無安泰之日。此條要求人們處理對立面的關係，應以協調爲重，也是陰陽相濟思維進一步的發展。

以上三點，作爲一種思維方式，關係到如何看待事物的對立與統一的關係。《周易》系統的陰陽觀，追求對立面的統一，以其爲事物發展的根本途徑。此種發展觀，承認對立面的對抗和鬥爭，但以其爲到達或實現更高層次和諧的步驟或手段，不以其爲目的，同樣是中華辯證思維的一大特色。

### ㈢整體思維

即從普遍聯繫的觀點，觀察個體事物的地位和作用。《周易》系統的典籍是整體觀念的積極倡導者，而且影響深遠。就《周易》說，編者將筮辭繫於卦爻象之下，即表示一卦六爻爲一整體，六十四卦也是一個整體。就每一卦的卦爻辭看，大多數的卦，體現某種中心觀念，而且各爻辭之間，存在某種聯繫。如乾卦，從初爻潛龍勿用到上爻亢龍有悔；咸卦，從初爻感其拇，到上爻感其口舌，從下至上乃一上升的進程。此種整體觀念，到《易傳》得到充分發展，《彖》和《大象》對卦辭的解釋，即視每卦爲一整體。甚至認爲其中的一爻決定全卦的意義。《序卦》探討六十四卦的相互關係，又視六十四卦爲一整體。《彖》提出的爻位說，如中位、當位、應位、承乘、往來等，都在於說明六爻在一卦中的地位及其相互聯繫。總之，以一卦爲一整體，六爻爲其部分，此是《易傳》和歷代易學共同遵循的解易原則。歷代易學正是通過探討六爻之間的相互關係，從而發展了關於個體之間普遍聯繫的學說，成爲易學理論思維的又一特色。其整體觀，影響大者，有以下幾點：

其一，三才說。謂一卦六畫分爲三部分，一二畫象徵地，三四畫象徵人，五六畫象徵天。《繫辭》說：「有天道焉，有人道焉，有地道焉，兼三才而兩之，故六」。此是取人居天地之中義，以一卦六畫象徵宇宙整體。天地人爲其部分，各有其遵循的法則。《說卦》稱三才之道爲「性命之理」，即「立天之道曰陰與陽，立地之道曰柔與剛，立人之道曰仁與義」。此是對一卦六畫各有奇偶之數或陰陽之位的解釋。此三才之道，雖各有其特點，但基於同一的法則，又是相通和相互聯繫的。故《繫辭》說：「知崇禮卑，崇效天，卑法地。天地設位，而易行乎其中矣」。認爲人道應效法天地之道，成就人的本性。又說：「天地設位，聖人成能」。謂人又能成就天地生化萬物的功業。此種天人關係，又見於《彖》、《象》文。如謙卦《彖》所說，天道有虧盈，地道有變盈，故「人道惡盈而好謙」；豫卦《彖》所說：「天地以順動，故日月不過而四時不應。聖人以順動，則刑罰清而民服」。此又以人道應效法天地之道。又泰卦《象》說：「天地交泰，后以財成天地之道，相輔天地之宜，以左右民」。此又是以人能控制天地之道，輔助天地之事業。此種將天地人聯結爲一體的觀點，後被歷代易學所闡發，或依天道或依天理以明人事，或以人道駕御天道。至方以智提出依造化之理以造造化說，王夫之提出「延天以佑人」說，在天人問題上做出了重大貢獻。此種整體觀，作爲一種思維方式，要求人們辯證地對待人與自然的關係，即人與自然相互依賴，互相影響，人既不能破壞自然，又不能因循自然，人與自然應並存而共榮。

其二，八卦說。謂八卦各有其功用，但又相互聯繫，成爲一整體，用來說明自然現象的普遍聯繫。《說卦》文，提出的八卦取象說和方位說，即闡述此義。就八卦所取的物象觀，震雷主動、巽風主散、坎雨主潤、離日主烜、艮山主止、兌澤主悅、乾天主君、坤地主藏，認爲此八種自然現象，同八卦一樣，相錯相蕩，生化萬物。八卦配以方位，震居東方、巽居東南、離居南方、坤居西南、兌居西方、乾居西北、坎居北方、艮居東北。八卦各居一方，統領四季，各自發揮其作用，生化和成就萬物。此是以八卦的方位解釋大陸氣候變化的規律及其對植物生長的影響，將時間和空間聯結爲一體。此種觀點，至漢代，形成卦氣說，又將天地人聯結爲一整體。至宋代邵雍，依「天地定位」章，提出先天八卦說；依八卦方位章，提出後天八卦說，用來解釋宇宙中個體事物的普遍聯繫。邵雍的先天八卦說，以乾南、坤北、離東、坎西解釋八卦所居的方位，是卦氣說的一種新形式，同樣在於解釋天時氣候的變化過程同萬物生長的關係。八卦說作爲一種思維方式，要求人們從氣候變化和地理方位考察生物和人類賴以生存的自然條件及其變化過程。

其三，五行說。謂金木水火土乃構成天地萬物的五種要素，五行之間的相互作用，將世界聯結爲一整體。《周易》中無五行觀念，《易傳》解經亦無五行觀念。五行作爲一種範疇，解釋世界，始於先秦的陰陽五行家。但《繫辭》「天地之數」章，有「天數五，地數五，五位相得各有合」句。以「五」爲天地之數的核心。又《說卦》說「參天兩地而倚數」，亦重視五的觀念。從漢易開始，方引用陰陽家的五行觀念解釋《周易》經傳。陰陽五行家談五行，已同陰陽結合在一起。漢易解易，談五行，亦談陰陽，從而形成了歷代易學中的陰陽五行觀。

此種五行觀，始於漢易京房，以五行配八卦和一卦六爻。鄭玄解易，以五行生成說，解釋《繫辭》天地之數章，以水火木金土的順序解釋天數五和地數五的順序，五行便成了生成萬物的哲學範疇。至宋代劉牧，又以五行說釋九宮說，提出河圖、洛書兩種圖式，作爲世界的模式。宋代開始流行的河洛之學，以五行爲世界的五大要素，以其間的關係，或相生，或相勝，或互藏，將天地萬物聯結爲一整體，說明空間和時間以及萬物和人類都存在著內在的聯繫。方以智依此，提出細統論，認爲宇宙作爲一整體，有統有細，統中有細，細中有統，要求人們從區分層次和尋求聯繫的觀點，研究自然現象和社會現象。

《周易》系統的整體觀，由於追求世界的普遍聯繫，重視個體事物變化的過程和其功能以及在整體中的地位，對中國古代的科學如天文學、化學和醫學以及中國的造型藝術都起了深刻影響。整體思維，是從宏觀和一體的角度，觀察個體的特性和動向，而不是深入實體內部，分析其結構，形成中華文化的又一特色。

以上三條原則，作爲思維方式，都是從動態視野，考察事物的性質及其變化的過程。同西方的辯證思維傳統相比，強調對立面的統一、和諧與均衡以及事物的普遍聯繫。此種辯證思維，如果從《周易》說起，具有近三千年的歷史。其以八卦和五行爲世界要素，是基於古代農業生產的需要，有時代的局限性，但其中的思維方式，卻有永恆的價值，應認眞加以總結。

## 四、結束語

邏輯思維和辯證思維是一切具有高度文化的民族所擁有的，但由於各民族的生活環境不同，其內容與形式也不盡同。在西方，這兩種思維傳統，在古希臘即已形成了，不過是分別展開的，至近代，仍是如此，並未結合在一起。可是，《周易》系統中的思維方式，邏輯思維與辯證思維是融合一體的。八卦和六十四卦卦象自身的結構即體現了二者相結合的特點。《易傳》和歷代易學解易，都具有這一特點。正因爲如此，其講陰陽變易和陰陽依存，因受邏輯思維的約束，而未流爲莊子的相對主義和佛家的幻化論；講概念和抽象，因受辯證思維的約束，亦未走向否認具體事物變易的形而上學，如古希臘芝諾的飛矢不動論。也正因爲如此，《周易》系統的理論思維，一方面重視「常」，探討事物的規律性；一方面又重視「變」，關注事物的變通性和不測性，將常與變統一起來，如王夫之所說：「常以制變，變以貞常」。總之，形式邏輯思維方式，追求事物的確定性和概念的明確性，而辯證思維方式則關心事物的不確定性和可變性，各有偏重，而《周易》系統的思維方式，將二者合而爲一。這種融合，雖然是自發的，但不能不說是中華思維的優秀傳統，是值得我們發揚光大的。

就當前人類面臨的認知問題看，這兩種思維方式，在西方已出現了相互融合和相互補充的趨勢。這是出於當代科學技術發展的要求。如果我們能將《周易》系統的理論思維，用當代科學的方法加以總結，從中吸取有益的東西，有助於人類新思維的誕生和促進文明的進步，易學研究也就有了新方向。

（《中國文哲研究通訊》，三卷二期，一九九三年，臺灣中央研究院中國文哲研究所刊行）

# 論《易經》中形式邏輯思維對中國傳統哲學的影響

## 一、研究《易經》的現實意義

《易經》是中國古代哲學流派儒家所尊奉的典籍之一，其流傳有近三千年的歷史。《易經》作爲占筮的典籍大致成書於西周時期。春秋時期，人們便對它進行了解釋；到戰國時期，陸續形成了系統地解釋《易經》的著作，即《易傳》。從漢朝開始，《周易》經傳被王朝規定爲知識分子必讀的典籍，從而形成了注釋和闡發《周易》經傳的學科，即易學。易學作爲儒家的經學之一，對中國傳統文化、哲學、科學、宗教、道德、文學藝術以及社會政治理論都起了深遠的影響。

就哲學史說，從漢朝開始，易學便成了哲學家們闡發自己哲學體系的依據之一。以孔孟爲代表的原始儒家學說著眼於倫理、道德和社會、政治等問題，很少涉及宇宙論和本體論，沒有提出形上學的問題。可是漢朝以來的儒家哲學家、經師和學者，依《周易》經傳提供的思想資料，逐步建立起自己的宇宙論和本體論，經過魏晉玄學，到宋明理學，終於完成了儒家形上學體系，對中國傳統哲學的發展起了深刻的影響。就自然科學史說，從漢朝開始，易學便同天文氣象學、醫學和化學結合起來，成爲古代自然科學的理論支柱。中國古代自然科學的理論基礎是陰陽五行學說。但先秦的陰陽五行學說，其理論思維比較簡單，其影響主要表現在天文氣象方面。到了漢朝，由於儒家經學的確立，先秦的陰陽五行學說則被易學所吸收。易學中的象數學派成了古代陰陽五行學說的主要闡發者。象數學派所闡發的陰陽五行觀爲古代自然科學家觀察、解釋自然現象提供了重要的思維模式。就文學藝術說，歷代易學所闡發的陰陽和諧觀念，所開展的言意之辯，象意之辯以及形神之辯等，對文藝創造的原則和審美觀同樣起了很大的影響。總之，以《易經》系統爲代表的儒家學說，不僅促進了中國傳統文化的發展，而且培植了中華民族的思維方式，其所闡發的理論思維成了兩千多年來中國人觀察和解釋世界以及處理生活的準則。

近年來，海內外學術界對《周易》系統典籍的研究，方興未艾，《周易》研究成了東方學中的熱門之一。這一古老的典籍所以引起現代人的興趣，原因有多方面。其中之一是，處於科學技術高度發展的時代，科學界有些人士認爲，古希臘以來的西方傳統的思維模式已不能勝任解決當代科技研究中的新問題，需要借助或建立一種新的思維方式，爲科學技術的發展開創新的局面。而以《周易》系統爲代表的哲學體系，有助於對新思維的探討。這種研究《周易》的興趣和動向，是值得重視的。因爲《易經》的價值及其影響，不在於占術即算命，也不在於卦爻象的形式和卦爻辭的字義，而在於其中所蘊藏的和被《易傳》特別是歷代易學所闡發的理論思維的內容和形式。

以《周易》系統爲代表的中國傳統思維，十分豐富，影響大約有三點：其一，形式邏輯的思維傳統。此種思維是從對《周易》作爲推斷人事吉凶的工具即筮法的解釋中形成和發展起來的。《易傳》和歷代易學，爲了說明《周易》中卦爻象和卦爻辭可以預測或推斷來事的吉凶，不能不將其內容抽象化和形式化，並以推理的形式解釋占筮的法則，這樣，便促進了形式邏輯思維的發展。其二，辯證思維的傳統。《易經》中奇偶二數和陰陽爻象已含有辯證思維的萌芽，後被《易傳》闡發爲以陰陽對立統一觀點解釋事物變易法則的學說。這一學說又被歷代易學家從不同的角度加以解釋和闡發，成爲中國傳統辯證思維的主流。易學及其哲學，無論那一流派，都以其辯證思維影響於後世。《周易》經傳和歷代易學闡發的辯證思維，成了中華民族思維方式的主要特徵。其三，形象思維的傳統。《周易》這部書不僅有文字，而且有圖象，即六十四卦卦象，每一卦象之下，繫之以卦爻辭。此種體材，出於占筮的需要，但引起人們探求卦象的意義以及卦象和卦爻辭之間的聯繫，到《易傳》提出「聖人立象以盡意」。後來的易學，特別是象數學派依此原則提出許多圖象，表達其觀念，甚至以圖式解釋陰陽變易的法則，從而又促進了形象思維的發展。以上三種思維的內容和形式，又都通過對《周易》經傳的解釋而結合在一起，形成了一種具有中國民族特色的思維方式。

當人類文明發展到某一轉折時期，傳統的思維方式，對當代人的意識往往起著溫故而知新的作用。當代科學界提出的新思維，如系統論、信息論、控制論等，同《周易》系統的中國傳統思維方式存在著某種共同點。因而《易經》受到國內外學術界的關注。因此，我們今天研究這部古老的典籍及其影響，不能停留在傳統經學家的老路上，即以注解《周易》經傳的文句爲目的，而應從人類理論思維發展的歷史和前途，從中西文化及其思維方式的比較研究中，總結其中有價值的東西，爲探討新的思維模式提供某種途徑。如果在這方面能取得一定的成果，我想，《周易》哲學作爲古老的中國文化傳統之一，可以煥發出其生命力，爲人類文明的發展做出新貢獻。本文只就《易經》系統中形式邏輯思維同中國傳統哲學關係，談談中國文化的特徵和儒學的價值。

## 二、《周易》經傳中的形式邏輯思維

關於《易經》一書的性質，近年來有許多新說法，或認爲是哲理著作，或認爲是科學著作，甚至被認爲是一部電子計算機、宇宙代數學等。這些說法，總的說來，出於不甚了解《周易》作爲經學之一的發展歷史，將後人對《易經》的種種解釋，視爲其本來的面貌。宋朝哲學家朱熹說：「易本卜筮之書」（《語類》卷六十六），這一論斷，現在看來，仍是正確的。周朝人算命的方法有卜和筮。據《左傳》的記載和《易傳》的解釋，筮法是手數蓍草之數，按既定的程序，淘汰其數目，以最後的餘數或爲奇數，或爲偶數，確定一卦之爻象，再依筮得之卦爻象，查看《易經》中該卦的卦爻辭，以此推斷所問之事的吉凶。此種算命方法，不同於龜卜。卜法是依甲骨鑽孔火烤時出現的裂紋，斷定所問之事的吉凶。其所依據的裂紋，出於自然，並無邏輯的層次；定其吉凶，靠一種神秘的靈感。而筮法依據的卦象，存在邏輯的結構，筮得的卦象出於人爲的推算，判斷吉凶又是靠邏輯的推衍。明末清初的哲學家王夫之稱卜法爲「鬼謀」、筮法爲「人謀」，其所謂「人謀」，實際上以筮法爲人類理智的產物。如《左傳》莊公二十二年記載，陳侯算了一卦，問陳敬仲的後代是否昌盛，筮得的卦象爲觀卦䷓。察看《易經》中觀卦六四爻辭說：「觀國之光，利用賓于王」。據此推論說：「其代陳有國乎！」意謂陳敬仲後代必能復興陳國。此種算命的方法，實際上是依往驗而推來事。後來《易傳．繫辭上》概括爲「蓍之德圓而神，卦之德方以知」，「神以知來，知以藏往」。此種稱贊，實際上是對人類理智活動的贊揚。算命是一種迷信。由於人們無力支配自己的命運，方求助於某種神秘的力量，其思想基礎是命定論。但占筮這種迷信，又有自己的特點，即意味著人們不甘心聽任命運的擺布，想預知自己未來的前途，尋找避凶就吉的途徑，又表現了對現實生活的嚮往。卜筮二法同爲上古時代的迷信，但卜法求助於神靈的啓示，而筮法勿寧說求助於人類理性的推斷。正因爲如此，《周易》和筮法，終於走上了哲理化的道路，而卜法則逐漸被人們所拋棄，沒有也不可能形成自己的理論體系。

照春秋時期人們的解釋，《周易》作爲占筮的典籍，含有邏輯推理的因素。後來的《易傳》和易學，將這一因素加以引伸和發展，終於形成了以形式邏輯思維爲指導的易學體系。《易傳》作者第一次以類推的法則解釋《周易》中的筮法。他們把事物的類屬關係，看成是推論某事吉凶的根據。《繫辭上》解釋卦爻辭說：「方以類聚，物以群分，吉凶生矣」。是說，卦爻辭所以有吉凶之分，是因爲事物屬於不同的類，順其類者則吉，違其類者則凶。類概念的提出，始於墨家，儒家孟子和荀子都有發揮，都以「知類」爲辯論雙方共同遵守的推理的原則。《易傳》的作者，在當時名學即邏輯學的影響下，同樣重視事物的類屬關係。如睽卦《象》解釋此卦義說：「天地睽而其事同也。男女睽而其志通也。萬物睽而其事類也」。是說，天地萬物雖相乖異，但都屬於不同的類，總是異中有同。又同人卦《象》文論其卦義說：「君子以類族辨物」，意謂既爲同人，君子總是以人類和物類辨析事物，爲其美德。此亦是強調異中有同。《易傳》的作者，依其「方以類聚」的原則，考查了《易經》一書的內容，認爲其卦爻辭句及其所講的事，都用來比擬某一類的事物。《繫辭上》說：「其稱名也小，其取類也大；其旨遠，其辭文；其言曲而中，其事肆而隱」。是說，卦爻辭中事物之名雖小，但它所代表的那一類事物的外延卻很廣。其辭句雖出於文飾，其意義卻很深遠。其言辭雖然委曲，卻切中事理；所講的事項雖然很廣泛，而道理卻深刻而幽隱。如大有卦䷍九二爻辭說：「大車以載，有攸往，无咎」。文意是，牛車載重，遠行而不傾覆，故無悔恨。牛車載物是小事，此即「其稱名也小」，但其外延卻很大，即不限於牛車以載一件事，如《象》文所說「積中，不敗也」，意謂凡體中有所積蓄者，皆立於不敗之地，此即「其取類也大」。其所比擬的事物雖然廣泛，但其中隱藏的道理，即積蓄剛健的材質，可免於傾覆之患，卻很深遠，此即「其事肆而隱」。《易傳》認爲正因爲卦爻辭有這種特點，所以人們可依某卦某爻之辭，推斷未來之事。此即《繫辭下》所說：「夫易彰往而察來，而微顯闡幽，開而當名，辨物，正言，斷辭，則備矣」。「而微顯闡幽」，當作「顯微而闡幽」。是說，卦爻辭所講的事，是名當其實，物辨其類，言中其理，其吉凶判斷，皆有所據。故彰明往事可考察未來，即依一類事物中已知之事，推論未知之事，由已知到未知，故說「顯微而闡幽」。

此說明，《易傳》的作者，是在類概念思維的指導下，解釋卦爻辭的意義和類推的理論依據。

關於卦爻象，《易傳》的作者同樣從類概念出發，解釋其性質和意義。其論卦象說：「聖人有以見天下之賾而擬諸其形容，象其物宜，是故謂之象」。（《繫辭》上）又說：「近取諸身，遠取諸物，於是始作八卦。」（《繫辭》下）認爲卦爻象來於對客觀事物的模寫。但此種模寫，並非圖畫式的描寫，而是「象其物宜」，即象徵各類事物的特點，表示其性質。如乾卦象爲☰，取之於天象，但不描畫天之形態，而是用來象徵其剛健不息的性質，如乾卦《象》所說：「天行健，君子以自強不息」。因此，凡具有剛健性能的個體事物，都可歸於乾卦類，如《說卦》所說：「乾爲馬」、「爲首」、「爲天、爲圜、爲君、爲父、爲玉、爲金、爲寒、爲冰……」。其它卦象亦如此。如坤卦之象☷象徵柔順，故牛、腹、地、母、布、子、大車等，皆可歸於坤類。按此觀點，八卦之象，象徵八大類事物，六十四卦象又象徵六十四類事物，三百八十四爻象又象徵三百八十四種事物。筮得其卦象和某爻象表示所占之事屬於該類事物，故可依其卦爻象推斷所問之事的吉凶。此即《繫辭上》所說：「八卦小成，引而伸之，觸類而長之，天下之能事畢矣」。此段話，有兩層涵義：一是指八種單卦象加以重疊，便推衍出六十四個卦象，此即「引而伸之」；一是依據八卦所象徵的物類，可推出更多的事項，此即「觸類而長之」。這樣，《周易》便可以回答各種疑難之事了，此即「天下之能事畢矣」。

總之，《易傳》的作者，以類推的原則解釋《周易》的卦爻象、卦爻辭和筮法的性質，其解釋包括概念、判斷和推理三方面的內容。從而贊美筮法說：「是以君子將有爲也，將有行也，問焉而以言，其命也如響，無有遠近幽深，遂知來物，非天下之至精，其孰能與於此」。（《繫辭》上）此種贊美，表面上看，是歌頌蓍草和卦象如何靈驗，實際上是贊揚形式邏輯的類推法則，神妙莫測。

《易傳》的作者，又依據「方以類聚，物以群分」的原則，觀察世界，將宇宙中的事物分爲天、地、人三大類，稱爲「三才之道」，而此三大類又成爲一整體。就卦象說，一卦六畫，上兩畫代表天道、中間兩畫代表人道、下兩畫代表地道。人道所以居卦畫之中間，因爲人類生活於天地之中央。此即《繫辭下》所說：「易之爲書也，廣大悉備，有天道焉，有人道焉，有地道焉，兼三才而兩之，故六，六者非它也，三才之道也」。此以一卦之象，象徵宇宙之全體，此即「兼三才而兩之」；但卦爻所處的地位及其所代表的世界又有類別，故說「六者非它也，三才之道也」。卦畫中上、中、下之位及其代表的天、地、人，雖有差別，但又統率於一根本原理。此根本原理，《易傳》稱爲「性命之理」。其解釋說：「聖人之作易也，將以順性命之理，是以立天之道曰陰與陽，立地之道曰柔與剛，立人之道曰仁與義。兼三才而兩之，故易六畫而成章」。（《說卦》）此處說的「陰陽」，指寒暖二氣。此是對一卦六畫所作的哲理性的闡發。是說，三才各有其規定性，或爲陰陽，或爲剛柔，或爲仁義，但都基於「性命之理」，故此三大類成爲一整體。《繫辭上》解釋此性命之理說：「一陰一陽之謂道，繼之者善也，成之者性也」。是說，就卦畫說，有奇偶兩畫和陰陽二位，方有一卦之體制。就事物說，宇宙任何個體，都具有陰陽兩方面，從而成爲自己的本性。天象繼承此道，爲寒暖二氣；地形繼承此道，爲剛柔二性；人類繼承此道，爲仁義二德。這樣，一陰一陽之道，便成了宇宙的根本原理。《易傳》認爲，聖人作易的最終目的，是教導人們認識和掌握這一根本原理，依此原理，觀察事物的過去和未來，處理好人類的生活，此即《說卦》所說「窮理盡性，以至於命」。《易傳》提出的世界觀，爲後來儒家的形上學奠下了思想基礎。此種世界觀的形成，就其思想資料說，出於對《周易》卦爻象和卦爻辭的解釋；就其理論思維說，是基於形式邏輯思維方式，追求事物的類屬關係，從而導出陰陽這一最高範疇，以此解釋世界的規律性及其統一性。

以上材料表明，由於《易傳》的作者，以形式邏輯思維解釋卦爻象、卦爻辭和筮法，從而將《周易》的內容引向了哲理化的道路。至於《易傳》依八卦和六十四卦對事物所作的分類，是否正確反映事物的類屬關係，那是另一回事。將某一事項，歸爲那一類，總是受到當時文化知識水平的局限，歸類的標準也因事或因時而異。《易傳》依《周易》提供的素材，對事物所作的分類，不僅受到時代的局限，並且受到筮法自身的局限；不僅缺乏科學性，而且有的出於比附。比附並不符合形式邏輯的推理法則。如《墨經》所說「異類不比」（〈經上〉），歸類不正確，類推必犯錯誤。至於筮法將所占之事歸於某一類，是出於揲蓍求卦的程序，對其所作的解釋，只能是一種比附。《易傳》爲了論證其比附的正確性，因而提出各種體例，如取義說、取象說、爻位說等，企圖找出二者的共同點，作爲類推的依據。所以依《周易》算卦，並非科學的預測，也不可能成爲科學的預測。但《易傳》的作者追求事物之間的類屬關係，企圖通過類屬關係，以已知之事推斷未知之事的後果。這條思維路線是符合形式邏輯的思維規律的。這樣，《周易》一書的內容和形式，通過《易傳》的解釋，便被納入形式邏輯的演繹系統。

演繹邏輯思維是《易傳》作者解釋《周易》一書邏輯結構和筮法內容的重要依據。就取象說，其將各種具體事物歸於八大類，實際上是依已確定的八種卦象的邏輯結構及其原則，解釋各種事物的性質，這正是演繹邏輯思維方式的表現。此種思維方式，也表現在《易傳》對六十四卦的邏輯層次的解釋中。照《易傳》的說法，成卦的基本要素爲奇偶兩畫，按三層排列組合，只能導出八種卦象。此八種卦象，再相互重疊，只能導出六十四個卦象。此即《說卦》所說：「兼三才而兩之，故易六畫而成章」；《繫辭下》所說：「八卦成列，象在其中矣，因而重之，爻在其中矣」。「爻」指重卦中爻象的變化。按此說法，從奇偶兩畫到八卦，從八卦到六十四卦，其演變的過程，基於數學的演繹法則，具有邏輯的必然性。此種思維方式，用現代數學公式表示，即$P=m^n$，$2^3=8$，$2^6=64$。就揲蓍成卦的程序說，照《繫辭上》大衍一章的解釋，五十根草棍，去其一不用，以後經過分二，掛一，揲四，歸奇即四營程序，成爲一變；經過三變，則得出七八九六四個數中的一個數，定一爻之象；一卦六爻，故說「十有八變而成卦」。此種揲蓍求卦的程序，就其邏輯思維說，同樣屬於演繹的過程，即從五十之數推演出一爻之策數。故《繫辭上》說：「極其數遂定天下之象」，「極數知來之謂占」。所謂「極數」，即按數學的演繹法則，得出最後的數，以定一卦之象，占問未來之事。總之，《易傳》對《周易》和筮法所作的各種解釋，都貫穿一條演繹邏輯的思維路線，這同戰國時代的形式邏輯思維和邏輯學即名學的發展是分不開的。漢初史學家司馬遷說：「易本隱而之顯」（《史記·司馬相如列傳》），此是對《繫辭》文「顯微而闡幽」的解釋。近代哲學家和邏輯學家嚴復於《天演論．自序》中，將司馬遷的這句話，解釋爲西方邏輯學中的「外籀之術」。其解釋「外籀」說：「據公理以斷衆事者也，設定數以逆未然者也」。此是以西方形式邏輯中的演繹法則解釋《周易》一書的理論思維。此種解釋，說出了《周易》經傳中思維方式的一個特徵。兩漢以來的易學，正是在繼承、闡發這一思維傳統的基礎上建立了自己的哲學體系。

## 三、易學中的形上學傳統

從漢朝開始，易學家們由於對《周易》經傳解釋的不同，分化爲兩大流派，即象數學派和義理學派。按《易傳》的解釋，《易經》一書，由象、數、義或理、辭或言四部分組成。象指卦爻象及其所象徵的物象，包括卦爻辭中所講的物象。象是具體的東西，如龍象、馬象、天象、水象等，可以被感受。數指奇偶之數，如《易經》的九六之數，代表陰陽或剛柔爻象，還包括揲蓍之數，六十四卦之卦數和爻數。義即義理，指一卦或一爻的性質或意義，如乾卦爲健、坤卦爲順等。辭，即卦爻辭，包括卦名、吉凶之辭以及所占之事的記述。易學家們討論了象、數、義、辭四者的關係。象數學派，一般說來，主取象說，即以象和數統率其它；義理學派則主取義說，以卦爻義統率其它。爭論出於對占筮體例的解釋，即依《周易》推斷來事之吉凶，是依據物象還是依據其義理？或者說，依八卦所取之物象，還是依八卦之德性說明卦爻象和卦爻辭以及所占之事之間的聯繫？象數學派主張前者，義理學派主張後者。如筮得乾卦象，可變之爻為初九，爻辭為「潛龍勿用」。象數學派以乾卦象徵龍象，初九爻居一卦之始，表示龍處於潛伏狀態；於是將所占之事納入龍類，依龍處於潛伏狀態，推斷其吉凶。此即取象說。此種類推的原則，是從一種物象推知另一種物象，於個體事物之間進行類比。義理學派則取乾卦名的字義，以乾為健。認為剛健乃陽性事物的德性，爻辭中的龍象只是表現剛健之德的一種形式。據初九爻辭斷所占之事，不是依其物象即龍象，而是依其剛健之德尚未顯露之義。此即取義說。此種推理的原則，是依一類事物的共性推知個別事項的動向。兩派為了論證自己觀點的正確，則辯論了象、數、理的關係。象數學派認為，有其象方有其理，或有其數方有其象。義理學派則認為，有其理方有其象，或有其象方有其數。這一辯論延續了一千多年，一直沒有中斷。就象和理的關係說，雙方爭論的思想實質是，關於一類事物的性質與其個別分子的關係問題；就邏輯思維說，是關於類概念的內涵和外延的關係問題。象數學派重視一類事物的外延，義理學派重視一類事物的內涵。從易學史上看，這兩大流派的觀點，又互相影響，從而促進了形式邏輯思維的發展。以下，僅就義理學派關於象理問題的辯論，談談易學中形式邏輯思維對中國傳統哲學，特別是對儒家形上學的影響。

義理學派的代表人物，前有王弼和韓康伯，後有程頤和朱熹。王韓二人是魏晉時期的玄學家，程朱二人是宋朝的理學家。這兩派的哲學形態，並不盡同，但都是通過易學中的象義之辯或理事之辯，建立起其形上學和本體論的體系。

王弼有《周易注》，韓伯有《繫辭注》。此二注，後被唐孔穎達收入其主編的《周易正義》中，成為官方頒布的經學之一和科舉取士的教科書。王弼是魏晉玄學中貴無論的代表，其注解《周易》滲入了老莊玄學的觀點，其《周易注》也是其玄學的代表作。但從經學史看，其《周易注》又標誌著儒家經學發展的一個新階段，同漢代經學，特別是今文經學派的易學相比，有劃時代的意義，故被後人稱爲「新學」。王弼的《周易注》，其解易主取義說，受了當時古文經學派大師王肅《周易注》的影響。王肅解易，注重義理，不贊成今文經學的象數之學，而王弼正是繼承了這一傳統。其玄學同儒家的經學有著內在的聯繫。韓伯是王弼的後學，依王弼義，注《繫辭》等傳，在儒家經學史上同樣具有重要的意義。

王韓二人易學都討論了象和義的關係。王弼又有《周易略例》，闡述其對《周易》占筮體例的理解。其中《明象》一文，集中辯論了象義問題。他著此文的目的，是駁斥漢易中的象數之學，重點反對取象說。他認爲只有取義，方能將《周易》中卦爻象和卦爻辭的關係解釋通，方能揭示出《周易》一書中的深奧哲理。實際上是企圖通過《周易》的解釋，建立他自己的形上學體系。關於象義關係，王弼提出象生於義說。其注乾卦《文言》說：「夫易者象也，象之所生，生於義也。有斯義然後明之以其物。故以龍敘乾，以馬明坤，隨其事義而取象焉」。義，指一卦一爻之義理，即其所說「義猶理也」（《周易注．解》）。按取義說，乾卦義理爲剛健，坤卦義理爲柔順。乾卦爻辭中的龍象，用來說明剛健之義；坤卦卦辭中「利牝馬之貞」的馬象用來表示柔順之德。此即「有斯義然後明之以其物」，即有其義方有其象，主象生於義。王弼在《明象》一文中進而解釋說：「是故觸類可以爲象，合義可爲其徵。義苟在健，何必馬乎？類苟在順，何必牛乎？義苟合順，何必坤乃爲牛？義苟應健，何必乾乃爲馬？」。此段文字，是依《繫辭》文「方以類聚，物以群分」，解釋一類事物中象和義的關係。認爲取某物之象在於符合該類事物之義理。如同馬類相接觸，凡符合馬性的東西，都可歸於馬類，因爲馬性可以統率各種馬象。乾卦的義理爲剛健，凡具有剛健德性的東西，都可歸於乾類。準此，凡具有柔順德性的東西，都可歸爲坤類。因此，不能說「乾爲馬，坤爲牛」（《說卦》），意謂不能如取象說那樣，以八卦爲某種特定的物象。以八卦象徵某物，並不能解釋通卦爻象和卦爻辭的聯繫。如坤卦辭爲「利牝馬之貞」，只有馬象，並無牛象，所以不能說「坤爲牛」。此卦卦辭，如以取義釋之，坤卦表示柔順之義，牝馬有柔順之德，故說「利牝馬之貞」。柔順之義，既可包括牛象，又可包括牝馬象，還可以包括其它柔順的東西，這樣，便可以解釋通卦爻象和卦爻辭的關係了。王弼此說的意義是，一類事物之義理或共性，可以包容那一類事物的個別物體。從邏輯上說，類概念的內涵可以包容其外延中的一切個別分子，而外延中的個別分子，卻不能包容其它分子。內涵同外延中的事項相比，具有普遍性、原則性。所以依《周易》卦爻辭和卦爻象可以推斷其它個別事項，借用嚴復的話說，即「據公理而斷衆事」。王弼的象義之辯，是對形式邏輯推理原則的闡發。

王氏依其象義之辯，在哲學上討論了形上學問題。他認爲，一類事物之義理是無形無象的，其中的個別事物是有形有象的，但抽象的德性可以包容具體的物象，所以抽象的義理，對一物之存在說，比具體的物象更爲根本。由此導出無形之義理，總是支配或主宰有形物體的結論。其《周易注》注解乾卦《象》文中「乾元」說：「天也者形之名也。健也者用形者也。夫形也者，物之累也。有天之形而能無虧，爲物之首，統之者豈非至健哉！」按漢易主取象說，以乾爲天體，以乾元爲陽氣之始。王弼不贊成此說，認爲天體是有形之物，僅憑其形體，不能永保無虧損。天體所以永遠運行，是因為以其至健之德性統率其形體，故居萬物之首，此即「健也者用形者也」。其對「坤元」的解釋亦執此義：「地也者形之名也，坤也者用地者也」。（《周易注・坤》）「坤」，指至順之性。認為地形受其柔順之德的支使，方永保其無疆。按此說法，天地作為宇宙中最大的形體或物象，依其健順之理，方能永恆存在。

王弼這一論點，還表現在對《彖》辭的解釋中。《易傳》的《彖》辭是對卦辭的解釋，說明每卦的意義。王弼《周易略例》有《明彖》一文。此文認為，一卦六爻，各有其象和義，《彖》文解經，是取其中一爻之義，統率各爻之象，說明一卦之性質，此即一爻為主說。如大有卦䷍，其卦義取決於六五爻義。此爻為柔居尊位，剛陽上下應之，富有一切，故名為「大有」。由此，王弼導出一個論點：在繁多而變化的物象之上，必有一根本原理，支持其存在和變化。他說：「衆之所以得咸存者，主必致一也」。（《明彖》）有此「一」作統帥，個體事物方相安而共存，有其秩序而不混亂。此即其所說：「物無妄然，必由其理。統之有宗，會之有元，故繁而不亂，衆而不惑」。（《明彖》）他以「理」解釋「一」，表示其所追求的統率萬象的實體，不是個別的有形象的物體，而是無任何形象的具有高度抽象性的義理。王弼認為，凡有形象的東西，都有某種規定性；有某種規定性，即有局限性，因而不能成為其它有形個體存在的根據。此即他所說：「若以有為心，則異類未獲具存矣」。（《周易注・復》）「有」，指有形有象的個別存在物。這樣，王弼依其易學的取義說，通過象義之辯，在哲學上終於導出在現象之後有一本體支配現象的結論。

他為了論證這一形上學的理論，又引入了《老子》書中的有無之辯。認為《老子》說的有和無，即易學中講的象和義。象有具體的形象，故爲有；義理無形象，故爲無。從而認爲居於萬象之後的那個實體，即《老子》說的「道」。他解釋「道」說：「無名無形者，萬物之宗也」。（《老子注》十四章）此無名無形的實體，王弼取《老子》義，稱之爲「無」。這樣，「無」作爲道體便成了天地萬物存在的根據。「無」所以是萬物存在的依據，就其論證說，仍基於其易學的思維，即無形象的義理方能包容衆多的個別物象。此即其《老子注》所說：「道也者，無不通也，無不由也」。這一論點，又表現在王弼對《易傳・繫辭上》提出的「太極」這一範疇的解釋中。他解釋《繫辭》文「大衍之數五十，其用四十有九」說：「其用四十有九，則其一不用也。不用而用以之通，非數而數以之成，斯易之太極也」。（《周易正義・繫辭上》引）他以不用之一爲太極，居四十九數之外，認爲此一不是數學上的一，不參與揲蓍成卦的程序，但七八九六之數靠它而成數。此太極超越象和數，故稱爲「無」。他接著解釋說：「夫無不可以無明，必因於有，故常於有物之極而必明其所由之宗也」。是說，「無」憑藉「有」來顯示自己的存在，所以必須從「有」之極限處闡明「無」是「有」的本原。如果，以太極爲本體，四十九之數代表天地萬物，王弼此說的意義是，本體必須超越象數，方爲一切象數存在的根據。正是在這種思想的引導下，王弼的哲學，終於建立起「天地萬物以無爲本」的本體論。此種本體論，就其理論思維說，同樣是從類概念出發，認爲內涵必須具有抽象性，即無形無象，方能統率其外延中的一切個別分子。進而認爲太極作爲本體，其自身必須無任何規定性，方能成爲一切有規定性的個體存在的根據。他以「無」解釋太極，其本體論，雖然具有玄學的特色，但就其論證說，是基於易學中的形式邏輯思維，即從取義說出發，區別抽象的義理和具體的物象，以概念內涵的普遍性和包容性，論證抽象的義理乃具體物象的本原。由於他受了老莊學說的影響，又將概念的抽象性無限吹漲，終於導出「無」即無任何規定性的實體爲宇宙本原的形上學。王弼所說的「無」，是一種邏輯的觀念，即從類概念內涵的普遍性，邏輯地推論出來的，不同於《老子》的「有物混成」說。這是因爲其玄學貴無論受了儒家易學中義理學派的影響，或者說，以形式邏輯思維方式觀察《老子》的「道」或「無」，則將老學引上了思辯哲學的道路。

到了東晉，韓伯注《繫辭》文，本王弼義，將卦爻象和卦爻辭稱爲形而下，將其義理稱爲形而上，進一步辯論了象和理的關係。《繫辭上》說：「乾坤其易之緼耶？乾坤成列而易立乎其中矣……是故形而上者謂之道，形而下者謂之器」。《繫辭》自己解釋「道」說：「一陰一陽之謂道」；解釋「器」說：「見乃謂之象，形乃謂之器」。據此，所謂形而上者即無形之意，形而下者乃有形之意。「乾坤」指卦象，「易」指陰陽變易，即剛柔二爻相易。形而下之器，指卦畫和卦象，因其有形可見，故爲器；形而上之道，指陰陽變易的法則，無形可見，故爲道。王弼未注《繫辭》文，對形上和形下、道和器，無解釋。韓伯則以無形之義理，解釋形而上的道；以有形的卦畫和卦爻辭講的具體的事，解釋形而下的器。其注《繫辭》文「觀其彖辭，思則過半矣」說：「形之所宗者道，衆之所歸者一。其事彌繁，則愈滯乎形；眞理彌約，則近乎道。彖之爲義，存乎一也。一之爲用，同乎道矣。形而上者，可以觀道，過半之益，不亦宜乎！」此是發揮王弼的一爻爲主說，以統率一卦之義理爲形而上的道。認爲所講的事愈繁雜，愈滯於形下之器，而其義理，愈抽象，愈合乎形上之道。這樣，便將一卦之義理和個別事項，納入了形而上和形而下或道和器的範疇，提出了道器之辯。他尊道而賤器，故說「形之所宗者道」。進而認爲形下之器有礙於對形上之道的領悟，只有遠離形器，方能冥契道體。因此，他在《繫辭注》中又提出：「非忘象者，則無以制象；非遺數者，無以極數」的命題，將道和器、形上和形下，對立起來，走上了排斥物象以見道的玄學道路。此種觀點也是對王弼於《明象》中提出的：「忘象以求其意，義斯見矣」的發揮。如果，以形而下的領域爲物理世界，王弼派所追求的則是超越物理世界的形而上的本體世界。

可以看出，魏晉時期以王弼爲代表的義理學派，通過對《周易》經傳的解釋，自覺地提出建立形上學的問題。這對以後中國傳統哲學的發展起了深遠的影響。這種形上學的要求，不是出於情感而是基於理智的追求，即以形式邏輯思維方式，觀察事物，區別抽象和具體，認爲抽象的東西高於具體的東西，超感性的東西比感性的東西更爲深刻。這是魏晉時期的義理學派在認識史上取得的積極成果。但是，王弼派由此認爲，先有抽象的東西，而後方有具體的東西，或者個別存在物生於抽象的義理，甚至認爲只有拋棄具體的物象方能認識其義理，就不能不陷入觀念論了。

宋明時期義理學派的代表程頤繼王弼《周易注》後，著《程氏易傳》，此書在經學史上同樣具有劃時代的意義，其影響也很深遠。朱熹繼程氏後，又著《周易本義》，發展了程氏易學。這兩部解易的著作，從元朝開始，被王朝指定爲官方的經學，代替了孔穎達的《周易正義》，成爲科舉考試的教科書之一。在哲學史上，程頤是宋明理學的奠基人，朱熹是理學體系的完成者。他們都是通過對《周易》經傳的解釋，建立和發展了以理爲核心的本體論。

程頤解易，繼承了王弼的取義說，排斥象數之學，進一步辯論了象和理的關係，但揚棄了王弼派易學中的老莊玄學觀點，將有無之辯，引向了理事之辯和理氣之辯。朱熹易學則吸收了北宋以來的象數之學，如劉牧的河圖洛書學、周敦頤的太極圖以及邵雍先天圖中的理論思維，闡發其理事之辯、理氣之辯，終於完成了理學派的形上學體系。

程頤非常重視象和理的關係，視其爲易學中的根本問題。針對此問題，他提出「假象以顯義」或「因象以明理」說。此說的宗旨是，卦象和物象是顯示或闡明其義理的形式。其在《易傳》中注解乾卦爻辭說：「理無形也，故假象以顯義。乾以龍爲象，龍之爲物，靈變不測，故以象乾道變化，陽氣消息，聖人進退」。此是以龍象爲顯示陽性事物變化之義理。如初九爻辭「潛龍勿用」，其所顯示的義理是處於事物之開端，「未可自用，當晦養以俟時」。就天道說，它表現爲陽氣方萌；就人道說，表現爲聖人側微；處此境地，應積蓄力量，以待良機之到來。這一義理是無形的，假藉龍物潛伏之象顯示出來，此即「假象以顯義」。「假象」，即以物象爲表現其義理的形式。由此，程氏得出結論說：「有理而後有象，有象而後有數，易因象以知數，得其義則象數在其中矣」。又說：「理無形也，故因象以明理。理見乎辭矣，則可由辭以觀象，故曰得其義則象數在其中矣」。（《遺書》卷二十一上）此處，討論了理、象、數、辭四者的關係，認爲理居第一位，有理方有象和數，而理和象又存於卦爻辭之中，由辭得其義理，象和數也就包括其中了。意思是說，卦爻辭是用言辭表達其所占之事的判斷，包括義理和物象兩部分，而義理則是判斷的依據。爲什麼卦爻辭中的義理乃判斷某事之根據？他回答說：「不要拘一，若執一事，則三百八十四爻，只作三百八十四件事，便休也」。（《遺書》卷十九）是說，《周易》的爻辭，共講了三百八十四件事，如果以爲只是講了三百八十四件具體的事，便不能推斷其它事了。因爲所占之事未必就是卦爻中已有之事。所以不能以卦爻辭所講的事限於某一件事，即「不要拘一」，應視其爲代表那一類事物的義理。意思是，只有因其事而明其理，方可以推斷來事。程氏此說同樣是對筮法中形式邏輯思維的闡發，鮮明地表達了義理學派解易的特徵。

程氏雖然重視卦爻辭中的義理在推論中所起的作用，但又不同於王弼派。他不贊成玄學派提出的「忘象以求其意」或「非忘象者無以制象」的觀點，理由是拋棄或排斥物象，無法表現爲義理。在程氏看來，理和象既有區別，又有聯繫，二者的關係是不即不離。他將這一觀點，概括爲「體用一原，顯微無間」。其在《易傳序》中說：「至微者理也，至顯者象也。體用一原，顯微無間」。是說，義理無形，故爲至微；物象有形，故爲至顯。象是理的表現形式，故理爲體，象爲用。有體必有用，二者不可分離，此即「體用一原」。象爲顯，理爲微，理因象而顯，二者不可分割，此即「顯微無間」。這兩句話，是程氏對其「因象以明理」所作的哲理性的闡發。卦爻辭中的物象，乃所占之事的具體內容，故理和象的關係，也就是理和事的關係。所以程氏又說：「至顯者，莫如事；至微者，莫如理。而事理一致，顯微一原。古之君子所善學者，以其能通於此而已。」（《遺書》卷二十五）事，指個別事項，是表現其義理的形式，故說「一致」或「一原」，二者同樣不可分離。程氏非常重視這一理論。其弟子伊焞認爲，將「體用一原，顯微無間」這一論點，公開講出來，「太洩露天機」。程氏回答說：「如此分明說，猶自人不能解悟」。（《外書》卷十二）此表明，程氏關於理象和理事關係的論述，不僅是其易學的基本觀點，也是其理學的核心問題。他以「一原」和「無間」解釋理象和理事的關係，是對王弼派以有無範疇解釋象義關係的揚棄。

程頤從其易學的「體用一原」的原則出發，考察了自然界和人類社會，建立起其形上學的體系。他認爲任何存在，都屬於某一類，因而都有理和象或理和事兩方面。其解釋《繫辭》文「方以類聚，物以群分」說：「事有理，物有形也。事則有類，形則有群，善惡分而吉凶生矣」。（《易說·繫辭》）他以「理」解釋一類事物的性質，以「形」解釋個體事物的存在，認爲個體事物符合其理則吉，違背其理則凶。即是說，事物之理是無形的，但卻是有形的個體事物存在的依據。他又解釋二者的關係說：「沖漠無朕，萬象森然已具。未應不是先，已應不是後。如百尺之木，自根本至枝葉，皆是一貫。不可道上面一段事無形無兆，卻待人旋安排引入來，教入塗轍。既是塗轍，卻只是一個塗轍」。（《遺書》卷十五）「沖漠無朕」，即無形無兆，指理說的；「萬象森然」，指個體事物說的。是說，有事物之理，就有了個體事物，事物之理既不在其先，亦不居其後。即是說，有理則有事，有事即有理，二者本不分離，此即「只是一塗轍」；如根枝關係，理爲根爲體，事爲枝葉爲用，事乃理之表現形式，「皆是一貫」，不可分割。理所以爲根，爲體，因爲理乃一事或一物之所以然。他說：「凡理之所以然者，非妄也」。（《易傳·無妄》）此說本於王弼注：「夫識物之動，則其所以然之理，皆可知也。龍之爲德，不爲妄也」。（《周易注·乾》）不過，王弼易學並未闡發此義，而程頤則明確規定理乃個體事物之所以然，即個體事物存在的內在根據。如天之所以然，爲剛健不息；地之所以然，爲厚德載物；人之所以然，爲仁義禮智；臣之所以然爲忠，子之所以然爲孝，等等。一物一事之所以然，決定其外在的形式；一類事物之所以然，規定其個體分子的本質。此即其所說：「在理爲幽，成象爲明，知幽明之故，知理與物之所以然也」。（《易說·繫辭》）事物之所以然，隱藏在內部，無形象可見，故爲幽；其成爲個體事物，有形有象，故爲明。幽和明乃存在的兩個方面，前者爲形而上，後者爲形而下，但形而下依賴於形而上方成爲某一存在物，此即「在理爲幽，成象爲明」。由此程氏認爲，人們研究任何存在物，處理任何事情，都必須著眼於其形而上的方面，探求和闡明事物之理。此即他所說：「天下物皆可以理照，有物必有則，一物須有一理」。（《遺書》卷十八）但事物之所以然，隱藏在個體事物內部，不能拋棄物象而窮其理。據此，程頤提出著名的格物窮理說：「隨事觀理，而天下之理得矣。天下之理得，然後可以至於聖人。君子之學，將以反躬而已矣。反躬在致知，致知在格物」。（《遺書》卷二十五），此說，以格物爲致知的前提，同其易學中「因象以明理」觀點是一致的。從易學哲學史上看，也是對王弼派「忘象」說的揚棄。他所以主格物而窮其理，因爲理事乃「體用一原，顯微無間」，故不能離事而暝心求理。這樣，魏晉時期玄學派的形上學則轉爲宋明時期理學派的形上學了。

程頤依其理事關係，進一步討論了世界的本原問題。他認爲天下之理，既有不同點，又有共同點，如其所說「理一而分殊」。萬物共同的理，程氏稱爲「理一」或「一理」。他說：「窮至於物理，則漸久後，天下之物皆能窮，只是一理」。（《遺書》卷十五），此一理統率一切事物之理。其釋《繫辭》文「同歸而殊途，一致而百慮」說：「天下之理一也……雖物有萬殊，事有萬變，統之以一則無能違也」。（《易傳·咸》）此最高的和最根本的理，程氏又稱之爲「道」。道的內容，指陰陽二氣之理。他說：「離了陰陽更無道，所以陰陽者是道也。陰陽，氣也。氣是形而下者，道是形而上者，形而上者則是密也」。（《遺書》卷十五）他以陰陽二氣爲形而下，因爲氣有形象可見，而其所以然之理，即道，無形無象，故爲形而上。這裡，他依理象關係，提出理氣關係問題。認爲理氣關係亦是「體用一原，顯微無間」，二者不即不離，所以說「離了陰陽更無道，所以陰陽者是道也」。就體用說，道爲體，氣爲用，道爲根本，所以說「形而上者則是密也」。「密」謂內在的根源。在程頤看來，天地萬物皆依陰陽二氣而成形，所謂「天地二氣交感而化生萬物」（《易傳·咸》），宇宙中的個體事物皆是氣化的產物。而氣是永恆的，既無開端，亦無終結，所謂「動靜無端，陰陽無始」。（《易說·繫辭》）但氣之存在及其變化的過程和形式，又都依靠氣之理。此理乃宇宙中最根本的理，故稱爲「道」。就易學範疇說，此「道」即是太極，但程頤未明言其爲太極，後爲朱熹所闡發，提出「理爲太極」說。程氏依其理象之辯，提出「所以陰陽者是道」這一命題，終於形成了其理本論的形上學體系，成爲理學的奠基人。王弼派以道或太極爲無，無作爲本體沒有任何規定性，乃一純粹的邏輯觀念。而程頤則以陰陽二氣之所以然解釋道，表明道作爲本體，有其自身的規定性，道和理不是虛無的觀念。這樣，理學派的本體論則成了反對佛道兩家本體論的有力武器，從而爲儒家的入世主義的人生觀提供了形上學的根據。

可以看出，程氏理學的理論基礎是其易學中的理象之辯和理事之辯。他關於理象關係的論述，就其形式邏輯思維說，不僅區別類概念的內涵和外延，而且認爲內涵和外延不可分離，此即「顯微無間」；外延中的一切個別事項，皆是其內涵的表現形式，此即「體用一原」。

他以一類事物之理即其所以然，規定內涵的內容，類概念的內涵便獲得了本質或本質屬性的涵義。按此觀點，考察其理事之辯，又意味著理爲本質，事爲現象；現象是其本質的表現，此即「體用一原」；本質又不離開現象，此即「顯微無間」。此是程氏易學在認識史上取得的積極成果。他以理爲體，以事爲用，強調本質決定現象，同樣重視概念內涵的抽象性，從而以形而上爲形而下的本原。但他對抽象性的理解，又不同於王弼。其以理即事物之所以然解釋概念內涵的抽象性，又表示抽象的東西也有其規定性，雖然不同於個體事物。從而在本體論上，以陰陽之理爲最高的範疇，批評了玄學貴無論。就此而言，其形式邏輯思維水平又超過了王弼。由於程氏強調一類事物的內涵決定其個別事項的本質，以本質的東西爲個體存在的根本條件，認爲只有抽象的東西才有永恆的價值，從而又導出一個觀點：一類事物之理，亦可以不依賴其個別分子而存在。如其所說：「天理云者，這一個道理更有甚窮已，不爲堯存，不爲桀亡。……這上頭來，更怎生說得存亡加減。是它元無欠少，百理具備」。（《遺書》卷二上）此是說，事有存亡，而理無存亡。就道德生活說，君臣父子之理，不因個別人物的變化而轉移。即是說，理雖顯現於事，但其存在不受其事的影響，即其所說：「百理具在，平舖放著」。（《遺書》卷二上）這樣，又將理事關係加以割裂，即只承認事依賴理，而不承認理依賴事，必然導出理在事上即以理爲獨立自存實體的結論。此種觀點，就其邏輯思維說，看到一類事物的內涵或共性，不必依賴於其中的某一個別分子，但由此認爲一類事物的內涵也可以不依賴於其外延中的一切個別事項，便是一種偏見了。就其理在事上的觀點說，程氏所謂的理，已不再是事物的本質或共性，而變成了關於事物的一般概念，因爲只有抽象的概念，對客觀實在說，方有其獨立性。按此觀點，考察其本體論，「體用一原」這一命題；就其思維路線說，終於將個體事物看成是其概念的化身。程氏理學同王弼的玄學一樣，陷入了觀念論。

朱熹易學，繼程頤之後，進一步闡述了理事關係。關於《周易》的性質，他提出「易只是個空底物事」。（《語類》卷六十六）認爲卦爻象和卦爻辭只是代表那一類事物之理的「影子」即符號，故不能將卦爻辭講的事看成是特定的具體的事，應看成是空套子或空架子，方能代入那一類的具體事項。如乾卦初九爻辭「潛龍勿用」，朱熹解釋說：自天子至庶人，看甚人來都使得」。（《語類》卷六十七）又如九五爻辭「飛龍在天，利見大人」，此雖爲天子之占，也適用天子以外的人。據說，宋太祖問王昭素說：「九五飛龍在天，利見大人，常人何占得此卦？」王昭素回答說：「何害？若臣等占得，則陛下是飛龍在天，臣等則見大人，則利見陛下也」。朱熹評論說：「此說最好」。朱熹的學生領會說：「如此看來，易多是假借虛設，故用無窮」。（以上見《語類》卷六十八）此是說，將卦爻辭中的事，只看成某一件事，《周易》的筮法便成了「死法」，視其爲「假借虛設」，即看成空套子，方能靈活運用而無窮。朱熹此說，爲了闡發筮法中推理的原則，進一步將卦爻象和卦爻辭中的事項抽象化和形式化，以表明《周易》乃講義理的書，如其所說：「易自不惹著事，只懸空說一種道理」。（《語類》卷六十七）據此，他論《周易》的特點說：「理定既實，事來尚虛。用應始有，體該本無。稽實待虛，存體應用。執古御今，由靜制動」。（《文集．雜著．易九贊》）是說，所占之事，其理早已存在，此爲實；與此理相應之事，尚未到來，故爲虛。有事與之相應，爲用，用有形迹，爲有；其理爲體，包容萬事，但無形迹，故爲無。所以《周易》占法，總是考核實理，以待來事；存此理之體，以應無窮之用。卦爻辭所說之事，已成過去，但可以推斷來事，此即「執古御今」；卦爻之理是靜的，所占之事是動的，但掌握卦爻之理，可應付來事之變，此即「由靜制動」。朱熹此說，是對《周易》占筮法則進一步的闡發，充分表現了形式邏輯思維方式即演繹推理的特徵。其所說的「實」、「體」、「古」、「靜」都是對已知前提所涵蘊的義理的描述。推理是依已知的原則推斷未知的事項，所以又以「虛」、「用」、「今」、「動」形容所要占之事。據此，朱熹解釋《繫辭》文「神以知來，知以藏往」說：「一卦之中，凡爻卦所藏，聖人所已藏者，皆具已見底道理，便是藏往。占得此卦，因此道理以推未來之事，便是知來」。（《語類》卷七十五）按此說法，已知之理和所推之事乃邏輯的涵蘊關係、已知之理即前提涵蘊未知之事，未知之事作爲結論又涵蘊已知之理。這樣，就爲《周易》「占事知來」提供了邏輯上的根據。按此說法，理和事的關係，乃邏輯的涵蘊關係，即理涵蘊事，事又涵蘊理。此是朱熹易學，繼程頤之後，對理事關係的新的闡發，無論在易學史和邏輯思維發展史上都有重要意義。

朱熹依其理事關係的理解，重新解釋了程頤提出的「體用一原，顯微無間」這一命題。他說：「體用一原，體雖無迹，中已有用。顯微無間者，顯中便具微」。（《語類》六十七）又說：「其曰體用一原者，以至微之理言之，則沖漠無朕，而萬象昭然已具也。其曰顯微無間者，以至著之象言之，則即事即物，而此理無乎不在也」。（《周子全書》卷二引）此是說，理雖無形迹，但已涵蘊著事，此即「體用一原」；及其顯現爲事，而理又具於事中，此即「顯微無間」。由此，朱熹認爲，理事關係或理象關係，不是母生子的關係，如《老子》所說道生一的關係或王弼所說的象生於義的關係，而是邏輯的演繹關係，即前提和結論的關係。依據此種理論思維，朱熹辯論了理事先後問題。其論「體用一原」說：「言理則先體而後用，蓋即體而用之理已具，是所以爲一原也。言事則先顯而後微，蓋即事而理之體可見，所以爲無間也。然而所謂一原者，是豈漫無精粗先後之可言哉！」（《周子全書》卷二上）此是說，理作爲體已含有事之用，所以說「先體而後用」；及其顯現爲事，而一類事物之理又存於個別事體之中，所以說「先顯而後微」。此處說的先後，指邏輯上的先後關係，即前提和結論的先後程序，即邏輯的演繹程序，故朱熹又以「精粗」或「本末」表示此種關係。在他看來，一類事物之理作爲前提，先於結論而存在，此即理在事先，並不是說，在時間上先有理而後有事。此種在先說，即邏輯在先說，必然承認理又在事中。據此，朱熹又討論了形上和形下的關係。他說：「至於形而上下，卻有分別。須分得此是體，彼是用，方說得一原。分得此是象，彼是理，方說得無間」。（《文集·答呂子約》）此是說，形上和形下，既有區別，又相互涵蘊。意思是，不是說在時間上，先有個形而上的世界，而後方有形而下的世界，而是說，形而下的領域乃形而上領域邏輯地展開。此是朱熹形上學的主要特徵。其理本論就是在這種理論思維的指導下展開的。

朱熹依其理事先後說，在本體論領域辯論了理氣先後問題。他以氣爲生物之具，以理爲生物之本，認爲一切個體存在物都基於理和氣的結合。他繼承了程頤的說法，以理爲形而上，以氣爲形而下。關於理和氣的關係，他說：「理與氣本無先後之可言，但推上去時，卻如理在先，氣在後相似」。（《語類》卷一）又說：「此本無先後之可言，然必欲推其所從來，則須說先有是理。然理又非別爲一物，即存乎氣中」。（《語類》卷一）「本無先後之可言」，是說，「不可說是今日有是理，明日有是氣」（《語類》卷一），即理氣在時間上無先後的順序。「推上去卻如理在先」，是就邏輯的關係說的，故以「推上去」一辭表示這種關係。此種理在氣先說，即邏輯在先說，是以理爲氣存在的根本條件，不是以理氣爲時間上的因果關係。所以他又說：「理未嘗離乎氣，然理形而上者，氣形而下者，自形而上下言，豈無先後？」（《語類》卷一）此是說，理並不在氣之外，但就形而上下的關係說，形上爲體，形下爲用，先體而後用，故說理在先。這同樣是說，無形之理是有形之氣存在的根據。此即朱熹提出的「理終爲本」說。「本」，是就邏輯條件說的。據此，朱熹又解釋了太極和陰陽的關係。他以太極爲理，此理非一般事物之理，是指陰陽五行之理，即陰陽五行之氣之所以然。他論太極之理說：「非有離乎陰陽也，即陰陽而指其本體，不雜乎陰陽而爲言也」。（《太極圖說解》）是說，太極之理既非陰陽二氣，又不脫離陰陽二氣。他解釋此論點說：「若論其生則俱生，太極依舊在陰陽裡。但言其次序，須有這實理，方始有陰陽也。其理則一，雖然，自見在事物而觀之，則陰陽函太極，推其本則太極生陰陽」。（《語類》卷七十五）「俱生」，是說，太極和陰陽同時而有，無時間上先後的區別，所以說「太極依舊在陰陽裡」。「但言其次序」，即下文所說「推其本則太極生陰陽」，是就邏輯的關係說的。此「生」字，非雞生蛋之生，而是指存在的根據。其所說的「理生氣」，亦是此義。此種觀點，不承認於陰陽二氣之外，先有某種實體，而後方生出陰陽二氣，如父生子的過程，而是以太極之理爲陰陽二氣之所以然，即陰陽二氣存在和變化的根據。據此，朱熹又認爲，太極作爲宇宙的根本原理，同天地萬物的關係，亦是邏輯上的涵蘊關係。他說：「自有太極至萬物化生，只有一個道理包括，非是先有此而後有彼。但統是一大源，由體達用，從微至著耳」。(《語類》卷九十四)是說，宇宙中一切個體事物，皆是太極本體自身的顯現或展開，其展開，不是時間上的先後系列，而是邏輯的演繹進程。正因爲如此，朱熹又提出「人人有一太極，物物有一太極」。(《語類》卷九十四)此命題並非佛教華嚴宗的「理事無礙」說，因朱熹並不否認個體事物之間的差別。總之，朱熹通過其理事之辯，終於完成了理學本體論的體系。本體論的特徵，是討論個體事物存在和變化的根據，不是探討個體事物發生和演變的過程，不同於宇宙論。就中國傳統哲學說，此種形上學，始於王弼對《周易》經傳的解釋，經過程頤易學，到朱熹，終於以其邏輯在先說，排除了道家和漢代易學中的宇宙發生論，成爲中國哲學史上本體論的代表，對以後哲學和科學的發展都起了深遠的影響。

朱熹所以能完成本體論的體系，是由於他有較高的形式邏輯思維水平，對類概念有深入的理解，在程氏易學理事一原說的啓發下，以理事爲邏輯的涵蘊關係，以此說明事物之間的類屬關係，進而解釋客觀實在，則導出本體寓於個體事物之中的結論。此是朱熹以形式邏輯思維方式考察世界而取得的重大成果。但朱熹易學作爲義理學派的代表，其所追求的是卦爻象和卦爻辭的抽象意義，就其邏輯思維說，總是以上位概念的內涵來規定事物之本質，輕視下位概念特別是外延中個別事項的價值。此種邏輯思維的片面性，又使他將概念的內涵凝固化，進而實體化，其結果同程頤一樣導出事物之理又可以脫離個體事物獨立自存的結論。他說：「若在理上看，則雖未有物，而已有物之理，然已但有理而已，未嘗實有是物也」。（《文集·答劉叔文》）此是說，一類事物之理雖包涵該類的具體事物，但並不依賴於該類事物中的個別物體，所以說「雖未有物，而已有物之理」。又其解釋程頤的「冲漠無朕，萬象森然已具」說：「未有事物之時，此理已具。少間應處，只是此理」。（《語類》卷九十四）是說，未有其事時，其理已在，有事相應，也只是與其理相應而已。由此，又導出一個論點：「萬一山河大地都陷了，畢竟理都只在這裡」。（《語類》卷一）此是說，天地萬物之理可以脫離天地萬物而獨立自存。此是朱熹的理在事上說。此說又是對程頤的理無存亡說的闡發。這樣，朱熹的本體論，同程頤一樣，陷入了觀念論。

總之，形式邏輯思維方式，著眼於思維的形式，因而習慣於探討抽象的原則，注意事物之間的類屬關係及其共性或同一性，引導人們追求本質的東西，促進了人類對客觀實在認識的深刻化。然而這一優點又帶來了一種片面性，即重抽象而輕具體、重普遍而輕特殊、重一般而輕個別、重本質而輕現象。此種思維方式，就探討推理的形式以及表達思想所遵循的思維規律說，是無可非議的，如朱熹以《周易》爲「只是個空底物事」，說明推理的形式和法則。但以這種思維方式，觀察和解釋客觀實在即外在的世界，即使肯定本體亦寓於個體之中，也難以擺脫走向離個別而談一般、離具體而談普遍、離現象而談本體的道路。沿著此種思維路線滑下去，其所追求的一般的東西，必然成爲僵死的抽象的概念，又對人們認識客觀事物的本質起了消極的影響。所以程朱派闡發的這條思維路線，不能不受到宋明時期氣學派和象學派的批評。他們批判地吸取了程朱理學中邏輯思維的積極成果，通過對《周易》經傳的解釋，提出有象方有理、形而上依賴於形而下、理依賴於氣、捨用無體、離器無道等命題，又將儒家系統的形上學和本體論推向一個新的階段，對中國傳統哲學的理論思維的發展做出新的貢獻。關於這一派形上學體系的形成和發展，本文便不多談了。

以上所述的以《周易》系統爲代表的理論思維，對於我們認識中國傳統文化和傳統思維方式不是沒有益處的。其一，在中國傳統思維中存在著一條形式邏輯的思維路線，從先秦開始，一直延續到近代。在西方，這條思維路線始於古希臘，從蘇格拉底，經過柏拉圖，到亞里斯多德，爲這條路線奠定了基礎。中西相比，就對傳統邏輯自身的研究說，中國不如西方發達，如先秦名學，總的說來，不如亞氏的邏輯學完善而精確。這同上古時代民族語言的特徵，有一定的聯繫。但不宜說，中國人的思維方式缺乏甚至沒有形式邏輯思維傳統。中國古代哲人和受過儒家教育的知識分子，正是通過《周易》系統典籍的研究，鍛煉了自己邏輯思維能力，從而產生了以王弼爲代表的魏晉玄學和以程朱爲代表的宋明理學。這兩種影響深遠的哲學形態，顯然，不是靠直覺主義而形成和發展起來的。不僅如此，《周易》中的邏輯思維，對中國古代數學的發展也起了一定的影響。中國古代數學有自己的傳統，有些發現早於西方。數學的發展同形式邏輯思維的發展有著密切聯繫。一個沒有邏輯頭腦或缺乏邏輯思維的民族，不可能在人類文明史上做出自己的貢獻。其二，《周易》經傳是儒家的典籍，儒家學者是《周易》的主要研究者。易學作爲儒家的經學之一，所研究的範圍，既包括天道，又包括人道，而且以探討事物變易的規律爲主要任務。封建時代的文化人大都受過《周易》經傳的教育。這一歷史事實告訴我們，儒學作爲中國傳統文化的代表，其特徵和貢獻，不僅在於倫理道德和人生問題的研究，以人文主義或人學還不能概括出儒學的全貌。儒家的典籍是五經和四書。儒學中研究道德和人生問題的傳統，主要來於對四書的闡發。但儒學的傳統，並不限於四書，亦不限於孔孟，更不能限於孟子一家提出的心性之學。即使宋明時期的陸王心學，雖然直接闡發孟子的道德學說，但其成爲形上學或本體論的體系，同樣要依靠《周易》經傳。心學派的奠基人陸象山的《易說》和楊簡的《易傳》即是明證。中國傳統哲學中的宇宙論和本體論亦非出於道德問題。如太極這一概念，從漢朝開始便成爲哲學家們用來解釋世界的重要範疇。但它成爲哲學範疇是出於易學家對奇偶二數和陰陽卦象根源的解釋。後來人們對它的種種解釋，也是圍繞易學哲學中的問題，如象、理、數、氣、心等關係而展開的。至於以太極範疇解釋道德、倫理現象，如朱熹曾以太極爲仁義禮智之理，或以太極爲心性的本體，是爲其倫理學說提供形上學的根據，但不能說其形上學出於倫理學的問題。因此，將儒家的形上學，歸之爲道德形上學，是值得商榷的。總之，開展對《周易》系統典籍的研究，有助於我們對儒家學說的理解。

（新加坡東亞哲學研究所刊行，一九八九年）

# 方氏易學中的邏輯思維與儒家形上學傳統

宋易中義理學派的代表程頤和朱熹，依其易學中的形式邏輯思維，通過理象之辯和理氣之辯，建立和完成了理本論的形上學體系。形式邏輯思維方式，著眼於思維的形式，因而習慣於探討抽象的原則，注意事物間的類屬關係及其共性或同一性，引導人們追求本質的東西，促進了人類對客觀世界認識的深刻化。然而這一優點又帶來一種片面性，即重抽象而輕具體、重普遍而輕特殊、重一般而輕個別、重本質而輕現象。此種思維方式，就探討推理的形式以及表達思想所遵循的思維規律說，是無可非議的。如朱熹以《周易》為「只是空底物事」，說明依《周易》推斷來事，符合推理的形式和法則。但以這種思維方式，觀察和解釋客觀實在即外在的世界，即使肯定本體（理）亦寓於個體（事）之中，也難於擺脫走向離個別而談一般、離具體而談普遍、離現象而談本體的道路。沿著這條思維路線滑下去，其所追求的一般的東西，必然成為僵死的抽象概念，如朱熹的理在事上說和理為氣本說，又對人們認識客觀事物的本質起了消極的作用。所以程朱派闡發的這條思維路線，不能不受到宋明易學中氣學派和象學派的批評。他們批判地吸取了程朱理學中邏輯思維的積極成果，通過對《周易》經傳的解釋，提出有象方有理、形而上依賴於形而下、理依賴於氣、捨用無體、離器無道等命題，又將儒家系統的形上學和本體論推向一個新的水平，對中國傳統哲學的理論思維的發展做出新的貢獻。明末的方孔炤和方以智父子的易學哲學即其代表之一。

首先，介紹一下宋明時期易學發展的總的趨勢。宋易中的義理學派和象數學派，十分複雜，分化爲許多支派。就象數學派說，從宋代開始，即分化爲數學和象學兩支。如劉牧、邵雍、張行成、蔡沉、元代的雷思齊等，屬於數學派；朱震、元朝張理、明代的來知德等，屬於象學派。此兩支皆以象數解釋卦爻辭，但關於象和數的關係，前者主張數生象，後者主張象生數，一是以象爲本，一是以數爲本。就義理學派說，分化爲理學和象學兩支。前者有程朱及其後學。後者有張載、葉適、元代吳澄、明代的蔡清等。此兩支皆以取義說解釋卦爻辭，但關於理和象的關係，前者主有理而後有象，後者主有象方有理，一以理爲本，一以象爲本。宋明易學流派所以出現複雜的情況，是由於義理和象數兩派的易學相互影響的結果。但就元明以來易學發展的趨勢看，兩大流派中的象學逐漸成爲易學發展的主流。到了明清之際，出現了總結兩大流派易學的代表著作，即方氏父子的易學和王夫之的易學。方氏對宋明以來的象數之學作了總結，王夫之對義理之學作了總結。方氏父子屬於象數學派中的象學派，王夫之屬於義理學派中的象學派。他們都是站在象學的立場進行總結的。所以在易學哲學問題上，達到了共同的結論，成爲氣學本體論的代表，標誌著古代易學哲學發展的高峰。

方孔炤和方以智父子著有《周易時論合編》。此書乃桐城方氏易學的代表作，爲方孔炤所著，經方以智編輯成書，並在其中增加了許多按語，闡述方氏家學的易學思想。其中辯論了象、數、理、氣的關係。對卦爻象和卦爻辭的解釋，他們主取象說，提出「由辭以觀象」、「玩辭即明乎象」（方孔炤、方以智著《周易時論合編·玩易雜說》，以下簡稱《時論》）。此是繼承宋明以來象學的觀點，認爲卦爻辭都是解釋卦爻象和所取的物象的。故對《說卦》中的取象說，詳加解釋，以闡述《繫辭》文「以類萬物之情」。關於卦爻之義理，他們認爲即寓於卦爻象之中。所謂「理藏於象，象歷爲數，易以睹聞傳不睹聞」（《時論·圖象幾表》）。一卦之義理即隱於其象數之中，所謂「立卦生爻，依數而理寓焉」（《時論·說卦》）。又說：「費象即隱無象，費形即隱無形」（《時論·繫辭提綱》）。所以「見器即見形，見形即見象，見象即見理」（《時論·繫辭》）。是說，卦爻畫、卦爻象和卦爻之義三者是統一的，不容分割。所以又說：「一切是象數」、「一切是道理」（《時論·說卦》）。「易合理象數爲費隱一貫之書（《時論·繫辭下》）」。「費隱一貫」說，本於程朱的「顯微無間」說，但方氏則以象爲統一的基礎，即離開卦爻象和所取之物象，別無卦爻之義理，或者說，理即在象中。其解釋《說卦》文中的乾爲馬、爲天、爲圓、爲父等取象說時，認爲乾類中的物象可以相通，就其相通說，可謂「無彼此」；但物象之間又有差別，就其分別說，可謂「彼彼此此」。就二者的關係說，無彼此即追隨有彼此者，所謂「無彼此而隨彼彼此此，此易之道也」。「無彼此」，指乾卦之義或德性，又稱爲「公性」；「彼彼此此」，指個別物象，又稱爲「獨性」。「隨」即依賴之義。方以智發揮說：「隨物見形，藏通於質，任其分別，即是渾淪」。「渾淪」，即無彼此。「通」，指義理；質，指個別物象，有其特徵。以上是說，乾卦之理即剛健之性，非獨立存在，而是存於個別物象之中，即其祖父方大鎭所說「公性寓於獨性中」（《時論·訟》）。此種取象說，並不排斥或輕視義理，而是以象爲理存在的基地，認爲無象則無以見理，故稱其易學爲「觀象之學」。此種「費隱一貫」說，就其邏輯思維說，以類概念的內涵和外延爲涵蘊的關係，故其常用「蘊」、「藏」或「寓」等辭，表達此種關係。同程朱，特別是朱熹的「無間」說相比，其不同處是，作爲內涵的義理，並非一種實體，存於作爲外延的物象之中，用方以智的話說：「任其差別，即是渾淪」，即差別象自身就有無差別的公性，或者說，公性自身就有差別象，二者溶化爲一體。此種「一貫」說，可以說是借助於辯證思維處理象和理的關係，或者以辯證的觀點理解形式邏輯中的涵蘊關係，則大大超過了程朱的水平。因此，關於《周易》中「彰往知來」的推理形式，他們主張由象數而得其義理，再由義理而推知來事。此即方氏所說：「倚數窮理，即逆是順」（《時論·說卦》）。「逆」謂推測來事，「順」謂考察往事。此種推理原則，置象數於第一位，即從個別事項中引出公理，再依公理推斷衆事，從而揚棄了程朱派從抽象原則出發的演繹推理的方式。這也是對程頤的「因象以明理」的新發展，是象數學派的一大突破。

方氏易學從其取象說出發，進一步討論了形上學問題。他們認爲一部《周易》，由象數構成，而義理即寓於象數之中。以此觀察客觀實在，則認爲宇宙中一切事物皆有其象和數，包括虛空在內，從而提出「虛空皆象數」（《時論·凡例》）這一命題。是說，宇宙間充滿了各種象，有象即有數，沒有虛空的世界。從自然界到人類社會皆是如此。如方以智所說：「總總之倫，無非陰陽之象。不知不能，蘊於知能」（《時論·繫辭提綱》）。「不知不能」，指乾坤之義理；「知能」，指乾坤卦象和所取之物象；象有其特質，或爲知，或爲能。按此說法，天地萬物之理即寓於其象數之中，此即「費象即隱無象，費形即隱無形」（《時論·繫辭提綱》）。總之，宇宙中無脫離象數而存在的虛無世界，如玄學派倡導的貴無論；亦無脫離象數而存在的理世界，如程朱派的理在事上說。此即方以智於《物理小識》所指責的「或舍物以言理，或託空以愚物，學術日裂，物習日變，弁髦禮樂，滅棄圖書，有其不壞其心者，但暗與道合而已」（《時論·總論》）。「滅棄圖書」，指廢棄象數。又說：「爲物不二之至理，隱不可見，質皆氣也。徵其端幾，不離象數。彼掃器言道者，離費窮隱者，偏權也」。（《時論·象數理氣徵幾論》）「至理」指宇宙中的根本原理。是說，至理雖無形象可見，但隱於萬物氣質之中，其變化之開端，通過象數表現出來。因而離開象數，不能了解氣質變化的過程，也就不能認識萬物之至理。而玄學和理學講的形而上的道，則脫離物象，乃片面的看法。在方氏看來，象數世界屬於見聞的領域，即形而下的器世界，其自身即蘊藏著形而上的道，故不能脫離形而下而追求形而上的世界。

據此，他們又提出「先天即在後天中」這一命題。認爲邵雍提出的伏羲先天八卦即存於文王後天八卦的圖式中，先天圖式主對待，爲體；後天圖式主流行，爲用；而體即在用中，二者不可分離。（《時論·圖像幾表》）此說強調先後天相互涵蘊，認爲離後天之用，別無先天之體。依此，方氏在哲學上辯論了先後天的問題。就先後天的哲學意義說，方氏或以本原的東西爲先天，派生的東西爲後天；或以自然賦與的即本性的東西爲先天，以後來形成的東西爲後天；或以內在的本質爲先天，其外部的表現爲後天；或以本來就有的爲先天，人爲的東西爲後天；或以經驗以外者爲先天，以經驗爲後天；或指無形象的道理爲先天，以有形有象者爲後天。但無論哪種涵義，他們認爲，作爲先天的東西即在後天之中，先天不脫離後天孤立存在。如方大鎭說：「萬即一也，必曰一統萬，必曰不住一，必曰就在萬之一以理其萬者，何也？先天後天只有一用，用必不離事物……此費即隱之道體也」（《時論·說卦》）。萬指萬象，一指萬象的根源。但此一即在萬象之中，此即「必曰不住一」。萬象爲費，一爲隱，但隱作爲道體，即在萬象中。因爲先天和後天，終歸於時用，而時用又不脫離具體的事物。此是以本原的東西爲先天，派生的東西爲後天，而本原即在派生之中。又方以智的老師王宣說：「先天無可說，聲臭即後天。有易而後天即先天矣」（《時論·坤》）。此是說，先天作爲天之所以然，無聲無臭，故不可說，人們可以察覺的是有聲有臭的後天。《周易》以其象數表達後天之聲臭，而無聲無臭者即在此後天之中。此即「後天即先天」。方以智解釋說：「時行故生物，天果何以爲天乎？時而已矣」。（《時論·乾》）是說，先天作爲化生萬物之道，即在於後天的四時運行之中。他認爲此即孔子所說：「天何言哉！四時行焉，萬物生焉」。此是以運動變化的規律爲先天，運動變化的形迹爲後天，而運動的規律即在運動的形式之中。方孔炤說：「先天不能不後天，純不能不雜居」。又說：「知雜之即純，而又知雜中之純焉，又知純在雜中之善不善焉，皆以知爲簡之善知之也」。（《時論·繫辭》）純指乾坤兩卦之德性，雜指六子卦象剛柔相間。前者爲先天，後者爲後天。乾坤之德即寓於六子卦中，此即「先天不能不後天」。是說，純與雜，相互涵蘊，雜中有純，純中有雜，純又因雜而呈現差異。他舉例說，純如同水，置於盂中，一般的情況下，其味爲甘，遇寒則凝爲冰，加溫則熱，其味因潔污而不同，但皆彌滿此盂之中。此以水的性質和味道爲先天，以其所處的具體情況和形態爲後天，因而水味總具有某種味道或形態，此即「純在雜中」，「先天不能不後天」。此是以本質的東西爲先天，其現象爲後天，論證本質不能脫離現象獨立存在。又方以智說：「先天爲一，令時爲多，舍多無一，舍今時安有先天耶？」（《時論．大畜》）此是對无妄和大畜兩卦的解釋。大畜卦居於无妄卦之後。方氏以无妄爲先天的境地，以大畜爲後天的境界。就自然界說，无妄表示春雷發聲乃萬物生長的動力，此爲一；大畜表示萬物生長的過程和人類養育萬物的活動，此爲多。就人的道德修養說，无妄表示誠的境界，大畜表示後天的學習，二者亦是一多關係。但脫離後天畜養之象，別無先天之一。「舍多無一」，意味著先天依賴於後天。因此，方氏又說：「一部易皆爲善動前用，止有後天，并無先天」。（《時論．坤》）「善動前用」，是說主運動變化，以前民用，此爲後天的境地。先天之體只存於後天之用中，此即「止有後天，并無先天」。關於體用關係，方大鎭說：「易貴時用，用即是體」。方孔炤說：「即用是體，莫易簡於物宜典禮矣」（《時論．繫辭下》）。方以智說：「君子悟不住之一，故舍體而言用」（《時論．繫辭下》）。他們主張舍用無體，以此論證先天依賴於後天。此亦是對程朱和邵雍的體用觀的改造，將離體無用轉化爲離用無體。此是方氏易學哲學的一大創見。此種轉化，表現了兩種形上學思維路線的對立。所以方孔炤說：「後天之學固後天，先天之學亦後天也。止盡後天，即是先天。無先無後，無容辭矣」（《時論．繫辭下》）。總之，方氏不承認有脫離後天的先天之學。按方氏自己的解釋，先天的東西，無形無象，屬於經驗以上的領域，總稱爲形而上；後天的東西，有形象可尋，具有象和數的特徵，總稱爲形而下。

所以先後天之辯，即形上形下之辯。借用歐洲哲學的術語說，方氏說的「先天之學」，即形上學，即後物理學。「後天之學」，即物理之學。方氏並不否認先天的東西，不否認探討形上學的原則，不同於歐洲近代的實證主義，但其斷言形上的東西不在人倫物理即後天之上，離開物理之學即後天之學，別無形上學。此即「止盡後天，即是先天」。方氏此說，從素樸的唯物主義實在論出發，即以有形有象的個別存在物爲客觀存在的實體，討論形上學問題，從而打擊了各種類型的唯心主義本體論，此是方氏易學哲學的一大貢獻，也是其易學中取象說的邏輯思維在哲學上取得的積極成果。

方氏依其「先在後中」的原則，進一步辯論了理氣關係問題。他們繼承象學派的傳統，以陰陽二氣解釋易學中的奇偶之畫和陰陽之象的來源。氣分爲陰陽，無形而有象，屬於象數世界，即形下領域。但氣又不同於個別事物，因爲一切個體事物，包括虛空在內，都由氣所構成。此即方孔炤所說：「兩間皆氣也。所以爲氣者，且置勿論。論其質測，氣貫實用而充虛廓」（《時論，兩間質約》）。「所以爲氣者」，指氣之理。他說：「充兩間之虛，貫兩間之實，皆氣也。所以爲氣者，不得已而理之，則御氣者理也」（《時論‧圖象幾表》）。此是對周敦頤《太極圖說》的理解。又說：「其所以爲氣者，於穆其中，故曰太極。所以者即在氣中」（《時論‧說卦》）。其以太極爲理，認爲此理即在氣中，是取朱熹義，但又不同於朱熹。朱熹以理氣爲二物，即兩個實體，但不可分離，如人騎馬一樣，氣乃理之載體。而方氏所說的理在氣中，是說理作爲氣之所以然，滲透在氣中。故以「於穆」一辭表達之。「於穆」本於《詩經》，謂天深遠而不已。理「於穆」於氣中，謂滲透於氣中。他又解釋說：「盈兩間皆氣，氣凝諸形，而所以者亦彌之」（《時論·繫辭上》）。「彌之」，即充滿之意，謂理充滿於氣中。有時用「泯」字表示之，所謂「泯氣者，理也」（《時論·圖象幾表》）。「泯」謂浸沒，亦滲透之義。他舉例說，氣如同水，理如甘味，有水即有甘味，味充滿水中，稱水為甘，是教人知其味。如果以氣之所以然為太極之理，此理即充滿氣中。他說，「甘在水中，無適非甘，非若太極指點也，不得已而指其極在太中，在人會通耳」。（《時論·圖象幾表》）。是說，理氣相互滲透，如同一瓶之水，處處皆有甘味。畫太極之象，為⊙，其中心標出一點，表示理在氣中，但只是一種表法，不得已而畫之，其實，此中心一點，充滿全圖之象中。總之，方氏認為，理氣關係，如形上和形下的關係一樣，乃邏輯上的涵蘊關係，而理作為氣之所以然，並非以實體的品格存於氣中，如朱熹所說：「不離乎陰陽」，又「不倚乎陰陽」。方氏並不否認理對氣的統攝作用，但他們認為，理氣融為一體，理並非一物，而是溶解於氣中。此種觀點，實際上主張無氣則無理，置氣於第一位，從而揚棄了朱熹的理為氣本說。

因此，關於太極與陰陽以及天地萬物的關係，方氏同樣主張太極作為宇宙的本體，即滲透於萬象之中，從而提出「無極即在有極之中」的命題。關於太極同萬象的關係，方氏提出三極說，即無極、有極和太極。無極，指卦爻象和萬象之所以然，無形無象，此是取朱熹義。有極，指卦爻象和萬象，有其規定性，故稱有極。太極，指萬象之所以然，既非落於無象，亦非落於有象，既不偏於無，也不偏於有，乃有無之統一體。方孔炤說：「不得不形之卦畫，號曰有極。而推其未始有形，號曰無極。因貫一不落有無者，號曰太極」。（《時論·圖象幾表》）是說，太極作為萬象的本體，就其為萬象之所以然說，為無極；就其展開為萬象說，又為有極；太極具有無極和有極兩方面，而不容分割。他以微顯和隱費表述這一不可分割的關係。他說：「微之顯者，常無常有；費而隱者，即有即無」（《時論·圖象幾表》）。他以微隱釋無極，以顯費釋有極，認爲作爲萬象之本體，一方面顯現爲萬象，一方面又隱於萬象之內，此即是太極。如果，以無極爲體，以有極爲用，體表現爲用，而又寓於用中，此種體用合一之本體，即是太極。方氏的太極觀，來於程朱的「顯微無間」說，但又不同於程朱。其將「無間」或「一原」理解爲相互滲透，不以太極爲自存的實體，先於萬物而有，而以太極依賴萬象而存在。此即他所說：「於是決之曰不落有無之太極，即在無極有極中，而無極即在有極中」（《時論·圖象幾表》）又說：「知至體大用在質體質用中乎！則不落而並不落其不落矣」（《時論·圖象幾表序》）。「至體大用」，指太極；「質體質用」，指萬象。「不落」謂太極不落於有無。「不落其不落」，謂太極非獨立自存的實體。按此說法，太極和萬象，本體和現象，乃邏輯上的涵蘊關係，本體自身即涵蘊差別之象。此即方氏所說：「故深表兩間之所以然曰太極，而太極之所以然，原自歷然」（《時論·圖象幾表》）方氏還將太極和萬象的關係，概括爲大一和大二的關係。太極乃萬象的本原，故稱大一，萬象始於陰陽二象，故稱大二。方以智解釋說：「十六卦互相攝入，萬理具備，謂之大二，其彌之者謂之大一。然舍大二，豈有大一哉！」（《時論·說卦》）十六卦，指先後天八卦之合，無非陰陽二爻相互交錯，故稱大二。太極之一即充滿其中，所以離大二，別無大一。此種觀點，方氏又稱之爲「大二即大一」（《時論·繫辭上》）。按朱熹曾以「一而二，二而一」說明本體同萬象的關係。方氏此命題也是對朱說一種改造。以此觀點解釋客觀世界，方氏則認爲，離開天地萬物則無太極，如方大鎮所說：「舍天地人倫，無太極」（《時論．說卦》）。此即方以智於《通雅》中所說：「既知全樹全仁矣，不必避樹而求仁也。」「仁」，謂核仁，就文章說，比喻義理；就哲學說，比喻形上之道或太極。「樹」，有枝葉，就文章說，比喻言辭，就哲學說，比喻萬象。是說，核仁乃全樹之根源，但發育爲全樹，其功能並未消失，即存於全樹之中，所以不能離樹而求仁。

可以看出，方氏家學的太極觀即本體論，以本體和現象融爲一體，斷言離現象別無本體，不僅反對了時間在先說，也揚棄了朱熹的邏輯在先說，在本體論上做出了重大貢獻。正因爲如此，他們又改造了程朱的格物窮理說，提出「即費求隱」說。如方孔炤所說：「道在法中，以費知隱」（《時論．繫辭上》）。「法」謂表法，指對現象界秩序的表述。方以智說：「即費是隱，故即象數而知無象數者不差也」（《時論．益》）。「無象數者」指盈虛之理。其《物理小識》中又說：「通觀天地，天地一物也。推而至於不可知，轉以可知者攝之，以費知隱，重玄一實，是物物神神之深幾也」（《物理小識．自序》）。「不可知」，指事物之理，尚未可知；「可知者」，指有形之物；「重玄一實」，語本《老子》「玄之又玄」，「一實」，謂一切玄奧皆出於實物；「物物神神」，謂就有形之物求其神妙之理。這樣方能極深研幾，認識和掌握事物變化的苗頭和規律。他們力主通過現象認識本體，即依據現象，認識事物的本性和規律，從而爲古代的自然科學方法論提供了哲學基礎。

總之，方氏的形上學所以取得重大的成果，就其易學說，基於取象說；就其邏輯思維說，以類概念的內涵和外延爲辯證的統一體。認爲一般與特殊或個別，二者相互滲透，一般的東西總是同特殊的東西融合在一起，一般的東西自身具有多樣性，一般總是特殊中的一般，沒有脫離特殊而存在的抽象的一般。這就從程朱派的形式邏輯的思維方式中擺脫出來，同時又吸收了程朱易學哲學中形式邏輯思維的積極因素，比較正確地解決了王弼以來提出的形上學和本體論的問題。由於他們以太極爲理氣統一體，一方面揚棄了朱熹的理爲太極說，一方面又發展了張載以來的氣爲太極說，成爲宋明哲學中唯物主義本體論的代表之一，對王夫之的哲學起了深刻的影響。如果說，本體論所討論的問題是從事物存在的角度探討世界的統一性，方氏父子則從易學中的象數之學出發，唯物主義地回答了這一問題。其理論思維的形式和內容，都具有中國的特色，成爲人類認識史上的奇葩。如果說，西方的形上學和本體論的傳統始於柏拉圖和亞里斯多德，到中世紀演變爲老實在論，到近代發展爲新實在論，就其邏輯思維路線說，始終停留在形式邏輯思維水平上。近代的黑格爾第一次向形式邏輯思維方式提出挑戰，但由於從絕對理念出發，在本體論上仍陷入了唯心論。與方氏同時的斯賓諾莎，以泛神論的觀點，講本體論的問題，以神具有無限多樣性的屬性，解釋本體和現象的關係，強調「一切存在的東西都存於神之內」，但他沒有提出和論證神只能存於一切存在的東西之中。就此而言，方氏父子和其後的王夫之的本體論，既沒有走向歐洲的實在論和黑格爾的理念論，也沒有倒向泛神論。這又是中國傳統哲學的一大驕傲。

就方氏父子和王夫之易學哲學提供的材料看，有一個問題是值得討論的，即關於形上學（metaphysics）問題。有一種說法，唯物主義者應當否認形上學的傳統。此說，西方的實證主義者最爲突出，認爲本體超經驗，不可理解，形上學問題乃無稽之談。此關係到如何理解形上學。如果以形上學爲脫離現象而研究本體，此種思維路線是應當否定的。如果，以形上學爲研究世界的本質及其規律的哲學，則不容否定。否認此種形上學，也就否定了科學。科學的任務是探討事物的本質和規律。本質和規律無形無象，屬於形而上的領域。人們常說：世界統一於物質性。物質性不等於個別物體，非個別存在物，亦非獨立自存的實體。研究世界統一於物質性的問題，即是形上學問題。西方的形上學問題，因受柏拉圖理念論的影響，唯心主義本體論較爲流行，從而遭到唯物主義者和實證主義者的非難。可是，中國的形上學傳統，開闢了一條唯物主義路線，如方氏父子和王夫之的本體論，並且同物理的研究結合起來。形上學雖不是後物理學，但存於物理學之中。此種形上學成爲一切科學的理論基礎，是值得繼承和發揚的。

（《大道之源》，湖南師範大學出版社，一九九三年）

# 從太極圖看易學思維的特徵

## 一、太極圖與象數之學

就易學系統說，太極概念始見於《易傳·繫辭》。後來的易學家，通過種種解釋，提出了不同的太極觀，但在宋代以前，皆未以圖式表示其太極觀。太極圖的出現始於宋代易學。以各種圖式表達易學原理和易學思維，是宋易中象數之學的一大特徵。此種學風來源於唐代道教易學的系統，《道藏》中保存了有關以圖式解釋煉丹過程的資料。到五代末和宋初，華山道士陳摶，「好讀易，手不釋卷，常自號扶搖子，著指元篇八十一章，言導養及還丹之事」（《宋史·陳摶傳》）。他既是一位煉丹家，又是一位易學家。關於他的解易學風，邵伯溫在《經世辨惑》中說：「希夷易學，不煩文字解說，止有圖以寓陰陽之數與卦之生變」。即以圖式代替文字，解說易理。關於陳摶的易學，宋王偁於《東都事略·儒學傳》中說：「陳摶讀易，以數學授穆修，以象學授種放」。是說，其易學圖式有兩類：一類是講陰陽奇偶之數，被稱爲數學；一類是講乾坤坎離等卦爻象的變化，被稱爲象學。據此，陳摶可以說是宋易象數之學的奠基人。

陳摶的解易學風，影響深遠。南宋初易學家朱震說：「陳摶以先天圖傳种放，放傳穆修，穆修傳李之才，之才傳邵雍。放以河圖洛書傳李溉，溉傳許堅，許堅傳范諤昌，諤傳劉牧。穆修以太極圖傳周敦頤，敦頤傳程顥、程頤」（《宋史・朱震傳》）。朱震所述的傳易系統，未必皆爲史實。但就北宋象數之學發展的歷史說，有三種易學圖式頗爲流行，即先天圖、河洛圖和太極圖。邵雍倡先天圖，劉牧倡河洛圖，周敦頤倡太極圖。朱震認爲此三種圖式，皆與陳摶易學有關。河洛圖式，以大衍之數和天地之數，構建其圖式，以寓陰陽奇偶之數，屬於數學系統，故劉牧稱其易學著作爲《易數鈎隱圖》。邵雍的先天圖，來源於李之才的卦變說，講卦爻象變化的法則，屬於象學系統。但邵氏易學最終主張「數生象」，認爲卦象來於奇偶之數，又成爲數學派中的人物。周敦頤的太極圖，只談卦爻象的變化，不談奇偶之數，亦屬於象學系統。其在《通書》中說：「聖人之精，畫卦以示。聖人之蘊，因卦以發」。此是發揮《繫辭》文「聖人立象以盡意」之旨。故朱熹評論說：「太極圖立象盡意，剖析幽微，蓋不得已而作也」（《文集・答張敬夫》）。茲錄其圖式於下：

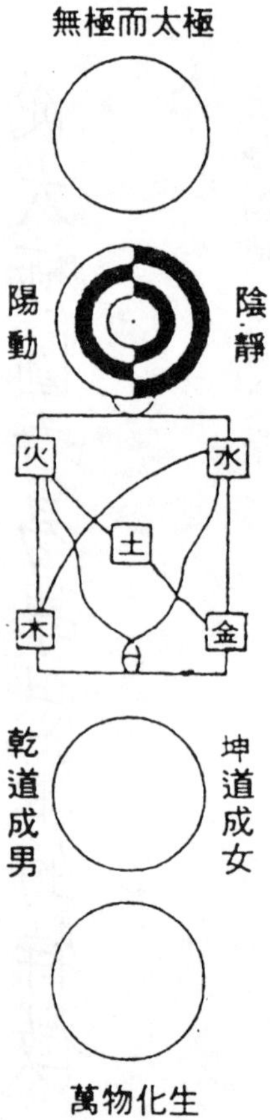


圖　萬物化生

此圖式是經過朱熹修正過的，朱震所錄原圖，陰靜注文在上，陽動注文在下。此圖式就其解易學風和思想資料來源說，都與陳摶易學有關。周氏有《讀英眞君丹訣》詩一首：「始觀丹訣信希夷，蓋得陰陽造化機。子自母生能致主，精神合後更知微」（《周子全書》卷十七）。希夷即陳摶。「英眞君」，即「陰眞君」。《道藏》中有《陰眞君還丹歌》，是當時流行的道教典籍，有陳摶注，保存在《洞眞部・玉訣類》中。周氏讀此訣時，當看到陳摶注，故贊賞陳摶的內煉觀點。周氏說的「蓋得陰陽造化機」，即陳摶注所說：「兩者陰陽也。天爲陽，地爲陰，左爲陽，右爲陰，陰陽者夫妻也。爲身上丹田爲陽，下屬爲陰，含養四時，運動五行，天地交感，百物自生」。「子自母生能致主」，即陳注所說：「金父木母」、「火生於木」、「金生水中」、「采上丹田玉泉中水，以心火修煉之」，即水火交相養而成仙胎。周氏的太極圖，以天地陰陽交感和五行相生解釋萬物的形成，當出於陳摶易學。此說明周氏的太極圖來於陳摶象學傳統。宋易中的象學和數學並非毫無聯繫。數學派亦談卦爻象的變化，象學派中有的也談奇偶之數。其區別在於象和數何爲根本。數學派主數生象，象學派主有象而後有數。就太極圖的思維說，一般不談奇偶之數，如周氏太極圖所顯示的。本文所論的太極圖屬於宋易象數學派中象學的傳統。

在宋元明三代，由於象數之學的流行，出現了許多太極圖式，用來表達其所理解的易學原理。其中影響較大和流行的圖式有兩種。一是南宋楊甲於《六經圖》中所錄的太極圖，錄其圖式於下：

此圖式又見於元張理《大易象數鈎深圖》中，不知何人所作。張理解釋說：「太極未有

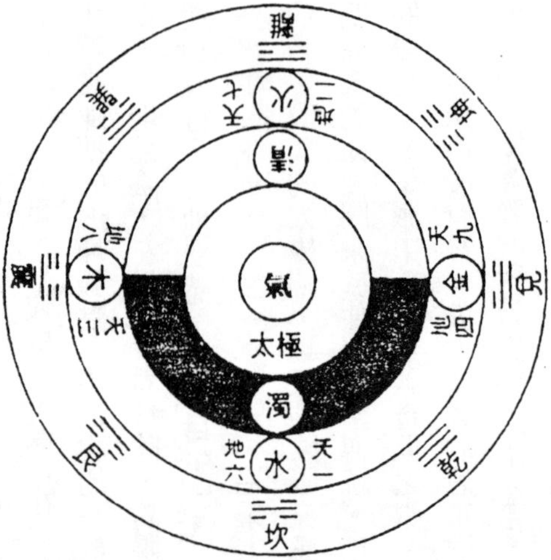


象數，惟一氣耳。一氣既分，清輕者上爲天，重濁者下爲地，太極生兩儀也。兩儀既分，則金木水火四方之位列，兩儀生四象也。水數六居坎而生乾，金數九居兌而生坤，火數七居離而生巽，木數八居震而生艮，四象生八卦也」。此圖式與周氏太極圖相比，以圓形的圓式顯示太極兩儀和四象即五行之間的關係，可能是對周氏太極圖的修正。但其所包含的內容同周氏的圖式是一致的。所不同者，周氏的圖式未配八卦方位，此圖式則配以八卦方位。周圖中的第二圈，其中的小圓圈爲太極，與此圖同；其周圍的陰陽互爲其根的圖象，即此圖式中的兩儀圖象，如周氏所說「分陰分陽，兩儀立焉」。此圖式中的金木水火四方之位，即周氏所說「陽變陰合而生水火木金土」。此圖式配以八卦方位，以坎離震兌爲四正卦，表示南北東西四方和春夏秋冬四時。此種八卦方位說，被稱爲文王後天八卦說。因此，此圖式，可稱爲後天太極圖。

另一種圖式，俗稱陰陽魚太極圖，見於明初趙撝謙的《六經本義》中，趙氏稱爲天地自然之圖，錄其圖式於下：

此圖式，據清胡渭考證，宋末元初袁桷於《謝仲直三圖序》中說，謝氏藏有三圖，其一爲先天圖，後爲趙氏所獲。趙撝謙解釋此圖式說：「有太極含陰陽，陰陽含八卦之妙」。此圖式亦見於趙仲全《道學正宗》，稱其爲古太極圖。趙仲全解釋說：「古太極圖，陽生於東而盛於南，陰生於西生而盛於北。陽中有陰，陰中有陽，而兩儀，而四象，而八卦，皆自然而然者也」。又明宋濂說：「新安羅良願作陰陽相合之象，就其中八分之，以爲八卦」。此圖式流行於元明時期，究爲何人所作，已不可考。同前圖相比，此圖式所配之八卦方位，以乾坤坎離爲四正卦，分居東西南北四方，其它四卦各居四隅。此種八卦方位說，被稱爲伏羲先天八卦說。朱震曾說：「陳摶以先天圖傳種放」。此圖式是否陳氏所傳的原圖，尚無旁證可查。因其所配的卦位爲先天圖式，此圖式，亦可稱爲先天太極圖。

以上兩種太極圖，乃宋以來象數之學，特別是其中象學發展的產物。《繫辭》說：「聖人立象以盡意」。卦象和圖象只是表示其義理或觀念的形式。以圖象表現義理，此種思維方式，屬於形象思維領域。我們研究太極圖式，應著眼於其中所蘊涵的思維內容。這對於我們認識易學思維的特徵，是很有意義的。本文所論太極圖，以上列兩種圖式，即後天太極圖和先天太極圖爲主，其它則從略。

## 二、太極圖形成的思想淵源

太極圖是對《易傳·繫辭》中「易有太極」章所作的圖象化的解釋。《易傳·繫辭》說：「易有太極，是生兩儀。兩儀生四象，四象生八卦，八卦定吉凶，吉凶生大業」。對此章內容的理解，在易學史上，形成許多流派。總的說來，有兩種解釋思路：一是追求此章的原意，一是發揮其中的義理。前者視太極爲易學範疇，認爲此章是講揲蓍成卦或畫卦的過程；後者視太極爲哲學範疇，認爲此章是講宇宙形成的過程。如孔穎達的《正義》，則以太極爲哲學範疇，以元氣或虛無之氣解釋太極。朱熹的《本義》，則以畫卦過程解釋此章內容。到清代毛奇齡和李塨，爲了闡明原典的本義，斷言此章是講揲蓍成卦的過程，認爲此章同《繫辭》大衍章是一致的。其論點是，「易有太極」的「易」指周易一書和揲蓍之法，太極指五十或四十九根蓍草未分的狀態，因爲是卦象形成的根源，故稱爲太極。兩儀，即兩列，指分爲兩堆，即分二。四象，即揲四，因爲「以象四時」，故稱爲四象。四營十有八變而成卦，故說

「四象生八卦」。認爲此章中的「生」字乃生出之義，是講生卦之序，非畫卦過程，《繫辭》稱畫卦爲「作卦」。毛、李還指出，如果以此章爲講世界的形成，兩儀指天地，四象指四時和五行，八卦指天地水火風雷等，等於說，天地生出四時，四時又生出天地，此是不通之論。毛、李之辯，可爲定論。《繫辭》此章雖是講揲蓍成卦的過程，談筮法問題，但其中含有一種思維，即從太極到八卦是一不斷生成的連續過程，如《繫辭》所說「生生之謂易」，具有本原和派生的涵義。正是基於此種思維，後來的易學家，方提出宇宙生成論模式，用來解釋世界。

從漢易開始到唐代孔疏，大都以此章爲講宇宙論問題，其對太極的解釋，或以其爲「太一」，如馬融和虞翻；或以其爲元氣，如易緯和鄭玄。太一即漢人所崇拜的北極星神，以其爲太極則將「是生兩儀」等解釋爲日月、四時以及二十四節氣形成的過程，如馬融說。虞翻則以兩儀爲天地，四象爲四時；唐孔疏則以四象爲金木水火。元氣指陰陽二氣未分的渾沌之氣，基於漢易中的卦氣說，以太極爲寒暖二氣的根源。此種解釋是同當時的天文氣象學的知識聯繫在一起的。按此種解釋，「易有太極」章的內容，則爲從太一或元氣到陰陽或天地，到四時五行，再到萬物的形成過程。此種解釋，皆以此章中的「生」字爲生出或派生之義。前引陳摶注所說「天爲陽，地爲陰」，「含養四時，運動五行，天地交感，百物自生」，即繼承了漢唐易學中宇宙生成論的模式。

此種生成論對周氏太極圖和後天太極圖的形成起了深遠影響。周敦頤的太極圖，以第二圈陰陽交互之象中的小白圈爲太極，所謂「太極動而生陽」，「靜而生陰」，即以太極爲渾沌之氣，生出陰陽和天地，其後生出五行和四時之氣，由是生成萬物，即是依漢唐易學中的宇宙生成論對「易有太極」章所作的解釋。楊甲所錄的太極圖，以太極爲渾一未分之氣，此氣分爲陰陽二氣，陽氣上升爲天，陰氣下降爲地，天地又生出五行中金木水火四行，由是又形成八卦，亦是繼承漢唐宇宙生成論的模式。其以八卦配四方和四時，出於孟京易學的卦氣說。此說以陰陽二氣即寒暖二氣解釋卦象中的陰陽二爻，認爲八卦中的四卦即坎離震兌代表春夏秋冬四時。按漢易中的取象說，坎爲水，主寒氣，爲冬天，居北方；離爲火，主熱氣，爲夏天，居南方；震爲木，表示草木生長，爲春天，居東方；兌爲金，主殺氣，表示草木衰落，爲秋天，居西方。其它四卦，分居四隅，表示立春，立夏，立秋和立冬。此種八卦配四時說，本於《易傳·說卦》中「帝出乎震」一章的八卦方位說。可以看出，楊甲所錄的太極圖，就其思想淵源說，是漢易中的宇宙生成論和卦氣說相結合的產物。其以圓形表示此圖式，又是基於八卦所配之四時是一循環的過程。

漢唐易學家對「易有太極」章的解釋，到宋明時期，起了很大的變化，即從生成論轉向本體論或存有論思維模式。這一轉變的關鍵是如何看待太極和兩儀的關係。漢唐易學大都認爲兩儀是從太極生出的，二者如同母子的關係，母親生出子女後，子女處於母體之外，母子是分開存在的。此生成論的思維，承認太極到兩儀，兩儀到四象，存在著時間上的先後順序，到了宋代受到批評。如邵伯溫解釋「易有太極」章說：「有太極則有兩儀、四象和八卦，以至於天地萬物，固已備矣。非謂今日有太極而明日方有兩儀，後日乃有四象八卦也。雖謂之曰太極生兩儀，兩儀生四象，四象生八卦，其實一時具足，如有形則有影，有一則有二有三，以至無窮皆然」（《宋元學案．百淵學案》引）。邵氏以前是否已有此說，已不可考。邵氏此說，出於對大衍之數的解釋。關於大衍之數五十，漢易以其一不用之一存於四十九之外爲太極，此一生二爲兩儀。唐崔憬則以四十九未分爲太極，分而爲二，爲兩儀。北宋胡瑗說：「四十九未分之時，則爲一，以象太極，天地未判之際」（《周易口義．繫辭上》）。按此說法，四十九之數自身展開則成爲兩儀、四象、八卦以及天地萬物之象。崔、胡二家的大衍義，當是邵伯溫太極觀之所本。到南宋初朱震解大衍章，則取崔、胡說，以四十九合而未分爲太極，認爲兩儀、四象和八卦，乃四十九之數的展開，故兩儀、四象、八卦皆備於太極之中，如其所說：「易有太極，四十有九，合而爲一乎！四象八卦具而未動，謂之太極」（《易傳．繫辭上》）。這樣，其太極觀，在哲學上便獲得存有論涵義。邵伯溫的「一時具足」說和朱震的太極與兩儀不相離說，對朱熹的太極觀起了深刻影響。朱氏突出地辯論了太極同兩儀的關係。他以太極爲理，就筮法說，指陰陽奇偶之理的總合，其自身展開，則爲兩儀、四象、八卦之象。他說：「易有太極，是生兩儀，則先從實理處說。若論其生則俱生，太極依舊在陰陽裡」。又說：「自見在事物而觀之，則陰陽涵太極，推其本則太極生陰陽」（《語類》卷七十五）。朱熹此處以畫卦過程，解釋「易有太極」章。認爲總是有太極之理，方有陰陽卦畫，此即「先從實理處說」，即「推其本則太極生陰陽」。但「是生兩儀」的「生」字，非母生子之生，而是分開或散開之義。由於太極之理，其散開則爲兩儀，所以兩儀又涵有太極之理，此即「陰陽涵太極」。朱氏此論，以邏輯在先說，解釋「是生兩儀」，排除了時間在先的過程，認爲太極和兩儀乃邏輯上的涵蘊關係，即太極涵有陰陽，陰陽又涵有太極，二者是一而二，二而一，在哲學上便導出「物物各一太極」的結論，此說充分體現了從存有論解釋「易有太極」章的思維路線。

唐宋以來形成的這種太極觀，以太極和兩儀爲相互涵蘊的關係，對宋明易學中先天太極圖的形成起了重要的影響。趙撝謙所錄的太極圖，即是此種思維路線的結晶。此圖式，按趙氏的解釋，「有太極含陰陽，陰陽含八卦之妙」。是說，太極自身含有兩儀、四象和八卦之象。如邵伯溫所說：「有太極，則有兩儀、四象、八卦」，「一時具足」。因此，此圖式，不同於周氏太極圖和後天太極圖，乃存有論而非發生論的圖式。其周圍所配的八卦方位，以乾坤坎離爲四正卦，與邵雍的先天八卦方位圖一致。按邵雍的解釋，乾卦三畫純陽，代表陽氣極盛，主夏天，故居南方；坤卦三畫純陰，代表陰氣極盛，主冬天，故居北方；離卦象二陽夾一陰，表示陽氣上升，主春天，故居東方；坎卦象二陰夾一陽，表示陰氣上升，主秋天，故居西方。其它四卦，分居四隅，按陰陽爻象的多寡，主不同節氣的變化。漢易卦氣說，以坎離震兌爲四正卦，是依所取的水火金木等物象，表示一年四季變化過程。而宋易中的四正卦說，則依卦象中陰陽爻象之增減，表示四季變化過程，將八卦爻象的變化同四季寒溫的變化，直接聯繫起來，使卦氣說邏輯化了。此先天太極圖中的陰陽環抱之象，表示陰陽互爲消長的循環過程，不同於後天太極圖中的第二圖以直線表示陰陽各半之象，是取先天八卦圖中的左旋右轉說。照邵雍的說法，從乾到震爲左旋，從巽到坤爲右轉，取易緯中天左旋，地右轉義。左旋爲順行，右轉爲逆行。左旋表示陽氣有盛有衰，右轉表示陰氣有消有長。陰陽二氣，如此運轉，以圖象示之，陰陽二氣的分界線，則成爲曲線即S形。元朝黃公望著有《抱一函三秘訣》，其中有一圖式，名爲伏羲先天始畫之圖，錄之如左：

此圖式即先天八卦圖式，其解釋說：「右法乾至震左旋，坤至巽右轉，象先天盤屈之狀。天地定位，山澤通氣，雷風相搏，水火不相射。乾坤定位乎上下爲之大冶，坎離位乎中間爲之化機」。「天地定位……水火不相射」，是引《說卦》文，邵雍依此章義，爲其先天八卦方位說的依據。此圖中的S形，表示陰陽二氣互爲起伏。此S形的周圍，以圓線圖之，則成爲形，如陰陽魚環抱之象。與趙氏所錄先天太極圖中兩魚環抱之象上下正相反。其對右轉的解釋也不同於邵氏說。因爲黃氏此圖式是講煉內丹的過程。以乾卦位表示元神，如同人體內的精氣爲陽，其左行藏於坤位，如同受精之後，藏於母胎。右行表示母胎逐漸發育而成形。如其所說：「乾一陽日性也，謂之陽晶……謂之元神，受胎之後藏於坤宮」。黃氏稱此爲「陰陽迭互相生之理」或「陰陽起伏之義」。

此表明先天太極圖中的陰陽分界線，以S形曲線來表示，在於顯示陰陽二氣互爲消長之義。坊間流行的太極圖，有的畫爲形，既非趙氏所傳之圖，亦非黃氏之義，不足爲據。總之，先天太極圖乃太極涵兩儀說和先天卦氣說相結合的產物。

## 三、太極圖的哲理内涵

上述兩種太極圖式，來源於兩種太極觀的傳統：一是太極生兩儀說，一是太極涵兩儀說。配以卦氣，前者來於後天八卦方位說，後者來於先天八卦方位說。這兩種太極圖式，代表兩種不同的思維方式和兩種不同的宇宙模式。

楊甲所錄太極圖，其所蘊藏的哲理，可歸結爲以下幾點：

其一，此太極圖由五個圓圈套成，實際上分爲四個層次。太極居圖中心，向周圍伸張，首先生出兩儀，兩儀又生出四象，四象又生出八卦。如同一棵大樹，其根爲太極，先後出生枝幹和樹葉。照元張理的解釋，就筮法說，太極爲卦象的根源，自身無象數可言，可稱爲一；其後派生出兩儀，即陰陽二爻象；陰陽二爻象，其上各加一陰一陽，則成爲陰陽老少四象；四象上各加一陰一陽，則成八卦之象。此是取畫卦說，解釋從太極到八卦的形成過程。此生成過程，既是因果聯繫的系列，又是從單一到繁雜的演變過程。此種邏輯思維可以稱爲生成型思維方式，認爲不同的事項由某種單一的基因演化而成。而這一演化過程，又是其中兩種對立因素不斷相生的結果。此種演化過程，容納了相反的因素，可以稱之爲螺旋式的派生過程。此是易學思維的一大特色。

其二，以此種生成的思維方式考察宇宙，在哲學上則導出一宇宙形成論的體系。此圖式，以一氣解釋太極，太極則被視爲世界的始基或本原。認爲宇宙的原始狀態，並無個體事物，只是太極一氣。後來分化爲陰陽二氣和五行之氣，方形成有形的個體事物。天地之氣所以生出五行之氣，因天氣爲陽，其太陽則爲火氣，少陽則爲木氣；地氣爲陰，太陽則爲水氣，少陰則爲金氣。土氣爲陰陽之中氣，居於中宮，其生物功能，散於其它四氣之中，故圖中無中宮土之象。就五氣之功能說，木氣生萬物，火氣長養萬物，金氣收斂萬物，水氣藏萬物。五氣所生之物，具水性者爲坎類，具火性者爲離類，具木性者爲震類，具金性者爲兌類。按劉牧說，此四類物，配五行成數，水爲六、木爲八、火爲七、金爲九。各去三，北水餘數爲三，居西北，成乾類；西金餘數爲六，居西南，則成坤類；南火餘數爲四，居東南，成巽類；東木餘數爲五，居東北，成艮類。這樣，又生出八大類事物。按易學中的取象說，乾爲天、爲父、爲首、爲玉、爲馬、爲冰、爲果木等；坎爲水、爲豕、爲耳、爲月、爲血等。這樣，宇宙中萬事萬物皆可納入此八大類之中。此種宇宙生成過程，由太極一氣開始，經過陰陽二氣和五行之氣，到八大類事物的形成，乃太極元氣自身演變或轉化的過程。如果以太極元氣爲物質範疇，此宇宙生成的過程，也是原初物質自身轉化爲天地萬物的過程。此種宇宙生成模式，是對漢唐以來中國哲學中宇宙論的總結。

其三，此圖式中的各層次，縱看，是表示宇宙萬物生成的時間過程；橫看，也是一種世界模式，用來表達個體事物構成的要素。此圖式中的基本要素是陰陽和五行之氣，而陰陽二氣又寓於五行之氣中，火木爲陽氣，金水爲陰氣。按此圖式解釋世界，天地萬物包括人類，皆具有陰陽五行之性能，周敦頤稱其爲「二五之精」。如張理所說：「五行之象見乎天，五行之質具乎地。人肖天地以有生，具五氣以成形，稟五性以成德。故語性道者無一不本於此」（《易象圖說》）。就人體說，頭爲天陽、足爲地陰、背爲陽、腹爲陰、心爲火、腎爲水、肝爲木、肺爲金、脾爲土。此即依陰陽五行之氣而成形。就人性說，人有仁義禮智信五德，各自體現陰陽五行之性能。按此說法，天地人通過陰陽五氣聯繫在一起，並互相影響，宇宙成爲以陰陽五行爲要素的一大系統。在此大系統中，個體事物又依陰陽五行之氣形成各自的子系統。此種生成論，也可以說是具有中國特色的系統論的思維模式。

以上三點，可歸結爲一點，即從生成論的角度將天地萬物看成是縱橫聯繫的整體，個體事物並非孤立地存在，充分體現了易學中整體思維的特徵。

趙撝謙所錄的先天太極圖，其所涵蘊的哲理，可以歸結爲以下幾點：

其一，此圖式，只有陰陽象而無五行象，表明其所涵蘊的思維是陰陽對待。其以此對待之全體爲太極，表明此太極圖以太極爲本體觀念，非始基觀念，屬於存有論的思路，用來顯示世界的共同的本質或萬事萬物存在的根據。《易傳·繫辭》說：「一陰一陽之謂道」，又說：「形而上者謂之道，形而下者謂之器」。「道」指規律或事物的本質，規律和本質非具體有形的個體事物，故稱其爲形而上，個體事物皆有其形體，故稱爲形而下。此圖式，只有一陰一陽，別無其它個體事物，如天地、五行等，屬於形而上的領域，是對太極本體思維的形象化的描述。

其二，此圖式中的一陰一陽，似兩魚形環抱爲一體，表明陰陽既對立，又相依存，不可分離，任何事物都有陰陽兩方面，無孤陰孤陽的事物。白魚頭中的黑點，黑魚頭中的白點，又表示陰中有陽，陽中又有陰，天下無純陰純陽的事物。如邵雍解釋一陰一陽說：「陽不能自立，必得陰而後立，故陽以陰爲基。陰不能自見，必待陽而後見，故陰以陽爲唱」。「陽去則陰竭，陰盡則陽滅」。（《觀物外篇》）。此是談陰陽相互依存。又說：「陽中之陰，月也」；「陰中之陽，星也」（《觀物外篇》）。是說，月爲陰，有陽的一面；星爲陽，有陰的一面。關於陽中有陰，朱熹解釋先天圖說：「一邊都是陽，一邊都是陰。陽中有陰，陰中有陽，便是陽往交易陰，陰往交易陽」（《語類》卷六十五）。認爲陰陽既相對待，又相交錯。邵、朱所論，有助於理解陰陽魚環抱圖象的意義。

其三，此圖式採取圓形，表示陰陽又處於相互流轉的過程，即是說，用來表示陰陽相互推移或相互消長而不停止。其周圍配以先天八卦方位，其目的在於以卦象中陰陽爻象的變化表現陰陽相互消長的過程。乾卦爲純陽之象，如圖式注所說：「居純陽地」，表示陽盛，故居於圖上方，陽魚之上；坤卦爲純陰之象，表示陰盛，故居於圖下方，陰魚之下；陽魚之尾居圖下，表示陽起或陽消；陰魚之尾居上，又表示陰起或陰消；離卦居圖左方，二陽夾一陰，如圖式注所說「對過陰在中」，指陽魚懷中抱有陰魚之身，即離卦象，表示陽長，故處於陽魚之腰部；坎卦象居圖右方，二陰夾一陽，表示陰長，故處於陰魚之腰部。漢京房解釋一陰一陽說：「能消者息，必專者敗」。（《易傳·解》）息，謂生息。是說陰陽總是互相推盪，互相消息，如果是專於一面，只能長而不能消，結果必敗。朱熹將陰陽相互消長，稱爲陰陽流轉。他說：「易有兩義：一是變易，即是流行底；一是交易，便是對待底」（《語類》卷六十五）。交易，謂陰陽相交錯；流行，如寒暑往來，循環不已，又稱爲「相對底陰陽流轉」。他認爲陰陽相互推移，既無開端，也無終結，稱此過程爲「動靜無端，陰陽無始」。此圖式中，陽魚尾處，繼之以黑魚之身；陰魚尾處，繼之以陽魚之體；即陰陽流轉，無始無終之義。

《繫辭》又說：「剛柔相推而生變化」。此陰陽相推之象，也是一變化的過程，表示一陰一陽處於動態的境地。以此爲太極之象，表明太極作爲本體是運動著的，非靜止的。以此說明天地萬物皆處於運動、變化之中。此是易學思維的一大特徵。

其四，此圖式中，陰陽二魚首尾環抱，又有陰陽互補之義。陽魚下身表示陽消，則補以陰魚上身；陰魚下身表示陰消，則補以陽魚上身。此種互補思維，也是易學的一大特徵，被易學家稱爲相反而相成，或相資相濟。《易傳·坤·文言》說：「坤至柔而動也剛」。坤爲陰，其性柔順。剛健爲乾卦的德性，屬陽。坤類事物雖然柔靜，其運動要靠陽剛之力，此即陰陽互補之義。此種互補思維影響深遠。如帛書《易之義》所說：「萬物之義，不剛則不能動，不動則無功，恆動而弗中□，此剛之失也。不柔則不靜，不靜則不安，久靜不動則沉，此柔之失也」。是說，陽剛和陰靜，應相互資助，方立於不敗之地。但此種互補，是在運動中的互補，在陰陽流行中的互補，如圖式所顯示的，陽消時則補之以陰，陰消時則補之以陽。這種互補，也可以說是相互促進，即互動。如京房所說：「二氣陽入陰，陰入陽，二氣交互不停，故曰生生之謂易，天地之內無不通也」（《易傳》）。對立的事物，在運動變化中相互補充和推動，共同發展，此即「無不通也」。

其五，此圖式，陰陽之總量各半，相互對應，如陽居左，陰居右，陽魚頭依偎陰魚尾，陰魚頭依偎陽魚尾，乾卦上對坤卦下，離卦左對坎卦右等，呈現出一種均衡與和諧的狀態。乾卦《彖傳》說：「乾道變化，各正性命，保合大和乃利貞」。是說乾道剛健爲陽，得乾道者各有自己的規定性，但得陰柔之資助，方剛而不暴，健而不挫，達到高度和諧的境地，方有利於正固。此即「保合太和乃利貞」。因而歷代易學家皆視太和爲事物發展的最佳境地。如宋代易學家張載所說：「太和所謂道，中涵浮沉、升降、動靜相感之性，是生絪縕、相盪、勝負、屈伸之始。……語道者如此，謂之知道。學易者知此，謂之見易」（《正蒙·太和》）。此處說的浮沉、升降、絪縕、相盪、屈伸等，皆指陰陽相互推移、相互滲透的過程。但此過程，皆以高度和諧爲其原則，故稱其爲「道」。此太極圖以陰陽均衡與和諧圖象而形容太極，表明太極作爲本體又是事物發展的最高準則。此是易學思維的一大特徵。

此太極圖作爲宇宙的本體，按易學家的理解，任何事物都依此圖式所涵蘊的義理而存在和發展。清胡渭，依道教義，以此圖式，解釋一年四季的運行，月亮的盈虧以及煉內丹的過程。醫學家依此圖式解釋人體機能變化的規律。總之，此圖式，集中體現了中國哲學中眞善美統一的原則，成爲人們探討宇宙奧秘從而規範人們行爲的指南。

以上兩種圖式，就其思想資料和邏輯架構說，可以說是中國古代農業社會生產和生活的經驗和智慧在易學中的反映。如天地、陰陽、五行等被看成是重要範疇，都是基於農業生活的需要。追求自然的和諧和人與自然的合一，也是出於農業生活的要求。但是，就其思維方式說，其中卻含有永恆的價值，爲人們考察、解釋世界提供了一種智慧，即相反相成的智慧，普遍聯繫和整體的智慧，這對我們今天樹立新的思維方式和價值準則，仍有借鑒的意義。

## 五、太極圖思維的當代價值

處於當今工業化高度發達和科技飛速發展的時代，以太極圖爲代表的古老的思維模式，對於我們今天認識和處理自然和社會中的問題，以增進人類的福祉，有哪些啓迪？我想談兩點意見：

㈠就楊甲所錄的太極圖說，此圖式的中心觀念是以世界爲生成的過程，即認爲任何個體都經歷發生、成長、發展以及消亡的過程，因而要從其生成的過程，並同其它個體的聯繫中，從其相互轉化中，認識其內在的本質及其變化的規律。例如，研究一片樹葉，應從整體樹幹以及賴以生存的周圍環境，探討其性質和變化的規律。此種思維方式，不同於那種分析物體內部結構從而認識其本質的思維方式，可補分析思維和結構論思維之不足，有助於對個體事物的全面認識及其未來走向的預測。當然，這種思維方式，不是套用此圖式中的太極、兩儀、四象和八卦的公式，而是結合各種自然現象和社會現象的特點，尋找其自身的生成程序，並且同結構分析結合起來。總之，要對古老的生成論的思維模式加以更新，不是恢復古代象數之學的舊框架。這樣，古老的思維方式，方能重新煥發出其生命力。

㈡就趙撝謙所錄的太極圖說，此圖式是以陰陽合一爲中心觀念，以世界爲陰陽對立面互動和互補的過程。認爲任何事物都處於動態中，其運動總是對立雙方互爲消長並相互補充，在均衡與和諧的境地中發展。以此種思維方式考察自然和社會要善於揭示其中兩元對待的要素、性能和勢力，發現其互動和互補的層面，在兩極中尋找中道，並引導其走協調共濟的道路。這樣，統一體方得以健康地發展。此種思維方式，不同於那種以兩元對抗爲核心的世界觀，視統一體爲不斷分裂甚至對立雙方互相毀滅的過程。此種思維方式，注重兩元互補和互動，可以補兩元對抗和相爭思維之不足。因爲任何統一體都是由兩元或多元的要素構成，其間既存在著差異和抗爭，又存在著依存和協調，見分而不見合，顯然是一種片面的見解。就社會人文現象說，由於科技的高度發展，信息的廣泛交流，經濟交往的頻繁，人類社會已逐漸形成一統一體。在這種形勢下，不同的民族、國家和地區，不同的意識形態和觀念，不同的制度和文化，是走互動和互補的道路，還是走抗爭和分裂的道路？這是擺在人類面前的嚴峻問題。盼望中國古老的太極圖思維方式，對解決此問題有所貢獻，使中華文化發揚光大。

（《中華易學》十六卷十一期，一九九六年）

# 易學與中國傳統科技思維

## 一、中國科技史研究中的若干問題

中國有沒有自己的科技思維傳統，如果有，又具有哪些特點？是一個值得探討的課題。我想談以下幾點意見：

### ㈠關於科技在中國的問題

馮友蘭先生有一看法：我們只能說，數學在中國、物理學在中國，不能說有中國的數學、中國的物理學。他認爲科學是超民族的、超國界的。還有一種說法：中國古代的科技，只能說是前科學的。兩說大同小異，都是以西方的科技成果來衡量中國傳統文化，都不大承認中國有自己的科技傳統。退一步說，即使承認有自己的歷史，也是用西方科技思維的標準來考察中國的傳統。我認爲，中國有自己的科技傳統，即是說，有中國的數學、中國的物理學……，但不盡同於西方的傳統。我們不能因爲缺乏西方的傳統，便得出中國沒有科學的結論。我中華文化具有東方的特色，不僅表現爲文學、藝術、宗教，哲學和科技也有自己的特色。我不贊成歐洲中心論的觀點。就人類文明發展的歷史看，各民族的文化，一方面存在著共性，遵循普遍的原則；一方面，又具有各自的特性。科學技術的發展也是如此。

## ㈡關於科學易問題

在近年來興起的周易熱中，出現了科學易或易科學。許多周易愛好者和學自然科學的人，將周易的研究推向自然科學領域，企圖將易學與科技結合起來，以此論證中國有自己的科技傳統。此種探討是無可非議的。問題在於：當前流行的科學易中，有一種傾向，即從古代的易學中尋找西方近現代的科技成果。如說，周易中有愛因斯坦的相對論、有萊布尼茲的二進位制、有宇宙大爆炸論、有六十四種生物基因說以及有系統論、信息論、控制論等，將周易視爲一百科全書，西方有什麼新發明、新理論，都可以從周易中找到根據。其所提出的論據，大都出於比附，沒有說服力。此種研究方向，只能帶來思想上的混亂。如有人說，周易是一部古老的電子計算機。理由是：周易的卦序是按二進位制排列的，而且萊布尼茲發明二進位制是受了周易八卦的影響。其實，萊布尼茲所看到的是宋代邵雍的先天卦序圖，並非從戰國以來流行的通行本的卦序，而且萊氏未看到邵雍的圖式前，已發現了二進位制。就邵氏的先天圖式的內容說，是講卦氣說，談中國大陸節氣的變化過程。亦非講數學上的二進位制。雖然，將此圖式中奇偶二畫代之以0、1，卦爻象排列的順序，同二進位制排列的順序有一致之處。總之，要具體地分析，不能籠統地比附。

### ㈢易學思維對中國傳統科技的影響

在中華傳統文化或中國原典中，唯有周易系統的典籍，與中國傳統科技的發展有密切的聯繫。研究中國科技史，不能脫離周易文化。易學中有兩大流派：義理學派和象數學派。義理學派對周易卦爻象和卦爻辭的解釋，主取義說，如以乾爲剛健，以坤爲柔順等，注重其共性或本質，對中國哲學，特別是形上學的發展，影響深遠。象數學派主取象說，如以乾爲天、以坤爲地等，注重對個體事物的觀察，對科技思維的發展，影響深遠。中國科技史上著名的科學家，都鑽研周易，如漢代的張衡、魏晉的劉徽、唐代的一行、宋代的沈括、明代的張介賓、清代的方以智等。因爲周易這部典籍，一方面講象，即卦象及其所代表的物象；一方面又講數，如奇偶之數、大衍之數等。古代的科技家，大都受到周易原典的薰陶，從象數中汲取智慧，或受其啓發，展開自己的專業活動。歷史上任何劃時代的科技進步，都是同它所依據的思維方式分不開的，研究中國科技史，要研究易學思維發展的歷史；研究中國科技觀的特色，更要研究易學思維的特徵。總之，探討易學與科技相結合的問題，是當前易學研究中的一大課題。我想，通過易學研究者和科技工作者的共同合作，會取得積極的成果。

## 二、易學科技思維的特徵

由於易學思維方式對中國傳統科技發展所起的影響，在中國科技史上形成了易科思維，它包括自然觀、方法論和科技觀，滲透到中國的數學、天文氣象學、化學、物理學、生物學、醫學等各領域，成爲中國科技思維的一大特色。其有哪些具體的內容，是一個值得探討的課題。我初步考慮，有以下六論或六條基本原則，介紹於下：

### ㈠觀象論

《易傳．繫辭》說：「聖人設卦，觀象繫辭焉而明吉凶」。認爲伏羲氏仰觀天文，俯察地理，觀鳥獸之文，近取諸身，遠取諸物，始作八卦。是說，卦爻象來於聖人對天地萬物之象的觀察。進而認爲，聖人製造各種器物，是基於對卦象及其所取之物象的觀察，提出觀象制器說。如觀察渙卦象，上巽下坎，巽爲木，坎爲水，此象表示木在水中漂，於是發明了舟楫。卦象和物象都是有形象的東西，是感覺的對象，觀象思維要求從感性出發，研究事物的性質及其變化的規律並符合事物的本來面貌，所謂「擬諸其形容，象其物宜」，「擬議以成其變化」。

觀象原則對中國的科技方法論影響深遠。其一，科技家依觀象思維，對自然現象的研究，倡導觀察和試驗。如宋代的沈括於《夢溪筆談．象數》中，提出「測驗」說，以其爲觀察天文和地理的重要方法。又如明代李時珍提出「採視」和「試驗」說，依觀察和親自嘗試的方法，辨別藥物的性質，糾正傳統藥書中記錄的錯誤。張介賓則發展了醫學中的臟象學說，依據觀察人體外表器官如耳、目、口、鼻、手足、脈息等呈現的狀態，診斷人體內部五臟和六腑的健康與疾病。如其所說：「人之情況，於象可驗」（《醫易義》）。物理學家方以智於其

《物理小識》中，提出「質測」說，即從觀測個別現象的差別入手。同質測相對應的學問，稱爲「通幾」，即探討事物變化的總規律，並提出「質測即藏通幾」。質測不僅包括對物象的觀測，而且包括對觀測結果的驗證，所謂「徵其確然者」。宋代的易學家邵雍依觀象說，提出「觀物」說，所謂「不以我觀物，以物觀物」。明代的科技家從中得到啓發，將程朱派的「格物窮理」說，引向面向外界探討事物規律的道路，以觀察物象爲窮理的前提，以研究物理爲格物的目的。方以智依此提出其格物致知說：「格物而隨物佑神，知至而以知還物」（《物理小識·總論》），在科學研究中倡導「因象明理」、「理以心知」和「即費求隱」，即通過觀察物象，認識其本質和規律。有一種意見，認爲中國的科技思維，屬於直觀的或經驗的類型，不探討自然界的規律，這是一種片面的見解。其二，古代的科技家依觀象制器說，從事發明和創造的活動。如漢代的天文學家張衡，通過對天象運行軌道的觀測，發明了渾天儀。如蔡倫從觀察樹皮的性能，發明了造紙術。畢昇從印章和膠泥雕塑的觀察中得到啓發，發明了活版印刷術。中國古代的重大發明，就其創造意識的泉源說，大都受到易學中觀象制器說的啓發。

總之，觀象思維的特徵是面向客觀世界，要求主觀符合客觀，被易學家稱爲「模寫」，不僅模寫外物的狀態，而且模寫其規律，具有感性、理性和實踐相結合的傾向，從而使中國傳統科技在歷史上取得許多驚人的成就。

### (二)功能論

觀象思維主張從物象出發，研究易理和物理。但如何看待易理和物理？《易傳》提出功能原則。功能指物體外部表現出來的性能或作用，以此爲出發點，觀察和研究外物，即是功能原則。《易傳》對卦爻象的解釋，提出陰陽、剛柔範疇，認爲任何事物都有陰陽或剛柔兩方面。陰陽或剛柔非實體概念，乃功能概念。《易傳》稱之爲「功」（「二與四同功而異位」），又稱之爲「能」（「坤以簡能」），又稱爲「德行」。其論八卦所象徵的八大自然物，都是從功能原則加以理解的。如以天爲剛健不息、地爲順天而行、雷爲振動、風爲吹散、水爲潤物、火爲燒物、山爲靜止等。從漢易開始，易學家又引入五行觀念解釋卦爻家和卦爻辭。五行概念，亦指水火木金土五種物質的功能，如火炎上、水潤下、木曲直、金從革等。其論五行相生相克的法則，也是就其功能說的，如土生木、金克木等。易學中的功能思維，對古代科技思維亦影響深遠，形成了以陰陽五行爲核心的自然觀，成爲中國傳統科技思維的理論基礎。

從漢朝開始，哲學家和科學家都以陰陽五行之氣爲七大元素，解釋世界的形成及其物質構成。陰陽五行七種元素各有自己的性能，天地萬物因稟受其性能的程度不同，從而呈現出千差萬別，又形成各自的特性。宋周敦頤稱其爲「二五之精」，朱熹稱其爲「生物的材料」。此種陰陽五行的自然觀，滲透到天文氣象學、化學、物理學、地質學和醫學各領域。如《周易參同契》，乃最早講煉丹術的典籍，也是古代化學的先河。它依鉛汞和水火的性能，考察和說明人工化合物即丹藥的形成。稱汞性爲陽、鉛性爲陰，汞遇火而昇華，鉛遇火流爲液體，二物融合爲一體，爲「覆冒陰陽之道」，稱其化合爲「性情自然」。在這種功能原則的啓發下，後來終於製造出火藥，成爲中國四大發明之一。又如中華醫學，以陰陽五行的功能考察人體功能與健康的關係。如醫學家張介賓認爲，人體各器官皆有陰陽兩重性和各自稟有五行的性能，如心肺爲陽、脾腎爲明、心爲陽中之陽、腎爲陰中之陰，以此區別五臟功能之異同，並依其功能的盛衰，進行針灸和藥物治療。他還以五行配五臟，如肺爲金、肝爲木、腎爲水等，以五行生克法則，說明五臟之間的聯繫和制約，從而採取不同的醫療方案，以維繫人體功能的平衡。中華醫學依陰陽五行觀建立起其人體功能學。物理學家方以智又依陰陽五行觀的功能原則，考察了許多物質現象及其變化的過程。認爲天地萬物皆由陰陽五行之氣所構成。此七種元素各有其功效，如火爲燥氣、金爲殺氣，來於陽氣；水爲濕氣、木爲生氣，來於陰氣；陰陽二氣的沖和爲土氣。物質現象的變化，基於其所稟受的五氣功能的相互作用。陽氣的功能主流動，陰氣的功能主凝聚。如火爲陽氣，有向上流動性能，但靠陰氣凝聚爲形體，故火炎向上。水爲陰氣，有形體，但又藏有陽氣，故水流而潤下。又如地上的蒸氣，含有水、火、土多種成份，其上升後，水氣盛則爲雲，土氣盛與冷際相遇則爲霧，火氣盛迂陰雲相阻，則激發爲雷電，遇冷際則下降爲雨水。他稱此種變化爲「時有偏勝」，即以其功能的強弱，解釋其間的生克關係。因此，當西方的四大即氣、土、水、火元素說傳入中國後，方以智同四大說展開了辯論，認爲中國的五行說優於西方的四大說。理由是，土、水、火乃氣的不同表現形式，不應與氣並列，西方說是有用而無體。中國的金、木所以同水、火、土並列，因爲其功能不同，雖出於土，應列入元素範疇。西方的四大說，難以說明萬物特別是有機物生長和衰落的過程，批評了西方元素說的機械論的偏向。

總之，在易學思維的影響下形成的自然觀或自然哲學，可稱爲以元素功能論爲核心的自然觀，從而在中華科技史上形成了以物質功能爲研究對象的科學體系。此體系不同於西方傳統中的原子論、粒子論以及結構主義的系統，成爲中國傳統科技思維的一大特色。

### ㈢對待論

此原則又可稱爲陰陽對待思維，乃易學思維的主要特徵。陰陽的性能相反，但不是相互對抗，而是相資相助，即相反而相成，即相互補充，不是相互毀滅，一方吃掉一方。亦可稱爲兩元互補原則。此即《易傳》所說：「陰陽合德而剛柔有體」，又稱爲「一陰一陽之謂道」。此種思維方式，對中華傳統文化影響深遠，同樣成爲中華科技思維的重要內容。

此種兩元對待的思維方式，在數學上，形成了以奇偶二數和方圓二形的相反相成爲演算規律的數學觀。中國第一部算經《周髀算經》提出勾股弦定律。其解釋說：「數之法，出於方圓」。認爲方圓之形，可用數來計算，即以圓爲參，經一而圍三，取其全；以方爲兩，徑一而圍四，取其半。此說將方圓二形同奇偶二數聯繫起來，解釋演算的規律。關於勾股弦定律，即勾三股四弦五，按漢趙爽注：「因奇偶之數，以制其法」，體現了奇偶之數相反相成的法則，稱其爲「一陰一陽之謂道」。魏晉時期的大數學家劉徽依此原則提出著名的割圓術，即圓內接正邊邊數的無限增加，其周長愈接近圓周的長度，即是說，方圓既相依存又互相轉化。所以其在《九章算術注・序》中說：「觀陰陽之割裂，總算術之根源」。陰陽指方圓二形和奇偶二數。宋邵雍提出的先天卦序圖式，從奇偶兩畫出發，其上各加奇偶兩畫，加到第六層，展開則爲六十四卦象。將其中的奇偶兩畫，代以0、1，其排列的順序，從左向右數，同二進位制的順序是一致的，同樣體現了陰陽奇偶互補的思維方式。至方以智提出「相倚」說，認爲奇偶、方圓、開方立方等都是相互依存和轉化，揭示出中國數學的一大特色。從而使其中的一些成就，領先於當時的世界水平。在天文學方面，漢代的《易緯》，依陰陽相成的思維，提出「天左旋，地右轉」的命題。天象左旋，出於直觀；地右轉，基於推測；即天爲陽，地爲陰，地陰助天陽而運動，從而導出最早的地動說。西漢時期的易學家京房，以日爲陽，月爲陰，陰之體無光，得出了月體依太陽而生光的結論，開古代月光說的先河。陰陽互補思維在中國醫學中最爲顯著。張介賓認爲，生命的活力和生理機能以及精神知覺等活動爲陽，形體以及臟腑等生理器官的形質爲陰，死亡意味著陽性功能的喪失。然而陰性的體質如血脈精液等，又是陽性功能賴以活動的基礎，從而提出補陰、滋腎的醫療措施，以增強生命力。就物理現象說，易學家們認爲，水火的性能有相滅的一面，但又有互補的一面。如乾柴烈火，濟之以水，則可延長其燃燒的過程；流水容易杜塞，濟之以火，則流暢而不滯。水火又交相成。方以智依此，得出了燈火加膩而益明，井油得水而愈熾的結論。

總之，兩元對待的思維方式，追求物體之間的和諧與勻衡，以維系統一體的正常發展，不同於西方傳統中以兩元對立和排斥爲基本規律的思維方式，同樣成爲中華科技思維的一大特色。

### ㈣流轉論

此原則又可稱爲過程論，其對自然現象或物質現象的考察，著眼於運動變化的過程，或從其運動變化過程中，認識其本質或規律。關於事物的變化，《易傳》提出「剛柔相推而生變化」，認爲卦爻象和事物的變化都是出於其陰陽性能的相互推移，而且其推移沒有窮盡，所謂「生生之謂易」，並且表現爲大循環的過程，所謂「一闔一闢謂之變，往來不窮謂之通」。如暑去寒來，晝夜相繼。此種變化過程，朱熹稱爲「陰陽流轉」。「轉」謂陰陽互爲消長，相互轉化。流轉原則是陰陽對待思維的進一步引伸，也是周易文化中陰陽變易觀的核心，對中國傳統科技思維的發展，同樣起了深刻的影響。

中國古代的天文氣象學，是以流轉論爲指導而展開的。漢代的易學提出卦氣說，以六十四卦陰陽爻象相互推移的過程，解釋大陸一年節氣變化的過程。其中有十二個卦，主管十二月，如復卦䷗爲一陽生，當舊曆十一月，至乾卦䷀陽氣全盛，當四月；其後，姤卦䷫爲一陰生，當五月；至坤卦䷁，陰氣全盛，當十月。以此說明一年四季乃陰陽即寒暖二氣相互推移的循環過程。卦氣說後來成爲古代曆書的內容之一。此說，將數的概念引入天文氣象學領域，使天象的觀測度量化，並增強了天道圓即天體運行的周期觀念，受到了天文學家張衡、一行等人的肯定。到宋代邵雍，依陰陽互爲消長的法則和天體運行的周期觀念，斷定人類所處的天地，亦有生滅或成毀，其生滅亦有周期，從而導出了宇宙乃衆多的天地生滅連續的大循環的過程，反對了天體永恆不變論。流轉論成爲古代天體論的支柱之一。在地質學方面，早在春秋時期易學家史墨認爲，大地亦處於陰陽互爲消長的過程，所謂「高山爲谷，深谷爲陵」。宋代的沈括考察太行山時，發現有貝殼化石，斷定此處當年爲海濱，其所依據的理論，即陰陽流轉或相互推移的規律。中華醫學又依流轉原則考察人體器官和功能的相互推移或新陳代謝的過程。古代醫書《靈樞》認爲，人的血氣，沿經脈往復運行，在五臟中流轉，形成營衛系統，所謂「陰陽相貫，如環無窮」。張介賓認爲，人體內各器官的功能按五行生克的法則相互作用亦是一循環的過程，而且相生中包含相殘，相克中又包含相生，以此維繫各器官功能的平衡。在物理化學方面，《周易參同契》談煉丹術，即認爲氣體、液體和固體，可以相互轉化。方以智於《物理小識》中，又從呵氣遇冷際則轉化爲水珠導出物質形態轉化的學說。進而認爲，氣、聲、風、光、形，都可以轉化。太空之氣旋轉則爲風，振動爲聲，聚發爲光，凝固則爲形，稱其變化爲：「相互轉應」。此種轉化，既無開始，亦無終結。因爲天地萬物乃一氣之所化，其運動形式爲輪轉，進而認爲氣自身是「不壞」的。他從流轉原則又導出氣不滅即物質不滅的結論，在中華物理學史上做出重大貢獻。

總之，流轉思維視物質是動態的，從變化過程和轉化的角度理解物體的特性，認爲大到日月星辰，小到一草一木，皆處於盈虛消長的過程。而且視其轉化爲其所固有的兩種對立的性能的相互作用，或相生，或相制，或相交，或相阻，或生死，或進退，或成毀，如是循環而不息。此種思維方式，既不同於西方傳統思維中的機械論，亦不同於直線上升的進化論的發展觀，同樣是中華科技思維的一大特色。

### (五)整體論

整體思維是，視天地萬物爲一整體，各部分存在著差別，但又相互聯繫，相互影響，不容分割，個體並非孤立地存在，總是在同其它個體的相互關係中存在和發展。此亦是易學思維的一大特徵。前面談到的三種思維，即功能、對待和流轉，都包含個體間的相互作用在內，整體思維乃前三種思維方式的進一步發展。《易傳》通過對一卦六爻的解釋，提出「三才之道」，即天、地、人各有其道，天道爲陰陽，地道爲剛柔，人道爲仁義，而天、地、人又共同遵循一普遍的規律，即「一陰一陽」，稱其爲「性命之理」。一卦六爻如同宇宙的縮影。一爻變動，便影響其它爻功能的發揮。卦爻象結構中的整體觀念，培育了人們的整體意識，作爲考察天地萬物和人類之間的關係的依據。在此種整體思維的啓發下，從宋代以來出現了許多易圖，如周敦頤的太極圖，從宇宙生成論的角度，將天地人聯爲一整體。河洛圖式又將天時、地理、動植物、人體器官以及道德規範，都納入其所製定的宇宙模式之中，以此說明物類之間存在著普遍聯繫，又相互影響。此種思維方式，對中華科技思維的發展亦頗有影響。

依整體思維，《易傳》提出「同聲相應，同氣相求」的感應論，認爲同類中的不同物體可以相互反應和吸引，如水流濕、火就燥、雲從龍、風從虎。古代的科技家依其感應論，解釋方諸向月而生水、陽燧向日而生火；或用來說明潮汐現象。還依感應論解釋磁石引針，如王充於其《論衡》中所記錄的。在此種感應論的指引下，到宋代終於發明了指南針，成爲中國四大發明之一，而且傳播到歐洲。漢代的天文學家張衡，正是在易學中感應論的啓發下，發明了地動儀。整體思維對中華醫學的影響，最爲突出。古代醫書《黃帝內經》，提出「五運六氣」說。五運即五行之氣的運行，各主管春夏秋冬四季；六氣指風、熱、溫、火、燥、寒。認爲氣候的變化及人所處的地理環境，對人體的健康和疾病有重大影響。如夏天爲火德當位，氣候炎熱，配五味爲苦，配人體器官爲脈息、心臟。如果過於炎熱，則影響血脈和心臟的機能；吃含苦味的食品過多，則有損於心臟的健康。又如春季氣候乾燥，風木受損，肝臟容易生病；如果濕氣過剩，則腎病生。中醫治病，往往同患者所處的季節和生活環境聯繫起來，考察病因，對症下藥，即整體意識的表現。到清代方以智，對易學中的整體思維作了深刻的闡述。他於《周易時論合編》中，提出「細統」論。認爲整個宇宙爲一大系統，稱爲「統統」，其中最微細的層次，稱爲「細細」，認爲在統一體或整體中，事物的層次，總是統中有細，細中有統，統與細相互蘊涵。研究整體性，不應忽視其差別性，而整體性又藏於差別性之中。他不贊成籠統地談宇宙的一體性，可以說是對整體思維的內涵作了一次總結。

總之，整體思維所追求的是各實體之間的普遍聯繫，從普遍聯繫中認識各實體的特性。就自然觀說，它是從宏觀的視野考察自然現象的統一性，不同於西方科技從微觀的視野著重分析實體內部結構的傳統，亦是中華科技思維的一大特性。

㈥輔相論

此論是討論人與自然的關係以及人在宇宙中的地位。因爲天地人爲一整體，人與自然相互影響，《易傳》關於人在自然界中的作用，提出三條規定。其一是，「天地設位，聖人成能」，即人居於天地之中，其任務是成就天地化育萬物的功能。其二是，泰卦《象》辭所說：「裁成天地之道，輔相天地之宜，以左右民」。裁成謂裁斷成就，即控制自然界的規律，輔助天地化育萬物的功能，爲人類造福。其三是，乾卦《文言》所說：「大人與天地合其德，與日月合其明，與四時合其序」，「先天而天弗違，後天而奉天時」。認爲人道要符合天道，但人並非消極無所作爲；一方面能預測天時變化的動向，一方面按天時的變化而行動。此種天人觀對中國傳統科技思維的發展，亦影響深遠。

就古代煉丹術說，《參同契》認爲，丹藥的煉成，一方面要依陰陽變易的法則，一方面要靠人工的操作，要像駕馬一樣，掌握其規則，用火加溫，不能輕舉妄動，所謂「天符有進退，屈伸以應時」，後來的道士闡發爲「每當天地交合處，奪取陰陽造化機」。就化學技術本身說，此說認爲，人認識和掌握了化合物形成的法則，就可以創造出奇迹。名醫張介賓認爲，天地之道同人的生理是統一的，都遵循陰陽流轉的法則，但高明的醫師總是發揮自己的智能，通權達變，掌握其主動權，不是依樣畫葫蘆，治病方有回天之功，如其所說：「欲補天功，醫其爲最」（《醫易義》）。明代的科技大家宋應星寫了《天工開物》。「天工」出於《書·皋陶謨》：「天工人其代之」。「開物」本於《易傳·繫辭》「開物成務」，謂啓發心智，開導物宜。他強調人工作爲，可以補天功之不足。其巧奪天工的創造意識，正是「聖人成能」說的闡發。方以智論人與自然的關係，全面闡發了裁成輔相的原則，提出人控制自然的學說。其父方孔炤於《周易時論合編》中，倡導「勤乎人以還天」，認爲人有窮理的本性，「理性所在」，能認識、掌握自然的法則，以輔佐天行，「參育而統天」。方以智依此，提出「治天」說和「聖人以造造化」說：「聖人因造化之薪，傳造化之火，熱造化之水，制造化之器，以熟造化之物」，其目的是「教人勿受其燔暴之害」。他認爲，人在自然面前，不能靠自然的恩賜而生活，而是發揮人的聰明才智和仁德，利用自然物的性能，成就薪火的功能，爲人類造福。其提出的「以造造化」的前提是，以人所認識的「造化之理」，即自然法則，控制自然，此即「先天而天弗違」；按其法則爲人類謀福利，此即「後天而奉天時」。此種人控制和改造自然的學說，是對中國傳統科技觀的總結。

總之，科技家倡導的裁成輔相和參天化育的原則，既反對了順應自然的任天說，又反對了將自然人化的目的論，而是因自然法則，補自然之不足，如方以智所說：「因天地之理以補天地」，而不是破壞自然界的秩序和生態的平衡。他們認爲科技家的任務是爲人類造福，又將價值觀念引入科技思維領域，不同於西方的以工具理性爲指導的科學主義，亦是中華科技思維的一大特色。

## 三、易學科技思維的價值

以上所談六條原則，從觀象論到輔相論，相互關係，自成一體系，在世界科技上獨樹一幟。此種科技思維究有哪些價值，對人類未來科技發展的走向，有無其意義？我想，談以下兩點意見：

### (一)易學科技思維與中國農業社會

一個民族的思維傳統，同其所處的生活環境，包括生產方式、地理條件以及文化素質有密切的聯繫。總之，其形成和發展有其社會的歷史背景。易學科技思維的社會歷史背景，就是兩千多年來中國的農業社會及其生活方式。其所倡導的陰陽五行的自然觀，實乃中華農業社會的產物。所以視陰陽五行爲物質元素，是基於農業生活的需要，陰陽本指氣候的寒暖，五行爲五種不可缺少的生活資料，將其上升爲易學和哲學範疇，則形成一種自然觀。前面談到的六種思維方式，都是從農業生產角度考察自然現象所導出的結果。所以不同於古希臘形成的並由近代工業文明所闡發的西方的傳統思維方式。因此，我們探討中國傳統科技思維的價值，不能脫離這一大前提，要看到其歷史的時代的性格。中國傳統科技思維方式，同西方的傳統相比，其區別可概括爲：西方傳統科技思維，其對自然現象的研究，可以說是重分析、重實體、重結構，即偏重於深入分析實體內部的物質結構，從而形成粒子論、基因論系統；而中國的科技思維則重功能、重過程、重整體；西方的傳統偏重於追求兩元的對抗，而中國的傳統則偏重於追求兩元的互補、和諧與勻衡。此種差別，只是各有偏勝而已，而不是截然對立，同樣對人類文明的發展做出自己的貢獻。

### ㈡易學科技思維的當代價值

農業社會形成的科技思維方式，處於當今工業社會，特別是科技高速發達的時代，是否仍有其價值？此是值得討論的課題。目前，有兩種流行的見解：一種是已無當代的價值，一種是將來西方的文明包括科技思維都要走東方的道路，西方有些自然科學家亦持此見解。看來，兩種見解，各有偏頗。從人類科技發展的歷史看，東西兩種思維傳統，各有短長，應揚長補短，爲人類未來科技思維的走向提供新的途徑。中國傳統科技思維，在過去，爲人類文明做出了貢獻。但是停留在過去的水平，固步自封，自我欣賞，不會再有生命力。必須走與當代科技思維相結合的道路，在傳統的基礎上加以創新，方有前途。如講整體性，必須在分析的基礎上探討其普遍聯繫；談功能，不能脫離實體內部的結構；談過程，又不能脫離實體自身的存在。那種將古代陰陽五行觀的舊框架，如太極圖式、河洛圖式等，重新搬出來，套入現代的科技成果，更是沒有前途的。

（《哲學雜誌》，十六期，一九九六年）

# 易學與中國傳統文化

## 一、前言

中華傳統文化，就其觀念形態說，有三大系統，即儒家、道家和佛家，被稱爲儒釋道三教。此三大系統在發展的過程中，既相抗衡，又相互影響，構成中華文化的基本內容。周易系統的文化，原屬於儒家系統，後來又分別爲道家和佛家文化所吸收，在中華文化中佔有重要的地位，並對中華傳統文化的發展起了重大影響。

如何看待周易系統文化？古往今來，有不同的理解，目前仍有爭議。我想，談以下三點意見：

### ㈠周易文化的特色

周易系統的典籍，由經、傳、學三部分組成。經即《易經》，古人又稱爲《周易》，是西周時期形成的占筮用的典籍。傳即《易傳》，是戰國時代形成的解釋《易經》的文獻匯編，漢人稱爲「十翼」。學即易學，屬於儒家經學系統，指漢代以來歷代易學家對周易經傳所作的種種解釋。從經到傳，從傳到學，乃一歷史地發展過程，共同構成一知識系統。《易傳》解經的特點是，將占筮用的典籍哲理化，爲易學的發展奠定了理論基礎。歷代易學又在此基礎上，通過對周易經傳的再詮釋，建立起自己的易學體系。從解釋學的角度看，傳是對經的闡發，學又是對傳的闡發。因此，我們研究周易系統的文化，既要看到三者的聯繫，源流相承；又要看到三者的區別，各有其特色。古代的經學家，由於視周易爲聖人之書，缺乏歷史主義觀點，往往不區分經、傳、學，將三者混爲一談，或者依傳解經，或者依學解傳，或者將自己的解釋，說成是眞正符合《周易》的本義，這不是一種科學態度。

就周易文化對中華文化的影響說，經、傳、學各有其所承擔的角色。《易經》作爲占筮的典籍，由六十四卦象及解釋卦爻象的卦爻辭構成，依卦爻象和卦爻辭推斷人事的吉凶。其所依據的卦象，由奇偶二數或陰陽二爻排列組合而成，具有邏輯的結構；其所依據的卦爻辭，保存了先民的生活經驗和求生的智慧，具有人道教訓意義；其推斷人事之吉凶，依往驗而察來事，又具有類推的因素。同其它卜問吉凶的巫術相比，周易作爲古人占卜之書，其中含有理性思維的內容，成爲中華文化和中國哲學的源頭。

《易傳》解經，將其中的理性思維發揚光大尋求卦爻象和卦爻辭之間的內在聯繫，提出陰陽變易觀，作爲周易的基本原理，不僅用來解釋人事，而且解釋天道，將儒家的人文主義和道家的自然主義傳統結合起來，爲中華文化和中國哲學的發展，奠定了基礎。歷代易學又依據《易傳》提出的原理，通過其解釋，形成各自的易學哲學體系，並且推廣到人文和自然諸領域，從而對宗教、社會政治、倫理、史學、科學技術以及文學藝術和美學等，都起了重要的影響。在中華原典中，其對中華文化的影響，就其廣度和深度說，沒有一部典籍能同周易系統典籍相媲美的。

就經、傳、學說，其在中華文化中的地位，如同一棵樹，《易經》如同樹根，《易傳》如同主幹，歷代易學如同繁茂的枝葉和花朵。根或源頭雖然可貴，但就其影響和成果說，可以說後來者居上；《易傳》，尤其是歷代易學，成爲促進中華傳統文化發展的主力。因此，我們研究《周易》系統文化，應著眼於後者，不能將後來的成就，統統掛在《易經》這一古老的作爲占筮用的典籍身上。

## ㈡易學中的兩大流派

從漢朝開始，易學家通過對周易經傳的解釋，形成了兩大流派，即象數學派和義理學派。此兩派出於對周易經傳文意的解釋，特別是對《易經》中卦爻象和卦爻辭之間的關係即象辭相應之理的解釋。一種解釋，主取象說，以卦象所取的物象解釋二者的聯繫，如乾爲天爲圓，坤爲地爲方等。一種解釋，主取義說，以卦名的字義或卦象所代表的性質即卦德，解釋二者的聯繫。如乾爲剛健，坤爲柔順等。這兩種解釋在《易傳》解經的體例中是並行的，相互補充的。從漢朝開始，易學家解釋象辭相應之理，有的偏重取象，有的偏重取義，從而分化爲象數和義理兩大流派。就這兩派解經的理論思維說，取象說，重視一類事物的外延或八卦所代表的各類事物中的具體事項；取義說，注重一類事物的內涵，或八卦所代表的各類事物的共性。從邏輯上說，概念有內涵和外延兩方面，缺一不可。易學家各據所見，探討象辭相應之理，故長期爭論不休。就解經的體例說，這兩派易學各有所長，無所謂孰優孰劣問題。我們研究周易系統文化，應打破古代經學家的門戶之見，全面理解易學發展的過程及其文化價值。

這兩大流派對中華文化發展的影響，也是各有千秋。義理學派，由於重視概念的內涵和一類事物的共性或本質，從而提高了人們抽象的邏輯思維能力，對中國哲學中的形上學和本體論、社會政治和倫理觀的發展，起了深刻的影響。象數學派，由於重視概念的外延和個體事物的性能及其量的規定性，鍛煉了人們觀察物象變化過程及其法則的能力，對中國傳統的科學技術的發展起了深刻的影響。這兩大流派易學學風，對中華文化的發展，各自做出了貢獻。我們研究易學文化，應兼顧兩方面，不能以一方而否定另一方。

象數之學，在後來發展的過程中，同民間的算命術相結合，形成了「數術」派。此派周易文化，致力於推測人事的吉凶禍福，專講算命的方術，言術而不言學，如宋明以來流行的《火珠林》納甲術、《梅花易數》等，既不解釋周易經傳，又不闡發其理論思維，而是借用象數之學的術語、概念和範疇，宣揚宿命論，被歷代著名的易學家和哲學家視爲「末流小術」，乃周易文化中的糟粕。我們研究周易文化，要善於區別學和術，不能視易學爲算命術，更不能以術代學，對此，要有清醒的認識。

㈢易學思維的特徵

易學作爲具有中國文化特色的龐大的學術思想體系，所以經久不衰，受到歷代學人的重視，其關鍵在於提出一套觀察和思考宇宙和人生問題的思維方式。易學文化所以對中華文化的發展起了深刻的影響，說到底，是基於其所提出的思維方式。易學思維方式，究竟有哪些內容？初步研究，可以歸結爲以下幾條：

1. **直觀思維**：謂從感性出發，直接觀察自然現象和社會現象，從而探討事物的性質和功能。《易傳》提出的取象說，以物象解釋卦爻辭的吉凶之義，即基於直觀思維。《易傳・繫辭下》論八卦的來源說：「仰則觀象於天，俯則觀法於地，觀鳥獸之文，與地之宜，近取諸身，遠取諸物，於是始作八卦」。謂卦象來於聖人對天地萬物各種現象的觀察。此種「觀象」說，即直觀思維的表現。《易傳》還提出觀象制器說，認爲古代聖人通過觀察卦象及其所取的物象，發明許多有利於人類生活的器物。觀象的思維方式，後被歷代易學所闡發，視其爲研究一切事物的出發點，形成了易學中的象學派。此種思維方式，對中國古代科技的發展影響頗爲深遠。古代的天文氣象學、物理學、醫學以及重大的發明，都是同觀象的思維方式分不開的。

2. **形象思維**：謂通過某種形象進行思考或表達心中意念的方式。《易傳・繫辭上》說：「書不盡言，言不盡意，然則聖人之意，其不可見乎？子曰：聖人立象以盡意」。象，指卦象，認爲語言文字雖不能充分表達心中的意念，但圖象卻可以充分表達出來，如卦象即陰陽爻象的變化，可以表達一切吉凶判斷。《易傳》的「立象以盡意」說，後被歷代易學家和哲學家所闡發，認爲形象的東西豐富多彩，以其表達意念，可不受語言、概念的局限，予人以無窮的意味；同時，人所設立的形象，不是任意塗抹，應體現某種觀念和情意，方有其價值。

此種思維方式，對中國美學和文藝理論以及藝術創作起了很大的影響。

3.**邏輯思維**：謂從理性出發，遵循形式邏輯的法則，思考問題和認識事物的思維方式。周易經傳中的邏輯思維基於對筮法的解釋，突出地表現爲演繹思維的運用。如依奇偶二數或陰陽二爻的排列組合，推出八卦和六十四卦，即演繹思維的表現。《易傳》論揲蓍成卦，提出大衍之數五十，通過一定的演算過程，將餘數逐次淘汰，最後導出七八九六之數，以定一爻之象，即基於演繹邏輯思維的應用。關於吉凶的判斷，周易經傳將事物分爲若干類。如《易傳·繫辭上》所說：「方以類聚，物以群分，吉凶見矣」。進而認爲，天地萬物皆分屬於不同的類，如睽卦《彖》文所說：「萬物睽而其事類」，謂天地萬物雖有差異，又存在共性。就事物及其名稱概念說，認爲有顯和幽，或賾和隱兩方面。顯和賾指一類的外延，幽和隱指一類的內涵。從而視「探賾索隱」（《易傳·繫辭上》），「微顯闡幽」（《易傳·繫辭下》）以及「以類族辨物」（《易傳·同人·象》）爲聖人和君子認識事物的重要原則。從類概念出發，《易傳·繫辭下》提出「易彰往而察來」，《易傳·繫辭上》提出「觸類而長之」即觸類旁通說，以類推思維解釋判斷吉凶的推理過程。爲了說明卦爻象和卦爻辭能預知一類事物的吉凶，《易傳》還將卦爻象看成是象徵一類事物的符號，所謂「象也者像也」（《易傳·繫辭下》），也可代入一類事物的具體事項。卦爻辭所講的具體的事，亦可視爲一類事物的象徵，所謂「其稱名也小，其取類也大」（《易傳·繫辭下》）。總之，將卦爻象和卦爻辭的內容抽象化或形式化，以此作爲類推的前提。形式化思維，也是形式邏輯思維的內容之一。《易傳》中的邏輯思維，後被歷代易學所闡發，對中國的數學和哲學中的形上學的發展都起了深遠的影響。

4.**辯證思維**：謂以辯證的觀點考察自然和人生。此是基於事物的動態或變化的過程而形成的思維方式，它注重從對立的雙方以及整體的角度認識事物的性質。易學中的辯證思維，最爲豐富，而且具有中華文化的特色。《易傳．繫辭上》稱其爲「一陰一陽之謂道」，謂應從陰和陽兩方面考察事物的性能及其變化的過程和法則，不偏廢一方。此種辯證思維可以稱之爲陰陽對待或兩元對待，即相反而相成。關於事物的變化，《易傳．繫辭上》提出「剛柔相推而生變化」，又提出「生生之謂易」，認爲事物變化乃陰陽相互推移的過程，而且沒有窮盡；並且認爲事物的變易，沒有一成不變的模式，所謂「神無方而易無體」、「陰陽不測之謂神」（《易傳．繫辭上》）。關於事物的存在和發展，《易傳．繫辭下》提出「陰陽合德而剛柔有體」，認爲事物相反的性能，可以相資相濟，相互補充，不是一方毀滅一方，以維繫事物的健康發展，並且以和諧爲事物發展的最佳境地，如《易傳．乾卦．彖》所說：「保合太和乃利貞」。《易傳》還從普遍聯繫的觀點，考察個體事物的地位和作用，認爲一卦六爻乃一整體，六十四卦也是一個整體，各爻和各卦之間存在著普遍聯繫，其中一爻之變如陰陽爻互變，此卦便轉化爲另一卦，爻象和卦象皆非孤立地存在。據此，《易傳．說卦》又提出「三才」說，謂一卦六畫，分爲三部分，一二畫象徵地道，三四畫象徵人道，五六畫象徵天道，天道爲陰陽，地道爲剛柔，人道爲仁義；天地人各有其遵循的法則，又有共同遵循的規律，即「性命之理」，從而視天地萬物爲一整體。《易傳》中的辯證思維，後爲歷代易學和哲學所闡發，從不同的角度，闡發「一陰一陽之謂道」這一命題；從不同的領域論證這一命題，從而對中國的哲學、宗教、社會政治、科學技術以及文學藝術的發展，都起了深刻影響，使中華文化在人類文明史上獨樹一幟。

5.**象數思維**：謂從象數合一的觀點，觀察和思考問題的思維方式，也是易學特有的思維方式。此種思維基於對卦象結構的分析。周易經傳認爲，任何卦象，一方面有其陰陽爻象，另一方面其陰陽爻象又有數的規定性，如陽爲奇、陰爲偶，《易經》稱前者爲九，後者爲六。就揲蓍成卦說，卦爻象出於七八九六之數，奇數畫爲陽爻，偶數畫爲陰爻，即《易傳·繫辭上》所說：「極其數，遂定天下之象」。《易傳·說卦》還說「參天兩地而倚數」，以天圓爲三，即徑一而圍三；地方爲二，即徑一而圍四，天地之象亦有其數的規定性。從而認爲宇宙萬象其存在和變化都有數的規定性。因而研究事物的性質及其變化的過程，一方面要明其象，一方面又要求其數。此種思維方式，亦爲後來易學，特別爲象數學派所闡發，成爲其觀察和規範自然現象和社會現象變化的方法。宋代出現的河圖洛書即象數思維的集中表現。象數思維對中國古代科技思維的發展起了很大影響。

以上五種思維方式，在易學中是融合在一起的。感性的和理性的、直覺的和分析的、邏輯的和辯證的，都不是相互排斥，而是相互補充，從而使中華文化呈現出博大精深和圓融會通的局面。

## 二、易學與哲學

哲學是文化的頭腦，也是一個民族及其所處的時代精神的代表。中國哲學頗受易學發展的影響，而歷代易學又從其時代精神中吸收營養，發展自己理論體系。易學與哲學互相促進成爲中國哲學一大特色。中國傳統哲學有兩大傳統，即儒家的人文主義和道家的自然主義。此兩大傳統，到戰國時代，爲《易傳》哲學所吸收，反過來《易傳》哲學又爲後來哲學的發展提供了理論基石。人文主義與自然主義相結合的傳統，通過易學哲學的闡發，到宋明時期發展到高峰。以下，談三個問題：

### (一)天人觀

中國傳統哲學流派對天和人的理解，並不盡同，但都探討天和人的關係，成爲中國哲學的一大特色。先秦道家提出天道無爲說，認爲自然現象的變化自然而然，不受某種意志支配，主張依天道而明人事。儒家孟子則依人事而明天道，提出「誠者，天之道也；思誠者，人之道也」（《孟子．離婁上》），認爲天道體現了人的價值理念。儒道兩家的天人觀，各有偏頗，前者見人不見天，後者見天不見人。《易傳》則將兩家的觀點，加以整合，取其長而揚其短，以自然無爲言天，所謂「鼓萬物而不與聖人同憂」（《易傳．繫辭上》）；以有心而爲言人，所謂「先王以茂對時育萬物」（《易傳．无妄．象》），探討了人與自然的關係，提出了人參與自然變化的學說。《易傳．泰．象》說：「后以財成天地之道，輔相天地之宜，以左右民」，謂控制或駕御自然界的法則，輔助天地化育萬物，爲百姓造福。《易傳．繫辭下》說：「天地設位，聖人成能」，謂人居天地之中，其使命是成就天地化育萬物的功能。《易傳．乾．文言》說：「夫大人者與天地合其德」、「先天而天弗違，後天而奉天時」。謂大人的行動符合天時變化的過程和法則，既能預知天時的變化，又能按天時的變化而行動。總之，認爲人與自然，既有區別，又相互影響，將自然的客觀規律性和人的主觀能動性結合起來，既不因循自然，又不違背自然，爲古代的天人觀奠定了理論基礎。

此種天人觀，漢代以來，爲許多著名的思想家和哲學家所繼承發揚。如漢代的王充，一方面主張「天道自然無爲」，一方面又主張「雖然自然，亦須有爲輔助」（《論衡·自然》）。唐代的柳宗元提出「天人不相預」，劉禹錫提出「天人交相勝」和「天人還相用」，認爲人與自然，各有其職能，不相代替，但人有智慧，可與天交勝，輔助自然物更好成長。到宋明時代，此種天人觀，得到進一步發展。張載在其《易說》中，論天人關係說：「天能爲性，人謀爲能。大人盡性，不以天能爲能，故曰天地設位，聖人成能」（《繫辭下》）。「天能」，指氣化萬物的自然規律；「盡性」，謂發揮人的智謀，成就天之所能。清代的大哲學家王夫之提出「天道無擇，人道有辨」（《周易內傳·繫辭上》），認爲自然界無人的思慮和仁愛的品德，智慧和仁德乃人類的特質，人類依其智慧和仁德，治理萬物，使其有利於人類的生存和發展。他說，「自然者天地，主持者人」（《周易外傳·復》），又說：「聖人賴天地以大，天地賴聖人以貞」（《周易外傳·繫辭上》）。認爲人與自然相互依存，又相互作用，稱此種關係爲「天人之合用」（《周易外傳·繫辭上》）。總之，他認爲，人一方面靠自然而生存，另一方面又能駕御自然法則，成爲自然界的主人。其將儒道兩家天人觀的優良傳統發展到高峰。

有一種流行的說法，認爲中國哲學的特色之一是講「天人合一」。但對「天人合一」這一命題，要有分析，不能籠統地倡導天人合一。中國哲學中的天人合一思維，存在兩種傳統：

一種是不區別天和人，將人與自然混爲一談，如先秦道家莊子的「不以人助天」，漢代董仲舒的「天人同類」，宋明陸王心學派的「天人一本」，追求一種主客不分的精神境界。一種是區別天和人，在此基礎上，談天人的統一性，此即《易傳》和荀子所倡導的傳統。這一傳統認爲，天地人三者乃一整體，非孤立地存在，既有對立的一面，又相互依存。人類的使命是控制、輔助和利用自然爲人類造福，而不是破壞自然、毀滅自然；更非聽任自然的擺布，做自然的奴僕；亦非視自然爲人類意識或價值理念的化身。這種天人觀是值得發揚光大的。

### ㈡宇宙論

探討天地萬物的形成過程及其結構亦是中國哲學中的重大課題。中國哲學中的宇宙論雖然始於先秦道家和陰陽家，但經過歷代易學的闡發，方成爲有系統的理論。

關於揲蓍成卦的過程，《易傳．繫辭上》說：「易有太極，是生兩儀，兩儀生四象，四象生八卦，八卦定吉凶，吉凶生大業」。此章的本義是談筮法問題。太極指五十或四十九根蓍草混而未分，爲成卦的根源，故稱爲「太極」。兩儀即分爲左右兩堆，四象指揲之以四，導出七八九六之數或陰陽老少之象，有此四象便導出八卦之象。此章同大衍之數章的文義是一致的，都不是講宇宙論問題。但其中含有一種理論思維，即從太極到卦象的形成，是一不斷生成的連續過程，具有本源和派生的意義。到了漢代，由於易學中卦氣說的流行，易學家以陰陽二氣解釋此章的內容，爲揲蓍成卦提供一宇宙論的依據，此章便成爲中國哲學中談宇宙論的基本模式。

從漢易開始到唐代孔穎達的《周易正義》，大都以此章爲談宇宙論問題。如經學家馬融和虞翻，以太極爲「太一」，即北極星神，將「是生兩儀」等句，解釋爲日、月、四時及二十四節氣生成萬物的過程。《易緯》和鄭玄，則以太極爲元氣，即陰陽未分的渾沌之氣，以兩儀爲陰陽二氣或天地之氣，以四象爲四時，孔穎達又以金木水火爲四象，以八卦爲萬物。從太極到八卦，則被解釋爲從太一或元氣到陰陽二氣或天地，到春夏秋冬四時和水火木金土五行，再到萬物形成的過程。按其解釋，太極元氣爲宇宙的始基，其後，生出陰陽二氣，形成天和地，陰陽二氣相交則生成四時和五行之氣，五行之氣又構成萬物和人類。此種宇宙生成的模式，到了宋代，被易學家和哲學家劉牧等繼承下來，至周敦頤將此種宇宙生成論邏輯化和圖式化，提出著名的《太極圖說》。他稱宇宙的本原爲「無極而太極」，即自無極而爲太極。按其解釋，無極乃元氣未形成的狀態，太極指渾一未分的元氣。其後，太極動而生出陽氣，動極而靜，又生出陰氣，二氣分開，形成天和地，是爲「兩儀」。陽氣主變，陰氣主合，則生出水火木金土五行之氣。五氣分布，則形成四時，是爲「四象」。無極之眞與二五之精即陰陽五行之氣相凝聚，則成爲萬物和人類之性。二氣相交感，萬物便化生了。人類得陰陽五行之秀氣，故爲萬物之靈。人有形體和精神兩方面，人所稟有的五行之性，同外物相感應，便有了善惡的分別，所以聖人以中正、仁義和主靜作爲做人的準則。周氏認爲，此生成的過程，乃一逐次生出的連續過程，各階段存在著本源和派生的順序，如其所說：「五行一陰陽也，陰陽一太極也，太極本無極也」（《周子全書》卷一）。其《通書》解釋說：「二氣五行，化生萬物，五殊二實，二本則一」（《理性命》）。謂萬物的化生都基於陰陽五行之氣，而五行之氣則來於陰陽二氣，如火木爲陽氣，水金爲陰氣，而陰陽二氣又來於太極元氣，此即「二本則一」或「陰陽一太極」。此種生成論，出於對「易有太極」章的解釋，故其結尾說：「大哉易也，斯其至矣」（《周子全書》卷一）。

周氏的《太極圖說》，可以說是對漢唐以來宇宙生成論的總結，對以後中國哲學的發展影響深遠，凡談宇宙論和本體論者，莫不以周氏的太極圖說爲其立論的依據。就宇宙論說，生成論不同於結構論思維，後者的任務在於從空間角度深入分析實體內部的結構層次和基因，而前者則從時間和過程的角度探討實體之間的因果聯繫，說明天地萬物是從單一或原初實體到繁多和複雜的演化過程，而且這一演化過程又是其中兩種對立因素陰和陽，不斷相分和相交的結果。此種生成論思維，要求從個體的發生、成長、發展以及消亡的過程，從物類相互轉化的過程，認識其內在的本質及其變化的規律，有助於對個體事物的全面了解及其未來走向的預測，可補結構論思維之不足，成爲中國傳統哲學一大特色。

### ㈢本體論

即存有論，探討天地萬物存在的根據及其共同的本質，重點討論本體和現象的關係，亦是中國傳統哲學的重要問題。中國哲學中的形上學思維，始於先秦老子的道論，以無形、無名的道體爲宇宙的本原。但其形上學思維轉向本體論，是通過易學中的象義之辯和道器之辯而實現的。其間，經過魏晉玄學派易學到宋明程朱派易學的闡發，終於建立起具有中國特色的本體論體系。可以說，歷代易學是中國形上學發展的理論支柱。

魏晉玄學家王弼將老子的「有生於無」的命題，引向形上學本體論，提出「天地萬物皆以無爲本」（《晉書．王衍傳》），倡導貴無論，以虛無爲天地萬物存在的根據。他立論的根據是其易學中的象義之辨。他是易學史上義理學派的奠基人，主取義說，認爲取象不能解釋通象辭相應之理，如以乾爲馬，可是乾卦的卦爻辭中並無馬象；以坤爲牛，可是坤卦的卦爻辭中並無牛象，從而認爲以乾爲健，以坤爲柔方能講通卦象和卦辭之間的關係。因爲剛健爲乾類事物的共性，可以包容該類事物的一切個體事項。如其所說：「觸類可爲其象，合義可爲其徵」（《周易略例．明象》）。因爲一卦之義理可以統率其所取的物象，從而得出「象之所生，出於義」（《周易注．文言》）的結論。事物的義理如剛健之德，是無形無象的，可稱之爲「無」；而物象是有形有名的個體存在，可稱之爲「有」。由此得出「有之所始，以無爲本」（《老子注》四十章），謂一切存在的個體事物都以虛無爲其存在的根據。如同聲音自身無有聲調，但一切聲調皆靠它而存在，所謂「五物之母，不炎不寒，不柔不剛」（《老子指略》）。由於王弼於其易學中推崇一類事物的內涵，從而建立起形上學貴無論的體系。

到了宋代，理學派的奠基人解釋周易經傳，繼承了王弼的取義說，進一步探討了物象和義理之間的關係，提出了「假象以顯義」（《程氏易傳．乾》），和「因象以明理」（《二程遺書．答張閎中書》）認爲事物是表現其義理的形式，如龍馬之象是用來顯現剛健之義的，不應廢棄物象，如王弼所說「得意在忘象」，對王弼的取義說，作了修正。關於象義的關係，他提出一個著名的命題：「體用一原，顯微無間」（《程氏易傳．序》），以義理爲體，以物象爲用；物象顯現於外表，故爲「顯」；其義理隱藏於內部，故爲「微」，認爲二者不容分割，此即

「一原」或「無間」。由此，在哲學上導出理事合一說：「至顯者莫如事，至微者莫如理。而事理一致，微顯一原」（《程氏遺書》卷二十五）。事指具體的事物，理指事物之所以然及其規律。但他同王弼一樣，追求一般，認爲一類事物之理乃該事物的本質，相當該類事物的內涵，內涵對一類事物的存在說，比其外延更爲根本，又導出了理本事末說。事物之理是無形的，個體事物是有形的，前者可稱爲「道」，後者可稱爲「器」，認爲道比器更爲根本。他說：「離了陰陽更無道，所以陰陽者是道也。陰陽，氣也，氣是形而下者，道是形而上者，形而上者則是密也」（《程氏遺書》卷十五）。此是以形而上的道爲形而下的氣的本原。道器範疇，本於《易傳》，認爲卦爻象變化的法則，沒有形象，稱其爲「形而上」，而卦爻畫和陰陽爻象有形象可見，稱其爲「形而下」。程氏將易學中的道器範疇，上升爲本體論的範疇，以此解釋理事關係和理氣關係，便建立起理本論的體系。這一體系，經過朱熹的闡發和完善，對中國哲學中的本體論產生了重大影響。易學中的氣學一派，又將程朱的「體用一原，顯微無間」這一本體論命題加以改造，以物象爲其義理存在的根據，如王夫之提出「象外無道」（《周易外傳·繫辭下》），「無其器則無其道」（《周易外傳·繫辭上》），「氣外更無虛托孤立之理」（《讀四書大全說·孟子·告子上》）。認爲一般的、本質的、規律性的東西，只能存於個別的、特殊的物體之中。總之，本體即寓於萬象之中，發展了氣本論的體系。

中國哲學中的形上學和本體論主張本體與現象、形上和形下，不即不離，一而二，二而一，最終導出通過個體或現象認識其本質和規律的結論，同樣成爲中國哲學的一大特色。這一理論思維，是通過易學問題，如太極與兩儀、物象與義理、道和器等辯論而展開的。要了解中國哲學的特色，必須研究周易經傳及其哲學。

## 三、易學與宗教

歷代易學不僅對中國哲學，而且對中國的宗教理論亦頗有影響。漢末以來，建立了中國固有的宗教即道教，其後印度的佛教又傳入中國。道教和佛教在其發展的過程中，都先後吸收易學的思維，來豐富其教義。道教的理論同易學的關係，最爲密切，在道教史上形成了道教易學。佛教中國化的宗派有華嚴宗和禪宗，兩派的佛學家都借用周易經傳闡發義理，其使教義的傳播，更具有中國的特色。

以下，談兩點：

### ㈠易學與道教

漢朝末年開始，黃老養生學演變爲道教，提倡煉丹術，延年益壽，以至長生不死，成爲神仙。煉丹大師魏伯陽，著有《周易參同契》，以漢易中的卦氣說和陰陽五行觀解釋煉丹術。此書一方面以陰陽變易法則，解釋丹藥的形成；一方面提出月體納甲說，解釋煉丹的火候。就前一點說，他提出「坎離爲易」說，以坎離代表藥物鉛和汞及水火二氣，鉛爲陰，汞爲陽，鉛汞結合，加溫則成爲丹藥。認爲此種化合，體現了陰陽交感的法則，所謂「陰陽相飲食，交感道自然」。就後一點說，依京房的納甲法，以卦象配十干，說明一月之中月光盈虛的過程，按月光的盈虛，增減炭火，所謂「天符有進退，詘信以應時」。天符，指月光的盈虛即陰陽消長過程；詘信，指增減炭火。易學中的陰陽交感與陰陽推移思維成爲煉丹術的指導思想。《參同契》主要是講煉外丹。到宋代，以《參同契》爲講煉內丹的理論，廣爲流行。煉內丹，是煉人體內陰陽二氣，丹家稱爲體內水火二氣。認爲水氣基於腎，火氣來於心，煉氣時，使體內火氣下降，水氣上升，二氣交合，則成爲仙胎。如俞琰所說：「內煉之法，以目視鼻，以鼻對臍，降心火入於氣海」。又說「腎屬水，心屬火，火入水中，則水火交媾，如晦朔之間，日月之合壁」（《易外別傳》）。此種內煉術，同樣依易學中陰陽二氣之交合與協調，即陰陽互補思維解釋內煉功夫。

宋明時期的道教易學，還依當時象數學派提出的易學圖式，解釋煉丹成仙的修煉過程。周敦頤的太極圖，起了重要作用。按清代易學家和哲學史家黃宗羲的考證，周氏的太極圖頗受道教煉丹說的影響，其中的第二圈陰陽合抱之象，即來於道教煉丹術中的取坎塡離的圖式。後來的道教學者，又依周氏的太極圖講煉丹術。如南宋的道士蕭應叟，其後陳致虛以及元代道士衛琪等所提出的太極圖和無極圖，或以其圖式談順而成人，或以其圖式講逆則成丹。總之，依周氏太極圖中宇宙生成論思維模式，講煉丹成仙的過程，並爲道教煉丹術提供了宇宙論的依據。

此外，《易傳》提出的天人觀，其道家自然主義和儒家人文主義相結合的傳統，對道教的煉丹理論亦頗有影響。道教認爲，成仙得道，一方面要依靠自然提供的素質，不能違背自然的法則，另一方面又要靠人的主觀努力，改變所稟受的自然素質，從而延長壽命。《參同契》說：「聖人不虛生，上觀顯天符」，謂聖人依自己智慧和才能，觀察陰陽推移和交感的法則，並按其法則煉丹運火，即可以創造奇蹟。五代彭曉解釋說：「竊天地之竅，盜陰陽之精，識造化之根，辨符應之體，相生相克，進退屈伸，旨在乎掌握，故曰易統天心也」（《周易參同契分章通眞義》）。此即道教典籍《翠虛篇》所說：「每當天地交合時，奪取陰陽造化機」（俞琰《周易參同契發揮》引）。魏晉時期的道教大師葛洪於其《抱朴子》中，認爲人稟氣而有生命，出於自然，但人獲得生命後，即爲我有，爲我所制，通過人爲的修煉，可延年益壽，甚至長生不死。如其所說：「夫陶冶造化，莫靈於人。故達其淺者則能役用萬物；得其深者則能長生久視」（《內篇・對俗》）。此種修煉觀，正是《易傳》說的「天地設位，聖人成能」的表現。

### ㈡易學與禪宗

早在南北朝時期，由於佛教的盛行，在思想界便出現了揉合易學與佛學的傾向，梁武帝蕭衍可爲其代表。至唐代，由於佛教宗派的林立和發達，易佛融合的傾向又具有宗派的特色。李玄通依華嚴宗教義解說《周易》經傳，即其代表。至宋明時期，由於禪宗的流行，在思想界和哲學界，又出現了儒禪合一論，企圖揉合儒佛兩家的心性學說，成爲宋明心學中的一大勢力。禪宗中的儒佛合一論者，或以周易經傳解釋禪宗教義，或依易學原理解釋禪宗倡導的內心修養方法及其境界。明代的佛學家眞可著有《解易》、智旭著有《周易禪解》，即其代表。

禪宗教義主明心見性，頓悟成佛，認爲人皆有佛性，一念不執著，雖身處世俗，即可得道成佛。眞可和智旭皆以《周易》經傳爲明心見性的典籍，他們除依乾卦和漸卦等六爻之位及其爻辭談成佛的六種境界外，又依易理解釋其禪理。如眞可依一卦六爻，卦理、卦象和爻象的關係，提出「易有性情」說。認爲一卦之理爲佛性，一卦之象爲心，六爻之象爲情。卦象統率一卦之理及六爻吉凶之情，心亦統率性和情，三者不即不離。心迷則性變爲情；心悟，則情可化爲性，以此說明一念覺悟，雖處善惡苦樂之情，亦可不爲其牽累，見性而成佛。智旭則提出「易爲眞如」說，認爲《易傳》說的「易有太極」，易即佛家說的眞如本性，太極即佛家說的「無明」。易有太極謂眞如隨緣而生無明，乃生死流轉的根源，其後，按兩儀、四象和八卦的生成順序，形成風、金、水、火，進而形成山河大地和萬物。從太極無明到萬物化生爲生死流轉的輪迴世界，此爲「順」；處此世界，一旦覺悟，則由萬物流轉回歸到眞如本性，超脫生死輪迴，此爲「逆」。他以眞如爲本體世界，以流轉爲現象世界，認爲現象世界雖爲本體眞如隨緣而生，但又寓於現象界中，不改變其本性，所以不離流轉門，即可回歸本體即涅槃世界，關鍵在於迷悟之間。他通過對《易傳》「易有太極」章的解釋，依周敦頤的太極圖思維，談本體與現象不即不離，爲禪宗倡導的立地成佛說提供了本體論的依據。其逆則成佛說，又是受了道教的逆則成丹說的影響。

禪宗易學，援易學而談佛理，雖建樹不多，但通過其解釋，將禪宗教義的傳播，引向概念化、邏輯化的道路。此表明，周易文化，不僅爲道教的建立提供了理論依據，而且滲入到佛學中，成爲中華文化的一面旗幟。

## 四、易學與政治、倫理

《易經》中的卦爻辭，不同於卜辭，含有人道教訓之義，經過《易傳》的闡發，被後人視其爲窮理盡性之書，成爲指導政治生活和倫理生活的指南。按《易傳》的說法，易道有兩方面：天道和人道。人道文化又稱爲「人文」。賁卦《彖》文說：「觀乎人文，以化成天下」，謂人文以教化天下爲其宗旨，爲人道的標誌。歷代的易學家，特別是義理學派的學者，大都以闡發人文即「明人道」爲其歸宿。如王弼解易，即著眼於人道。宋代的易學家張載認爲，易爲天道，則歸於人事，提出「易爲君子謀，不爲小人謀」（《易說·繫辭下》），把周易看成是提高君子品德的教科書。易學對人道和人文的闡發，影響深遠。以下，就政治和倫理生活談談易學對中國文化的貢獻。

### ㈠易學與政治

中國古代的政治觀，其目的是探討君、臣、民三者的地位和關係，以維繫政權的穩定和百姓生活的安定。《易經》中的卦爻辭，記錄了當時的政治事件和君臣民的活動。如觀卦六四爻辭說：「觀國之光，利用賓于王」，謂諸侯受到王室的關懷。蠱卦上九爻辭說：「不事王侯，高尚其事」，謂辭官引退，自潔其身。明夷卦六五爻辭說：「箕子之明夷」，謂箕子受殷紂王的迫害而韜光養晦。後人讀《易經》，觀象玩辭，從這些卦爻辭中，吸取智慧，處理其政治生活。《易傳》又提出爻位說，依中位、當位、應位等，解釋卦爻辭所言之事的吉凶。爻位說，謂一卦六爻，各有其所處的地位，並且相互關聯，實際上是當時的社會關係或人際關係的規定在易學中的反映。如乾卦九五爻，既處於君位，又居中位，表示官運亨通，故爻辭爲「飛龍在天，利見大人」。初九爻居於一卦之初，表示尚未施展其才能，故爻辭說：「潛龍勿用」。後人按《易傳》設立的體例，探討君、臣、民三者的關係，從中吸取經驗教訓，周易便成了一部指導政治生活和總結王朝興衰以及社會治亂的教科書。如宋代的易學家楊萬里所說：「君臣父子無非易也，視聽言動無非易也，治亂安危無非易也，取捨進退無非易也」（《誠齋易傳．繫辭下》）。總之，被視爲治國平天下的重要典籍。

追求和平，是周易文化倡導的最高政治理念。咸卦《彖》文說：「聖人感人心而天下和平」。所謂「和平」，謂從王室到諸侯，中央到地方，君臣民都應和睦相處，以維繫國家的安定。乾卦《彖》文說：「保合太和乃利貞」、「首出庶物，萬國咸寧」。太和謂高度和諧的境地，有此境界，便能實現天下太平。宋朱熹認爲此是講聖人居於帝王之位，「行天道而致太平之占」（《周易本義．乾》）。如何實現政治生活中的和諧理念？就君民關係說，執政者要愛護百姓，發展生產，繁榮經濟，所謂「何以守位，曰仁。何以聚人，曰財」。又說：「理財，正辭，禁民爲非」（《易傳．繫辭下》）。其中重要的是「上以厚下安宅」（《易傳．剝．象》）即在上者豐厚於下，使百姓能安居樂業。爲了防止因財富懸殊而釀成的社會動亂，《易傳》還提出「裒多益寡，稱物平施」（《謙．象》），「損上益下，民悅無疆」（《益．彖》），主張減損社會上層的財富，以增益下層平民。總之，執政者要做到「吉凶與民同患」，即共患難，共享樂。這些治國平天下的原則，爲歷代易學所闡發，以「中和」爲治理國家的最高準則。中謂中正，不偏於一方。和謂步調一致，不搞對抗。程頤說：「天下之理，莫善於中」（《程氏易傳‧震》）。又說：「聖人則明物理之本同，所以能同天下而和合萬類也」（《程氏易傳‧睽》）。認爲事物的性質，皆有同和異兩方面，聖人治天下，總是異中求同，如《睽‧象》所說：「君子以同而異」，以維繫和諧的局面。和平理念也是易學中相反相成思維在政治生活中的表現，一直成爲中國人處理國內國際關係的價值準則。

革故鼎新也是周易文化提出的處理各種社會制度和評價政權得失的原則，對中國人的政治生活，同樣影響深遠。鼎卦排在革卦之後，《易傳‧雜卦》解釋爲「革去故也，鼎取新也」。《易傳》認爲，萬事萬物都處於變易的過程，人類的文化也是如此。《繫辭下》說：「易窮則變，變則通，通則久」。認爲事物發展到窮盡處，無路可走，只有通過變革，方能繼續發展下去。當一個政權，腐敗無能，甚至於行暴政，魚肉百姓，破壞了君臣民的和諧，《易傳‧革‧象》又提出革命的號召：「湯武革命，順乎天而應乎人」。革命謂用武力推翻舊王朝的統治。爲了防止走向反面，《易傳‧繫辭下》又提出三不忘原則：「君子安而不忘危，存而不忘亡，治而不忘亂，是以身安而國家可保也」。以上這些原則，後被易學家所闡發，成爲追求進步的思想家和政治家進行改制的理論依據。魏晉時期的阮籍於《易通論》中說：「道至而反，事極而改，反用應時，改用當務」，認爲事物發展到頂點，應當機立斷，進行改革，因時立政設教，則可以化亂爲治。他稱改制爲「順自然而惠生類」。宋代的改革家歐陽修於《易童子問》中說：「物極則反，數窮則變，天道之常也」，「聖人因變以戒之，故曰利永貞」。亦是說通過變革，則可以轉危爲安。因此，楊萬里又視周易爲「聖人通變之書」，認爲執政者掌握了社會治亂的法則，雖處於屯難之勢，亦可以轉災爲福，「撥亂反正」，（《誠齋易傳·屯》）。到了近代，康有爲和孫中山等改革家和革命家，正是依易學倡導的變革思維號召國人爲變法革新和推翻帝制而鬥爭。

## ㈡易學與倫理

中國古代的倫理觀，其目的是維繫人際關係的和睦相處，而所倡導的人際關係又是以家族爲核心而形成的倫理情誼關係。易學的倫理觀也是如此，但又有自己的特點。如《易傳·乾·文言》通過對乾卦辭「元亨利貞」的解釋，提出四德說：「體仁足以長人，嘉會足以合禮，利物足以和義，貞固足以干事」。以仁愛爲諸德之首，強調既要利人利物，又要符合正義。而且將辦事堅守原則作爲美德之一。又如，關於君子的美德，乾卦《象》說：「天行健，君子以自強不息」；坤卦《象》說：「地勢坤，君子以厚德載物」。認爲君子一方面要有奮鬥不懈的進取精神，一方面要有寬厚博大的謙虛胸懷，缺一不可。關於人格修養，《乾·文言》提出「進德修業」說，認爲君子一方面要講忠信，提高自己的道德品質；另一方面著書立說，要基於誠心，不能講假語，所謂「修辭立其誠」，二者亦不可偏廢。《繫辭上》還提出「崇德廣業」說，以求知爲崇德，以循禮爲廣業，以二者結合，爲道義之門。《坤·文言》還說：「君子敬以直內，義以方外」，謂待人接物，一方面要有恭敬之情，使內心正直；一方面要使外表的行爲端正，符合正義，二者缺一不可。總之，倡導義利合一、剛柔合一、德業合一、仁智合一、表裡如一，乃其「陰陽合德」的易學思維在倫理生活中的表現。以上這此道德規範和修養方法，爲後來易學所闡發，豐富了儒家倫理觀的內容。

《易經》作爲占筮之書，其目的是通過占筮的形式，爲人排憂解難，化險爲夷，乃先民憂患意識的產物。但人處於逆境或困境之時，是放棄作人的原則，滿足個人的私欲，還是堅持原則，不受逆境的擺布，此是倫理學中討論的義命關係問題。《易經》認爲，人有不幸，首先要反省自己的行爲，補過自新，「悔」、「吝」等斷語，表示通過悔恨，可以化凶爲吉。《易傳》闡發了這一觀點，認爲六十四卦中的九個卦名，即履、謙、復、恆、損、益、困、井、巽，皆有於憂患之時，提高人的道德境界的意義。如困卦，表示處於困境，可以鍛煉人的辨別是非的能力，所謂「困，德之辨也」（《繫辭下》）。所以此卦《象》文說：「君子以致命遂志」，謂寧肯犧牲自己的生命，也要實現自己志願或理念。《易傳》倡導的這種做人原則或道德原則，爲後來易學家特別是義理學派所闡發，爲傳播儒家的人生觀提供了經典的依據。如張載於其《易說》中所說，君子處於多凶多懼之地，仍進德涉義而不怠懈。又說：「進退上下，惟義所適，惟時所合」（《易說．乾》），謂處於可進可退的關鍵時刻，仍堅守正義，不動搖自己的信念。清代王夫之進一步闡述了這一原則，以善惡論吉凶，所謂「於其善決其吉，於其不善決其凶」（《周易內傳．繫辭上》）。認爲周易不是爲小人謀求吉凶禍福，而是爲君子辨別是非善惡，以提高人的精神境界。特別是，面臨凶險逆境之際，更應堅守自己的理念，不爲個人的得失安危所牽累。他認爲人有活動，便有吉凶禍福。對待自己的生活遭遇，應如《易傳》所說：「樂天知命，故不憂」；對待自己的事業和理想，應「安土敦乎仁，故能愛」，以此作爲安身立命的依據。易學所倡導的這種義命觀，既不受名利的誘惑，又不屈服於邪惡勢力，既是理性主義的，又是樂觀主義的。從而在歷史上哺育了一大批爲民造福、爲眞善美的理念而獻身的仁人志士以及偉大的思想家、學者和文學藝術家；爲中華民族的發展和人類文明的進步做出了貢獻。

## 五、易學與科技

從漢朝開始，由於易學中象數之學的流行，以物象解釋象辭相應之理，引導人們觀察和分析自然物的性能及其變化的過程，從而對中國古代科技的發展起了重大影響。《易經》中的象和數，本爲筮法概念，後來上升爲觀察個體事物性能的範疇，成爲科學家探討自然現象變化的手段或表法。如明代徐光啓所說：「象數之學，大都爲歷法，爲律呂，至於其他有形有質之物，有度有數之事，無不賴以爲用，用之無不盡巧極妙者」（《泰西水法．序》）從漢代開始，著名的科學家，如漢代天文學家張衡、魏晉時期的數學家劉徽、唐代的天文學家一行、宋代科學家沈括、明代的醫學家張介賓以及物理學家方以智等，莫不精通易學。而且自漢以來，古代學人自幼便受儒家經典的教育，在儒家尊奉的典籍中，只有《周易》系統爲探討自然現象的變化規律，提供了養料。象數之學對中華科技發展的影響，可歸結爲三方面：一是在象數思維的啓發下，從事發明創造；二是以象數思維解釋其科技成果；三是爲其科學體系提供自然哲學的基礎。以下，分科加以評述：

## ㈠天文氣象學

漢代的卦氣說與當時的天文氣象學有密切的關係。西漢易學家孟喜和京房是卦氣說的倡導者。此說以坎離震兌四卦代表春夏秋冬，每一爻主一個節氣，分主二十四節氣。將其他六十卦，按卦爻象的變化，分別配入十二月，每月五卦，每卦主六日七分，配以七十二候。此說認爲，卦爻象的變化，體現了陰陽互爲消長的法則，而一年氣候的變化亦體現陰陽消長的法則。六十卦中有十二個卦，稱爲辟卦，主十二個月的氣候：復（䷗）臨（䷒）泰（䷊）大壯（䷡）夬（䷪）乾（䷀）姤（䷫）遯（䷠）否（䷋）觀（䷓）剝（䷖）坤（䷁）。其以舊曆十一月爲復卦，乾卦當四月，坤卦當十月。此是以十二辟卦陰陽爻象的推移說明一年寒暑二氣消長循環過程，京房稱此法則爲「一陰一陽之謂道」。此種理論上的解釋，符合中國大陸氣候，季節風變化的規律，故受到張衡和一行的肯定，成爲漢以後曆書的內容之一。卦氣說將大陸氣候的變化歸結爲寒暑二氣相推，尋找四季形成的規律，啓發了後來的天文學家從太陽距地面遠近的運動中探求寒暑變化的原因。卦氣說將易學中數的概念，引入天文氣象領域，使對天象的觀測度量化，使歷法的表述邏輯化。以陰陽消長推移解釋天道變化，增強了人們的天道圓即天體運行的循環意識和觀察天象的周期觀念，爲修改曆法中的歲差提供了根據。故王夫之說：「易可以衍曆」（《周易外傳·繫辭上》）。

漢代的易學家提出以「日月爲易」說，日爲陽，月爲陰，依陰陽相間的思維，考察太陽和月光，認爲陽有光，陰無光，月爲陰，因日照而生光，如京房所說，「皆日所照」（《京房易說》，《太平御覽》卷四引），成爲漢代天文學家論月光的依據。《易緯・乾鑿度》說：「天道左旋，地道右遷」。《春秋緯・元命苞》又稱爲「地右動」，或「地右轉」，提出天旋地動說。天左旋，出於對星辰左旋的觀察，而地右轉，則是基於易學中陰陽相隨和相推思想的推測，從而提出了樸素的地動說。漢代的天文學家張衡於《靈憲》中，依《易緯》的宇宙生成論的模式，解釋《老子》的「有物混成」說，以元氣爲世界的始基，提出了宇宙演化學說。至宋代邵雍，依陰陽消長的法則，斷定人類所處的世界（地球）亦有生滅，其生滅亦有周期，從而視宇宙爲衆多的世界生滅連續的大循環過程。總之，易學中的陰陽流轉思維成爲古代天體論的支柱之一。

### (二)數　學

筮法基於奇偶之數的配合。在古代原典中，言數者，以《易經》爲最早，故古代學者大都以《易經》中的卦畫爲中國數學的始祖。就近年來出土的數字卦說，以奇偶數字表示卦象的結構，說明卦象與數確有聯繫。古代數學的起源，基於生產的需要，但其後來的發展，頗受易學的影響。《易傳》的「參天兩地」說，以天參爲圓，地兩爲方，將方圓同奇偶聯繫起來，成爲古代數學思維的主要泉源。

中國第一部算經《周髀算經》曾引《繫辭》文，此書顯然受了《易傳》的影響。它提出「數之法，出於方圓」，說明勾股弦定律的來源。漢趙爽注，將勾三、股四、弦五解釋爲「因奇偶之數，以制其法」，以「配陰陽之義」。他以「一陰一陽之謂道」解釋勾股弦定律。

魏晉時期的大數學家劉徽依此提出割圓術，認爲圓內接正多邊形邊數無限增加，其周長即愈接近圓周長度，所謂「割之又割，以至於不可割，則與圓周合體而無所失矣」（《九章算術注・方田章》）。也就是說，多邊形通過無限分割，則轉化爲圓形。故其在《九章算術注・序》中說：「觀陰陽之割裂，總算術之根源」。易學以圓爲陽、以方爲陰，認爲陰陽可以轉化。劉徽正是在此種易學思維的啓發下，發明了割圓術。

宋朝是中國數學發達的時期。數論大師秦九韶，於其《數書九章》中，依《易傳》中的「大衍之數」章，以五十蓍草，其一不用之一爲未知數，提出「大衍求一術」發明了求一次同餘的方程式，領先世界數百年。宋代的易學家邵雍，其易學被稱「數學」。他提出六十四卦先天圖式，說明六十四卦形成的邏輯過程。此圖式，從奇偶兩畫開始，按順序各加奇偶兩畫，加到第六個層次，便展開爲六十四卦象。將此圖式中的奇偶兩畫換成0與1之數，從左向右數，同二進位的排列順序是一致的，所以此圖式傳到歐洲，受到德國哲學家和數學家萊布尼茲的贊賞。邵氏的先天卦序圖，以乾坤坎離代表四季是講卦氣說，非講二進位制。但他把六十四卦，納入奇偶二數排列組合的系統，以奇偶二數作爲基數，視一陰一陽爲數和事物變易的規律，在形式上，便導出同二進位制相同的排列順序。此外，易學中的河洛之數對縱橫圖數學以及幾何學的發展也起了一定影響。

清代的易學家和數學家焦循，因受易學中形式化邏輯思維的影響，一方面將《周易》數學化、符號化；一方面又將古代數學代數化，提出「論數之理，取於相通，不偏舉數而以甲乙明之」（《加減乘除釋》）。認爲數學的基本規律是按比例引伸，這在我國數學史上是一大創舉。總之，中華數學也有自己的特色，以奇偶方圓爲基本範疇，認爲二者既相互依存，又相互轉化，以此爲基礎，考察和展開數學演算的程序，從而使許多發明領先於世界水平。

### ㈢醫學

易學對中國醫學的影響，尤爲突出，在易學史和醫學史上形成了醫易匯通的醫易學派。易學中天人相通的整體思維，陰陽五行觀中的相反相成以及相生相克的思維，成爲中華醫學和人體功能學的指導思想。故明代名醫張介賓說：「不知易，不足以言太醫」（《類經附翼·醫易義》）。

我國第一部醫學著作《黃帝內經》，雖屬於黃老養生學派，但吸收了戰國以來的陰陽五行學說，作爲醫學的理論根據。《素問》中《天元紀大論》曾引乾坤兩卦《彖》文和《繫辭》文，解釋「陰陽者天地之道」，說明此書頗受《易傳》和漢易的影響。後來的醫學家也常引《易傳》文解釋醫學理論，如唐代王冰注。就《素問》提供的材料看，此書以陰陽五行觀解釋病理和醫理，其要點有三：其一，以陰陽說解釋生理現象，即把人的身體看成是一陰陽對待的統一體，如《金匱眞全論》所說，背爲陽、腹爲陰、臟爲陰、腑爲陽、心爲陽中之陽、肺爲陽中之陰、腎爲陰中之陰等。以此說明人體內各器官，就其功能說，既對立，又相依存，既有同一性，又有差異性，成爲一互相聯繫的有機體。各部門的功能保持均衡，即「陰陽匀平」，則爲健康之人，失去均衡，則產生疾病。如《陰陽應象大論》：「陰勝則陽病，陽勝則陰病」，「陰陽決離」，意味著死亡。其二，以陰陽說診斷和治療疾病。如說：「察色按脈，先別陰陽」，「由表及裡，以觀過與不及之理」。還說：「審其陰陽，以別剛柔，陽病治陰，陰病治陽」。其三，提出「五運六氣」說，說明氣候和地理環境對人體健康和疾病所產生的影響。五運指水火木金土五行之氣，六氣謂風、熱、濕、火、燥、寒。認爲天地人乃一整體，天人一氣相通，故互相影響。以上，皆爲後來醫學所闡發，成爲中華醫學的理論基礎。

明代名醫張介賓全面闡發了醫易說，著有《醫易義》。他將宋代象數學派提出的河圖、洛書以及邵雍的先後天易學，引入其醫學理論，作爲觀察生理、病理以及治療的依據。他依易學中陰陽互補原則，認爲陽氣主人體機能，陰氣構成人的肉體，但生命的本質取決於陽氣，所謂「人之大寶，只此一息眞陽」（《附翼．大寶論》）。但如果陰氣虧損，生命活力也隨之衰退，所謂「陰虛則無氣，無氣則死矣」（《附翼．眞陰論》），從而提出滋陰補腎的治療方案。他還依易學講的陰陽變易有常有變的原則，考察人的生理和病情的變化，認爲檢方療病，既要知常，又要通變，不能依樣畫葫蘆，稱此術爲「醫中之權」（《附翼．醫易義》）。總之，由於中國醫學，以易學中陰陽對待的法則，解釋生理，觀察病理，對疾病進行辯證地治理，從而成爲世界醫學中一大流派。

### ㈣物理、化學

漢代以來的易學，以陰陽五行之氣爲五種物質元素，解釋天地萬物的構成，在自然觀上主原素論。古代的化學和物理學，依此提出物質形態轉化的學說，成了中國科技思維的一大特色。

《周易參同契》講煉丹術，也是最早講無機物化合的著作。其談到丹藥即人工化合物時說：「太陽流珠，嘗欲去人。卒得金華，轉而相因。化爲白液，凝而至堅」。謂水銀加溫後，轉爲氣體，同鉛化合，又轉爲液體，凝固後，則轉化爲金丹。明末的物理學家方以智於其《物理小識》中進一步闡發了物質轉化的學說。他稱轉化爲「輪」，以其爲物質變化的規律之一。在《物理小識》中，考察了聲光現象，認爲風、聲、光、形四者皆氣化的不同形式，太空中的氣爲無形之氣，旋轉則化爲風、振動則爲聲、聚發則爲光、凝固則爲形。此種轉化稱爲「互相轉應」（《光論》）。還說：「氣呵暖動，而遇陰則水見，雨亦如是也」。認爲氣體、液體和固體可以相互轉化，從而又形成各種各樣的物質現象。由於相互轉化，從而又導出氣不滅即物質不滅的理論，如其所說：「時時輪轉，其日總不壞者，通論也」（《東西均·聲氣不壞說》）。他依易學中陰陽流轉的法則，考察物質現象的變化，從而在物理學史上做出了重大貢獻。

㈤發明創造

關於器物的發明創造，《易傳·繫辭下》提出「觀象制器」說，認爲古代的聖人依卦爻象及其所取的物象，發明了許多有利於人類生活的器具。如渙卦象巽上坎下，按取象說，巽爲木，坎爲水，聖人觀此象，依木在水上漂，發明了舟楫。觀象制器說，對古代器用的發明影響頗深。如漢代的張衡，基於對天體運行軌道的觀測，發明了渾天儀。蔡倫通過觀察樹皮的性能，革新了造紙術。畢昇通過印章和膠泥性能的觀察，發明了活版印刷術。火藥的發明是基於對藥物性能的觀察，指南車的發明又是基於對磁鐵性能的觀察。觀察某種自然現象，發明某種器物，基於模擬思維。而《易傳》提出的觀象制器說，乃古代模擬思維的濫觴。

## 六、易學與文藝

中國的文學藝術，在世界文化史上也是獨具一格，頗受易學中思維方式的影響。古代的文學和藝術家常把中國文字、繪畫和書法的起源，歸之於伏羲所畫的八卦，如許慎的觀象說、鄭樵的書畫同源說，認爲卦畫和卦象都是用筆畫出或寫出的象形，乃古代象形文字和圖畫的原始形態。《周易》中的卦爻辭，有的同《詩經》的詩歌爲同一風格；《易傳》的行文，多駢偶文體，也都爲古代的文學家所稱贊。如劉勰稱《易傳》文爲「聖人之妙思」。中國美學中的重要範疇，如言、象、意、理和情、文和質、形和神、虛和實、剛和柔等，大都出自《易傳》和歷代易學。文藝創作和審美的準則，都受到易學中的陰陽交感思維，和諧均衡思維以及形象思維的影響。以下，講三點：

### (一)心物交感

心謂主觀情感，物謂外在的景象。中國的文藝作品，都以心物交感爲文藝創作的原則之一。此種原則，來於中國現存第一部系統論述音樂理論著作《禮記·樂記》。此書也是中國美學理論代表作之一。其中引《繫辭》文和《象》文，其美學觀頗受易學思維的影響。關於音樂的形成，它說：「人心之動，物使之然也，感於物而動，故形於聲」。又說：「情動於中，故形於聲，聲成文，謂之音」。謂音樂出於主觀情感與物象的結合，即主客交感。交感觀念出自《易傳》。如咸卦《彖》文說：「天地感而萬物化生，聖人感人心，而天下和平。觀其所感，天地之情可見矣」。《樂記》依此，提出心物交感說。後來的文藝家，依此種交感說，提出情景合一說。如明朝謝榛說：「作詩本乎情景，孤不自成，兩不相背」（《四溟詩話》）。認爲好詩，總是寄情於景，因景而生情，缺一不可。又如清戲曲家李漁說：「說得情出，寫得景明，即是好詞」。又說：「情爲主，景爲客，說景即是說情」（《笠翁全集·窺詞管見》）。又如王夫之所說：「景中生情」，「情中生景」，「景情一合，自得妙語」（《姜齋詩話》）此種情景合一說，成爲中國文藝和美學的一大特色。

## (二)陰陽諧調

易學中的陰陽說，表現在審美觀上，即以陰陽諧調作爲評論文藝作品的準則。關於音樂的理論，《禮記·樂記》提出「樂統同，禮辨異」，以陰陽對立，說明禮的意義，因爲禮貴等差；以陰陽統一說明樂的意義，因樂主和合，所謂「樂者天地之和」。和謂陰陽剛柔配合得當，處於和諧的境地，人聽之，方心平氣和，陶冶性情，所以說「樂者審一以定和」（同上）。此種陰陽諧調的和諧觀，對歷代的文藝思想，影響極深。南朝的劉勰於其《文心雕龍》中論文，依《繫辭》文「剛柔立本」說，主張情理與文采配合得當，方爲好文章，如其所說：

「情理設位，文采行乎其中。剛柔以立本，變通以超時」（〈熔裁〉）。宋代沈括論詩，欣賞「靜中有動」、「動中有靜」，以「風定花猶落，鳥鳴山更幽」爲好詩（見《夢溪筆談．藝文》）。宋代文人姜夔論書法，提出「眞貴方，草貴圓」，主張方圓相參（《佩文齋書畫譜》）。明代畫家董其昌論畫，主張「虛實互用」（《畫禪室隨筆》）。清代文學家姚鼐論文，主張「陰陽剛柔並行而不容偏廢」（《惜抱軒文集》）認爲此即「一陰一陽之謂道」。以上這些，是從不同的領域和角度論述陰陽和諧是審美和文藝創作的重要原則。

《易傳．繫辭》贊美卦象的結構說：「陰陽合德而剛柔有體，以體天地之撰，以通神明之德」。從美學的觀點看，卦象的結構，都是陰陽爻象，兩兩相對，予人以對稱的美感。邵雍的先天圖和後來的陰陽魚太極圖，兩魚環抱，頭尾相對，更給人美的感受，卦象排列所顯示的形式美，亦是陰陽諧調的形象思維的結晶，成爲中國工藝製作和繪畫的榜樣之一。

### ㈢意象合一

《繫辭》提出「言不盡意」、「聖人立象以盡意」。還說：「神無方而易無體」。《說卦》提出「神也者妙萬物而爲言也」。神謂卦爻象和物象的變化性能，引伸爲神氣、氣韻、生機、精神等。這些說法，爲魏晉以來的文學藝術界展開的言意之辯、象意之辯、形神之辯、文質之辯，提供了觀點和資料。以王弼爲代表的玄學派易學，主取義說，不贊成取象說，主張「得意忘象」，神超乎形器，體神不假於物象。這些觀點，對當時和後來的文藝創作和評論影響很大。東晉畫家顧愷之提出「傳神寫照」（《世說新語．巧藝》）、「以形寫神」

（《歷代名畫記》），重視神韻。唐代畫論家張彥遠認為，「若氣韻不同，空陳形似」（《歷代名畫記》），不是第一流的畫家。宋歐陽修說：「古畫畫意不畫形」（《歐陽文忠公文集·盤車圖》）。蘇軾說：「論畫與形似，見與兒童鄰」（《蘇東坡集》前集卷十六）。這些見解，都是推崇畫的神韻和意境，不以形似為然，從而形成中國的人文畫即寫意畫的傳統，為中國繪畫一大特色。但此種風氣有時又流為對形象和文采的輕視，以為三五塗抹，便成人物，又引起人們的爭議。五代的文學家歐陽炯提出氣韻與形似，文和質不可偏廢，批評了質勝於文和華而不實的作風（見《益州名畫錄》）。金朝的王若虛主張「妙在形似之外，而非遺其形似」（《滹南詩話》）。明朝祝允明說：「取象形器，而寓其無言之妙」（《枝山文集·呂紀畫花鳥記》）。認為寫意不能脫離形象。至王夫之提出「神形合一」說，認為形神不可偏廢。他說：「兩間生物之妙，正以神形合一，得神於形，而形無非神者」（《唐詩評選》卷三）。認為畫人物，如果有神無形，等於畫鬼神一樣；畫物體，如果以筆鋒墨氣盡神理，而脫離形似，等於無物體。他對意象之辯、形神之辯作了一次總結。這一爭論的實質是如何理解文藝創作中的形象思維問題。象意統一論者認為，任何文學和藝術作品，一方面要有形象之美，另一方面又要有神韻和思想境界即意境。如同對周易卦象的理解一樣，掃象求意是不對的，泥象忘意也是不對的。

心和物、景和情、陽剛和陰柔、虛和實、文和質、象和意、形和神，皆為對立的範疇，中國文藝思想，追求二者的統一，而不偏廢一方，正是易學中相反相成的思維在文藝和美學中的表現，從而形成中國文藝一大特色。

（在香港道教學院的演講，一九九六年）

# 易學研究中的若干問題

## 一、易學研究中的方法論

從漢朝開始，《周易》被尊爲群經之一，並居其首，對其研究，成爲一種專門學問，即易學。易學同儒家的其它經學，如《詩》學、《書》學、《禮》學、《春秋》學一樣，有兩千多年的歷史。而且其著述最爲豐富，形成了一龐大的學術系統。如何看待這一系統，如何認識《周易》經傳和歷代易學，存在著方法論問題。從歷史上看，人們對古典的研究方法，往往因時代而異。古人有古人的研究方法，今人有今人的研究方法，中外的學術研究史莫不如此。總結以往的研究《周易》經傳的方法，對我們今天的研究工作是有益的。以下談三點意見：

### ㈠傳統經學家的研究方法

自漢朝以來，歷代的經學家皆視周易典籍爲聖人之書，如《漢書・藝文志》所說：「易道深矣。人更三聖，世歷三古」。所謂三聖，即伏羲氏、周文王和孔子，後來又加上周公旦。

認爲聖人之道一脈相承，「四聖同揆」。因此，他們對待《周易》系統典籍的態度，一般說來，都是經、傳、學三者不分，或者以傳釋經，或者以學釋傳。總之，認爲《周易》經傳乃周孔之書，自成一完整的理論體系。後學只有領悟、衛護和發揚其中的聖人之道。此是古代經學家治學的共同立場。此種經學立場，被近代史學家稱爲「尊古」派。所謂「尊古」，不只是尊重古人，而是以古爲圭臬，對儒家經典即聖人之書，不允許質疑和批評。此種對待經典的態度，在研究方法上形成兩大派：一是學理闡發派，一是文獻考證派。闡發派是通過對經傳的注解和詮釋，弘揚聖人之道。關於注解或詮釋，易學史上又形成兩派，即義理學派和象數學派。兩派學風不同，但其目的都在於闡明周易經傳從文句到思想乃一完整的理論體系，並認爲只有自己的闡發才眞正符合聖人的本義。兩漢易學、晉唐易學、宋明易學的著述，大都如此。文獻考證派，嚴格講，是從清朝開始的，其特點是從事對周易經傳的文字、訓詁以及文獻的考證，反對「六經注我」的學風，其目的是要恢復聖人之書的本來面貌。此即清代漢學家倡導的研究周易經傳的方法。歷史上的闡發派，並非不談文字、訓詁問題，但就其學風的整體說，在於闡發學理。文獻考證派也是對宋明易學中闡發派治學方法的一種反動，從而形成了經學史上的漢宋之爭。以上兩種研究方法，各有千秋，對周易經傳的研究分別做出了貢獻，現在仍有其影響。但是，由於他們囿於尊孔讀經的立場，對周易經傳的研究，始終停留在注疏的水平上，未能前進一步。

## ㈡近代疑古派的研究方法

「五四」以來，新史學興起，其中一派自稱爲「疑古」派。此派是針對傳統經學家的尊古學風而發的，可以顧頡剛主編的《古史辨》爲代表。他們認爲，古史、古書所說的歷史，不能一概視爲史實，盲目信以爲眞。就經學史說，此派也是對古代經學家尊古學風的一種否定。孟子說過：「盡信書則不如無書」（《孟子・盡心下》），指出《書・武成》所言武王伐紂事，「前徒倒戈」、「血流漂杵」，不能信以爲眞。孟子此說，影響頗大。如關於周易的研究，司馬遷認爲《易傳》乃孔子所作，漢唐的學者，無人敢懷疑。直到宋歐陽修方提出《繫辭》非孔子所作，其後，葉適亦執此說。到淸代，在考據學風的影響下，崔述著《考信錄》，認爲卦爻辭非周文王、周公所作，《彖》、《象》、《文言》等傳，亦非孔子所作，否定了「人更三聖」說。崔述的古史考證，對近代疑古派影響頗深。顧頡剛著《周易卦爻辭中的故事》，依卦爻辭中的歷史人物和歷史事件，如晉卦辭中「康侯用錫馬蕃庶」，升卦六四爻辭「王用亨于岐山」，指出，康侯即衛康叔，乃武王之弟；王，指周王，皆周文王以後事，故卦爻辭非文王所作。其考證，已爲易學界大多數學者所公認。

疑古派的古史觀，就其治學方法說，其要點有二：其一，認爲古代史學家所說的史實，有許多是後人附加上去的，其所以附加，出於對歷史人物和歷史事件的神秘化或神聖化，如同滾雪球一樣，愈滾愈大，提出層層歷史觀。其二，認爲研究歷史的眞象，要採取剝筍辦法，將後人附加的成份，層層剝去，將筍心即歷史眞象顯露出來。此兩點應用在周易系統典籍的研究，則提倡以經解經，以傳解傳，不贊成以傳文解經，也不贊成以後人的說法解釋傳文。李鏡池的《周易探源》，即其代表。他們以近代的史學方法研究周易一書，開創了易學研究的新方向，並做出自己的貢獻。高亨關於周易經傳的研究，亦屬於這一類型。他們的研究都是對經學家治學傳統的一大突破。但疑古派的治學方法，也存在著問題。其一，疑古過甚。其對上古史的研究，如關於唐堯虞舜的傳說和記載，一概加以否定，不肯承認有其人、有其事，甚至將大禹視爲傳說中圖騰崇拜，從而否定了夏王朝建國的歷史。就易學研究說，如李鏡池否定了孔子作《易傳》說，但又得出《繫辭》成書於西漢昭宣之間的結論。近年來，帛書本《繫辭》的出土，李說便被否定了。其二，被他們剝去的部分，認爲毫無歷史價值，簡單加以拋棄。他們所追求的是歷史眞象，對後人的解釋，不感興趣。其實，後人對某種史實所作的解釋，總有其原因，不能一概視爲虛構。如關於周易一書的形成，漢人提出的「人更三聖」說：謂伏羲氏畫卦、文王作卦爻辭、孔子作傳，雖查無實據，但此說卻透露了一條信息，即總是先有八卦，後有卦爻辭，周易一書的形成經歷了一歷史的過程，近年來數字卦的出土即是一證。總之，疑古派的治學方法，有優點，也有缺點，應發揚其優點，但不能因爲其有缺點，又回到尊古派的治學老路上去。

### (三)歷史的分析的方法

總結上述兩派的治學經驗，我們提倡以科學的態度、科學的方法，研究古代的典籍。具體地說，即用歷史主義和分析的方法研究原典發展的歷史。就周易系統典籍研究說，可從以下三個方面入手：

1.所謂歷史主義方法，是說將周易系統的典籍區分爲經、傳、學三部份。既要看到三者的聯繫，又要看到三者的區別。就其形成的過程說，傳是對經的闡發，學又是對經傳的闡發，因爲是闡發，則各有其特徵，不能混爲一談。如「太極」這一範疇，始見於易傳，易經無太極觀念。如黑白點河圖、洛書圖式，見於宋易，易傳無此種圖式。又如以卦變說解釋彖辭相應之理，見於漢易，易傳無此種解經體例。又如從春夏秋冬四時解釋乾卦辭「元亨利貞」，見於漢唐易學，易傳無此種說法。以其爲事物發展的四階段，則見於宋易，漢唐易學亦無此說法。總之，經、傳、學乃一歷史的發展過程。因爲是一歷史的發展過程，應將周易系統的典籍置於它所形成的歷史條件下加以研究。所謂歷史條件，包括當時的生產條件、社會制度、文化背景以及易學家所受的文化教養等。如關於易經的研究，應將其置於西周時期這一歷史條件下加以考量。就卦爻辭說，弄清其字義，要熟悉這一時期漢語的特徵。談文字、訓詁，不能只憑《說文解字》，要研究甲骨文、金文，還要參照當時的典籍如《書》經、《詩經》等。如經文中的「貞」字，傳文一概釋爲「正」。但其中的「貞凶」句，則解釋不通。如果，參照卜辭，「貞」又有占問之義，此句則迎刃而解。就經文所說的事件說，要結合當時的社會經濟狀況、政治制度、文化傳統及思維水平等來考查，方可弄清其涵義。如小畜六四爻辭：「有孚，血去，惕出，无咎」。傳統注釋，一概釋「孚」爲誠信。但有誠心，爲何流血而去，爲什麼又要警惕，很難理解。如果，結合當時戰爭中的俘虜之事，「孚」可訓爲「俘」，此句，便容易理解了。近代興起的新史學派，從社會史和文化史角度，理解卦爻辭的內容，是一大突破。就易傳的研究說，要將它置於戰國時代的歷史條件下來考查。戰國是諸子百家興起和爭鳴的時代，這是西周時期所沒有的。易傳解經反映了這一時期的思想文化發展的特徵。

如它提出陰陽變易觀，以陰陽範疇解釋卦爻象的結構及其變化的法則，進而解釋世界。此是受了當時的道家和陰陽家學說的影響。關於歷代易學的研究，更要注意其所處的時代的特徵。如漢易中的卦氣說和占候術頗受當時流行的天文氣象學和占星術的影響。而晉唐時期王弼派的易學以「無」解釋太極，又受了魏晉玄學的影響。宋代程朱派的易學又同其理學結合在一起。總之，各時期的易學都是受它所處的歷史環境制約的。因此，我們研究周易系統的典籍，不能將後人的解釋，強加於前人的身上，不能將後人的解釋，一概視爲經傳的本義。

以歷史主義的態度和方法，研究古代的經典，還應注意另一方面的問題，即後人的詮釋，雖然不盡符合原典的本義，但只要其詮釋持之有故，言之成理，自成一體系，反映它那個時代的精神面貌，並且起了相當大的影響，即有其歷史的價值或理論的價值，應加以肯定。如關於卦爻象和卦爻辭的關係，即象辭相應之理，在易經中並未形成體系，而易傳如彖傳和象傳，提出取象、取義和爻位三種解經體例，企圖使易經成爲一完整的體系，從而將占筮用的書，轉變爲談哲理的典籍，在周易學說史上是一大貢獻。又如，乾卦辭「元亨利貞」，原爲判斷吉凶的筮辭，《文言》傳則解釋爲仁、禮、義、幹四德，從漢易開始，又將其上升爲哲學範疇，解釋爲四時和事物發展的四階段，如朱熹所說的物生爲元，長爲亨，成而未完爲利，成熟爲貞，如此循環，生生不已，所謂「貞下起元」，其理論遠遠超過筮辭。又如宋代易學家邵雍提出的先天易學，如先天卦序圖，先天方位圖，雖非《說卦》傳的本義，但發展了漢唐易學中的卦氣說，按陰陽消長的過程，排列卦爻象的順序，使其邏輯化、體系化，並且導出了與二進位制相一致的順序，從而受到德國哲學家和數學家萊布尼茲的高度贊揚。總之，以歷史主義態度研究原典，不能只追求其本義，還要看到後人的詮釋中所蘊涵的理論價值，不能因爲其詮釋不符合本義，便視爲對原典的歪曲，加以拋棄。後人對原典的詮釋，總是依據他們所處的歷史條件或時代的需要，來理解其意義的。此是意識形態發展的一條規律。不承認這一點，等於否定了思想史和哲學史。

總之，傳統經學家的尊古學風和近代新史學的疑古學風，各有偏頗，都缺乏歷史主義態度，不符合學術思想發展的客觀規律。近年來，關於原典的研究，傳入西方的解釋學的研究方法。如將周易系統的典籍視爲周易原典的解釋史，同我們倡導的歷史主義方法，有相同之處。但由此認爲，由於後人對原典的解釋因時因人而不同，所以追求原典的本來面貌或其歷史眞象，是多餘的事。此種對待原典本義所執的不可知論的觀點，則難以茍同。原典的歷史眞象，是客觀的存在，後人研究它，總有一個逐漸深入的認識過程，尚未被認識，不等於說不可認識。通過史料的增加，人們對它的認識，可以逐漸接近歷史的眞象。如關於卦象的起源問題，古往今來有各種各樣的解釋，莫衷一是。近年來數字卦的發現，對解決此問題，便前進了一步。採取歷史主義方法，可以吸收西方解釋學方法的長處，又可以避免走向不可知論。

2.採用歷史主義方法研究原典形成和發展的歷史，還要用實證的方法，即從史料中引出結論，有一分史料，說一分話，不能誇大史料提供的內容，或對史料加以任意解釋。歷史研究中所說實證，主要指靠史料證實其結論是否正確。史料有兩類：一是可靠的歷史文獻，一是地下出土的文物。關於歷史文獻的記載，要區別傳說和史實。傳說，如果成爲史實，必須有新的史料證實。對出土文物記載的解釋，也要嚴格遵守歷史主義原則。就易經的研究說，有人依長沙馬王堆出土的帛書本易經卦序，從而認爲通行本卦序爲晚出。此種結論，不是從全面占有史料出發，缺乏實證的精神。據《晉書》記載和杜預《左傳集解·後序》，當時汲郡出土的戰國中期魏襄王墓易經竹簡，其卦序與通行本易經同。如果沒有史料證明，帛書本易經卦序在戰國中期以前已流行，帛書本易經早出說，便難以成立。又如，有人以氣功說，解釋艮卦辭及其爻辭。但如果沒有史料證實在易經形成時期氣功已流行，此說只是任意附會。又如，關於河圖、洛書同八卦的關係，從漢代劉歆、揚雄開始，方認爲伏羲氏依河圖而作八卦，但劉、揚二人並未提出史料上的依據。後人依其說，大談伏羲依河圖而畫八卦，以此解釋卦象的起源，同樣是一種脫離實證的臆說，不能成爲史實。又如關於陰陽魚太極圖，就史料說，出於南宋以後，其所以被稱爲太極圖，除以∽形表明陰陽消長的法則外，其周圍則配以八卦，基於對《繫辭》傳中「易有太極」章的解釋。有人置此史實而不顧，大談太極圖來於旋渦體的圖象，甚至將地下出土的史前的彩陶上旋渦圖案說成是太極圖，更是無稽之談了。傳統的經學家研究周易經傳文，也並非都不尊重史實。如朱熹對周易經文的注釋，在其《本義》中，嘗標有「未詳」語。在他看來，古人的語言及其所說的事件，有的已經失傳，又無史料可查，已不可曉，不能強加解釋。此種存疑的態度，正是實證精神的表現。清代漢學家研究周易經傳，注重史料的辨僞和考證，對前人的說法，總是依史料加以證實或證僞，從而做出了貢獻。我們今天研究周易系統的典籍，更應發揚這種治學精神，對古籍中有關周易的記載，要善於辨別其眞僞，不能一概視爲史實。目前的易學研究中有一種不健康的學風，沒有提出可靠的史料加以證實，動輒將自己的臆說，說成是揭開了千古之謎，未免太輕率了。

3.要弄清周易系統典籍的內容，特別是其中的理論價值，還要採取分析的方法。所謂分析的方法，是說對經、傳、學中的術語、概念、範疇、命題以及理論體系，進行邏輯的分析，如魏晉玄學家郭象說的「辨名析理」，哲學史家黃宗羲所說的「牛毛繭絲，無不辨析」。這是因爲，周易系統的典籍，從卜筮之書，通過易傳的解釋和歷代易學家的闡發，成爲一部哲學典籍，從而建立起以經傳爲核心的各種易學體系。採用邏輯的分析方法，可以揭示出其理論思維的特徵及其價值，從而給人以智慧，以鍛煉和提高人們的思維能力，使其重新煥發生命力。中國古代的哲學典籍，就其表達的方式說，有自己的特點，即通過古代漢語和漢字來表達其思想的。漢字爲方塊字，非曲折體或拼音體，一字有多種歧義。哲學家以其表達概念和命題，往往有語義不清之感，加之其語體言簡意賅，文約義豐，又不直接將其理論思維的進程和內容說出來，令人難以理解。周易經傳中的語言、文風以及各家的注釋，突出地體現了這一特徵。如不進行邏輯分析，一部易學史便成了一筆糊塗帳。傳統的經學家和近代興起的疑古派，對周易系統典籍的研究，大都忽視或缺乏邏輯的分析方法。清代漢學家治學的宗旨在於史料的辨僞，追求經傳的本義，對經、傳、學中的理論思維不感興趣，視經傳爲考古的對象。此種學風一直影響到近現代的易學研究，不能不引起人們的關注。

如易學史上關於「易有太極」章的解釋和爭論，如不進行邏輯分析，則說不清其理論的意義和價值。清代的考據學派毛奇齡等人，通過文句、訓詁的考辨，斷言此章是講揲蓍成卦的過程，即太極爲蓍草混而未分的狀態，兩儀即「分二」，四象即「揲四」，導出七八九六之數，定陰陽老少之象；有此四象，便導出一爻之象，經過十八變則形成八卦中的一卦之象，此即「四象生八卦」。但這一生成的過程，就其理論思維說，表明從太極到八卦乃一連續和演化的過程，從單一到複雜的過程，這一內涵，漢學家們便不感興趣了。正是因爲此章涵有生成論思維的內容，所以到了漢代，在卦氣說的影響下，易學家們將太極從筮法範疇上升爲哲學範疇，太極被視爲宇宙的本原，即元氣，兩儀被視爲天地和陰陽二氣，四象被視爲春夏秋冬四時，八卦被視爲萬物，從而提出一宇宙生成論的模式，到宋代的周敦頤發展爲《太極圖說》，成爲中國哲學中談宇宙生成論的典型。到南宋朱熹，在程頤易學命題「體用一原，顯微無間」的影響下，又視太極爲陰陽五行之理，認爲太極之理同兩儀、四象、八卦的關係，不是母生子的關係，而是邏輯上的相互蘊涵的關係，所謂「陰陽涵太極」，在哲學上導出「人人一太極，物物一太極」的結論。又將宇宙生成論引向本體論，即視天地萬物爲太極之理自身的顯現，以本體和現象的關係解釋「易有太極」中蘊涵的哲理。同樣對中國哲學和文化的發展起了重大影響。總之，太極這一概念或範疇，就其理論思維說，從易傳到宋明易學，有其邏輯的進程，如不加分析，其理論價值便被湮滅了。

邏輯分析的方法同歷史主義方法是相互補充的，要將二者結合起來運用。這是因爲一個時代的理論思維成果，同那個時代的經濟水平和文化水平有密切的聯繫，邏輯的進程同歷史的進程，說到底是統一的。上述太極觀的發展即遵循這一規律。如果，脫離一個時代的歷史文化背景，探討一種學說的邏輯進程，其邏輯進程則成了無本之木；如果，只探討歷史的進程，不去揭示其邏輯的進程，學術史則成了有軀幹而無靈魂的陳列品。有的研究者，將易傳中的太極概念，說成是對立統一規律，此種邏輯分析，脫離了當時的歷史文化背景，是不足取的。有的研究者，不從事邏輯分析，只承認太極元氣說，視其它的太極觀爲錯誤，也是不足取的。

運用邏輯分析的方法，還應採用東西方理論思維對比的研究方法。我們今天所處的歷史時代，已不同於古人。近代以來，由於西學東漸，歐洲的文化、思想以及哲學，陸續傳入中國。借用歐洲的文化、哲學和思維方式，以其爲參照系，有助於理解中華傳統文化及其思維方法的特色。周易系統的典籍，集中地體現了中國人的理論思維特色，只有通過東西對比的研究，方能揭示出其長處和短處，從而爲人類未來思維的發展趨勢提供某種借鑒或途徑。那種自我封閉的在中國傳統文化中兜圈子的傳統的治學方法已不適合時代的需要。如德國的萊布尼茲，看到了邵雍的先天卦序圖，發現其中有二進位制的數學思維，實際上他是以西方的邏輯思維解讀邵雍的圖式，其解讀雖不盡符合邵雍易學的本義，但此種對比的研究，爲我們開闢了一新的視野，這是中國傳統的經學家所不能勝任的。通過東西對比的研究，探討共同的邏輯語言，將中華思維方式傳播西方，使其成爲人類共同的文化財富，這也是我們當代易學研究者面臨的一項艱巨的任務。但東西思維的對比研究，不是東西比附，比附也是沒有前途的。當前的易學研究中，有一種傾向，即將西方近現代的科學思維和科研成果，不加分析地套在中國古老的周易經傳身上，如說其中有相對論、宇宙大爆炸、六十四種生物基因以及量子物理學等理論，視周易爲包容古今學理的百科全書。此種比附，只能給易學研究帶來思想上的混亂，也是脫離歷史的和分析的方法而造成的後果。

## 二、《周易》中的象辭相應之理

《周易》即《易經》一書的內容，有三大問題，一直成爲歷代易學所探討的課題：一是卦爻辭的字義如何訓詁，即解字的問題；一是如何理解卦象的邏輯結構及其排列的順序；一是卦爻辭同卦爻象之間的關係，即某一卦爻象下爲何繫之以某種卦爻辭。後一問題，清代的易學家王夫之稱爲「象辭相應之理」，即是說，有什麼樣的卦爻象就有什麼樣的卦爻辭與之相呼應。此種相應之理，被歷代易學家視爲《周易》的一大奧秘，他們都絞盡腦汁，甚至以畢生精力想揭開這一奧秘。《易經》是否存在著象辭相應之理？如何看待易學家探討象辭相應之理？談以下三點意見：

### ㈠關於《周易》的編纂

《周易》自身是否存在著象辭相應之理，即是說，卦爻象與卦爻辭之間是否存在著內在的邏輯聯繫，從而自成爲一嚴密的思想體系，這同《易經》的形成問題有密切關係。依近人研究，《周易》作爲占筮用的典籍，非一時一人所作，而是由周王朝掌管卜筮的官吏編纂而成，是對筮辭記錄系統化的一種嘗試。筮辭，是依求得的卦象對所問之事所作的吉凶斷語，類似卜辭。筮辭同所占問之事有關。如問旅途是否平安，恰好筮得旅卦象䷷，推斷說：平安無事，此即卦辭所說「旅貞吉」的來源。又如，不期而遇到一位女子，問是否可成婚，恰好筮得姤卦象䷫，推斷說：此女子很剛強，不宜娶她，即卦辭所說：「女壯，勿用取女」

的來源。但所問之事是多方面的，筮得的同一卦象，要回答多種所問之事的後果。筮辭積累多了，需要整理，作爲依卦象判斷吉凶的依據。據《周禮·春官》記載，掌管卜筮的官吏，於每次占卜後，將所得的卦象和筮辭記錄下來，藏於府庫，「歲終，則計其占之中否」。是說，每年終，將積累的筮辭加以整理，看其中有多少條已應驗，將已應驗的挑選出來，作爲以後判斷吉凶的依據。如關於坤卦象的筮辭，積累了許多條，從已應驗的筮辭中選出一條，作爲標準的答案，便是坤卦辭：「元亨，利牝馬之貞。」或從其中選出某一爻的筮辭，如選出守口如瓶，可以不犯過錯一條，編在《易經》中，則成爲此卦六四爻辭：「括囊，无咎无譽」。總之，卦爻辭的素材，即筮辭，來於對所問之事的回答。但筮辭成爲卦爻辭，還要進行加工和修飾。所謂加工，就各卦爻辭的編排說，並非只是將其分類，匯編在一起，而是企圖將其系統化，成爲一種預知吉凶的典籍。

此種嘗試之一是，《易經》中，有些卦爻辭的編排，體現了某種觀念。如乾卦各爻辭的安排，從初九潛龍，到五爻飛龍，再到上爻亢龍，體現龍逐漸騰飛的過程。就此卦的筮辭說，對所問之事的回答，當是九三爻辭所說：「君子終日乾乾」之事。《易經》的編者，依此事安排其它爻辭，並配以龍象，加以修飾，則成爲乾卦各爻辭的內容。又如遯卦，講退避之事，其爻辭有「遯尾」、「係遯」、「好遯」、「嘉遯」、「肥遯」等，表明隱遁有多種情況。就此卦的筮辭說，大概與初六爻辭「遯尾，厲」有關，意謂趕快隱遁起來，不要落在後面，否則有危險。《周易》的編者，依此爻之事，整理其它筮辭；經過加工，便成爲遯卦各爻辭的內容。如艮卦講目光注視身體各部分的器官，其爻辭從初六「艮其趾」，到上九「敦艮」，表示目光從止於腳趾到額部，這種編排顯然出於編者的加工。其它卦如漸卦、剝卦、臨卦、蒙卦、咸卦、復卦、明夷卦、兌卦、觀卦、井卦、坎卦、震卦等，其各爻辭的安排，大都體現某一中心觀念。但此種編排和加工，只是有些卦如此，還有許多卦，並不體現某一中心觀念。即是說，各爻辭之間，並無內在的聯繫。如屯卦，初爻講建侯事，二爻講婚媾事，三爻講入山打獵事，四爻講求婚事，五爻講恩施屬下事，六爻講乘馬哭泣事。此種編排，便屬於筮辭的堆砌了。總之，《周易》的編者，企圖將卦爻辭的編排系統化，但未能實現這一目的。

關於象辭相應之理，《周易》的編者曾作過某種嘗試，唯一的例子是乾卦。此卦象六爻皆爲陽爻，其爻辭大都講龍飛騰之事。據說，龍爲陽物，故此卦爻辭同爻象存在著對應的關係，即是說，從初九陽爻到上九陽爻乃一逐步上升的過程，故其爻辭爲從潛龍到亢龍逐步騰飛的過程。傳統的經學家依乾卦中卦爻象同卦爻辭的關係，認爲其它卦中的卦爻象同卦爻辭之間，也應存在著內在的聯繫，需要後人去發掘。其實，就乾卦爻辭的內容說，仍存在著問題。即九三爻辭所說：「君子終日乾乾」，談君子之德，而不言龍象，又如何解釋二者的對應關係？王弼解經，已提出此問題。此表明，《周易》的編者，在編排乾卦各爻辭時，未能將其構想堅持下去。因爲此爻的爻辭，原本爲筮辭，不能不保存下來。至於其它各卦中的象辭關係，更難說存在著邏輯的聯繫。如坤卦各爻辭，從初六到上六，就不像乾卦六爻那樣，有規則可尋。此卦六畫皆陰爻，其初六爻辭說：「履霜，堅冰至」，表示冬天將要來臨，寒冷爲陰，故將此事繫之於此卦初爻之下，此種安排，象辭之間似乎存在著某種聯繫。可是，六二爻亦爲陰爻，爲何爻辭爲「直方大」？六四爻爲何又繫之「括囊，无咎无譽」？上六爻爲何又繫之以「龍戰于野」？就經文的表述說，很難指出二者的內在的關係。總之，《周易》的編者，就其對乾卦的編排說，曾嘗試以龍象爲媒介，將卦爻象同卦爻辭聯繫起來，但未取得成功。這是因爲卦爻辭的素材來於筮辭，而筮辭又來於所占問之事，而所占問之事同筮得的某卦之象本無邏輯上的因果關係，即是說：問某事之吉凶，碰到某種卦象，是出於偶然，如大衍之數所說的「分二」過程。

此問題，從經文的重出現象可以得到進一步說明。如「密雲不雨，自我西郊」，既是小畜的卦辭，又見於小過六五爻辭；「帝乙歸妹」，既見於泰卦六五爻辭，又見於歸妹六五爻辭；「用拯馬壯」，既見於明夷六二爻辭，又見於渙卦初六爻辭；泰卦初九爻辭「拔茅茹，以其彙」，又見於否卦初六爻辭；「輿說輻」，既見於大畜九二爻辭，又見於小畜九三爻辭；「或益之十朋之龜，弗克違」，既見於損卦六五爻，又見於益卦六二爻，等等。這些重出的卦爻辭，其卦象並不相同，有的爻象相同，但爻位不同，有的爻位相同，而爻象卻不相同，可是其所繫之爻辭則相同。此表明，象辭之間，並未形成相應之理，二者並無邏輯上的必然聯繫。至於卦爻辭的重復，也是出於編者之手。如「帝乙歸妹」原本是歸妹卦中的筮辭，編者編排泰卦爻辭時，又將此爻辭置於其六五爻之下，作爲泰卦筮辭的補充。

總之，掌管卜筮的官吏，編輯此書的目的，是基於占筮的需要。其在編纂筮辭的過程中，企圖將其系統化，做過某種嘗試，但由於卦爻象和卦爻辭來於所占之事，受到筮辭自身的局限，不可能使其系統化。因此，《周易》一書，就其形成說，乃占筮用的典籍。所謂「易本卜筮之書」，這一論斷是正確的。

## ㈡關於《易傳》解經的體例

到《易傳》，因受戰國時代哲學思潮的影響，對《周易》的卦爻象和卦爻辭，提出種種解釋，使《周易》一書的內容，理論化、系統化，方將其昇華爲講哲理的典籍。其將《周易》哲理化的途徑之一是，探討象辭相應之理，提出各種解經的體例，說明象辭之間存在著內在的邏輯聯繫。《彖》、《象》二傳解釋經文，鮮明地體現了這一特色。它們提出三種體例，即取象、取義和爻位三說。前兩說，始於春秋時期，《易傳》作了闡發，而爻位說是《易傳》提出的新的體例。

取象說是以八單卦所象徵的物象，特別是八大類自然現象，解釋象辭相應之理。此八大物象，即乾爲天、坤爲地、巽爲風、震爲雷、離爲火、坎爲水、兌爲澤、艮爲山。此八種物象，還可以引伸爲其它有關物象，如乾可引伸爲父，坤可引伸爲母，巽可引伸爲木，坎可以引伸爲雲或雨。《象》傳解釋卦辭，即遵循此規則。如屯卦《象》傳說：「雲雷，屯。君子以經綸」。屯卦象，震上坎下。按取象說，震爲雷，坎爲雲，此卦爲雷雨交加之象，表示處於振盪未寧之時，君子效此卦象，應挺身而出，治理天下國家，以此解釋此卦卦辭「利建侯」句。取義說，是取八卦名之字義或其德行，解釋象辭相應之理。八卦之德行是乾爲健、坤爲順、巽爲入、震爲動、離爲麗、坎爲陷、艮爲止、兌爲悅；此八種德行，也可以引伸爲其它有關德行，如乾健可引伸爲剛硬，坤順可引伸爲柔和，坎陷可引伸爲危險，離麗可以引伸爲照耀、文明等。《彖》傳解經文，突出地表現了這一特徵。如其解釋需卦卦辭說：「需，須也。險在前也，剛健而不陷，其義不困窮也」。此卦象坎上乾下，按取義說，坎爲險，乾爲健，表示險境在前面等待，如守其剛健之德則不會陷入困境，以此解釋需卦辭「貞吉，利涉大川」。在《易傳》中，取象和取義兩說往往是並用的，都在於回答卦象和卦辭之間存在著內在的聯繫。《說卦》中有幾章，講到乾爲健、爲馬、爲首、爲天、爲圜以及坤爲順、爲牛、爲腹、爲母、爲地等，即是對取象和取義二說的總結。

爻位說，是《彖》和《小象》提出的解經體例，它以一卦六爻所處的位置及其關係的不同，解釋爻辭的吉凶斷語，目的在於回答爻象和爻辭之間存在著內在的聯繫。據近人研究，此說有以下幾種體例：(1)當位說，謂一卦六畫，一三五爲陽位，二四六爲陰位，陰爻居於陰位者或陽爻居於陽位者爲當位，反之，則爲不當位。凡當位之爻象，其爻辭則爲吉利，不當位者，其爻辭則不吉利。如既濟卦，坎上離下，六爻皆當位。《彖》說：「剛柔正而位當也」，以此解釋此卦辭「亨小，利貞」句。又如歸妹卦，震上兌下，二三四五爻皆不當位。《彖》說：「位不當也」，以此解釋此卦辭：「征凶」句。(2)中位說，謂二爻和五爻各居上下卦之中間，雖不當位，但居中位，此爻之爻辭亦吉利。如噬嗑卦，離上震下，其六五爻并不當位，但居上卦之中位。《彖》說：「柔得中而上行，雖不當位，利用獄也」，以此解釋此卦辭：「亨，利用獄」。(3)應位說，謂初與四，二與五，三與上，其位相應，凡雙方之爻象各爲一陰一陽者，爲有應，其爻辭則吉利，否則，爲無應，其爻辭則不吉利。如大有卦，離上乾下，其六五爻居於陽位，爲不當位，應爲不吉利，但此爻爻辭則爲「吉」。《彖》解釋說：「柔得尊位大中，而上下應之」。謂此爻居於中位，而且其二五爻爲有應，以此解此卦辭「元亨」

句。⑷承乘說，謂一卦臨近的兩爻，如果居上者為陽，居下位者為陰，陽對陰說為乘，陰對陽說為承，此種關係為順，其爻辭則吉利；反之，上爻為陰，下爻為陽，此種關係為逆，其爻辭則不吉利。如小過卦，震上艮下，上卦的爻象是六五乘九四，下卦的爻象是六二承九三。《彖》說：「上逆而下順也」，以此解釋此卦辭：「不宜上，宜下，大吉」句。⑸往來說，謂卦中各爻象可以上下往來，由上到下為來，由下往上為往，因其往來之情況斷其吉凶。如鼎卦，巽下離上，《彖》說：「柔進而上行」，謂下卦初六，由下往上，行到六五爻，居於中位，以此解釋卦辭「元吉，亨」句。⑹趨時說，謂爻象所處的時機不同，適時者，其爻辭為吉；失時者，其爻辭為凶。如節卦，坎上兌下，下九二爻居中位，可是其爻辭卻說：「不出門庭，凶」。《小象》解釋說：「失時極也」，謂九二雖居中位，但應出而不出，失去時機，所以為凶。意謂不能因時而守中，仍不吉利。從以上各說中，可以看出，爻位說的特點是，視一卦六爻各有其規定性，又相互聯繫，以此說明爻辭因爻象而異，表明象辭之間存在著相應之理。

《易傳》提出的解經的三條體例，即取象、取義和爻位之說，在解釋象辭之理時，是綜合運用的，換句話說，那種體例，能解釋通象辭之間的聯繫，就用那一種體例。取象說解釋不通，則用取義說，當位說解釋不通，則用中位說，中位說解釋不通則取應位說。此表明，哪一種體例，作為解經的規則，都沒有普遍性。同時表明，《周易》經文自身作為占筮用的典籍，並未形成完整的體系。而將其體系化，則是《易傳》作者的任務。但從詮釋學的角度看，《易傳》此舉，卻有重大的意義。就取象和取義說，它涉及到類概念的內涵和外延的關係問題。按《說卦》傳提供的材料，依八經卦，將事物分爲八大類，如《繫辭》所說：「方以類聚，物以群分」，八卦所象徵的物象和德行，都可分別歸屬於某一類。如天、首、君、父、馬、金、玉、冰、圓等，歸於乾類；地、腹、臣、母、牛、布、大車等，則歸於坤類。每類事物有其共同的性質或德行。如乾類中的事物，有剛健的性能；坤類中的事物有柔順的性能；震類中的事物，有運動的性能；艮類中的事物，有靜止的性能。因此，此二說，從邏輯上說，涉及到一類事物的內涵和外延的關係問題。事物的德行相當於內涵，事物的形象相當於外延。取義說，偏重取一類事物的內涵；取象說，偏重取一類事物的外延。《繫辭》解釋卦名說：「其稱名也小，其取類也大」，謂其名稱雖小，但它所包涵的那一類的事物的外延都很廣泛，即是此意。至於八卦所取的物象和德行，是否符合邏輯上的類屬關係，那是另一問題。但《易傳》企圖從邏輯思維的視野，考查經文中的象辭關係，從而將《周易》和筮法哲理化，則是一大貢獻。這是受到戰國時代邏輯思維即名學發達的影響。《易傳》提出的爻位說，同樣反映了戰國時期哲學思維發展的水平。其以當位的爻象爲吉利，是吸收了儒家的名分說，即社會各階層中的人，應遵守其所處的地位，社會方得到安定。其以居中位的爻象爲吉利，是吸收了儒家的中道觀或中庸之道。應位說，是吸收了陰陽家的陰陽召感說。承乘說，是發揮儒家倡導的尊卑貴賤的等級觀念。趨時說，是儒道兩家倡導的因時說和時中說在《易傳》中的反映。總之，《易傳》提出解經的體例是要回答象辭相應之理，但通過其解釋，《周易》則轉化爲一部談哲理的典籍。此是《周易》一書兩千年來被中華學人奉爲原典的主要原因。

《易傳》提出的解經體例，也是對《周易》一書所作的新的詮釋，其詮釋雖不是《周易》作爲占筮之書的本義，但鍛煉了人們觀察和分析問題的思維能力。如爻位說，實際上視一卦六爻爲社會的縮影。人們從其對各爻吉凶的解釋中，可以玩味出處理各種社會關係的行爲準則和價值取向。所以古代的政治家、思想家，往往從爻位說中吸取智慧，爲處理君臣民三者的關係提供龜鑒，以維繫王朝和社會的安定。通過他們的再詮釋，《周易》又成了一部齊家、治國、平天下的教科書。

### ㈢歷代易學對解經體例再詮釋

《易傳》提出的解經體例，從邏輯上說，並不能解釋通《易經》中所有的象辭相應之理，解釋不通時，則採取迴避的態度，特別是經文中的重複文句，難以回答。如小畜卦辭「密雲不兩，自我西郊」句，又見於小過卦六五爻辭，《小象》解釋說：「已上也」，謂密雲已處於高空，雨下不來。此種解釋，拋棄了上述爻位說的體例，只好以六五爻處於高位加以解釋。按易經編者的構想，一卦之上爻，居於一卦之極處，處於極處的爻象，要走向反面，如乾卦上九爻辭說：「亢龍有悔」；比卦上六爻辭所說：「比之无首，凶」。但有些卦的上爻爻辭，並非如此，反而爲吉。如艮卦上九爻辭說：「敦艮，吉」；履卦上九爻辭說：「其旋元古」；大有上九爻辭說：「吉无不利」；遯卦上九爻辭說：「肥遯，无不利」，等等。又同其所構想的規則相抵捂了。因此，從漢朝開始，易學家們，爲了解釋通全經的象辭相應之理，又陸續提出許多體例，加以補充。

如漢代的經師鄭玄，提倡互體說，即從六畫卦中，引出四個單卦象，其上下卦即兩體爲兩個卦象，其二到四爻，則爲一卦象，三到五爻，又爲一卦象，以一卦中的四個卦象所取的物象，解釋此卦中的象辭相應之理。漢代的經師虞翻提出卦變說，即一卦中的陰陽爻象互易，則引出另一卦，以兩卦所取的物象，解釋象辭相應之理。他還提出旁通說，即從一卦引出其相反的卦象，如從乾卦象引出坤卦象，以兩卦所取的物象，解釋本卦中的象辭關係。至魏王弼解易，又提出一爻爲主說，認爲一卦六爻，各有其意義，總是以其中的一爻之義爲主，統率全局，將卦辭和爻義統一起來，從而闡明象辭相應之理。至宋程頤解經，對王弼提出的體例，加以補充，如提出「以中爲貴」說，爻位同類有應說，即初四、二五、三上，同爲陰爻或陽爻，亦有應，其爻辭亦可爲吉。明來知德解易，又提出綜錯說，即相對立的卦象爲錯卦，相倒轉的卦象爲綜卦，由一卦引出相反的卦，如由習坎卦引出其錯卦離，由屯卦引出其綜卦蒙，以說明象辭相應之理。如損益兩卦屬於綜卦類，損卦倒轉過來，其六五爻則爲益卦的六二爻，所以此兩卦的爻辭皆爲「或益之以十朋之龜」句，企圖解決經文重出的現象。至清王夫之又提出爻有進退說，即初四爲退爻，三上爲進爻，故其爻辭的吉凶斷語不同。他還提出爻外求義說，謂一卦六爻，相互蘊涵，成爲一體，此爻之義往往闡發彼爻之旨，以此說明象辭相應之理。值得注意的是，唐孔穎達提出「不可一例求之」，即象辭相應之理，不能局限於一種體例。程頤依此，提出「易隨時以取義」說，認爲象辭相應之理，無一定的格式，此處此時可以做此種解釋，異處異時又可以做另一種解釋，又以此爲解經的體例之一，企圖解決各家體例不一的矛盾現象。

以上所引，僅是各家解經體例的一部分內容。統觀一部易學史，各家提出的體例，其說紛紜，莫衷一是。就追求象辭相應之理說，後人總是不滿意前人的解釋，對《易傳》提出的三種體例，不斷加以補充，從而使《周易》的注釋，可謂汗牛充棟，著述之多，居儒家經典注釋之首，令人望洋興嘆。

從漢代以來，各家提出的解經體例，雖多種多樣，但沒有一家的體例，能貫通於全經之中，總是適於此者，而不適於彼。至清經學家焦循解易，針對此種現象，獨闢蹊徑，另創新的體例，提出比例引伸說。他按代數學的原則，視卦爻辭爲代表一類事情吉凶的抽象符號，無實際內容。認爲以前各家提出的解易體例，都不能解釋《周易》書中卦爻辭重出的現象，只有將卦爻辭看成是如代數學中甲乙丙丁的符號，方能將《周易》中象辭相應之理講通，故稱其解易的著作爲《通釋》。如「帝乙歸妹」句，既見於歸妹卦，又見於泰卦。焦氏認爲此句重出，只表示其爻義爲吉，同帝乙歸妹事，並無關係。按此說法，不僅否定了取象說，也否定了取義說，其易說成爲易學史上將《周易》內容形式化、符號化的典型代表。

焦氏對象辭相應之理所作的新的注釋，表明追求象辭關係乃經學家解經的主要課題，但沒有一家設定的體例，包括焦循提出的新的體例，邏輯上能自圓其說，然是否由此得出結論說，各家的詮釋毫無意義，或浪費精力？此問題，可從兩方面來考察。就對《周易》本義的理解說，通過歷代經師和易學家的努力，沒有一家能以自己的體例揭開其中的奧秘，這一史實充分說明《周易》本身並不存在這種奧秘。如同一道難解的算題，通過多次演算，都無法解開，表明此問題本不可解，有此認識，便是一大收穫。但從解釋學的角度看，即就易學思維的發展說，追求象辭相應之理，雖無結果，同樣鍛煉了人們的思維能力，從而推動了傳統哲學和文化的發展。如虞翻的卦變說，揭示了六十四卦象可以相互轉化的過程，增強了人們觀察事物變化的辯證的智慧。就對爻位說的闡發說，如王弼的一爻爲主說和王夫之的彖爻一致說，視一卦爲一整體，六爻乃其部分，雖各有其規定性，卻相互影響，並非孤立地存在，又爲人們處理整體和部分的關係，探討事物的普遍聯繫，提供了智慧。就對取象和取義說的闡發說，他們由解釋象辭關係，進而討論了象義或象理的關係問題，在哲學上展開了象理之爭，即本質和現象關係的大辯論，又促進了傳統哲學中的形上學和傳統科技思維的發展。總之，歷代易學追求《周易》中的象辭相應之理，對解決《周易》本身問題說，仍是一種不成功的嘗試，但就易學的理論思維發展說，卻從不同的角度做出了貢獻。這也是《周易》經傳同歷代易學的區別之一。

總起來說，關於《周易》中象辭相應之理的追求，從易學史看，經歷了一個發展的過程。因此，我們不能將後人的解釋和闡發，視爲《周易》一書的本義，更不能將自己的解經體例，說成是揭開了千古不解之謎。這種傳統經學家的立場，是不可取的。另一方面，我們也不能因爲從《易傳》開始提出的解經體例，不是《周易》的本義，從而否定其價值。那種以考古學的方法，看待易學的研究，也是不足取的。時至今日，我們從事《周易》的研究，可從兩方面著手：一方面可依《易傳》提出的解經體例，結合現代人面臨的問題，對卦爻辭，進行新的詮釋，使其中的精華發揚光大；一方面，可依歷史文獻和出土文物，探討通行本易經形成的歷史過程，將其歷史眞象揭示清楚。沒有必要再走傳統經學家的老路，提出什麼體例，去揭開《周易》中象辭相應之理的奧秘了。

## 三、《易傳》解經的兩套語言

《易傳》有廣狹二義：就廣義說，解釋《易經》的著述，皆可稱爲《易傳》，如《漢書・藝文志》著錄的楊何《易》、韓嬰《易》、周王孫《易》、丁寬《易》以及宋程頤解易的著作《伊川易傳》等，傳爲傳受之義。其狹義，指漢人所說的「十翼」，即戰國時代流傳下來解釋《易經》的文獻，共十部分，即《彖》、《象》、《文言》、《繫辭》、《說卦》、《序卦》、《雜卦》，《彖》、《象》和《繫辭》又各分爲上下篇，統稱爲「十翼」，翼爲輔助之義。此處談的《易傳》，指《十翼》而言。《易傳》乃戰國以來陸續形成的解釋《易經》的文獻，非一時一人所作，並非孔子的遺文。此問題，近人所論甚多，不再贅述。由於傳統的經學家，依司馬遷的說法，以十翼爲孔子所作，《易傳》文同樣受到歷代學人的尊崇，被視爲聖人的書，詳加注疏，它同《易經》一樣，成爲歷代易學家和哲學家鑽研的典籍。如何閱讀《易傳》，如何看待後人對《易傳》的注釋？此亦是易學研究中的一大課題。以下，談幾點意見：

### ㈠《易傳》解經的哲理化途徑

《易傳》解經的顯著特徵是，通過其解釋，將占筮用的《周易》轉變爲講哲理的典籍。

就整體而言，《易傳》爲哲學的典籍，不同於卜筮之書。《易傳》的作者，通過哪些途徑，將占筮之書轉化爲哲學著作？此是《易傳》研究中的一大課題。前面提到的，《易傳》提出的三條解經體例，追求象辭相應之理，即是將《周易》哲理化的一種途徑。此外，還有兩條途徑：

1.予筮法以哲理的解釋。所謂筮法，指占筮的方法和方式，包括揲蓍成卦的過程，判斷卦爻象和卦爻辭吉凶的方法以及卦爻象的結構、變化的法則等。《周易》有自己一套占問吉凶的方法，不同於卜法即以龜兆卜問吉凶的方法。如何理解《周易》的筮法，《易傳》提出自己的占筮觀。其中有三點，值得注意：

其一，提出「彰往而察來」說，解釋占筮的過程。往，指卦爻辭所講的事件，已屬過去。來，指所問事情的未來動向或後果。此是說，筮法是彰明往事考察未來的動向。爲什麼依往事可推測未來的事變？《易傳》認爲二者同爲一類，故可推斷，提出「類」概念，作爲其立論依據。如《繫辭》所說：「方以類聚，物以群分，吉凶生矣」；同人卦《象》傳所說：「君子以類族辨物」；睽卦《彖》傳所說：「萬物睽而其事類也」。因爲同屬一類，其中個別的事項則具有共同的屬性，人們便可以依其中的某一事項推斷另一事項變化的後果，此即《繫辭》所說的「引而伸之，觸類而長之，天下之能事畢矣」。此是以邏輯上的類推方法，解釋占筮的過程，從而使卜問吉凶具有理性主義色彩，將筮法哲理化了。

其二，提出「觀象玩辭」說，解釋卦爻象和卦爻辭的內涵。玩，謂玩味，即反復思考和領會其中的道理。《繫辭》認爲卦爻象和卦爻辭中含有深刻的道理，即卦爻象含有陰陽變易的法則，卦爻辭含有生活的智慧和人道教訓之義，不只是記錄某種事件的結果。如乾卦上九爻，居一卦之極限，其爻辭爲「亢龍有悔」，其中蘊涵的道理是，事物發展到頂點，要走向反面，值得警惕，如此讀經文，即是「觀其象而玩其辭」。它特別指出，玩辭要玩味卦爻辭中的「悔」、「吝」、「咎」等吉凶的斷語，即通過改過和自新可化險爲夷，如《繫辭》所說：「懼以終始，其要无咎」、「无咎者存乎悔」、「无咎者善補過也」。此種對卦爻辭的解釋，將追求吉凶禍福引向自我修養的道路，闡發了孔子倡導的人文主義占筮觀，同樣將筮法哲理化了。

其三，提出卦象擬議說，解釋卦爻象的來源和意義。卦爻象是依奇偶兩畫排列組合的法則而形成的，乃理性思維發達的產物。然而，《易傳》的作者，提出「模擬」說，認爲卦爻象及其變化的法則來於對客觀事物的模仿。《繫辭》論卦象說：「聖人有以見天下之賾，而擬諸其形容，象其物宜，是故謂之象」。是說，卦象是模擬事物的複雜多端的形態和性能。其論爻象說：「聖人有以見天下之動，而觀其會通，以行典禮，繫辭焉以斷吉凶，是故謂之爻」。是說，天下事物都處於運動變化之中，於其相會相通處，如盈虛消長的轉折處，樹立行爲的規範，作爲判斷吉凶的依據。即是說，爻象主變動，是效法事物變動的規律，所謂「爻也者，效天下之動者也」。因此，人們依卦爻象和卦爻辭而行動，則可化凶爲吉，不犯過錯。此即《繫辭》所說：「擬之而後言，議之而後動，擬議以成其變化」。《易傳》此說，視卦爻象爲對客觀事物的性能及其變化規律的反映，即後來易學家說的「模寫」。以樸素的反映論的觀點，論證了卦爻象的客觀性，爲筮法提供了認識論的依據。

《易傳》予筮法以哲理的解釋，不僅限於以上三點。但從以上三點，可以看出，《周易》成了觀察事物的動向、規範人們的言行以及提高人們修養境界的指南。

2.通過對筮法的解釋，提出一套原理，用來解釋世界和人生。《說卦》傳論《周易》的宗旨說：「和順於道德而理於義，窮理盡性以至於命」。「道德」，指事物的最高準則；「理」，指事物的規律；「性」，指事物的本性；「命」，指生命的極限。是說，以筮法形成和變化的法則，爲事物的最高的原則，治理事物各得其宜，進而探討事物的規律，發揮其本性，以至於生命的短長。按此說法，《周易》的筮法，不只是占問吉凶，而是教人遵循、探討事物的基本規律，了解事物的本性，使人得以安身立命。《易傳》所說的最高原則或事物的基本規律，指天地人共同遵循的法則，即陰陽變易的法則，即《繫辭》所說的「一陰一陽之謂道，繼之者善也，成之者性也」。陰陽變易，就筮法說，指卦爻象變化的法則，如《說卦》所說的乾坤兩卦中的陰陽爻象互易則形成其它六卦，所謂「觀變於陰陽而立卦」。經過《繫辭》的解釋，陰陽變易法則又成爲宇宙人生的最高原理。

又如，《易傳》解釋卦象結構，提出三才之道說，認爲一卦六畫，由三個層次組成，即初二爲地道，因爲居於一卦之下位；五上爲天道，因爲居於一卦之上位，三四居於中間位置，稱其爲人道。此種解釋，視一卦爲宇宙的縮影，人類居天地之中間。按爻位說，各爻具有自己的職能，但又相互聯繫。由此，《易傳》又討論了人在宇宙中的職能及其地位問題，形成了自己的天人觀。泰卦《象》傳說：「天地交，泰。后以財成天地之道，輔相天地之宜，以左右民」。泰卦象，坤上乾下，按取象說，坤爲地，乾爲天，此卦象意味著天氣上升，地氣下降，二氣相交，萬物通暢。「后」，指人君，乃人類的代表。財，同裁，即制裁或控制。認爲人類居於天地之間，逢天地交泰之時，應控制天地即自然界的法則，協助天地化育萬物，爲民衆造福。此即《繫辭》所說：「天地設位，聖人成能」。「成能」，謂成就天地化育萬物的功能。此種天人觀，既承認人與自然的區別，又認爲二者存在著統一性；既肯定自然界有其客觀的法則，又看到人的主觀能動性，將二者結合起來，導出了人利用自然法則，爲人類造福的結論。總之，《易傳》通過對卦爻象結構的解釋，提出了人與自然相互依存的理論。

以上所談兩條表明，《易傳》將《周易》的內容哲理化，是通過對筮法的解釋而實現的，此是它作爲哲學典籍的一大特色。因此，我們閱讀和研究《易傳》文，必須掌握這一特徵，方能弄清其本義。

### ㈡筮法語言與哲學語言

由於《易傳》的特徵是將《周易》哲理化，因而其對《周易》的解釋，則有兩套語言，即筮法語言和哲學語言。前者談筮法問題，後者談哲學問題，談哲學問題，往往又不脫離筮法問題。宋代的朱熹已覺察到這一點。他說：「到得孔子，盡是說道理。然猶就卜筮上發出許多道理，欲人曉得所以凶，所以吉」（《語類》卷六十六）。他看到《易傳》談哲學問題並不脫離筮法。因此，他在《周易本義》中，對《易傳》文的注釋，有許多新的突破。如其釋《繫辭》第一章「天尊地卑，乾坤定矣。卑高以陳，貴賤位矣。動靜有常，剛柔斷矣。方以類聚，物以群分，吉凶生矣。在天成象，在地成形，變化見矣」文，即區分兩套語言，以前半句爲談哲理，後半句爲講筮法。就下半句說，「乾坤」，指乾坤兩卦象；「貴賤」，指剛柔爻位；「變化」，指爻象的變化；「吉凶」，指卦爻辭的吉凶斷語。按朱熹的注釋，《易傳》此章，是爲筮法立一世界觀的依據。上半句和下半句，既有區別，又有聯繫。然而從漢易到孔穎達的《周易正義》，皆以此章爲言天地之道和萬物之性，即是說，視其爲談哲學問題，顯然，並不符合《易傳》文的本義。又如《繫辭》中的「形而上者謂之道，形而下者謂之器」兩句，孔疏和李鼎祚的《集解》，皆以道器爲哲學範疇，加以注釋，而朱熹注則以其爲筮法範疇，即以器爲卦畫和卦爻象，道爲卦爻象變化的法則。依上文「乾坤毀，無以見易」句，乾坤指卦爻象，有形可見，故爲器，即《繫辭》所說「見及謂之象，形乃謂之器」，而「易」指卦爻象變易的法則，無形可見，故謂之道。朱氏認爲，《易傳》此段文字是談筮法問題，朱說爲是。將道器上升爲哲學範疇，是晉唐易學家的任務。但朱熹解釋《易傳》文，有時亦未能堅持這一原則。如其於《本義》中解釋「太極」說：「太極者，理也」，以太極爲陰陽變易之理，又脫離了筮法問題，談太極。總之，既要區分《易傳》解經的兩種語言，又要看到二者的聯繫，以此閱讀《易傳》文，對認識《易傳》的本來面貌，是十分重要的。

有鑑於此，我們考察《易傳》文，要善於區分其所談問題的性質。就其解易的兩種語言說，所談問題的性質，可區分爲三種情況：一是談筮法，一是談哲理，一是既談筮法，又談哲理。而後一種情況，較爲普遍，體現了《易傳》解經的特色。分別介紹於下：

其一，談筮法問題的章節。如《繫辭》的「大衍之數」章，其內容是談揲蓍成卦的過程，屬於筮法問題。《繫辭》的「彖者，言乎象者也」章，是對卦辭、爻辭、吉凶斷語、爻位、卦象的性質、功能和意義的解釋，如其所說：「卦有小大，辭有險易」等，是談筮法中的問題。又如《繫辭》中「陽卦多陰，陰卦多陽」章，談八卦分爲陽卦和陰卦兩類的原因，即以陰爻多者爲陽卦，如震卦；以陽爻多者爲陰卦，如離卦，此是談筮法問題。又如《繫辭》「易之爲書也，不可遠，爲道也屢遷」章，談變易問題說：「變動不居，周流六虛，上下無常，剛柔相易，不可爲典要，唯變所適」。六虛，即卦中的六位。眞主詞指爻象，謂剛柔爻象，在一卦六位中流轉，有時居於陰位，有時居於陽位，變動無常，此是說筮法問題。後來的易學家，以陰陽二氣解釋剛柔爻象，認爲此章是談陰陽二氣的變化，無固定的模式，即談哲學問題，此非《易傳》文本義。又如《說卦》傳中對取物和取義說的概括，所提出的乾坤父母卦說，即兩卦中的剛柔爻象互易則產生其它六子卦，亦是談筮法問題。

其二，談哲學問題的章節。如《繫辭》的「易與天地準」章，認爲聖人依《周易》中的法則，考察天地、晝夜、生死、鬼神變化的原因，其境界和智慧，可以「與天地相似」，「知周乎萬物而道濟天下」，以至於「樂天知命故不憂，安土敦乎仁而能愛」。此是談聖人的世界觀，並未涉及筮法問題。又如「一陰一陽之謂道」章，認爲任何事物都有陰陽兩重性，陰陽非孤立的存在，後被易學家闡發爲相反而相成，即陰陽互補。因此，人們觀察問題，不能只見陰而不見陽，或只見陽而不見陰。此是從思維方式的角度談陰陽關係，亦屬於哲學語言。又如《繫辭》的「三陳九德」章，以九種卦名，代表九種道德，如履爲德之基，謙爲德之柄，困爲德之辨等，認爲人處於憂患之時，應充分發揚此九種道德，其主旨是講道德修養問題，亦屬於哲學語言。又如其解釋咸卦九四爻辭「憧憧往來，朋從爾思」句說：「天下何思何慮，天下同歸而殊途，一致而百慮」。此種解釋，未涉及象辭相應之理，而是直接闡發經文的義理，亦是以哲學語言解釋經文。

其三，既講筮法，又談哲理，兩種語言並用。《彖》、《象》二傳解釋經文，最爲突出。《彖》傳解經，採用取象、取義、爻位三說，解釋象辭相應之理，此是講筮法問題，但解釋一卦的卦義時，又談天道和人道，又講哲學問題。如其釋剝卦象和卦辭說：「剝，剝也，柔變剛也，不利有攸往，小人長也。順而止，觀象也」。此是講象辭相應之理。「柔變剛」，指剝卦象，五陰一陽，表示柔浸剛，爲不吉利之象。「順而止」，謂此卦之二體，上卦爲艮，下卦爲坤，按取義說，坤爲順，艮爲止。「順而止」謂陰的勢力，要適可而止，否則便走向反面。「觀象」，謂觀察卦象的結構。此種解釋，是講卦象和卦辭的吉凶問題，屬於筮法語言。可是，其後文引出結論說：「君子尙消息盈虛，天行也。」天行，謂天象和天時運行變化的過程和法則，君子應以消息盈虛爲觀察事物變易的準則，則是談哲理了。又如其釋《豫》卦說：「剛應而志行，順以動，豫」。此卦震上坤下，按取義說，震爲動，坤爲順。「順以動」，謂順從法則或人心而行動。按爻位說，此卦爲五陰一陽之象，剛指九四陽爻。表示衆陰爻皆響應一陽爻，意味著志願得以推行。故令人心情和樂，以此解釋豫卦義。此是以取義說，談象辭相應之理，屬於筮法問題。可是，由此引出結論說：「天地以順動，故日月不過而四時不忒，聖人以順動，則刑罰清而民服，豫之時義大矣哉」。是說，日月和四時的運行，順乎規律，方不會有失誤；聖人順乎人心，不隨意懲罰民衆，方能得到百姓的擁護。此又是談哲理了。《大象》解經，主取象說，上半句，解釋卦象和卦名；下半句，則依卦象講人道。

如其釋履卦說：「上天下澤，履」。此是解釋履卦象，乾上兌下，兌爲澤，乾爲天。下句則說：「君子以辯上下，定民志」，又是依卦象談人道了。《小象》解釋各卦的爻象和爻辭，有的談筮法，如其爻位說，有的則談哲理，有的既談筮法，又談哲理。

以上所論，是就十翼各章節，以兩種語言解易的基本傾向說的，或言筮法，或言哲理，各有偏重。但就《易傳》解經的思維方式說，無論哪套語言，都不脫離筮法，或從筮法問題引出哲理，或予筮法問題以哲理的依據。如前面講的「一陰一陽之渭道」的命題，其內容是談哲理，但就其思維的淵源說，又是基於對卦象結構的解釋。總之，從筮法出發，乃《易傳》解經的一大特色。

### ㈢歷代易學解傳的兩種偏向

從易學史上看，諸家對傳文的解釋，有兩種偏向：一是將筮法語言，解釋爲哲學問題；一是將哲學語言，解釋爲筮法問題。漢易中的象數學派和清代漢學家的易學，因其解經從取象出發，追求卦爻象的變化，往往忽視《易傳》中的哲學語言，或將哲學語言歸之爲講筮法問題。如虞翻釋《乾卦・文言》「君子進德修業」句，則以乾卦象爲德，坤卦象爲業，以乾卦旁通坤卦爲進德修業。其釋「先天而天弗違，後天而奉天時」，則以乾五之坤五爲先天，乾三之坤初成震爲後天。又其釋《繫辭》「在天成象，在地成形」，則以筮法中的納申說，解釋成象；以五行配八卦說解釋成形。又荀爽釋《繫辭》「樂天知命故不憂」，則說「坤下有伏乾爲樂天，乾下有伏巽爲知命」，以筮法中的飛伏說解釋樂天知命句。又鄭玄釋《繫辭》

「精氣爲物，游魂爲變」句，則以筮法中的七八之數爲精氣，九六之數爲游魂。清代漢學家惠棟釋《乾卦·文言》「雲行雨施天下平」，以乾升於坤爲雲行，以坤降於乾爲雨施，以乾坤相交，解釋天下平。又其解釋《繫辭》「一陰一陽之謂道」，則依筮法中的七八九六之數，以七八之合爲十五，九六之合亦爲十五，解釋一陰一陽。以上這些解釋，都是將哲學語言歸之於談筮法問題，從而抹煞了其哲學的意義。

易學史上的義理學派，其釋傳文，大都闡發其義理，又往往視其中的筮法語言爲講哲學問題。如王弼釋《繫辭》「大衍之數」章，則以其一不用之一爲太極，以此不用之一爲「非數」，即以其爲無，以四十九爲有，提出「無不可以無明，必因於有」。此是視揲蓍成卦的筮法語言爲談本體論的問題。晉韓康伯《繫辭注》乃義理學派解傳的代表作。通行本《繫辭》說：「幾者動之微，吉之先見者也」，《漢書》引此句，「吉」字後有一「凶」字。「幾」和「微」指卦爻象變化的先兆或苗頭，故謂「吉凶之先見者」，此是解釋筮法，依卦爻象的變化推斷吉凶之事。可是，韓氏則釋爲「幾者，去無入有，有理而無形者」，以事物之理無形跡，解釋「幾」。至孔疏則以「幾」爲心中之理尚未顯現，宋周敦頤進而將「幾」解釋爲行爲的動機，所謂「幾善惡」。凡此皆抹煞了筮法的內容，以哲學語言代替筮法語言。程氏《易傳》亦是義理學派解易的代表作。程氏釋乾卦《彖》文，則以「乾元」爲天始萬物之道，釋坤卦《彖》文，則以「坤元」爲地資生萬物之道。此種解釋，則將《彖》文中稱贊乾坤兩卦象的筮法語言，完全抹煞了。又其釋《繫辭》文「形而上」和「形而下」說：「形而上曰天地之道，形而下曰陰陽之動」，此種解釋，又將作爲筮法的道器範疇，歸於談本體論的哲學的範疇。又《繫辭》贊揚筮法說：「寂然不動，感而遂通天下之故」，程氏在《遺書》中一概釋爲談道德修養問題，所謂「父子君臣常理不易，何曾動來」，「雖不動，感便通，感非自外也」。以上所述，易學中兩種解傳的傾向，皆受其易學觀的影響。因此，我們研究和注解《易傳》文，對《易傳》中的兩套語言，要有清醒的認識，避免重走古代易學家傳、學不分的道路。

就近人解釋《易傳》文的情況說，有一値得注意的傾向，即由於探討《易傳》的哲理及其影響，往往將其中的筮法語言看成是哲學語言，以此提高《易傳》在哲學史上的地位。其中較爲突出的問題，是對《繫辭》中「易有太極」章的理解；或者將此章理解爲講宇宙論，或者將此章理解爲講本體論。此種理解來於漢易和宋易，即以太極爲天地萬物的本原。或以太極爲元氣，或以其爲理，或以其爲心，或以其爲太和之氣；以兩儀、四象、八卦爲天地萬物，以「是生兩儀」中的「生」字，或爲生出，取母生子之義，或爲散開，取顯現之義。總之，不以此章爲談筮法問題。今人釋此章，多取漢易宇宙生成論說。其實，此問題清初毛奇齡和李塨已經解決。毛李斷言此章是講筮法，而不是談宇宙論。關鍵在於對兩儀、四象和八卦內涵的理解。李塨指出，如果以兩儀爲陰陽二氣或天地，以四象爲四時，以八卦爲天地風雷水火山澤，即等於說，天地或陰陽生出四時，四時又生天地萬物。即等於說，天地生天地，或四時生天地，此是不通之論。如果以八卦爲萬物，不包括天地，亦不能成立。因爲兩儀、四象、八卦皆有其數的規定性，八卦，就其數目說，即八個，不等於萬個。所以下文說，「八卦定吉凶，吉凶生大業」，八卦，顯然是指卦象。李氏的辯論，就對此章文句的解釋說，難以反駁。就筮法說，此章是講畫卦過程或講揲蓍成卦的過程，可以有不同的了解。毛、李則以此章爲講揲蓍成卦的過程，認爲與大衍之數章的文意是一致的。不僅毛李持此見解，朱熹於《本義》中亦持此見解，雖然他以「太極」爲陰陽變易之理，但對全章的了解，或以爲畫卦過程，或以爲揲蓍過程，而不以此章文意是講宇宙論或本體論。雖然，朱熹於其它易學哲學著作中，依此章提供的思想資料，談本體論問題。在朱氏看來，注釋《繫辭》文，是探討其本義；藉《繫辭》文談哲學問題，賦予其新意，是談自己的哲學觀。二者不能混爲一談。我們不能因爲歷史上有些易學家和哲學家藉此章文意，談宇宙論或本體論，從而依其義解釋《易傳》文。至於將此章內容現代化，如將其解釋爲宇宙大爆炸的過程，更是不足取了。

## 四、易學中的兩大學派

從漢朝開始，由於儒家經學的確立，歷代易學家解易，逐漸形成兩大流派，即象數學派和義理學派。此兩大流派，通過對《周易》經傳的解釋，建立起各自的易學體系。這些易學體系對中華文化的發展起了重大影響。如何看待和研究易學發展的歷史，也是當前學術界討論的一大課題。我們同樣倡導以歷史的和分析的方法，研究歷代易學及其貢獻，不再重走傳統經學家研究易學史的老路。以下，談幾個問題。

### (一)兩派易學分歧的原因及其特徵

總的說來，兩派易學的根本分歧起於對《易傳》解經體例的不同的理解。《易傳》解經提出三條體例，即取象、取義和爻位三說。爻位說是探討爻象和爻辭之間的關係，兩派易學對此並無大的分歧。問題在於取象和取義二說，此二說，在《易傳》中是並存的。可是，從漢朝開始，特別從孟喜、京房易學開始，倡導取象說，以象數範疇解釋周易經傳文及其義理，形成了象數學派。另一派易學家，如帛書本易說和費直易學，以《易傳》文解釋經文，成爲義理學派的先驅。就兩派易學所繼承的傳統說，象數學派推崇《大象》解經的體例，而義理學派則推崇《彖》的取義說，其分歧在於如何解釋通經文中的象辭相應之理。因爲各有所據，所以兩派長期爭論不休。

目前，有一種說法，認爲凡講象數的則爲象數學派，凡談義理的則爲義理學派。此是表面的了解。其實，象數學派並非不談義理，義理學派並非不談象數，問題在於置何者於第一位，即是說，是以象數解釋義理，還是以義理解釋象數？此是問題的關鍵。象數學派解釋周易經傳文，不僅取象，而且取數。所謂取數，即取奇偶之數，解釋卦爻象和卦爻辭及其相應之理。南宋象數學派代表朱震說：「隨其變而言之而謂辭，故辭之所指，變也，象數也」（《漢上易傳·序》）。他所說的「變」，指卦爻象和奇偶之數的變易。在他看來，卦爻辭是用來表達象和數的，可謂道出了象數學派解經的特徵。宋代義理學派的代表程頤說：「理既見乎辭矣，則由辭以見象。故曰得其義則象數在其中矣」（《遺書·答張閎中書》）。是說，卦爻辭是表現義理的，可謂道出了義理學派的特徵。此是就兩派解經的主要傾向說的。但從易學史上看，象數學派，由於對象數關係的理解不同，到宋代，又分化爲象學和數學兩派，前者主有象而後有數，後者主數生象。義理學派，並不一概排斥取象，但由於對象義關係的理解不同，又分化爲兩派，一派主有義而後有象，一派主有象而後有義。總之，兩派分歧是比較復雜的，要具體分析，不能簡單處理。

### ㈡象數學派發展的歷史

象數學派，嚴格地說，始於漢代孟喜、京房易學。劉向校書時，視京房易學爲「異黨」，表示不同於漢初田何以來的易學傳統，開創了以象數解易的新風氣。他倡導的易學，被稱爲卦氣說。其說是以六十四卦卦爻象的結構說明一年四季、十二月及二十四節氣變化的過程。如以坎離震兌爲四正卦，代表四季；以乾坤剝復等爲十二辟卦代表一年十二個月等；反過來，又以陰陽二氣即寒暖二氣的變化解釋卦爻象的變化法則。因此，京房重新排列卦序，提出八宮卦說。他依《說卦》乾坤父母卦說，將乾卦統率三男震坎艮列於左，坤卦統率三女巽離兌列於右。各宮中從上往下，按陰陽爻象增減的順序，各排列八個卦。如乾卦後爲姤卦，表示一陰生；其後爲遯卦，表示二陰生；其後爲否卦，表示三陰生；其後爲觀卦，表示四陰生；其後剝卦表示五陰生，剝卦六四爻變爲陽爻，爲晉卦，居於其下，稱爲「游魂」，晉卦下體變爲本宮卦的乾卦，居晉卦之下，稱爲「歸魂」，表示此卦之下體又回復本宮下體卦象。其它各宮卦中各卦排列的順序，皆準此。其結果是，首卦爲乾，第三十三卦爲坤，居六十四卦中位，尾卦爲歸妹。此種卦序，同帛書本卦序爲同一系統，但又有區別，即六子卦排列的長次順序則相反。有人認爲京房卦序乃帛書本卦序的發展，此是推測之辭，並無根據。此種卦序說的核心是以陰陽二氣之消長說明陰陽爻象的互爲消長。陰陽二爻配以寒暖二氣，《文言》傳已有萌芽，如以「陽氣潛藏」，解釋「潛龍勿用」句。《小象》則以「陰始凝也」，解釋坤卦初爻「履霜，堅冰至」句。但未以此解釋六十四卦爻象的變易過程，未形成體系。而京房解易，則以二氣爲核心形成自己的易學體系。京房此說頗受漢代天文氣象學發達的影響。

京房易學的另一特徵是，提出納甲說，即引入干支說，解釋八卦之爻象。其說是，八卦六爻皆配以甲乙丙丁十干和子丑寅卯等十二支。因爲乾卦初爻配甲，故稱爲納甲。十干配八卦，多出兩干，即壬癸，又配入乾坤兩卦中。此說的目的是將八卦之象同天地干支紀年法揉合在一起，以說明一年氣候的變化過程。此說出於當時曆法中的律曆說。京氏易學的又一特徵是，以五行即水火木金土配八卦及八卦中的各爻象。即乾金、坤土、震木、巽木、坎水、離火、艮土、兌金。其中有三行重復，因爲八卦同五行之數相比，差三。各卦六爻又各配以五行，六爻同五行之數相比，差一，故有一行重出。認爲卦象中的五行爲母，其爻象中的五行爲子，二者存在著五行生克的關係，相生則吉，相克則凶。以五行配八卦爻象，亦是京房的創見。

以上三說乃京氏易學的主要特徵。他所以提出此三說，在於解釋周易經傳文，特別是象辭相應之理。今傳《京房易傳》即是明證。如他以陰陽二氣和五行之氣解釋泰卦經傳文。泰卦坤上乾下，其以坤爲陰氣，乾爲陽氣，陰氣由上升而下降，與下體陽氣上升而相交，解釋卦辭「小往大來」句。其以陽氣入於地氣之中，二氣相交而無隔礙，解釋泰卦義爲「通」。他又以乾爲金、坤爲土，表示泰卦具有土生金之象，以此解釋《彖》文「天地交而萬物通」。

又如其解釋震卦，震爲木，上爻爲土，二三爻各爲木土，震又爲雷，表示雷使土木振動，以此解釋經文「震驚百里」句。關於納甲，其解釋乾卦初九爻辭說：「建子起潛龍」，以甲子居干支之首，說明乾卦初爻之義。總之，京氏提出的卦氣說，其用意是回答象辭相應之理。其易學亦講占候術，以卦氣說推測氣候的變化，藉氣候之反常，向當權者的政治措施提出警告。此是本於當時今文經學宣揚的陰陽災異說，同漢代流行的占星術爲同一類型。但其占候術，不同於後來民間流行的算命術，如《火珠林》的納甲術，用來占卜個人的吉凶禍福。因此，京氏易學作爲漢代易學的代表之一，屬於漢代今文經學的一個流派，將京氏易學與《火珠林》的納甲術混爲一談是不對的。

京房易學倡導的卦氣說，對漢代易學的發展，影響頗大。以卦氣說解釋周易經傳文成爲漢易的主流。三國時期的虞翻易學是繼京房後以象數解易的代表人物。他提出卦變說，旁通說解釋象辭相應之理。如其解釋離卦辭：「利貞，亨。畜牝牛，吉」，則以卦變、旁通、互體和取象四說加以解釋。謂離卦來於坤二五爻居乾二五之位，此即卦變說。離的旁通卦爲習坎。坤取象爲牝牛，坎爲水，有頤養之象，所以卦辭爲「畜牝牛，吉」。就互體說，離卦二四爻爲巽，其旁通之坎卦二四互體爲震，震取物爲百谷。離卦從坤卦變來，坤爲地。以此解釋此卦《彖》文「百谷草木麗乎地」。總之，其卦變說的宗旨是，從一卦引出許多卦，最後，以取象說解釋象辭相應之理。其所取之象，不限於《說卦》所說的物象，而是廣爲引申。乾有六十、坤有八十二、震有五十、坎有四十六等。他以震爲百谷，坎爲頤養，即是對《說卦》說的引申。其取象的原則是，哪種物象能講通象辭相應之理，就取哪種象。此種取象說，不能不走上煩瑣經學的道路，實際上流爲概念遊戲，不能不受到義理學派的反對。

漢代易學是象數學派發展的第一個階段，爲象數學派的易學奠定了基礎。到宋元明清時期，象數之學得到了進一步發展和繁榮，並且形成了易圖學。（關於易圖學的源流問題，另文討論）北宋象數學派的代表人物爲劉牧和邵雍。劉、邵二家的易學被稱爲數學。劉牧有周易經傳的注解，已失傳。流傳下來的著作爲《易數鈎隱圖》。他推崇數即奇偶之數，認爲八卦之象來於奇偶之數的排列和組合。從而繪制了河圖和洛書的圖式，解釋卦象的來源，並以河洛圖式解釋一年四季的變化和萬物生成的過程。其河洛圖式的思想淵源是漢易中的九宮說和五行生成說，其圖式的思維內涵是漢易卦氣說的新發展，其目的是解釋《繫辭》文中的「河出圖、洛出書」句以及「易有太極」、「天地之數」和「大衍之數」章。其河洛圖式，後被朱熹一派所發展。朱熹派稱其河圖爲洛書，稱其洛書爲河圖，以五行相生解釋河圖，以五行相克解釋洛書。河洛圖成爲易學家解釋世界的一種模式。

邵雍繼劉牧之後，倡導數學易，其著作有《皇極經世》。此書並非逐句解釋經文，而是依《繫辭》的「易有太極」、「天地之數」和「大衍之數」章和《說卦》中的「天地定位」章，提出先天易學，並以圖式解釋其易學原理。他所提出的圖式有：先天八卦和六十四次序圖，先天八卦和六十四卦方位圖以及方圓合一圖。這些圖式，或談畫卦的過程和卦象排列的順序，或談天文氣象的變化過程，或用來解釋世界的形成和結構。就其方位圖說，提出乾南坤北離東坎西的四正位卦是對卦氣說新發展。他認爲，讀周易，不僅玩象、玩辭、玩意，還要玩數，即以數學的法則玩味經傳文。關於象和數的關係，提出「數生象，象生器」的命題。

他同劉牧易學的區別是，只講陰陽奇偶，不言五行生成。他提出的圖式，對後來易學的發展也頗有影響。關於邵雍易學有不同的評價。由於他的易學著作，不是逐句解釋周易經傳文，而談陰陽奇偶之數的變化，《四庫》的編者，將其歸於「數術」類，同占術即算命的書籍混在一起，這是出於傳統經學家的偏見。後來在民間流行的算命書籍《梅花易數》，又假托邵雍的名義，宣揚算命術，並把邵雍奉爲占術的宗師。邵雍易學，依陰陽互爲消長的法則，推測事物發展的過程和動向，同算命術利用五行生克，推斷個人的吉凶禍福是兩回事。因而其著作屬於易學領域，其《皇極經世》乃易學史上的名著，同《梅花易數》一類的占術有天壤之別。

南宋至明清，象數學派的代表人物有宋代朱震、明代來知德和清初的方孔炤和方以智父子。他們吸收了劉牧的河圖洛書和邵雍的先天易學，用來解釋周易經傳文句，探討象辭相應之理，乃宋易中象數之學的進一步發展。他們提出的解經體例，除取象、互體、卦變、五行、納甲等外，又增添了新的體例。如前節提到的，來氏於其《周易集注》中提出綜錯說，解釋經文重出的辭句。此外，他依邵雍的先天卦序說中八卦排列的數字，解釋經文。如他以離卦之數爲三，認爲經文中凡有離卦象的爻辭，皆有三字。如同人卦，乾上離下，故其爻辭有「三歲不興」句；明夷卦，坤上離下，故其爻辭中有「三日不食」句。方氏父子於其《周易時論合編》中，又以河洛說，解釋經文義。如革卦，兌上離下，離爲火，兌爲金，金居西方，節氣爲秋，火居南方，節氣爲夏。金火易位，金居南，火居西，河圖則變爲洛書。以此解釋革卦義。朱氏、來氏和方氏三家解易，就象數關係說，都主張有象而後有數。如朱震於其

《漢上易傳》中認爲，八卦來於對物象的模擬，特別是對陰陽二氣的模擬，七八九六之數，取法於陰陽之變易。來氏認爲，有陰陽之象，則有陰陽之理，有其理，方有其數，如其所說：「天陽，其數奇，地陰，其數偶」。方氏提出「曆象爲數」說，謂象清楚可數，即是數，從而主張「因象有數」，亦置象於第一位。此三家的易學，可稱爲象數之學中的象學派。

清代易學的主流是復興漢代易學，以對抗宋易中劉牧、邵雍一派的易圖學。漢易的主流是象數之學。清代漢學家倡導的易學，如毛奇齡、惠棟、張惠言、焦循等，由於重視漢易，其解經的傳統，亦屬於象數學派。惠棟和張惠言解經的思路，大都闡發漢易中象數之學，特別是虞翻的易學。毛奇齡略有發展，其《仲氏易》，提出「推易」、「移易」等解經的體例，其目的也是從本卦引出其它卦，再通互體說和取象說，解釋象辭相應之理。焦循解經，則獨闢蹊徑，提出「旁通」、「相錯」、「時行」等解經的體例。這些體例，乃漢易卦變說的新形式，目的在於說明卦爻象和卦爻辭何以有吉凶之分。但爲了說明經文中的重複辭句，又提出「比例引伸」說，走向了將卦爻辭的內容抽象化和形式化的道路。就此而言，焦氏的易學又標誌著以象數解經的終結。

以上所述表明，易學史上象數學派的主要特徵是以取象和取數解釋周易經傳中的文句，闡明象辭相應之理，所以成爲經學史上一大流派。那種脫離經學的內容，談象數派易學，或將象數之學歸之爲以象數圖式解釋易理進而解釋天文、地理、醫理等，或將象數易學歸之於占術即數術，都沒有看到易學史上象數學派的主要特徵。就象數學派的理論思維說，他們都以陰陽二氣或五行之氣解釋卦爻象變化的法則，從而提出了以陰陽五行爲間架的世界模式，成爲哲學史上陰陽五行學說的主要倡導者。

### ㈢義理學派發展的歷史

漢初田何等經師的易學，由於其著作已失傳，不得而知。帛書本易傳文，有助於理解漢初易學的特徵。其中的《二三子問》、《易之義》、《要》、《繆和》、《昭力》等五篇文獻，對研究義理學派的形成有重要的史料價值。此五篇文獻對卦爻象和卦爻辭的解釋，大都主取義說，如對乾坤兩卦的解釋，以健釋乾，以順釋坤，其釋卦爻辭，同《文言》、《繫辭》解經的體例爲一類，即直接闡發卦爻辭中的義理。此種學風，同漢初韓嬰於《韓詩外傳》以及《淮南子》解釋經文的學風也是一致的。可以視爲義理學派形成的先驅。至費直解經，依《易傳》義，不取納甲、五行等說，可以看成是漢初經師解易學風的繼續。至三國，古文經學大師王肅解易，同樣重視取義說，其談取象，僅限於《大象》所說的體例，同樣不談五行、納甲、互體、卦變等，亦不談占候術。其學風，對王弼易學頗有影響，成爲王弼易學取義說主要淵源。

至魏王弼解易，公開反對漢易中取象說，如虞翻等人的解經體例，爲義理學派的易學奠定了基礎。王弼解易的著作有《周易注》和《周易略例》，後者直接討論了解經的體例問題。其中的《明象》和《明彖》，是他以義理解易的指導原則。他在《明象》中辯論了象義的關係。其論取義的理由說：「義苟在健，何必馬乎？類苟在順，何必牛乎？義苟合順，何必坤乃爲牛？義苟應健，何必乾乃爲馬？」《說卦》說：「乾爲馬，坤爲牛」。王弼不贊成此說。

認爲按此說法，考察卦爻辭，並不能解釋通象辭的對應關係。如乾卦爻辭所取之象爲龍，並無馬象。而坤卦反而取馬象，如說「利牝馬之貞」，卻無牛象。遯卦乾上艮下，並無坤卦象，可是其六二爻辭卻說：「執之用黃牛之革」，又出現了牛象。大壯卦，震下乾上，可是九三爻辭卻說：「羝羊觸藩」，又出現了羊象。從而認爲，取象說不足以說明象辭相應之理，只有取義說，方能講通二者的關係。如就乾卦說，其義爲健，可以統率健類中一切物象，不限於馬象，龍象亦在其中。就坤卦說，其義爲順，可以統率順類中一切物象，不限於牛，如牝馬柔順，亦包括其中。遯卦六二爻，所以繫之以黃牛之象，因爲六二爲陰爻，有柔順之義。大壯九三爻所以有「羝羊」之象，因爲此爻爲陽，有剛強之義。總之，一卦之義可以統率衆多物象，有卦爻之義，方有所取之物象，此即他所說：「夫易者，象也。象之生，生於義也」。據此，他認爲，乾卦九三爻「君子終日乾乾」句，所以取君子之象，而不取龍象，因爲君子之德符合剛健之義。從而回答了取象說難以回答的問題，並批評漢易的互體、卦變、五行等解經體例爲「僞說」。由於他排斥取象說，關於象義關係的辯論，進而提出「得意忘象」說，認爲對經文的理解，不能執著在物象上，否則，有礙於對其義理的把握，從而導出一個結論，只有忘掉物象，甚至卦象，方能得到義理，如其所說：「忘象以求其義」。又將取義說引向極端，成爲易學史上掃象說的代表。

王弼的取義說，並不能解釋通周易中所有的象辭的對應關係。如明夷卦，坤上離下，其六二爻辭說「用拯馬壯」。此爻爲陰爻，按王弼說法，其義爲柔順，可是卻繫之以「馬壯」，爲陽物，便同其提出的原則相抵牾了。但他提出的取義說，就其理論思維說，卻有重要的意義。他的「類苟在順，何必牛乎」，從邏輯上說，提出了內涵和外延的關係問題。一類事物的內涵或共性，通過該類的個別事項表現出來，此即王弼說的「象生於義」。但王弼認爲，內涵比外延更爲根本，可以統率外延中的一切事項，反之，外延中的個別事項卻不能統率其它物象，從而批評了取象說。其取義說也是對《繫辭》文「其稱名也小，其取類也大」的闡發。他解易，追求一卦之義理，又頗受道家學說的影響。他提出的以簡御繁，以寡統衆，是來於老學。「得意忘象」又是來於莊學。他解釋「大衍之數」和「易有太極」章，以其一不用之一爲太極，以太極爲「無」，以四十九爲「有」，認爲「一」雖不參與揲蓍的過程，卻成就了卦爻象的形成。此又是基於其玄學貴無論。王弼易學，雖受玄學的影響，但由於奠定了取義說的傳統，其《周易注》後被唐孔穎達收入《五經正義》中，成爲官方經學的代表之一。

至宋代，義理學派的易學得到進一步發展。程頤的《伊川易傳》即其代表。程氏自稱其易學來於王弼易學，但又不同於王弼易學。他所繼承的是取義說，但拋棄了以老莊解易的觀點。就解經的體例說，他不否認《大象》的取象說，對取象有所肯定。但力圖以取義說理解取象說。如井卦，坎上巽下，《象》傳說：「木上有水」。程氏則解釋爲「木入於水而上乎水」，取巽爲入義。又如隨卦，兌上震下，《象》傳說：「澤中有雷」。而程氏則解釋爲「雷振於澤中」，「澤隨而動」，又取震爲動義。因此，關於象義關係，他拋棄了王弼的掃象說，肯定了取象說的地位，從而提出「假象以顯義」說，認爲象乃義的表現形式，二者不容分割。他又以義爲體，象爲用，認爲體用不可分離。此即他所提出的有名的易學命題：

「體用一原，顯微無間」。體和微，指卦義；用和顯，指物象。如有剛健之義，則以龍象表現其義理。由於他以義爲體，以象爲用，認爲有其體，方有其用，又是對取義說的新的闡發。由於其取義說，拋棄了王弼派的老莊玄學觀點，肯定了《象》傳的地位，他所著的《易傳》，在宋明起了廣泛的影響，從而代替了王弼的《周易注》，後被定爲官方認可的科舉考試的教科書。

由於對象義關係的看法不一，義理學派，從宋代開始，又逐漸形成了象學派。此象學派乃義理學派中的一派，不同於以程頤爲代表的理學派。此派認爲，一卦之義理即存於卦象及其所取的物象之中，象不是義理的表現形式，而是義理存在的基地或載體。其代表人物有張載和王夫之。張載不以天地而以健順解釋乾坤，如其所說：「不曰天地而曰乾坤者，言其用也」（《易說・繫辭》）。他依《周易正義》孔疏義，以乾坤爲天地之功能，即以天地之象爲體，以其德行即乾坤爲用。此種解釋即是主取義說。但他認爲乾坤作爲天地之德行即存在天地之中，離天地之物象，無乾坤之義理。從而認爲象乃一卦之體質，所謂「象，謂一卦之質」（《易說・繫辭》），八卦靠其象顯示其卦義。依此，他認爲，「觀象玩辭」即是從所取的物象中玩味其義理。進而闡明卦爻辭與卦爻象的關係。如家人卦，巽上離下，卦辭爲「利女貞」。程頤釋此，則依《象》傳義，以離爲明，居下卦之體，表示「明於內」；以巽爲整齊或散開，居於上體，意味著「齊於外」，即推行於外。由內及外，表示家道明，則天下治，以此釋卦辭「利女貞」。而張載釋此卦，則取《大象》文「風自火出」，認爲此卦象是講飲食烹飪之事。家人之道，一家之政，即在此烹飪之象中。他以家道或家政解釋家人卦義，亦主取義說，但認爲此種義理即在風火之象中，又不同於程頤的取義說。又如中孚卦，巽上兌下，《象》以巽爲風，兌爲澤，表示上下交感。而張載依此卦所取之物象，探求其義理則以巽爲施，兌爲悅，以上施下悅，必有感化之事，解釋中孚卦義。總之，他主張觀象以求義，依卦義，說明象辭相應之理。

此種取義說，不離象而取義，後被王夫之繼承下來。如對乾坤兩卦的解釋，王夫之同樣主取義說。他說：「天者，象也。乾者，德也。是故不言天而言乾也」（《周易外傳・乾》）。他以乾坤爲天地和陰陽二氣的德性，即主取義說。他認爲，乾坤兩卦之畫，取自天地和陰陽二氣之性能，其性能不同，卦象亦異。卦象形成後，其健順之性又分別寓於卦象和所取的物象之中，所以卦辭稱純陽之象爲「元亨利貞」，稱純陰之象爲「元亨利牝馬之貞」（《周易內傳・坤》）。此是說，一卦之德行或義理，不脫離卦象及其所取之物象而獨立存在，象乃義的負荷體。因而他又提出「易之全體在象」的命題。關於象義關係，他主張「即象以見理」、「因象立義」。王夫之此說，既反對了象數學派的泥象說，又反對了王弼派的忘象說，同時又揚棄了程頤的「假象」說。他依易學中的義寓於象說，在哲學上終於導出「象外無道」、「道不離器」的命題，對中國哲學的發展做出了重大貢獻。總之，義理學派，就象義關係說，經歷了一發展的過程，即從王弼的「忘象」到程頤的「假象」，再到王夫之的「即象」說，終於取得積極的成果。當前流行的義理學派的著作，其釋周易經傳文，多依王弼，特別是程頤義，忽視或不承認張載和王夫之易學的歷史地位，這是不公正的。

## ㈣關於兩派易學的評價

易學史上的兩大流派，由於對周易經傳文的解釋，一是發揮《彖》傳的取義說，一是發揮《象》傳的取象說，各有所據，所以長期爭論不休。此是就各家解易的大方向說的。實際上兩派在其發展過程中，又不同程度的吸取和容納了對方的體例和觀點。如王弼解易，力排取象說，可是其注復卦辭「七日來復」句，則引卦氣說。朱震力主取象說，可是，又視乾健坤順之德，爲象的一種形式，又容納了取義說。來知德亦力主取象說，可是，其對物象的了解，極其廣泛，如《繫辭》以乾爲知，以坤爲能，知能乃二卦之德性，來氏統稱之爲象。他還提出物象來於卦德，又是吸取了取義說。這說明，兩大流派的易學，並非一刀兩斷，涇渭分明，而是相互影響的。因而在易學史上又出現了企圖調和兩派易學的易學家。其代表著作，有唐朝孔穎達主編的《周易正義》和朱熹的《周易本義》。這兩部著作，影響很大，一爲唐朝認可的官方教材，一爲明清認可的官方教材。但這兩部著作，雖調和兩派的學風，其解經，就其整體說，仍存在不同的傾向。孔疏偏重於取象說，朱熹偏重於取義說。張載的易學是繼承了孔疏的取象說，而朱熹的易學是繼承了程頤的取義說。從易學史上看，兩派易學的論爭，具有宗派性的偏見，即各以自己的易學爲正統，而排斥對方。今天，我們以歷史的和分析的方法，研究兩派的學風，應擺脫傳統經學家的偏見。因爲兩派的分歧，出於對象辭相應之理的解釋。其解釋屬於詮釋學的問題，不存在是否符合易經本義問題。只要其詮釋，各自成爲理論體系，在理論思維上有所貢獻，都應加以肯定。互相排斥的門戶之見，甚至將學派變成宗派，是不可取的。

就解經的理論思維說，兩派易學各有所長，對中華文化的發展各自做出了貢獻。取象說，以天地風雷水火山澤等解說易理，重視對自然現象的觀察，其所謂觀象，以觀天地萬物之象爲主。因此，後人則認爲象數學派解易是言天道。如漢易和宋易中的卦氣說，以陰陽五行之氣解釋大陸氣候的變化過程和法則，同天文氣象學結合起來。元明時期的象數學派又依取象說，取人體各器官之象，又同醫學結合起來，形成了醫學中的醫易學派。方以智依取象說，又取萬物之象，以陰陽五行爲五大元素，解釋自然現象的物質構成及其相互轉化的法則，又同物理學結合起來。其中的數學派，由於推崇陰陽奇偶和方圓之數，又推動了中國古代數學的發展。總之，象數學派，重視個體事物及其功能和量的變化，其易學思維爲中國古代的自然科學的自然觀奠定了理論基礎。並且在哲學上，通過對「易有太極」章的解釋，提出宇宙形成論的思維模式，對中國傳統宇宙論的發展起了深刻影響。中國固有的宗教即道教，即是從象數學派的思維中，吸取養料，來建立和發展自己的宗教體系。

取義說，重視對事物的共性、本質和規律的探討，追求一般的原理原則，特別是王弼和程頤的易學，其解釋經傳文，落實到人倫生活、政治生活的人際關係中，後又被認爲其解易的著作爲明人事。正是由於其解經的重點是明人事，闡發了齊家、治國和平天下之道，爲處理君、臣、民三者的關係，提供了準則，所以被王朝選爲官方的教材。但義理學派在後來的發展中，其解經不僅明人事，而且言天道，將天道和人道結合起來，追求宇宙的普遍法則，張載、朱熹和王夫之的易學即其代表。由於義理學派重視共性和本質，又促進了中國哲學中形上學和本體論的發展。王弼派的玄學，程朱的理學以及王夫之的氣學，都是在其易學思維的指導和影響下，形成自己的形上學和本體論的體系。此外，中國的文學家和藝術家，通過對《繫辭》文「聖人立象以盡意」的詮釋，主張以形象來表達心中的情意和理論，也頗受義理學派和象數學派解經思路的影響，使中華的文學、藝術在世界文明史上獨樹一幟。

總之，我們研究兩大流派易學發展的歷史，一方面要研究其解經的體例，另一方面要從其解經的體例中探討他們觀察、思考和處理問題的思維方式，從中汲取智慧，有助於解決我們現在所面臨的問題，這也是當代人研究易學的主要目的和任務。

（一九九七年在香港道教學院的演講）

# 談周易文化中的兩種傳統

## 一

《周易》作爲中華原典之一，漢朝人稱爲「易經」，其內容由六十四個卦象及解說卦象的辭句組成。這部典籍的形成，出於推測人事吉凶的需要。在遠古時代，由於生產力水平低下，科學知識貧乏，人們不能掌握自己的命運，遇到重大的疑難問題，則求助神靈（上帝或鬼神）的啓示，作爲行動的指南。這樣，便產生了占術即算命術。世界上各民族都有自己算命術的歷史。在我國殷周時期，影響大的算命術，有兩種，即龜卜和占筮。前者，將龜甲和獸骨鑽孔火烤，依孔周圍呈現的裂紋，判斷上帝對所問之事的指示。將所問之事及上帝的旨意，以文字刻在甲骨上，即是「卜辭」。此種算命術，被稱爲「卜法」。後者即占筮，是通過數草棍的程序，得出某種卦象，依卦象的結構，判斷所問之事的吉凶。判斷吉凶的辭句，稱爲「筮辭」。此種算命術，稱爲「筮法」。掌管卜筮的官吏將占筮過程中積累的卦象和筮辭，加以編排、整理和修飾，便成爲《周易》一書。當人們遇到難解問題，通過擺草棍的形式求得某卦象後，則查看《周易》中相同的卦象以及該卦象下所繫的辭句，依此推斷所問之事的動向或後果。這就是《周易》一書在周代的用處。古人說：「易本卜筮之書」，即是此義。

但是，《周易》作爲筮法的典籍，同卜法和卜辭比較，又有很大的差別。其一，卜法所依據的信息是龜兆，龜兆是自然成紋，無邏輯的結構；而筮法所依據的信息是卦象，卦象由奇偶二數或陰陽二爻排列組合而成，具有數學思維和邏輯結構。其二，龜兆的獲得，出於火烤，聽命於偶然，人力無法控制；而卦象的獲得，通過數草棍的演算程序，人的智力可以操作。其三，卜辭只是記錄上帝對所問之事的回答，如「帝令雨足年」、「王乍邑，帝若」、「帝弗其福王」等。而筮辭經過《周易》編者的加工和修飾，往往含有人道教訓之義。如乾卦九三爻辭說：「君子終日乾乾，夕惕若，厲，无咎」，謂君子終日不懈怠，時刻抱有警惕之心，雖遇險境，仍不犯過錯。又此卦上九爻辭說：「亢龍有悔」，謂龍飛得過高，有掉下來的危險，會有悔恨，要人們做事，不要走極端，以此自勉。又如坤卦初六爻辭說：「履霜，堅冰至」，謂霜降是結冰的先兆，要人們善於察覺事物的走向，防微杜漸，以免後患無窮。又如泰卦九三爻辭說：「无平不陂，无往不復，艱貞，无咎」，謂人生旅途不是一帆風順，有平坦，就有陂斜，有往就有來，遇到困難，不要驚慌失措。這些辭句，在卜辭中是找不到的。其四，卜法依龜兆判斷上帝的旨意，憑神秘的直覺，而筮法則依《周易》卦爻辭中的事項推斷所問之事的後果，含有推理的因素，雖然其推論往往流於比附或聯想。其五，關於吉凶的斷語，卜辭的成語是「利」、「不利」；「受佑」、「弗受佑」；「得」、「亡得」；「若」、「弗若」等；吉凶的界限分明，其間無迴旋之餘地。而《周易》中的斷語，除利，不利、吉、凶等外，較多的使用「咎」、「无咎」、「有悔」、「悔亡」、「吝」、「亨」、

「厲」、「惕」等，表示對所問之事，如能悔過自新，保持警惕，可以化險爲夷，化凶爲吉。此種差別意味著卜法向神靈卜問吉凶，基於人的恐懼感和危機感，而《周易》筮法則將恐懼和危機感引向理性反思的道路，形成了憂患意識。以上五點表明，《周易》筮法雖然保存了向神靈或神物卜問吉凶的信念，但其中的理性思維和人爲選擇的能力大大增強了，這在上古文化史上是一大進步。正因爲《周易》這部古老的算命典籍中，含有理性思維和邏輯思維的內涵，終於成爲中國哲學的源頭，而龜卜和卜辭始終停留在原始的巫術迷信的水平上。

從人類文化發展的歷史看，《周易》這部占筮用的典籍含有理性思維和迷信兩種成份，並不難於理解。因爲在遠古時代，科學思維的萌芽往往同迷信或巫術混合在一起。如古代的占星術即是這樣。認爲觀天象可以預知王朝的興廢、戰爭的勝負，這是迷信；可是其對星辰運行軌道的觀測，則成爲古代天文學的濫觴。由於《周易》這部典籍，含有理性思維和迷信兩種因素，後來在流傳的過程中，便逐漸分化爲兩種傾向：一是發揚其中的理性成份，視《周易》爲講哲理的典籍；一是繼承其中迷信或神秘主義成份，視《周易》爲算命的工具。前者屬於「學」的領域，即易學的傳統；後者屬於「數術」的領域，即算命的傳統。

## 二

這種分化，始於春秋戰國時代。早在春秋時期，由於社會制度的變革，西周以來傳統的天命鬼神的信仰動搖了，思想界興起了人本主義和理性主義思潮。在這種思潮的影響下，儒家的創始人孔子，對《周易》重新評估。他有兩條見解，保存在《論語》中。一條是：「假我數年，五十以學易，可以無大過矣」（〈述而〉）；一條是：「善夫！不恆其德，或承之羞。子曰：不占而已矣」（〈子路〉）。他視《周易》爲改過遷善之書，認爲學習《周易》可以提高人的道德境界。因爲卦爻辭含有人道教訓之義，可以給人以智慧。他讀到恆卦九三爻辭「不恆其德，或承之羞」，引南人之言說：「人而無恆，不可以作巫醫」。認爲懂這一道理，即人無恆心，則一事無成，便用不著占卦算命了。後來的儒家大師荀子，發揮爲：「善爲易者不占」（《荀子·大略》）。從而開創了儒家解易的人文主義和理性主義傳統。

到了戰國時代，因受當時哲學思潮的影響，出現了系統地解釋《周易》的文獻，即《易傳》，對《周易》中的卦爻象和卦爻辭進行了種種解釋。其總的趨向是，將《周易》的內容哲理化，視其爲「窮理盡性」之書，即探討事物變化的規律，提高人的思想境界的典籍，並且提出陰陽範疇，解釋卦爻象和卦爻辭，進而以陰陽對待的辯證思維解釋世界。其對占筮的理解，提出「易彰往而察來」的類推說和「善補過」的自省說，從而將「卜筮之書」昇華爲講宇宙人生哲理的典籍，爲易學的形成和發展奠定了基礎。

漢王朝建立後，由於官方推崇儒學，《周易》成爲儒家的經典之一，並居五經之首。研究儒家經典的學問，當時稱爲經學。朝廷設博士官，專門從事經書的研究，並以此教育學子。關於《周易》經傳的研究，稱爲「易學」，易學乃經學的一個分支。易學的特徵是，依《易傳》對《周易》的解釋，進一步探討和闡發其中所蘊涵的哲理。這一經學的傳統，從漢代開始，一直延續到近代。儘管歷代易學家對《周易》經傳的解釋不一，形成了不同的流派，如義理學派、象數學派，各自建立其易學體系，但就作爲經學的一個分支即易學來說，存在著共同的研究任務：⑴闡發《易傳》提出的三種解經的體例，即取象、取義和爻位三說，探討卦爻象和卦爻辭之間的對應關係。即象辭相應之理，尋找卦爻象和卦爻辭間的邏輯聯繫。⑵分析卦象的邏輯結構，探討卦象的起源，八卦和六十四卦排列的邏輯程序，並以其中蘊涵的邏輯思維和辯證思維解釋事物變易的規律。⑶詮釋卦爻辭的內容，闡發其中所蘊涵的人道教訓之義和天道盈虛的自然法則。⑷闡發《易傳》提出的憂患意識，處理人的政治生活和道德生活，以善惡解釋人的吉凶遭遇，反對用卜筮算命。⑸詮釋《易傳》提出的易學和哲學範疇，如太極、陰陽、道器、象數、象意、神化等，建立自己的宇宙論和本體論的哲學體系。⑹依據《易傳》提出的「天地之數」、「大衍之數」、「參天兩地」之數以及八卦方位說，繪製各種易學圖式，如河圖、洛書、先後天圖、太極圖等，作爲一種世界模式，解釋自然和社會。其中第一條最爲重要，乃歷代易學家代代相承的任務。他們對這些課題的研究和詮釋，拋棄了神天明鬼的神秘主義，具有理性主義和人文主義的特色，從而對中華傳統文化的發展起了巨大的影響。

## 三

但是，自春秋戰國以來，依《周易》和筮法推斷人事吉凶的活動，一直沒有中斷。據《左傳》和《國語》記載，春秋時期，貴族們關於出征、結盟、挑選繼承人、生子、婚配以及推測國家的前途，都占筮以決疑，並且展開了「筮短龜長」的辯論。由於占筮投合當時人們要求解惑的心理，所以秦始皇焚書，不焚《周易》。到了漢代，伴隨經學的確立，以《周易》卜問吉凶的活動，在民間廣泛流行起來，從而形成了《周易》文化中的「數術」派。此派對待《周易》的態度是：一不詮釋《周易》經傳，二不研究其中所涵蘊的學理，只是用來算命，並且炮製一套算命的程序，名曰爲人解惑，實爲謀取錢財。

司馬遷於《史記·日者列傳》中，講到一位名叫司馬季主的算命先生，在長安城擺卦攤，爲人卜問吉凶。當時的大學問家賈誼前往察看，同此人展開了辯論，斥責其行爲是「矯言鬼神，以盡人財」，實乃「卑污」之徒。司馬氏辯解說，卜筮之人，爲人解惑，心地純正，其占術能使病者愈，將死者生，嫁子娶婦，無不吉利，功德無量，要比在朝廷當官的人，玩弄權術，追逐名利，不知高貴多少。我爲人算一卦，只要數百錢，有何不可。據說，這位算命先生乃「賢大夫」隱居於民間者，操卜筮之業以謀生，故有此番辯解。賈誼當時是博士，精研經學，又懂得易學，故看不起靠占術騙錢謀生的人。此事表明，在漢代，《周易》文化中的占筮派已成爲一種謀生的行業，同經學家分道揚鑣了。所以東漢的史學家班固，於其《漢書·藝文志》中，將占筮一類的著作，列入「數術」類，同經學和子學的著述區別開來，以此表明占術乃《周易》文化中的另一傳統。

唐宋以來，這一神秘主義傳統亦未中斷，直到明清，在民間陸續出現了一批以《周易》名義講算命術的書籍，如《六壬》、《火珠林》、《梅花易數》、《四柱命理》、《卜筮正宗》等。這些書籍，同歷代易學著述比較，有以下幾個特點：(1)只是依卦象推斷個人的吉凶禍福，既不詮釋《周易》經傳文句，又不談卦爻辭及其中的人道教訓之義。⑵其起卦的方法，或擲銅錢（如《火珠林》），或觸景生卦（如《梅花易數》），拋棄了大衍之數即揲蓍成卦過程中數學的演算程序，純粹取決於偶然，即「鬼謀」。⑶利用漢代以來易學家特別是象數學派解釋《周易》經傳的體例、術語和概念，如取象、取數、納甲、五行、星座、先天卦位等，虛構一套毫無實際生活經驗的空洞模式，規定卦象的吉凶涵義，作爲斷卦的依據，拋棄了彰往察來的類推思維過程。⑷聲稱其算命術所以能告人吉凶，是由於天神或鬼神將所問之事的後果即命運的歸宿顯示在求得的卦象上，只要一心求助，必有應驗，所謂「心誠則靈」。可以看出，這種算命術，同《周易》原來倡導的筮法相比，理性主義的成份及其所蘊藏的生活智慧完全被拋棄了，成了純粹宣揚神秘主義和宿命論的工具。所以它們一出籠，便受到歷代易學家們的抵制和批判。如邵雍、程頤、張載、朱熹、方以智、王夫之等人，斥其爲「末流小術」，敗壞了《周易》文化的優良傳統，斷言易學與數術有天壤之別。

## 四

總結歷史上《周易》文化中的兩種傳統，對於我們今天識別傳統文化中的精華和糟粕，正確認識經學史上的易學傳統，有重要的意義。近年來，有些文化人、學者、教授撰寫了一大批鼓吹、宣揚《火珠林》納甲術、《梅花易數》、《四柱命理》等書籍，在社會上廣爲流傳，美其名曰整理古籍，弘揚傳統文化，開展易學研究，聲稱這些書籍處處體現了周易文化的精華，甚至將這些算命術稱爲「科學的預測」到處兜售。他們推銷這些書籍的共同手法是，打著《周易》研究的旗號，故意混淆易學與數術的區別，將數術即算命術說成是一門學問，即「數術學」，稱其爲「象數易學」，或「周易預測學」，或「易學之應用」，甚至將其披上科學的外衣，表示他們有文化，不同於街頭的算命先生，而實際上是宣揚神秘主義和僞科學，成爲街頭算命先生的精神支柱。

理性主義和神秘主義，科學與迷信是不容混淆的。我們今天倡導的精神文明建設，需要的是理性和科學，不是愚昧和迷信。關於《周易》文化，我們要繼承和發揚的是，易學文化中的優秀傳統，特別是其觀察和思考問題的辯證思維方式，並且通過創新，爲當代文明建設服務。人類即將進入二十一世紀，科學理性將進一步發揚光大。企圖從古老的算命術中尋找什麼預測未來的靈丹妙藥，只能是開倒車，勢必對國家和人民的生活造成極大的危害。

（一九九七年在中國科協召開的周易與占卜算命研討會上的講話）

# 周易的特質及其現代價值

易這部古老的典籍，形成於中國西周時期，距今已有近三千年的歷史，它不僅流傳於中國，而且傳播到亞洲，甚至歐洲，成爲有世界影響的古典名著之一。這部典籍，如果從其流傳的過程來考量，應指周易系統的典籍，它包括三部分內容：易經、易傳（即十翼）和歷代易學。這三部分，既有聯繫，又有區別。易經是周人占筮用的典籍，易傳則將其哲理化，而歷代易學又是依易傳解經的原則，對周易所作的種種解釋和闡發。從經到傳，從傳到學，乃一歷史發展的過程，從而形成了一龐大的學術思想體系。易傳爲這一學術思想體系的形成奠定了理論基礎，而歷代易學又對中華文化以及東西文化的交流起了重大的影響。就這一系統的理論思維的形成和發展說，可以說是後來者居上。因此，我們談周易的本質和價值，不能局限於易經，更應著眼於易傳和歷代易學。以下，談四個問題：

## 一、《易》主陰陽變易

從易學史上看，由於後人對易經的理解不一，形成了各種各樣的周易觀。有的認爲周易乃占筮的典籍，如朱熹所說：「易本卜筮之書」（《語類》六十六）；有的認爲周易是講哲理的典籍，如明羅欽順所說：「易之爲書，所以教人窮理盡性以至於命也」（《困知紀續》卷上）；有的視其爲百科全書，如《四庫提要》所說：「易道廣大，無所不包，旁及天文、地理、樂律、兵法……」。近現代以來，又有許多神奇的說法，如說周易是一部古老的電子計算機軟件，等等。這些說法，雖各有所見，但只是表面的看法，並未揭示出周易系統典籍的本質。從歷史上看，後人對周易的理解，雖然觀點不一，甚至形成各種流派，但有一點是公認的，即皆以周易倡導陰陽變易原則，此原則，貫穿於經、傳之中，成爲歷代學人不斷鑽研和詮釋的主題。

就周易作爲上古時代的筮法說，其所以稱爲「易」，是由於依據卦爻象的變易推測人事吉凶之變易，從而同其它占卜術區別開來。朱熹雖以周易爲卜筮之書，但他認爲其中含有「陰陽剛柔吉凶之理」（《語類》六十六）所見甚是。至易傳解經，明確提出陰陽、剛柔概念，並以陰陽變易解釋卦爻象的結構及其變化的過程，進而以陰陽變易法則解釋事物變化的過程和規律。此則《繫辭》所說：「一陰一陽之謂道」，「剛柔相推而生變化」；《說卦》所說：「觀變於陰陽而立卦，發揮於剛柔而生爻」，並稱陰陽剛柔法則爲「性命之理」，認爲此法則貫通於天道、地道和人道之中，爲周易系統的陰陽變易觀奠定了基礎。

從漢代到清朝，歷代易學家都依易傳提出的陰陽變易說解釋周易的基本原理。如漢易象數學派的代表人物京房說：「二氣陽入陰，陰入陽，二氣交互不停，故曰生生之謂易」。又說：「陰雖虛納入陽位爲實，升降反復，不能久處，千變萬化，故稱乎易，易者，變也」

（《京氏易傳》）。此是以陰陽二氣相交而不已，解釋周易所以稱爲「易」。又義理學派的創始人王弼解釋周易的原理說：「範圍天地之和而不過，曲成萬物而無遺，通乎晝夜之道而無體。一陰一陽而無窮，非天下之至變，其孰能與於此哉！是故卦以存時，爻以示變」（《略例·明爻通變》）。前三句是引《繫辭》文，而將易之道歸結爲一陰一陽而變易無窮。至唐孔穎達於《周易正義序》中進一步闡發說：「夫易者，變化之總名，改換之殊稱。自天地開闢，陰陽運行，寒暑迭來，日月更出，孚萌庶類，亭毒群品，新新不停，生生相續，莫非變化之力，換大之功。然變化運行，在陰陽二氣。」又說：「謂之爲易，取變化之義」。認爲天地萬物無時不變，變易的根源在於陰陽二氣，周易乃講變化的典籍。宋明時期的易學家繼其後，皆以講陰陽變易爲周易的特徵。程頤於其《易傳·序》中說：「易變易也，隨時變易以從道也。其爲書也，廣大悉備，將以順性命之理，通幽明之故，盡事物之情而開物成物之道也」。其所說的「道」或「性命之理」，則之陰陽變易法則，如其所說：「道者，一陰一陽也。動靜無端，陰陽無始，非知道者，孰能識之」（《易說·繫辭》）。至朱熹解釋「易」說：「易只是一陰一陽」（《語類》六十五）。又說：「易是變易，即陰陽無一日不變，無一時不變，莊子分明說，易以道陰陽」（《語類》七十四）。明蔡清進一步發揮說：「蓋天地之道，不過一陰陽之變也。而易書卦爻，亦一陰陽之變也。易書只一陰陽之變。凡幽明，死生，鬼神，智仁之屬，皆有以象之而無遺也」（《周易蒙引·繫辭》），他同樣認爲周易是講陰陽變易法則的典籍。又明代的醫學家張介賓論周易說：「易者，易也，具陰陽動靜之妙；醫者，意也，合陰陽消長之機。雖陰陽已備於內經，而變化莫大於周易。故曰天人一理也，一此陰陽也。醫易同源者，同此變化也」（《類經附翼・醫易義》）此又是從醫理，生理和物理角度理解周易一書的特徵。

以上所引資料表明，易學史上的任何流派，幾乎都以陰陽變易法則，解釋和闡發周易的基本原理，其論天道，言人事，明物理以及論筮法，皆以陰陽變易爲依據。總之，周易的特徵，在於一個「易」字，而易的內涵，則是陰陽變易。當然，周易系統典籍所提出的哲理和學理，並不限於這一條，但離開這一條，其它學理，如太極觀，道器觀，理氣親，五行觀以及河圖洛書等，則成爲無源之水，無本之木。從哲學局面看，陰陽變易說是關於事物變化和發展規律的學說。在儒家典籍五經四書中，只有周易系統典籍，大力倡導陰陽變易說。同中國其它流派的古典著作相比，也只有周易系統的典籍，建立起以陰陽變易爲核心的哲學體系和學術體系。就世界學術史和哲學史說，此種陰陽變易學說，可以說是絕無僅有，體現了中華文化和東方文化的一大特色。因此，我們探討周易的本質及其價值。應從這一問題入手，方不會迷失方向。

## 二、陰陽變易與憂患意識

哲學思想關於事物運動和變化的學說，往往具有民族的和時代的特色。周易系統的陰陽變易說同其所倡導的憂患意識是連繫在一起的。

周易筮法同當時的卜法相比，除依卦爻象的變易推斷人事吉凶外，其判斷吉凶的辭句即筮詞也有一個顯著的特點，即於利、不利、吉、凶之外，又增多了咎、無咎、悔、悔亡、吝等。這些斷語意味著通過反省和改過，可以化險爲夷，轉禍爲福。《繫辭》解釋說：「悔吝者，憂虞之象也」；「無咎者，善補過也」。此表明，周易作爲卜筮之書，將人們的恐懼感和危機感引向了理性反思的道路，從而形成了憂患意識同其它占術區別開來。如《繫辭》所說：「作易者，其有憂患乎！」又說：「其出入以度，外內使知懼，又命於憂患與故，無有師保，如臨父母」。因此，歷代易學家，特別是儒家學者，都重視周易的憂患意識及其價值，視其爲處理人生遭遇的準則。如清代焦循所說：「夫易者，聖人教人改過之書也。更者，改也，極孤危凶困，一經改過，遂化爲吉而無咎」（《易圖略．原理》）。所謂憂患意識，是說，人對自己的處境，無論是順境和困境，都應時刻抱有警惕之心，如乾卦九三爻辭所說：「君子終日乾乾，夕惕若」；即使處於逆境，也不要動搖自己的信念，如困卦象傳所說：「君子以致命遂志」，努力爭取改變現狀，迎接光明來臨。此種憂患意識，是周易倡導的人生觀的一大特色。

正是基於這種憂患意識，周易系統典籍觀察了事物的盛衰、消長以及存亡、得失、治亂的過程，並探討其規律，作爲人們轉禍爲福、化凶爲吉以及安身立命的依據。關於事物變易的過程，易經中的卦爻辭已有表述。如泰卦卦辭說：「小往大來，吉亨」。其九三爻辭說：「無平不陂，無往不復，艱貞無咎」。認爲事物總是處於變易之中，有往就有來，有平坦就有陂斜，並非一帆風順，遇到困境，保持警惕，可以無咎。易傳的作者闡發了這一觀點。《繫辭》解釋爻象說：「變化者，進退之象也。剛柔者，晝夜之象也」。又說：「爻也者，效天下之動也，是故吉凶生而悔吝著也」。（同上）。是說，事物處於變動的過程，爻象的變化，即剛變柔，或柔變剛，是效法事物往來，進退的過程；卦爻辭中吉凶等斷語，來於事物的變動不居。在《繫辭》看來，事物雖然變動不居，但非雜亂無章，而是有其規則可循，所謂：「天下之至動而不可亂也」。《繫辭》稱其規律爲「變化之道」。認爲人們懂得和掌握其往來、屈伸、進退等變易的規律，便可以使自己的處境向有利方面轉化，如同「尺蠖之屈，以求伸也」；這便是最高的智慧，所謂「窮神知化，德之盛也」。神謂陰陽變易的動因，化謂陰陽變化的過程。

觀於憂患意識同事物變易法則的關係，宋代易學象楊萬里講得十分精闢。他說：「易之道無它，其於以往之得失吉凶，既旋觀而順教，故其於將來之得失吉凶，亦逆睹而前知；親履霜而知堅冰之必至，以已往之微而知方來之著也；見離明而日昃之必凶，以已往之盛而知方來之衰也」（《誠齋易傳・說卦》）。謂依過去的得失經驗推斷未來事變之動向，依坤卦初六爻辭得知事物的變化由微而顯，依離卦九三爻辭得知事物由盛而衰。他視周易爲「聖人通變之書」，認爲聖人所通之變，乃陰陽之理，萬物萬事之變，其目的是教導人們於人事得失、社會治亂中吸取教訓，從而轉危爲安，轉亂爲治。如其所說：「古初以迄於今，萬物之變未已也。其作也，一得一失；而其究也，一治一亂。聖人有憂焉，於是幽觀其通而逆紬其圖，易之所以作也」（《誠齋易傳・序》）他將居安思危，防微杜漸的憂患意識同探討事物變易的規律結合起來，鮮明地體現了周易倡導陰陽變易的宗旨和任務。

可以看此周易系統研究事物變易的法則，是基於人類求生存求發展的需要。其談天道變化，最終也是爲處理好人事之變易，使人知所向背。此即張載所說：「易即天道，獨入於爻位繫之以辭者，此則歸於人事」（《易說．繫辭上》）。這種變化觀，具有人文主義和理性主義的特色，是富有積極進取的精神，乃東方哲學和文化的精華之一。

## 三、陰陽變易觀的主要特徵

古今中外的哲學家大都探討事物運動變化的過程及其規律，但對其了解，並不盡同。就西方哲學說，有機械論、目的論、生機論、進化論、實變論等各種類型。周易關於事物運動變化的學說，也有自己的特色，即以陰陽範疇爲核心，論述事物的變化過程和規律，故稱其爲陰陽變易觀。在周易系統中，陰陽爲功能概念，非實體概念，是指事物具有陰陽相反的兩重性，卦爻象有陰陽，氣候有陰陽，萬事萬物皆有其陰陽。陰陽概念，不始於周易系統，但將其昇華爲哲學範疇，解釋事物的變易，則出於易傳，特別是《繫辭》文。

就易傳提供的資料，具有陰陽屬性的事物，除卦畫外，有：天地，日月，暑寒，晝夜，山澤，火水，男女，父子，君民，君子小人等；涉及的性能有：剛柔，健順，圓方，奇偶，動靜，明幽，進退，盈虛，長消，闢闔，屈伸，生死，治亂，安危，存亡，尊卑，貴賤，仁智等。總之，光明、主動、剛健、積極、前進者屬於陽；陰暗、受動、柔順、消極、後退者屬於陰。按易傳的說法，所謂運動和變化，乃事物陰陽雙方相互推移的結果，相互推移也是運動變化的基本形式。此即《繫辭》所說：「剛柔相推而生變化」。謂卦象的變化，由於其陰陽爻象的相互推移，認爲事物的變化，亦是如此。如《繫辭》所說：「日月相推而明生焉」，「寒暑相推而歲成焉」，「屈伸相感而利生焉」。所謂推移，包涵著轉化，如剛柔爻象的推移，則意味著此卦轉化爲另一卦。寒暖二氣的推移，則意味著四季相互流轉。其所謂推移和轉化，包括地位、勢力、性能以及數量等多方面的變化。總之，倡導陰陽對立面的推移和轉化乃周易系統變化觀的基本特徵。

關於陰陽推移和轉化，易傳還提出三條原則：一是陰陽中的一方，走向極端，則轉化爲其相反的方面。如乾卦上九爻辭說：「亢龍有悔」，象傳解釋說：「盈不可久也」。謂飛得過高，就要掉下來，走向其反面。後來的易學家將此條原則稱爲「物極則反」，或「物極必反」。二是陰陽對立面的轉化，經歷從漸變到劇變的過程。《繫辭》說：「化而裁之存乎變」，化指逐漸的變化，變指顯著的變革。就卦象的變化說，一卦六畫，由下至上，其陰陽爻象逐漸推移則爲化，其轉化變爲另一卦，則爲變。就器物的發明和事物的變化說，《繫辭》提出「易窮則變，變則通，通則久」。革卦彖傳則說：「天地革而四時成，湯武革命，順乎天而應乎人」。其所謂「變」和「革」都指劇烈的變革。三是陰陽對立面推移和轉化的過程，是無止境的、層出不窮的，其內容是不斷更新的，此即《繫辭》所說：「日新之謂盛德，生生之謂易」。《序卦》所說：「物不可窮也，故受之以未濟終焉」。周易系統認爲，事物的轉化，都受這三條原則支配。據此，周易的變化觀亦可稱之爲陰陽轉化論，此種轉化論，《繫辭》稱爲「一陰一陽之謂道」。「道」指變化的過程和規律。

爲發揚這種陰陽變易觀，歷代易學家爲此殫精竭慮，提出許多可貴的命題，總起來說，有以下幾方面的內容：

㈠陰陽相倚，謂陰陽相互依存，不可分離。如方以智說：「陰陽相轉，實不可離」（《周易時論合編．圖象幾表》）。王夫之說：「無有陰而無陽，無有陽而無陰，兩相倚而不離也」（《內傳．繫辭上》），此是說，有其陽，必有其陰與之相對應。則程頤所說：「萬物莫不有對，一陰一陽，一善一惡，陽長則陰消，善增則惡滅」（《遺書》十五）。此條是說，天下無孤陰或孤陽的事物。

㈡陰陽相生，謂陰生陽，陽生陰，陰中有陽，陽中有陰。此種關係，又稱爲「陰陽交易」和「陰陽互藏」。如邵雍所說：「陽生陰，故水先成；陰生陽，故火後成。陰陽相生也，體性相須也。是以陽去則陰竭，陰盡則陽滅」（《觀物外篇》）。朱熹所說：「一物之上各自有陰陽，如人之男女，陰陽也。逐人身上又各自有血氣，血陰而氣陽也」（《語類》六十五）。方孔炤所說：「火乃陽性用陰，故炎上。水性陰藏陽，故潤下」（《周易時論合編．坎》）。「互藏」，謂陰陽相互蘊涵。此種觀點，來於易傳，如坤卦《文言》所說：「坤至柔也而動也剛」。此種互藏說，後被程頤導出動靜相涵說，如其所說：「動靜相因，動則有靜，靜則有動」（《易傳．艮》）。此條又意味著宇宙間無純陽或純陰之事物。

㈢陰陽相勝，謂陰陽在流轉過程中，輪流居主導地位。如朱熹所說：「天地間無兩立之理，非陰勝陽，即陽勝陰，無物不然，無時不然」（《語類》六十五）。又說：「天地間，一陰一陽，如環無端，便是相勝底道理」（《語類》七十六）。就四時的變化說，夏天表示陽氣勝；就社會治亂說，治世表示君子道長，亂世表示小人道長。此種相勝說，後被易學家引伸爲相克說，如醫易家張介賓所說：「蓋造化之機，不可無制。無生則發育無由，無制則亢而爲害。生克循環，運行不息，而天地之道，斯無窮已」（《圖翼·五行統論》）。此是說，陰陽既相生，又相殘，二者相互制約，以維繫人體功能之均衡。

㈣陰陽相感，謂在變易過程中，陰陽相互召感或感應。咸卦彖傳曾說：「二氣感應以相與」，「天地感而萬物化生」。《繫辭》也說：「天地絪緼，萬物化醇」。此處說的感應，皆指陰陽對立面的互助和滲透。宋張載闡發相感說：「感如影響，無復先後，有動必有感，咸感而應，故曰咸速也」（《易說·咸》）。認爲陰陽在推移和轉化過程中，不僅相互滲透而且相互影響。

㈤陰陽相濟，謂陰陽相互滋養或補充。《繫辭》解釋乾坤兩卦的功能說：「乾知太始，坤作成物」。乾坤兩卦彖傳說，乾元爲「萬物資始」，坤元爲「萬物資生」。益卦彖傳說：「天施地生，其益無方」。認爲天地陰陽之功能相互配合，一主始有，一主生成，即「陰陽合德」，方有生化萬物之大業。漢代的帛書《易之義》進一步闡發說：「天之義剛健動發而不息，其吉保功也，無柔救之，不死必亡。」「地之義柔弱沈靜不動，其吉保安也，無剛文之，則窮賤遺亡」。認爲天剛地柔，天動地靜，相互資助，方立于不敗之地。邵雍論此種互補觀點說：「陽不能自立，必得陰而後立，故陽以陰爲基。陰不能自見，必待陽而後見，故陰以陽爲唱」（《觀物外篇》）。如精神爲陽，形體爲陰，二者相互資助，生命方有活力而旺盛。至王夫之明確提出「相濟」說：「極乎陰陽之必異，莫甚于水火」。然而，「水凝而不化，熯之者所以蕩而善化；火燥而易窮，滅之所以息而養其窮，則莫不相需以致其功也」

（《內傳・未濟》）。謂陽火陰水，雖有相滅的一面，但又相資養。他又說：「獨陰不成，孤陽不生，既生既成，而陰陽各殊體。其在于人，剛柔相濟，義利相裁，道器相需，以或酬酢萬變之理，而皆協于一」（《正蒙注・參兩》）。是說，陰陽之性能各異，但人類能掌握其互補的原則，以應付事物之千變萬化。從而得出結論說：「若不互相資以相濟，事雖幸成，且不知其何以成」（《正蒙注・動物》）。王氏認爲，此種互補，也就是「相反而相成」。如其所說：「必相反而相爲仇，乃其窮也，互以相成，無終相敵之理」（《正蒙注・太和》）。「相反而相成」這一命題，本于漢代班固（《漢書・藝文志》）語，認爲諸子百家學說，其宗旨雖相反，但又相互吸收和補充，如水火一樣，雖相滅，又相養。易學家們認爲，陰陽互補的結果是，世界呈現高度和諧的境地，此即乾卦彖傳所說：「保合太和乃利貞」。

㈥陰陽不測，語本《繫辭》「陰陽不測之謂神」，「神」謂陰陽變化，神妙莫測。王夫之解釋爲「神妙萬物而不主故常」（《內傳・繫辭》）。此是說，陰陽變易，一方面有其規律性，一方面又無固定不變的模式，即《繫辭》所說「神無方而易無體」，謂變化的方向和體制存在著變數，事先難以預定。此種不測說，被易學家闡發爲「易兼常變」說，即常中有變，變中有常。認爲人們在變易面前，一方面要掌握其常規，如《繫辭》所說：「既有典常，苟非其人，道不虛行」；另一方面又不要墨守其常規，如《繫辭》所說「不可爲典要，惟變所適」，因形勢的變化，提出新措施，如《繫辭》所說：「變通者，趨時者也」。總之，將常變結合起來，考察事物的變化，如王夫之所說：「常以制變，變以貞常」（《周易外傳・繫辭上》），從而在陰陽變易過程中，立于主動地位。

周易系統的陰陽變易觀，其內容十分豐富，以上所述，乃其主要者。其中的陰陽互補原則最有代表性。此種變化觀或發展觀，也可以歸結爲倡導陰陽對待或兩元互補原理。關于陰陽關係，大多數易學家都視其爲「對待」關係。對，謂對立，即性能相反；待，謂需待，即相互需求和資助。張介賓解釋說：「有此必有彼，有對必有待」（《圖翼·陰陽體象》），認爲對和待，並非同一概念，但又相互蘊涵。上面談到的相倚、相生、相勝、相感、相濟等，都可歸結爲相待的關係。據此，「對待」這一概念，不等于「矛盾」概念。「矛盾」概念，只意味著對立面的相互排斥，而「對待」則包涵對立面的吸收、滲透和互補。此種理論思維的特徵是，陰陽在其流轉過程中，雖含有「相蕩」、「相攻」、「相勝」和「相殘」的一面，但並非一方吃掉一方、一方毀掉一方，而是使統一體中的對立双方實現更高層次的和諧與統一。用張載的話說：「有反斯有仇，仇必和而解」（《正蒙·太和》）。即是對立面的鬥爭爲手段，對立面的和諧爲歸宿。就同和異的關係說，此條原則也可以稱爲「異中求同」，如睽卦象傳所說：「君子以同而異」。關于陰陽變易的形式，朱熹歸結爲兩條：「流行」和「對待」。（《語類·六十五》）。來知德作了新的詮釋，認爲有對待，方有流行，他說：「蓋有對待，其氣運必流行而不已」（《易註·文王八卦方位之圖》），即以對待爲體，流行爲用。來氏所論甚是。據此，我們有理由，將周易系統的變易觀歸之爲陰陽對待或兩元互補論。此種發展觀，不同于西方以對立面鬥爭爲核心的對立統一學說。如果說，以對立面的關係考察事物的變化過程，稱之爲辯證思維，而周易系統的辯證思維則有自己的特色。它充分體現了東方人的智慧及其價值觀。元明時期流行的陰陽魚太極圖，即是這種辯證思維的形象化的表現。

## 四、陰陽變易觀與未來文明

周易系統的變易觀，對中華文化和東方文化的發展起了重大影響。古代的哲學、宗教、政治、倫理、文學、藝術、史學以及科技，包括天文、數學、醫學、化學、物理、發明創造等，莫不從陰陽變易觀中吸取理論思維，從事于自己的研究和文化建設。中國大陸學者正在開展這方面的研究，這裏，便不一一介紹了。我們所要談的是，周易系統的陰陽變易觀，對當代人的生產和生活以及文化建設，還有無價値，是否値得我們繼承和發揚。此是當前易學研究中的又一重要課題。

無可質疑，周易系統的陰陽變易觀，是古代東方農業社會發達的產物。其來源有二：一是出于對中國大陸黃河流域寒暖氣候變化的觀測；二是出于對社會等級關係的體認。此二者同卦爻象變化的符號系統結合起來，便成爲陰陽變易觀的理論泉源。這種基于農業生活需要形成的變易觀，就其整體說，帶有直觀和樸素的性質，能否適用于工業社會文明，特別高科技迅速發展時代的需要，則是問題關鍵。我們認爲，就此種變易觀涉及的具體內容說，如天圓地方，天剛地順，陰陽五行元素論，男尊女卑，君貴民賤等命題，由于科學知識和社會制度的進步，早已過時，成爲歷史博物館的陳列品。但其作爲觀察事物變易的思維方式，如果可以創新，仍有其重要的價値，即使人類進入二十一世紀，仍可以煥發出其生命力。以下，就社會生活說，談兩點意見：

(一)增強居安思危的憂患意識，迎接市場經濟發展的浪潮。周易系統的發展觀認爲，自然界和人類社會中的任何個體和群體都要經歷成長、壯大、興盛和衰亡的過程，如剝卦彖傳所說：「消息盈虛，天行也」，此是不依人的主觀願望爲轉移的客觀規律。處于二十一世紀信息高速公路發達的時代，人類社會中任何個體和群體的生活，都要受到市場經濟浪潮的衝擊和影響，從而加速自己成長或衰亡的過程。要想掌握自己的命運，在競爭中免于淘汰或化險爲夷，以維繫自己的成長和興盛，必須牢固樹立起居安思危和防微杜漸的憂患意識，防止走向反面。如《繫辭》所說：「安而不忘危，存而不忘亡，治而不忘亂，是以身安而國家可保也」。如果能按周易提出的陰陽變易的法則行事，當事業興旺發達時，要覺察到其中隱藏著的危機因素，迅速加以處理，防止其擴大，不能忘乎所以，或被興盛沖昏頭腦；當事業停止不前或受到挫折和失敗時，不能垂頭喪氣，要隨形勢的變化，如《繫辭》所說：「唯變所適」，採取果斷措施，改革規定和制度，如《繫辭》所說：「窮則變，變則通，通則久」，開創一新的局面。在市場經濟瞬息萬變的時代，爲了使自己的事業持續發展，一方面要從變化中尋找其規律，如《繫辭》所說：「探賾索隱」，「窮神知化」，對得失不能存僥倖心理；另一方面，按規律辦事，又要防止殭化，善于通權達變，去爭取更大的效益。如《繫辭》所說：「變而通之以盡利」，從而使自己的生活和事業，不斷更新，不斷前進。《繫辭》曾說：富有之謂大業，日新之謂盛德」。王夫之加以發揮說：「知其富有者，惟其日新」（《周易外傳·繫辭下》）。不斷更新，必然促成個體的富足和群體的昌盛。

(二)發揚兩元互補的思維方式，促進人類文明的進步和繁榮。二十一世紀，將是世界向多元化發展的時代。這一時代的特徵是，一方面，每一民族、國家和地區都爲自己的現代化開關道路，使自己日新而富有，同時又各有自己的傳統和特點，在文化、資源、人力等多方面存在著差異，甚至對立；另一方面，由于科技的高度發展，特別是信息產業的發達，各民族、國家和地區又逐漸聯結爲一體，世界正在縮小，彼此間之「感應」，非常神速，每一地區發生變異，則牽連其它地區的生產和生活。在這種格局之下，各民族、國家和地區，在現代化的進程中，如何減少差距、對抗和衝突，實現各自的日新而富有的事業，是一個嚴峻的問題。周易系統的兩元互補原則，爲解決這一問題，提供了最佳的途經。

道理很簡單，群體之間，或個體中的各部門，如能各自發揮其優勢，各自從對方中吸取長處，以補自己的短處，以彼之陽，補我之陰，或以我之陰，補彼之陽，如東方醫學所說，「滋陰補陽」，那麼，作爲一有機的統一體，必能充滿活力，生命得以健康發展。如王夫之所說：「陰得陽，陽得陰，乃遂其化」（《正蒙注．太和》），「萬化之終相協於一」（《內傳．未濟》）。此種陰陽互補的思維方式，也即是睽卦象傳所說的「君子以同而異」，即異中求同。至於如何從兩元對立或差異中找出互補的中道，將利害衝突轉化爲利益融合。這要靠各門科學提供的知識和人類長期積累的經驗教訓來解決了。總之，各民族、國家和地區，在世界多元化和信息化的大形勢下，若走相生相濟、互動互利的道路，二十一世紀的人類文明，同經過兩次世界大戰的上一世紀相比，必將更加進步和繁榮。

在世界走向多元化的時代，有一種說法，認爲未來的世界將是「全球文明衝突」的時代。此說可以美國哈佛大學教授亨廷頓（Huntington）爲代表。其衝突論的具體內容，如將文明之衝突歸結爲宗教的衝突，暫且不談。就思維方式說，此論只看到陰陽對立和排斥的一面，乃西方以鬥爭爲核心的傳統思維的繼續，也是後冷戰時代冷戰思維的延續。按這種思維方式考察二十一世紀的人類社會，由於群體的鬥爭和分裂，利害的對抗和文化的衝突，最終釀成全球性的戰爭，是不可避免的。然而，以東方人的智慧及其價值準則觀之，此論並不關心衝突和分裂以至於戰爭，給人類生活帶來的痛苦和災難，不懂得「一陰一陽之謂道」這一命題，看不見相反相成這一原理的價值，成爲西方文化中心論和新霸權主義的辯護士。這是同人類共同追求日新而富有的願望以及全球走向一體化的客觀趨勢背道而馳的。由此可見，發揚以周易系統爲代表的東方人的智慧及其思維方式，以補西方傳統思維方式之不足，乃思想界、學術界面臨的重要任務。

（一九九八年在韓國漢城國際易學研討會上的演講）

國家圖書館出版品預行編目資料

燕園耕耘錄：朱伯崑學術論集

朱伯崑著. – 初版. – 臺北市：臺灣學生，2001 [民 90]
冊；公分

ISBN 957-15-1063- 7 (上冊：精裝)
ISBN 957-15-1064- 5 (上冊：平裝)
ISBN 957-15-1067-X (下冊：精裝)
ISBN 957-15-1068- 8 (下冊：平裝)

1. 哲學 — 中國 — 論文，講詞等

120.7　　90002959

燕園耕耘錄——朱伯崑學術論集（下冊）

著者：朱伯崑
出版者：臺灣學生書局
發行人：孫善治
發行所：臺灣學生書局
臺北市和平東路一段一九八號
郵政劃撥戶：〇〇〇二四六六八號
電話：(〇二)二三六三四一五六
傳真：(〇二)二三六三六三三四
本書局登記證字號：行政院新聞局局版北市業字第玖捌壹號
印刷所：宏輝彩色印刷公司
中和市永和路三六三巷四二號
電話：二二二六八八五三

定價：精裝新臺幣六〇〇元
平裝新臺幣五〇〇元

西元二〇〇一年三月初版

12035-2

ISBN 957-15-1067-X (精裝)
ISBN 957-15-1068- 8 (平裝)

臺灣 學生書局 出版

# 中國哲學叢刊

1. 孔子未王而王論　羅夢冊著
2. 管子析論　謝雲飛著
3. 中國哲學論集　王邦雄著
4. 王陽明傳習錄詳註集評　陳榮捷著
5. 江門學記　陳郁夫著
6. 王陽明與禪　陳榮捷著
7. 孔孟荀哲學　蔡仁厚著
8. 生命情調的抉擇　劉述先著
9. 儒道天論發微　傅佩榮著
10. 程明道思想研究　張德麟著
11. 儒家倫理學析論　王開府著
12. 呂氏春秋探微　田鳳台著
13. 莊學蠡測　劉光義著
14. 先秦道家與玄學佛學　方穎嫻著
15. 韓非子難篇研究　張素貞著
16. 商鞅及其學派　鄭良樹著
17. 陽明學漢學研究論集　戴瑞坤著
18. 墨學之省察　陳問梅著
19. 中國哲學史大綱　蔡仁厚著
20. 儒家政治思想與民主自由人權　徐復觀著
21. 道墨新詮　光　晟著
22. 中國心性論　蒙培元著
23. 管子思想研究　徐漢昌著

24 譚嗣同變法思想研究　王　樾著
25 明清之際儒家思想的變遷與發展　林聰舜著
26 張載哲學與關學學派　陳俊民著
27 明末清初學術思想研究　何冠彪著
28 道教新論　龔鵬程著
29 儒釋道與中國文豪　王　煜著
30 帛書老子校注析　黃　釗著
31 中國古代崇祖敬天思想　王祥齡著
32 黃老學說與漢初政治平議　司修武著
33 近思錄詳註集評　陳榮捷著
34 老莊研究　胡楚生著
35 莊子氣化論　鄭世根著
36 韓非之著述及思想　鄭良樹著
37 儒家的生命情調　戴朝福著
38 中國文化哲學　馮滬祥著
39 朱子學與明初理學的發展　祝平次著
40 明末清初理學與科學關係再論　張永堂著
41 中華文化的省思　戴朝福著
42 老子新校　鄭良樹著
43 孔子的生命境界——儒學的反思與開展　蔡仁厚著
44 仁學　譚嗣同著，湯志鈞·湯仁澤校注
45 荀子集釋　李滌生著
46 劉宗周及其愼獨哲學　黃敏浩著
47 燕園耕耘錄—朱伯崑學術論集（上冊）　朱伯崑著
48 燕園耕耘錄—朱伯崑學術論集（下冊）　朱伯崑著